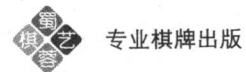

专业棋牌出版

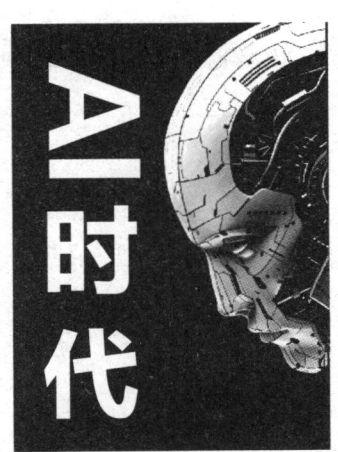

围棋名局
名手之我见

鲁毅 编著

图书在版编目(CIP)数据

AI时代：围棋名局名手之我见 / 鲁毅编著. 成都：成都时代出版社，2024.12. -- ISBN 978-7-5464-3551-0

Ⅰ.G891.3

中国国家版本馆CIP数据核字第2024QD7081号

AI时代：围棋名局名手之我见
AI SHIDAI：WEIQI MINGJU MINGSHOU ZHI WOJIAN

鲁毅　编著

出 品 人	达　海
责任编辑	樊思岐
责任校对	李　航
责任印制	黄　鑫　曾译乐
封面设计	袁　飞
装帧设计	合创同辉

出版发行	成都时代出版社
电　　话	(028)86785923(编辑部)
	(028)86615250(营销发行)
印　　刷	成都蜀通印务有限责任公司
规　　格	148 mm×210 mm
印　　张	10.875
字　　数	280千
版　　次	2024年12月第1版
印　　次	2024年12月第1次印刷
印　　数	1—3000
书　　号	ISBN 978-7-5464-3551-0
定　　价	48.00元

著作权所有·违者必究
本书若出现印装质量问题，请与工厂联系。电话:(028)64715762

前　言

在棋手的脑海里，通常都有一些难忘的记忆，每次想起，都让人感叹仿若初见。而这些记忆，就是那些名局和名手，正是它们，铸成了我们对围棋最美好的回忆。在如今这个被 AI "统治"的时代，再精彩的下法也难免被放在 AI 面前仔细审视一番，很多过去公认的名局名手也面临被重新解读的命运。那么在各位棋友眼中，什么样的棋局才能称为名局，什么样的手段才能被称为名手呢？在本书中，我将给大家分享我眼中的名局名手，借助 AI 分析，帮助大家了解那些名局背后的"真相"。

鲁　毅

2024 年 8 月

目 录

第一局：深入敌后 …………………………………（ 1 ）
第二局：世纪妙手 …………………………………（ 11 ）
第三局：股掌之间 …………………………………（ 21 ）
第四局：打二还一 …………………………………（ 31 ）
第五局：引征三连击 ………………………………（ 41 ）
第六局：致命嗅觉 …………………………………（ 51 ）
第七局：凿壁偷光 …………………………………（ 60 ）
第八局：时代初开 …………………………………（ 69 ）
第九局："死线"舞蹈 ………………………………（ 79 ）
第十局：体现信念 …………………………………（ 90 ）
第十一局：世石三妙手 ……………………………（ 99 ）
第十二局：凌空一挖 ………………………………（111）
第十三局：飞石一击 ………………………………（120）
第十四局："太子"克星 ……………………………（130）
第十五局："申皇"出世 ……………………………（140）
第十六局：AI的盲点 ………………………………（149）
第十七局："石佛"也误算 …………………………（158）
第十八局：柯洁也有妙手 …………………………（167）
第十九局：天才一击 ………………………………（176）

1

第二十局：心生怀念 ·· (185)

第二十一局：何谓妙手 ·· (193)

第二十二局：化茧成蝶 ·· (201)

第二十三局：从未离开 ·· (210)

第二十四局：胜利之前 ·· (219)

第二十五局：功亏一篑 ·· (228)

第二十六局：愚形妙手 ·· (236)

第二十七局：无中生有 ·· (244)

第二十八局：日本第一 ·· (253)

第二十九局：入木三分 ·· (262)

第三十局：成竹在胸 ·· (270)

第三十一局：真相如何 ·· (279)

第三十二局：闲庭信步 ·· (288)

第三十三局：石破天惊 ·· (297)

第三十四局：破袭名局 ·· (306)

第三十五局：借力打力 ·· (317)

第三十六局：女性之光 ·· (327)

第三十七局：未来之星 ·· (335)

第一局：深入敌后

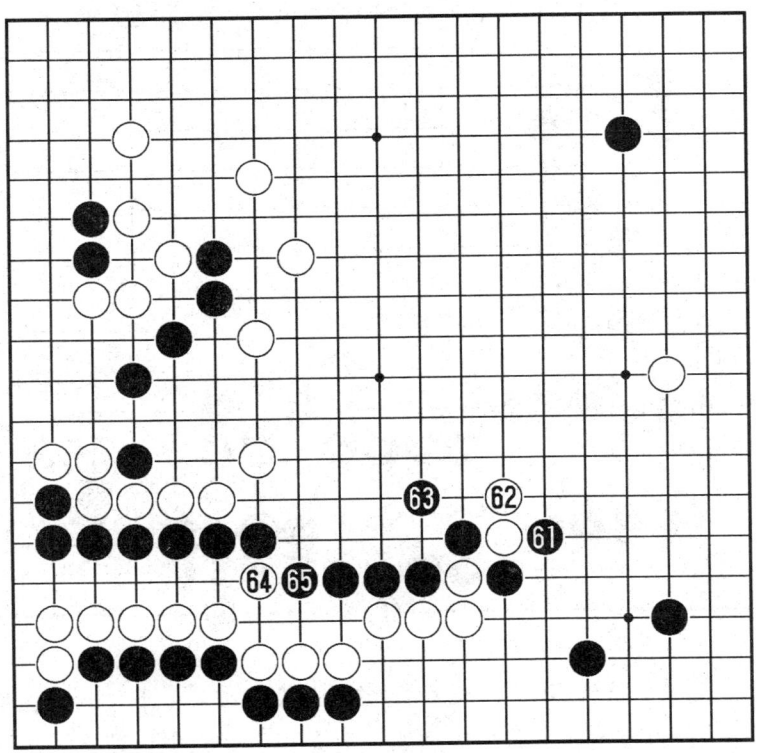

　　本谱取材于 2005 年三星杯第一轮李哲执黑对崔哲瀚的对局。白棋在左边获得巨大的利益，但下边大龙却陷入绝境。此时，常规手段已经无法拯救白棋，要想脱困，必须有"天外飞仙"一类的招法。记得当时我在网上观看这盘棋的直播，对白棋目前的处境同样感到一筹莫展，直到见到白棋下一手。

1

AI时代：围棋名局名手之我见

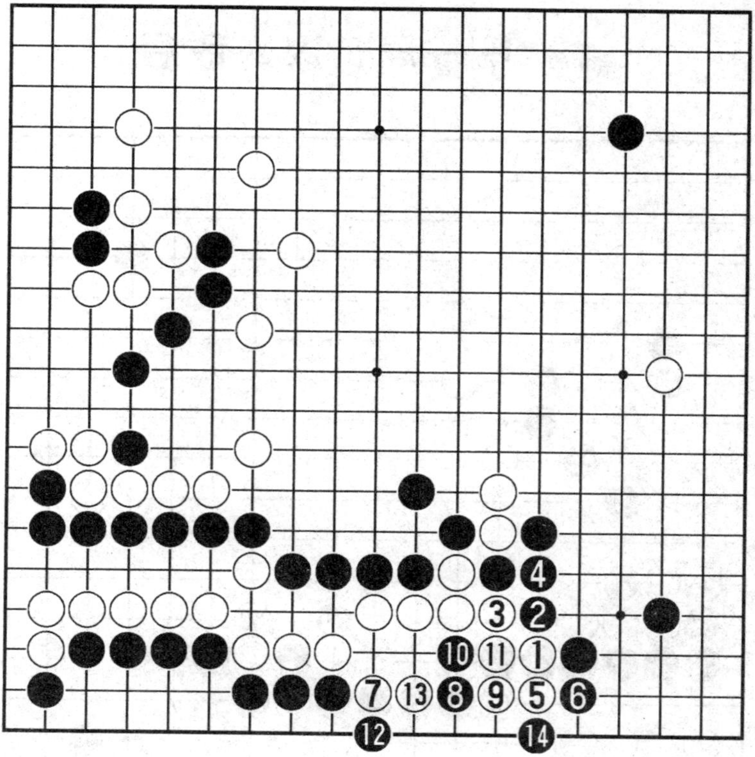

图1（眼位不足）：先来看看为什么常规下法不行。白1以下应该是最强的扩大眼位的招法，但无奈正好给黑棋留下了堪比"黑虎掏心"的黑8点，以下黑棋简单两扳，白棋眼位即告不足，而白棋想反杀左边黑棋亦属异想天开，此图白棋不行。

第一局：深入敌后

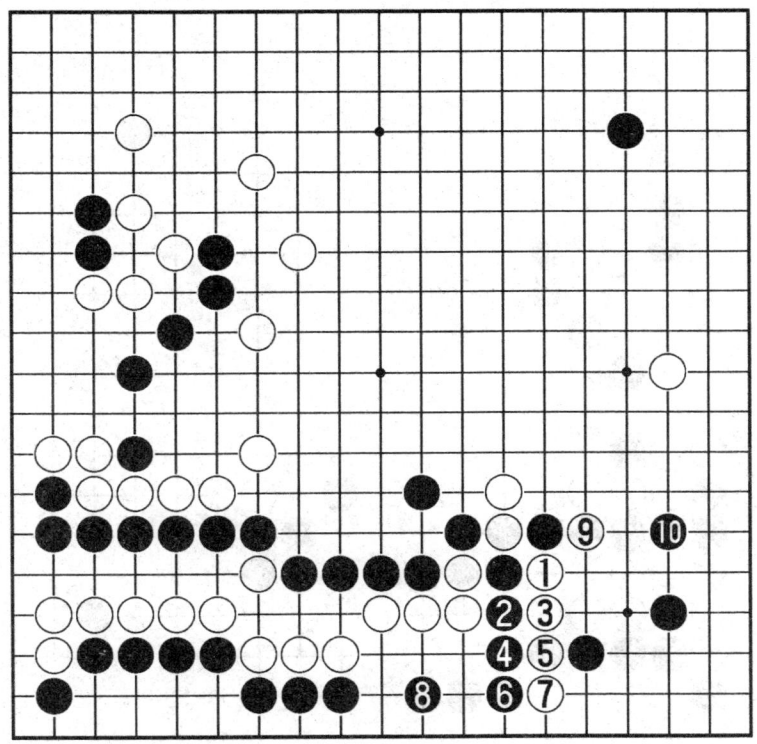

图2（弃得太大）：如果你在治孤中能时刻想到弃子，那么你的治孤能力就已经进步一大截。由于左边白棋收获巨大，此时白棋的确有了不少可以弃子的资本。白1打后变化虽然简单，结局却不能让人满意。左下黑棋实空太大，而白棋右边却没有多少实质性的收获。此图白棋虽然可下，但仍然是黑棋明显优势。

综上所述，白棋想要直接做活十分困难（黑棋也不会答应），而白棋想要弃子的话就必须找到更合适的方法，在尽量减少自己损失的情况下争取更大的利益，这就是目前摆在白棋面前的难题。

AI时代：围棋名局名手之我见

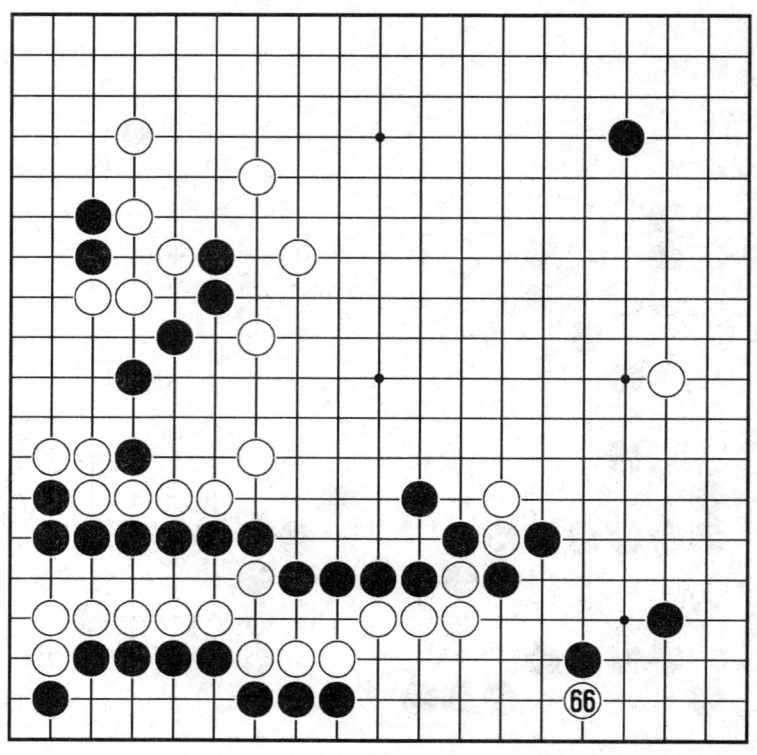

图3（名手）：白66二路托，石破天惊！这是当前局面下白棋起死回生的最佳手段。第一眼看到这手棋，我并没有完全领会白棋的用意，随着计算的深入，我才逐渐体会到超一流棋手恐怖的计算力和构思。此手保留了中央一带的各种先手利用，确实让黑难以应对。

第一局：深入敌后

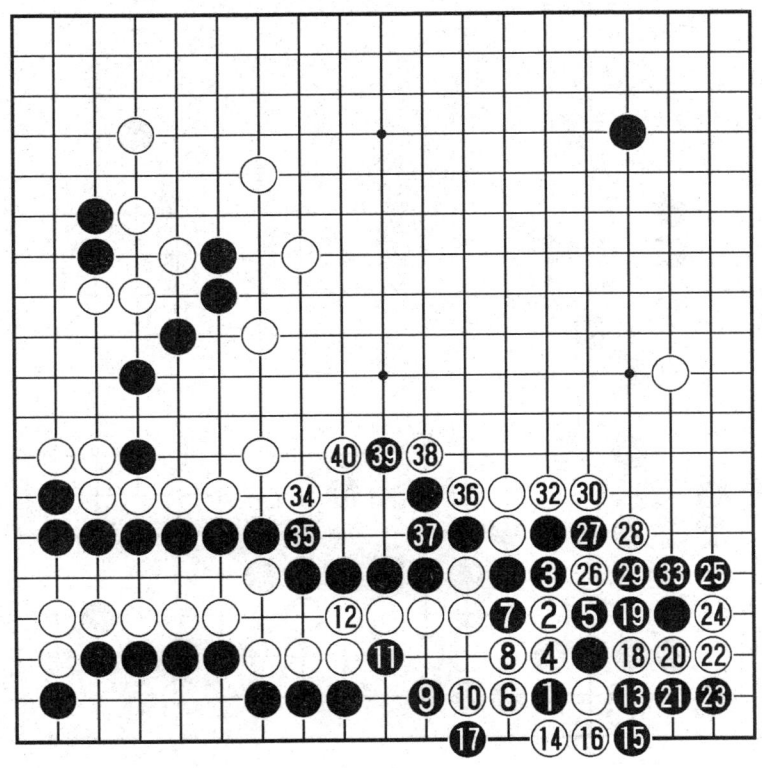

㉛＝㉖

图 4（双活大败）：黑 1 扳是肯定不行的，白棋有多种应法可以解围。其中白 2 跳最狠，以下几乎是一本道，黑棋虽然局部杀死了白棋，但白棋滚包一圈后可以将黑棋封住，双方形成双活，此图黑棋崩溃。

AI时代：围棋名局名手之我见

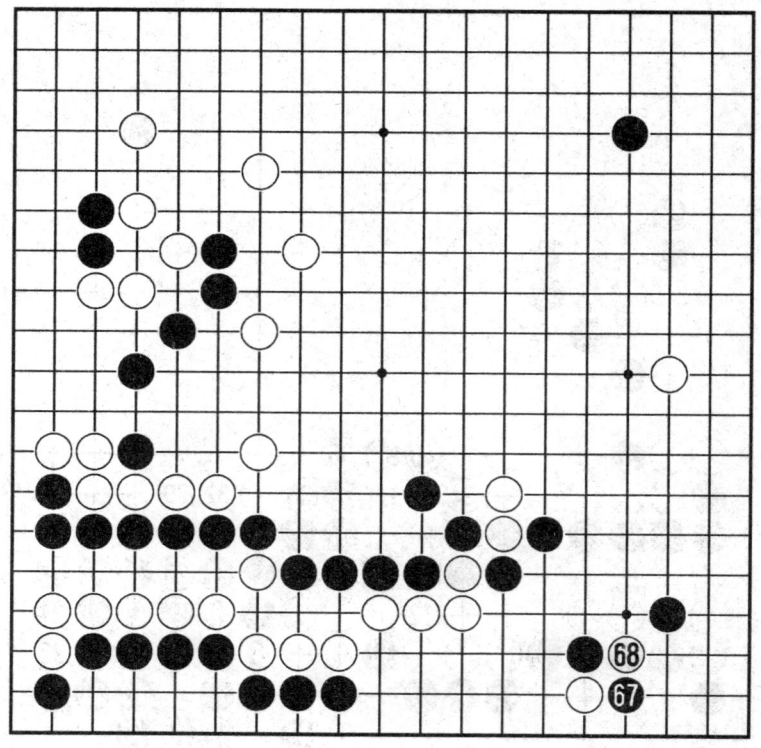

图5（毒蛇缠身）：既然外扳不行，黑67只好选择内扳。对此白68断又是好手！白棋死死地咬住黑棋中腹的弱点不松口，相信李哲此刻已经明白为什么崔哲瀚的外号叫"毒蛇"。

第一局：深入敌后

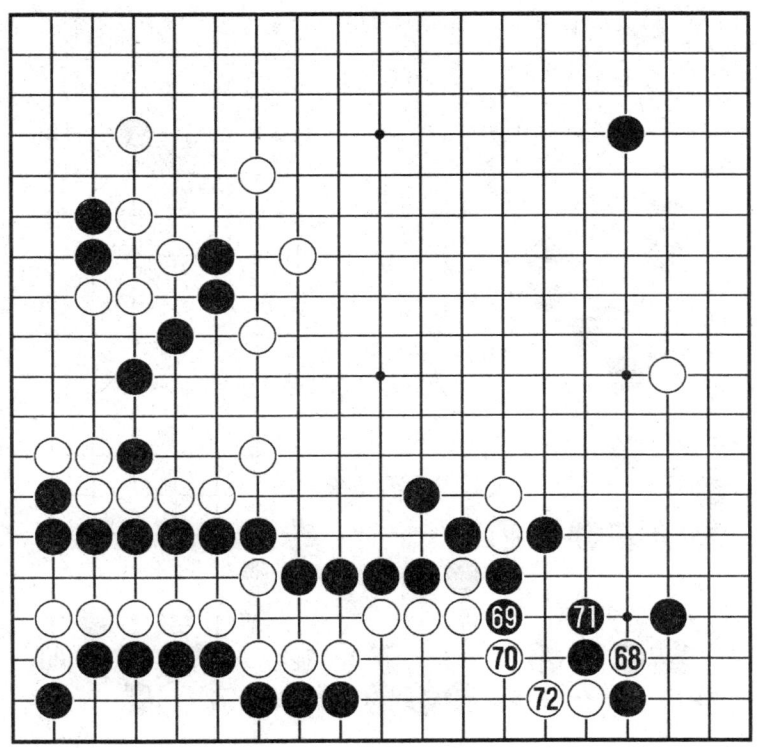

图 6（天壤之别）：由于中腹的牵制，此处黑棋稍有不慎就有可能被白吃掉棋筋，因此黑 69、71 是正确且无奈的选择。白 72 退时，形成和图 1 相似的处境，但这一次白棋的眼位与之前相比已经不可同日而语（黑如果退，白棋下边挡住简单活棋）。

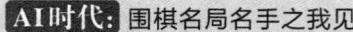

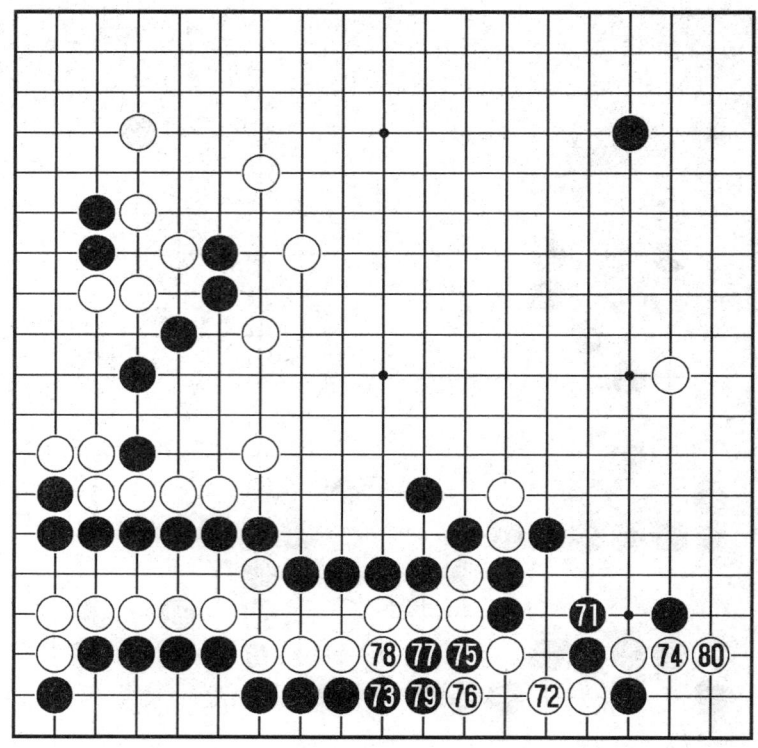

图 7（白棋大胜）：无奈之下，黑 73 只能挺头破眼，而此时白棋已经完全不用顾忌自身安危，白 74 以下将黑角打穿，放任黑棋吃掉白棋尾巴。此转换和图 2 对比，我们会发现白棋实空便宜了足足二十多目，而且黑棋还存在收气的风险！应该说棋局进行到此，白棋已经建立了胜势。

第一局：深入敌后

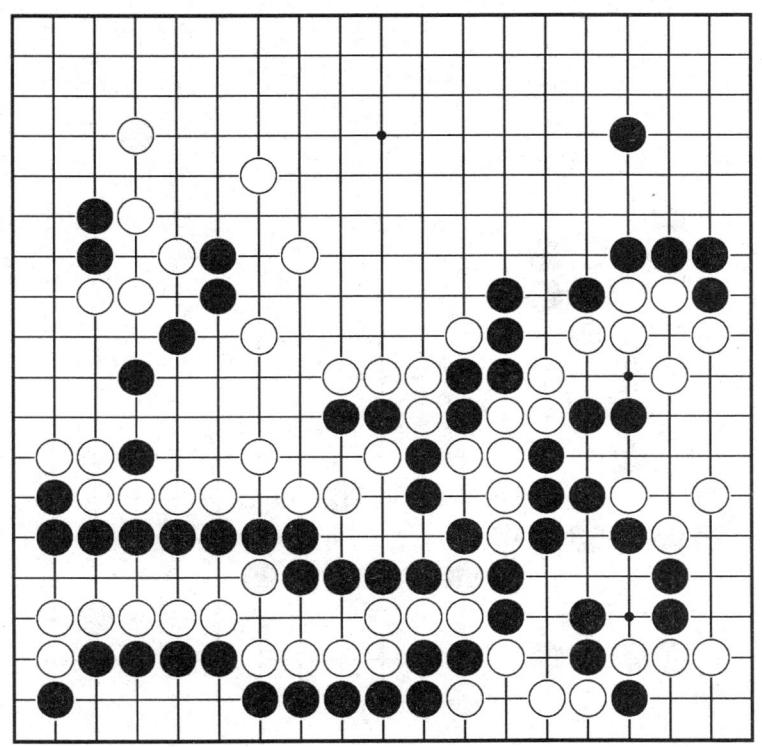

图 8（不忍直视）：这是终局的场面，当白棋把右边做活后我们发现当初黑棋付出巨大代价才吃住的白棋左下角大龙居然需要收气吃（双活更不行），实在是不忍直视。本局也堪称崔哲瀚围棋生涯的代表作。

AI时代：围棋名局名手之我见

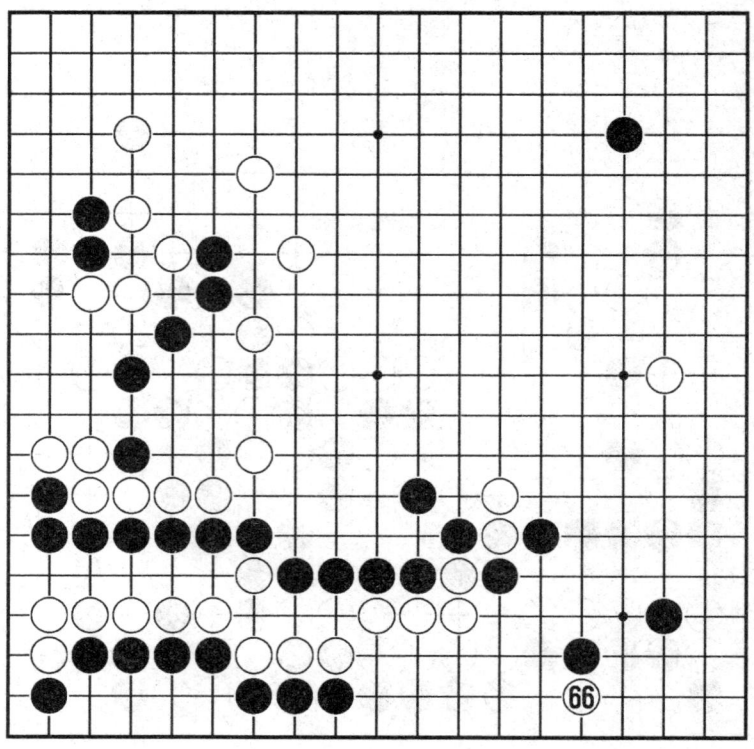

图9（因动而动）：回望当初，白66最值得棋友学习的一点就在于在接触战中它保留了中央一带的种种利用，转向下方对黑棋旁敲侧击，进而根据黑棋的应法来决定中央到底如何抉择。这种因势而动的思路，正是成为高手所必须具备的能力。

第二局：世纪妙手

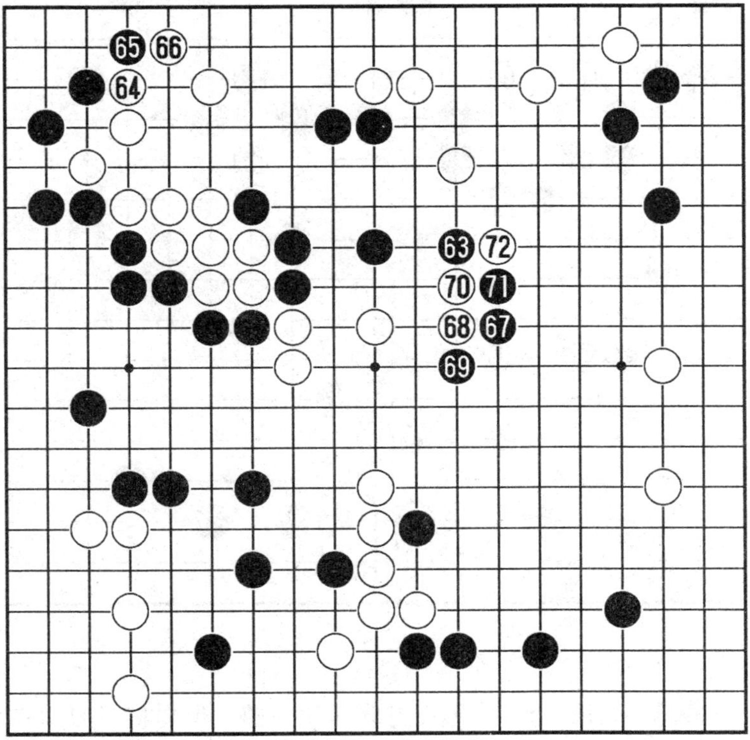

本谱取材于第十一届中日围棋擂台赛，常昊执黑对王立诚的对局。当时的常昊虽不满二十岁，却早已被公认是中国围棋的希望。年轻且自信的他在两届擂台赛上分别取得五连胜和六连胜，就此宣告中国围棋属于自己的时代已经到来。而本局堪称中国新一代"擂台英雄"横空出世的一局。面对暗藏杀机的白68靠，黑69正面迎战看似无理，实则成竹在胸。以力量见长的王立诚岂能忍耐？白70奋力顶断，黑棋似乎已经陷入困境。

11

AI时代：围棋名局名手之我见

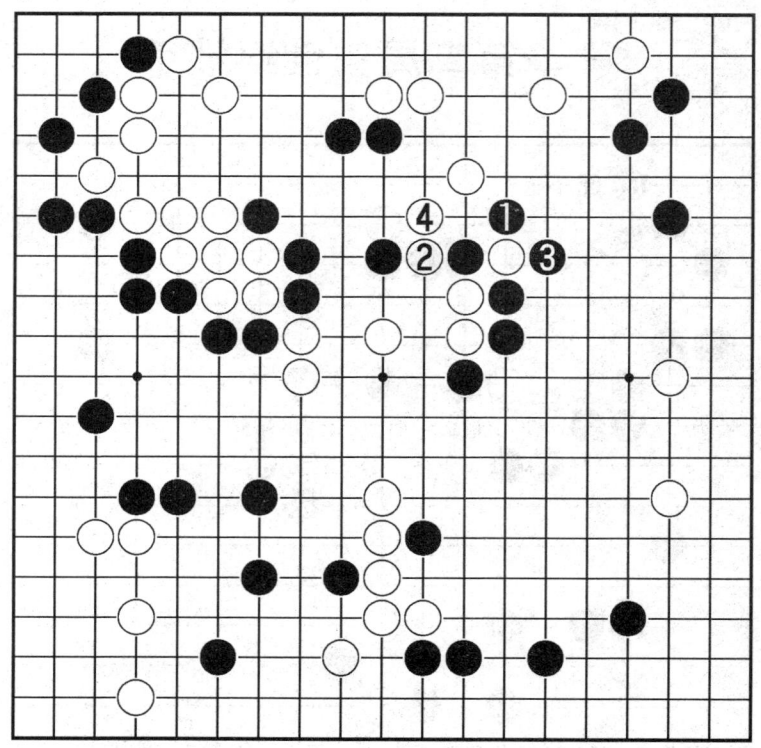

图 1（实地太大）：黑 1 打吃是第一感，但白棋只要简单地割断黑棋尾巴即可。本图白棋实地太大，黑棋不行。

第二局：世纪妙手

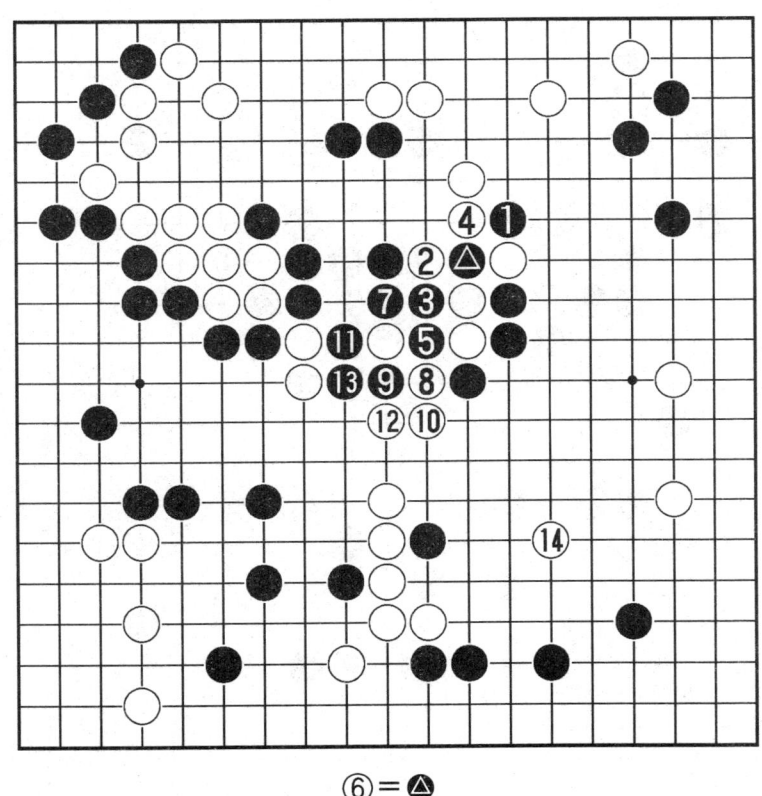

⑥＝▲

图2（苦活不行）：既然弃子不行，黑3挤吃也是一种抵抗，但白棋可以让黑棋活棋，本图白棋在中腹势力滔天，黑棋依然是败势。

AI时代：围棋名局名手之我见

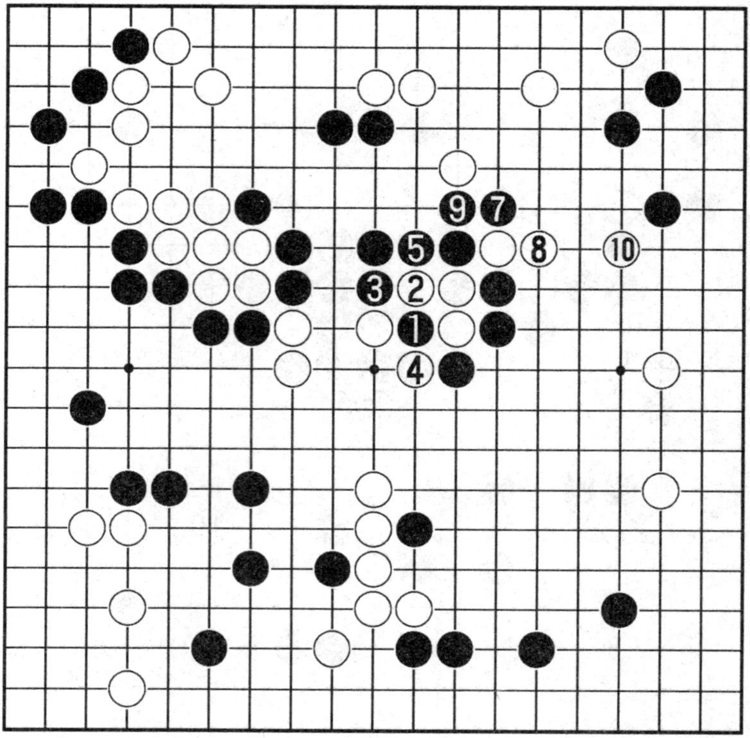

[棋盘图]

⑥=❶

图3（大同小异）：黑1滚包也是容易想到的手段，但黑棋只能勉强做到自身出头，中腹的损失却无法避免。本图和上图大同小异。

从上面的变化我们可以看出，黑棋此时不仅要做活，还要保证中央不会被白形成大模样，确实是很难完成的任务，在当时的观战室里，一众高手也对常昊当前的局面表示悲观。

14

第二局：世纪妙手

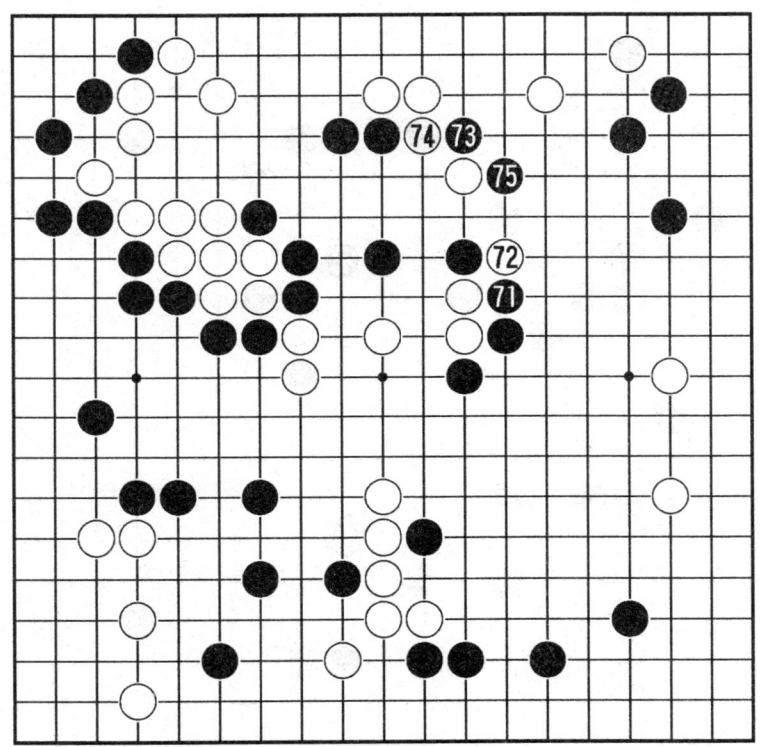

图 4（世纪妙手）：黑 73、75 这两手棋，看似顾左右而言他，实则妙到毫巅，少年天才的才气在此处展现得淋漓尽致！对于这两手，大竹英雄给出了"世纪妙手"的评价，这两手棋的精妙已不用多言。

AI时代：围棋名局名手之我见

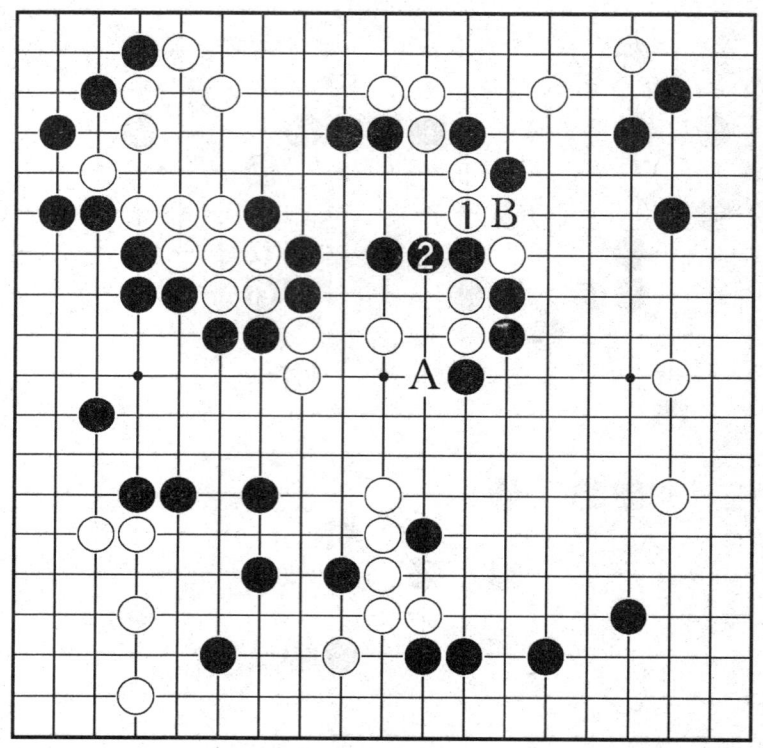

图5（见合杀）：白1打吃简明不行，A、B两点成见合。

第二局：世纪妙手

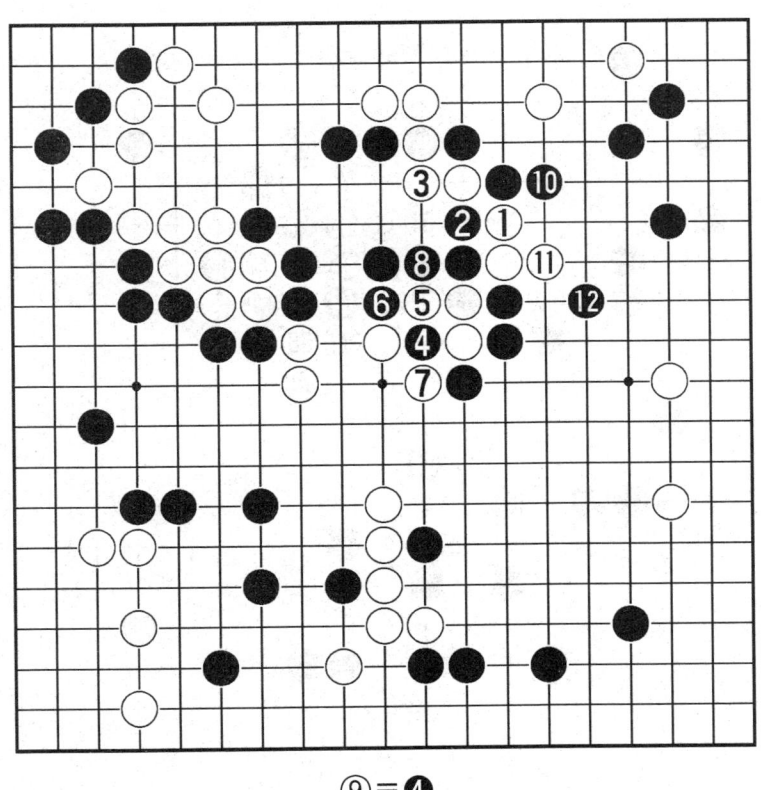

⑨=❹

图6（白气不够）：白1若顶，黑棋滚包即可，白棋气明显不够。本图也显示了次序的重要性，如果黑棋先滚包再在上方靠，白棋就不会在1位顶了。

AI时代：围棋名局名手之我见

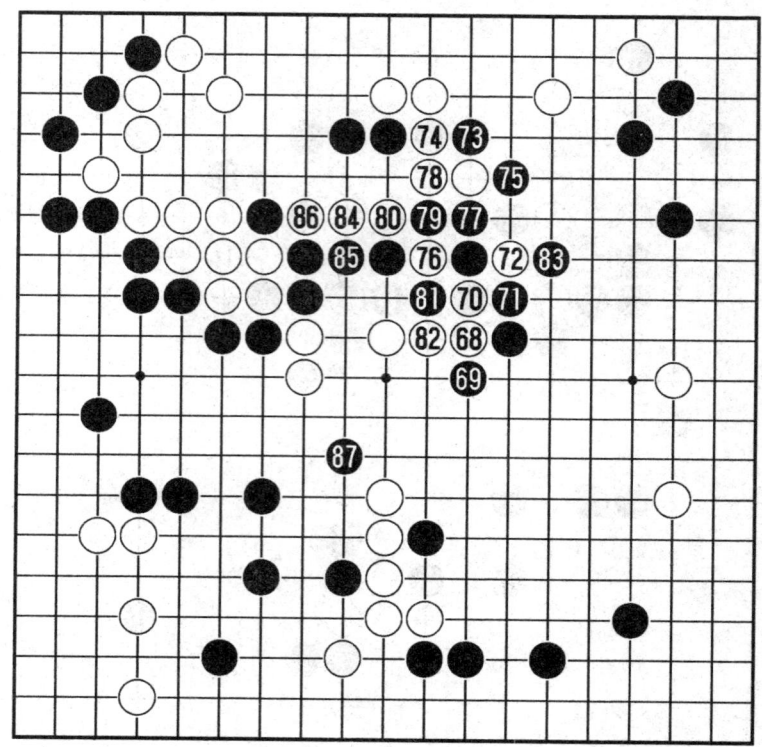

图7（天壤之别）：王立诚显然对黑棋的妙手没有防范，情急之下的白76打吃是恶手。以下白棋虽然吃掉了黑棋尾巴，但黑棋将中腹完全走厚并且对下方白棋展开反攻，一举确立了优势！本图和图1比较可谓天壤之别。

第二局：世纪妙手

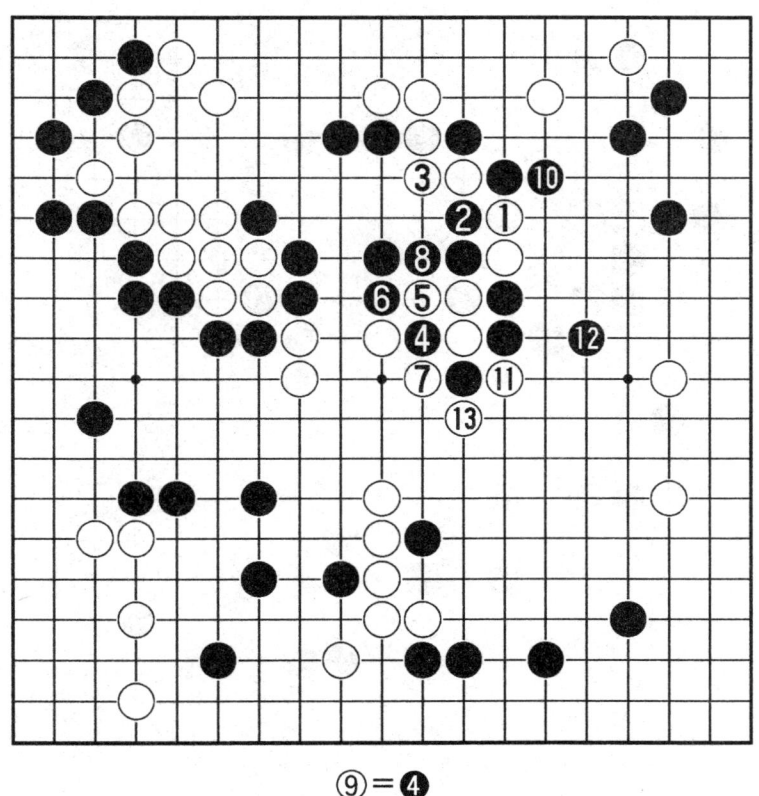

⑨＝❹

图 8（相差甚远）：回头来看，白棋还是选择如图应对为好。本图白棋虽然付出了两子被吃的代价，但中腹厚实，形势并不差。当然，本图和白棋的预想图确实相差甚远，但这已经是白棋最好的抵抗。

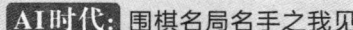

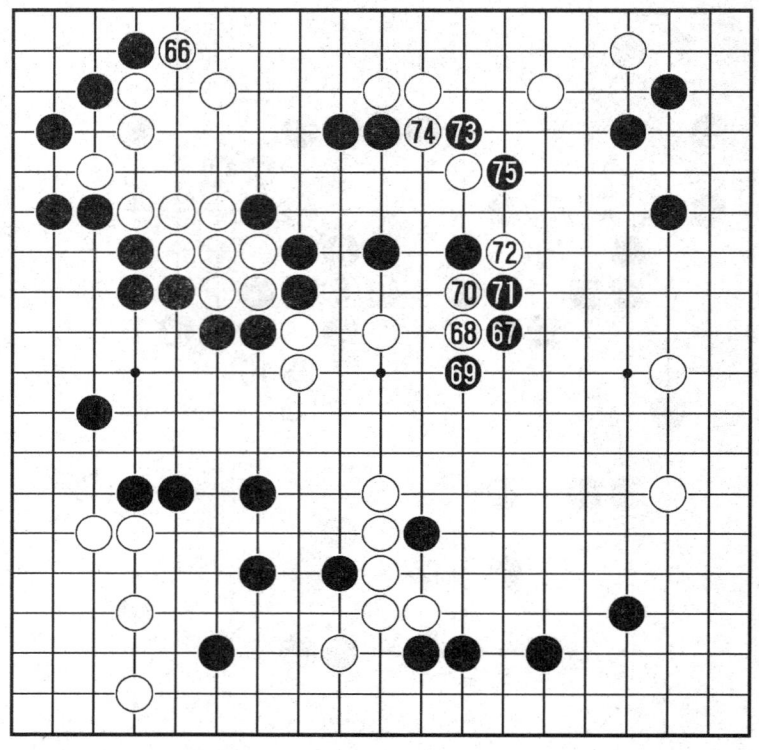

图 9（拍案叫绝）：回想当初，早在白 68 靠的时候，常昊就发现了实战黑 73、75 的妙手，所以才敢在 69 位正面迎战，并把白棋带进了自己精心设计的陷阱。此等构思，真叫人拍案叫绝。

第三局：股掌之间

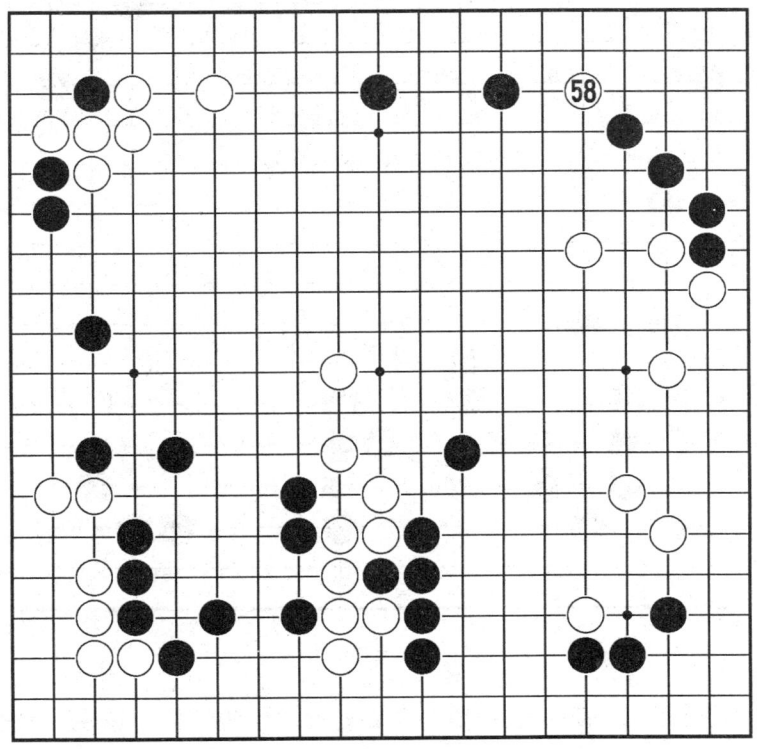

本谱取材于 1997 年三星杯决赛第一局，李昌镐执黑对小林觉的对局。小林觉是木谷道场中的小师弟，也是"六超"之后日本最惊才绝艳的棋手之一。他曾夺得过象征日本第一人的"棋圣"宝座，也曾两次杀进世界大赛的决赛。可惜面对巅峰期的李昌镐，他还是稍逊一筹。白 58 本是局部常见的破空手段，但李昌镐却敏锐地在此处捕捉到了战机。

AI时代：围棋名局名手之我见

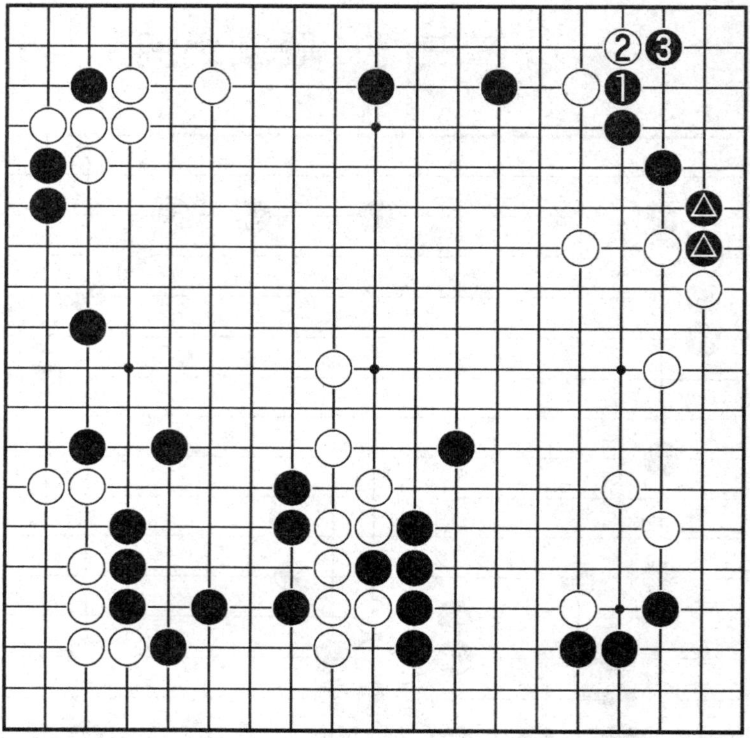

图 1（软弱）：黑 1 挡角是此局部的常规应法，按说此时这么下也未尝不可。但李昌镐却敏锐地发现，由于右边两颗黑▲的存在，黑棋在此处完全有用强的资本，黑 1 挡角显得有些软弱。

第三局：股掌之间

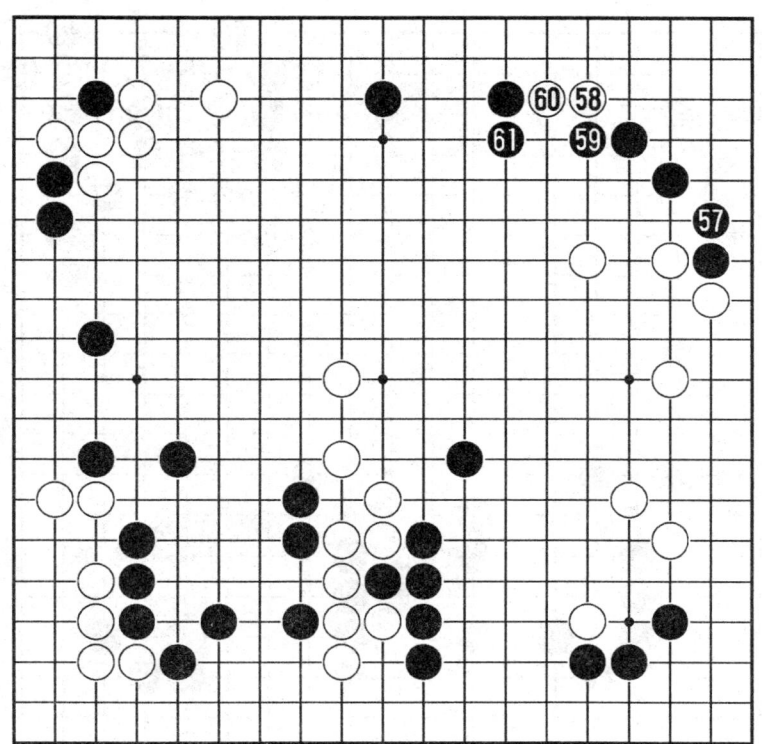

图 2（强手）：黑 59、61 是此局部最强的招法，白棋看似活棋空间很大，但由于周边黑棋子力众多，白棋很难处理。此时到了棋局的胜负关键处，白棋必须小心行事。

AI时代: 围棋名局名手之我见

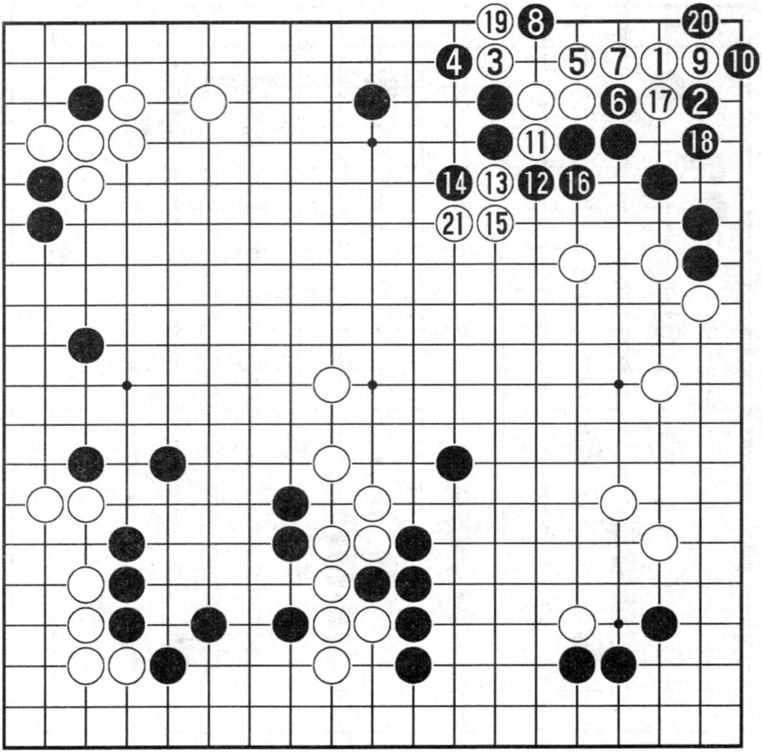

图3（弃子取势）：白1飞后，白3扳、白5弯是可以考虑的下法。以下白棋弃子取势，由于角上黑棋还要收气，所以黑棋的实空并不大，此图白棋可行。但对于一心想掏掉黑空的白棋来说，采用此图可能会有些不甘心。

第三局：股掌之间

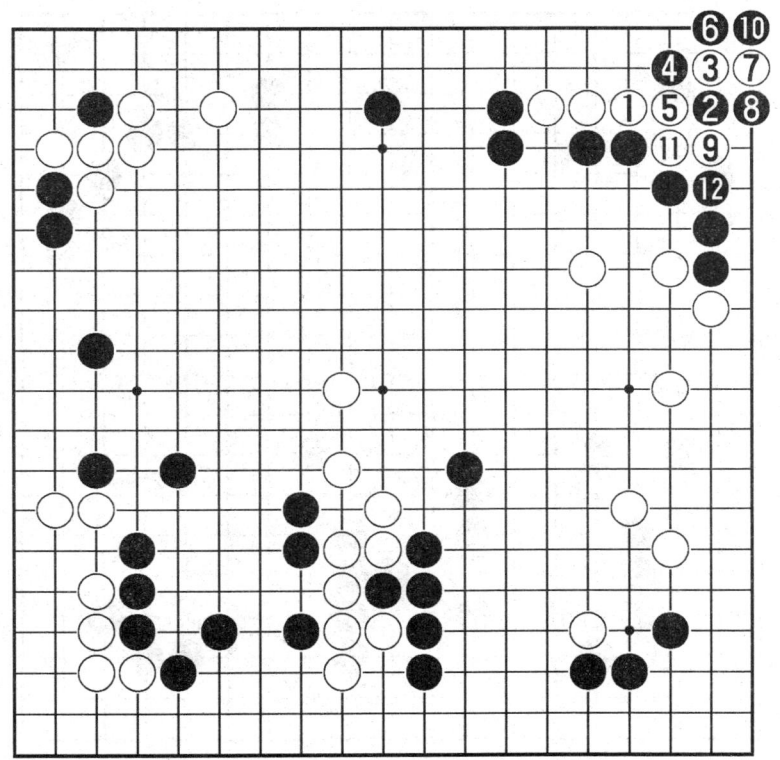

图 4（很难接受）：白 1 长也是一种应对。对此黑 2 飞好手，此处黑棋味道虽坏，但白棋刚好无法出棋。白棋如果能利用好此处的味道，那么形势并不坏，但作为人类棋手，此图恐怕也是很难接受吧。

AI时代：围棋名局名手之我见

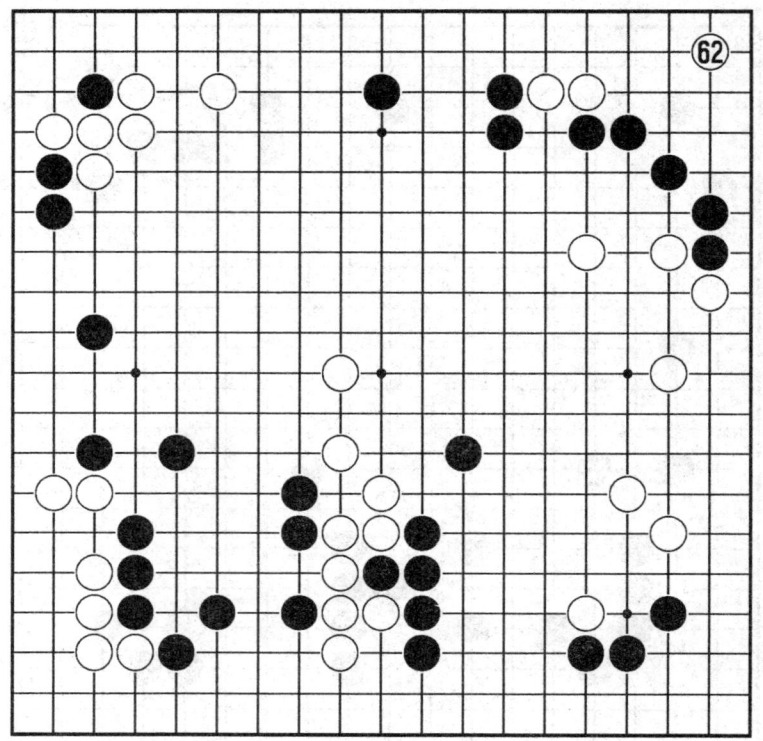

图5（出奇制胜）：实战白62选择二路大飞！此手显然不是常规招法，也许是小林觉看到常规下法都不让人满意，打算出奇制胜。此招暗藏杀机，黑棋稍有不慎就有可能崩盘。

第三局：股掌之间

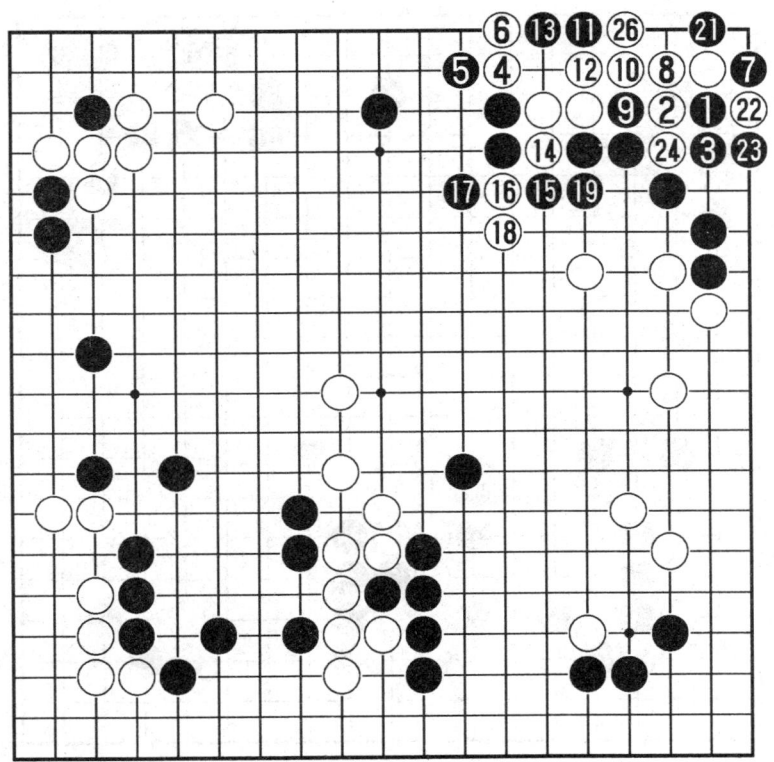

图 6（气的差异）：黑 1 靠是最容易想到的破眼手法，但却正中白棋下怀。白 4、6 是扩大眼位的好手，以下黑棋虽然能把白棋整成不活，但对比图 3 我们就可以看出两图在气上的差异，本图黑棋不行。

AI时代：围棋名局名手之我见

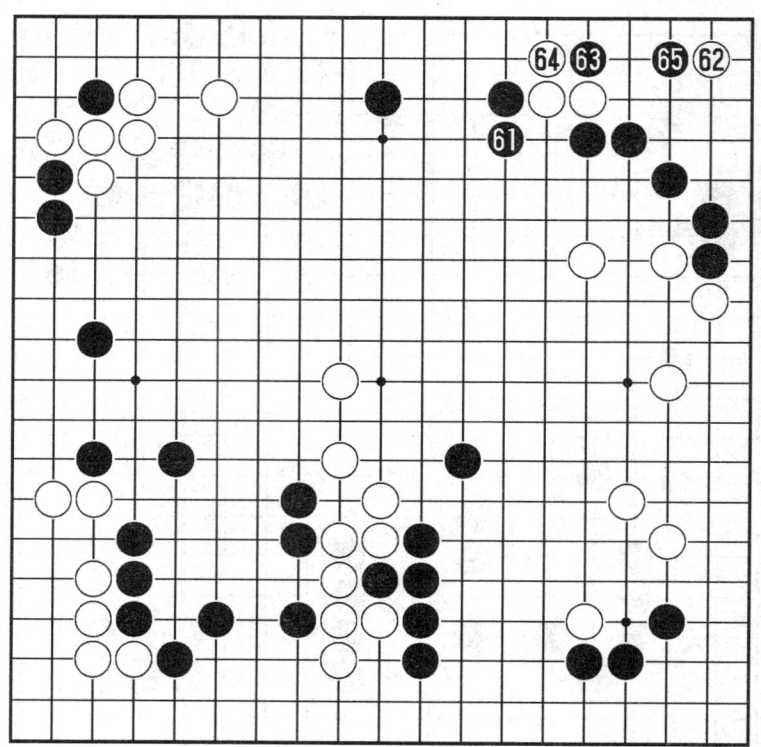

图7（精妙绝伦）：就在小林觉沉浸在上图的构想中时，黑63托犹如当头一棒，一下就打醒了白棋。黑63、65堪称精彩绝伦的手筋！更难想象的是黑棋在59压的时候居然就已经预见了本图的出现。此时小林觉意识到，其实白棋一直被黑棋玩于股掌之间，但为时已晚。

第三局：股掌之间

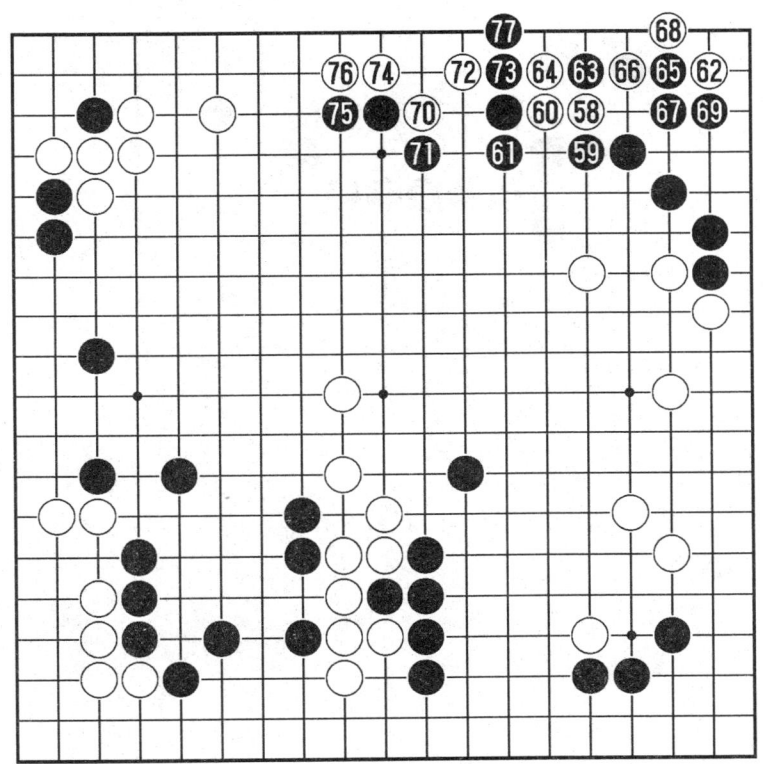

图 8（豁然开朗）：黑棋下出妙手之后，局面豁然开朗。眼看局部没有活路，白 70 以下只能在外围寻求便宜，但黑 71 以下简明应对，白棋右上角损失太大，黑棋优势。

29

AI时代：围棋名局名手之我见

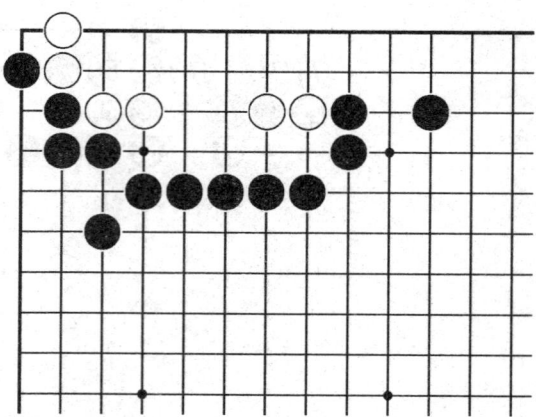

图9（死活）：最后给读者留个作业，此时黑棋怎么下才是局部最佳？

第四局：打二还一

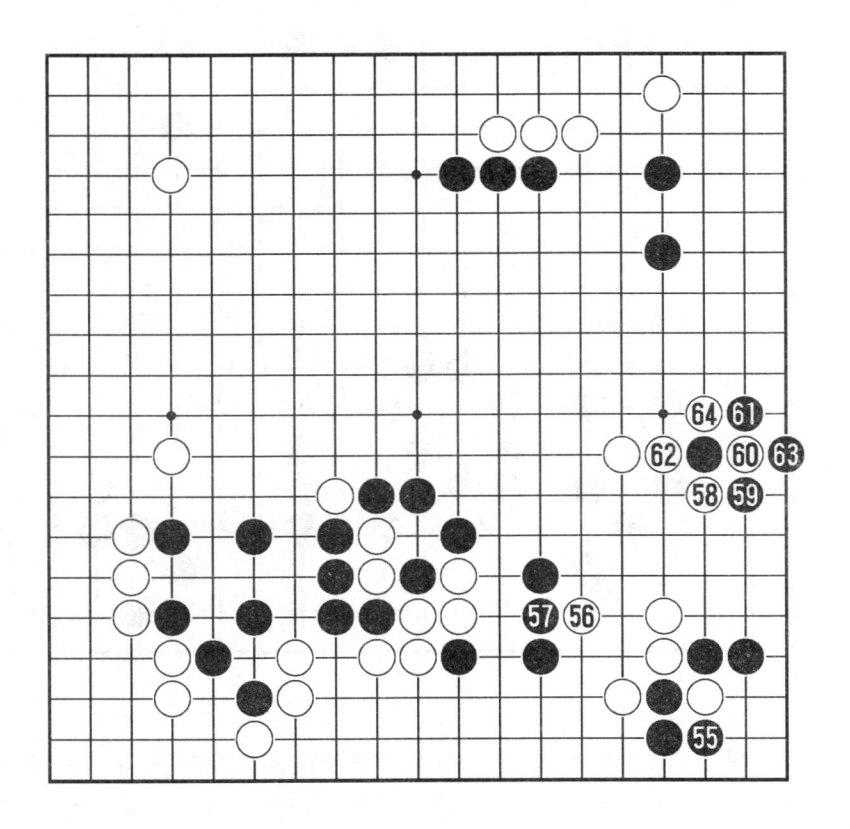

本谱取材于韩国第二十九届名人战，刘昌赫执黑对柳才馨的对局。刘昌赫作为早年的韩国四大天王之一，一直享有"天下第一攻击手"的美誉。他属于才华型棋手，攻击时手段多样，经常让人感觉眼花缭乱，本局就是他的代表作之一。右边白58以下看似正常的治孤，但嗅觉敏锐的刘昌赫却马上察觉此处暗藏的杀机，一场屠龙大戏即将上演！

AI时代：围棋名局名手之我见

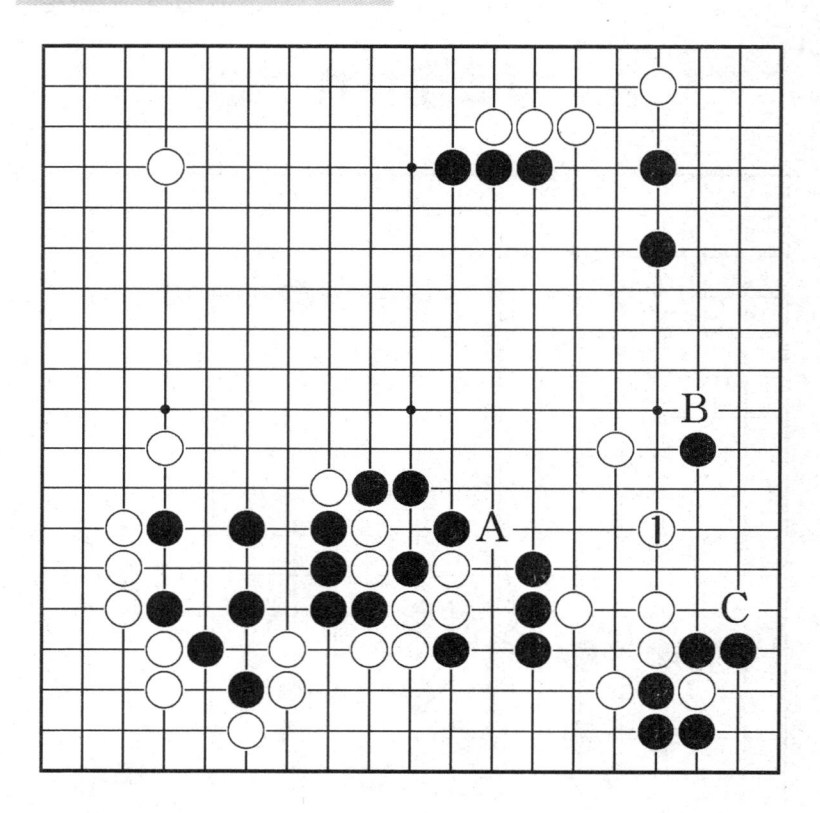

图 1（简明处理）：由于在左下角的战斗中白棋获得了很多实地，白棋此时只需要像白1这样简单治孤即可确立优势。由于有白棋 A、B、C 等多条治孤路线，所以黑棋很难真正威胁白棋，这个局面黑棋实空落后很多，却没有攻击的头绪，十分难下。而实战中白棋寄希望于黑棋二路粘上，显然是小瞧黑棋的攻击力了。

第四局：打二还一

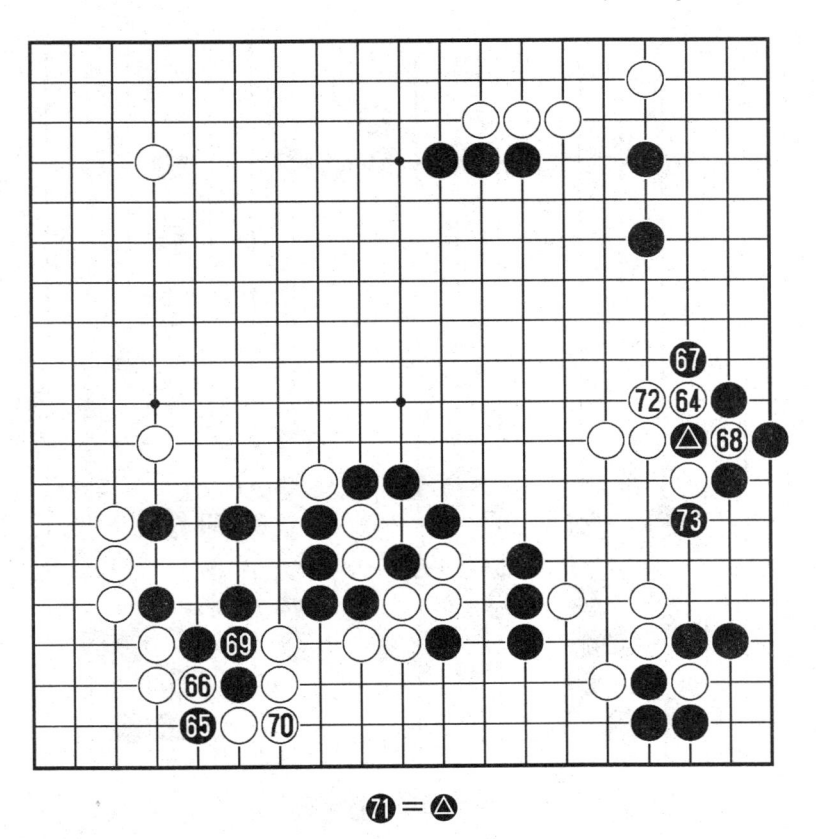

⑦ = △

图 2（制造劫材）：实战黑 65 先扳机敏！黑棋的目的就是制造出黑 69 这枚绝对的劫材。由于劫材不利，白 72 只能粘上忍耐，当黑 73 继续欺凌白棋时，白棋整块已经变得十分滞重。此时，黑棋在中腹的厚势才真正开始发挥威力。

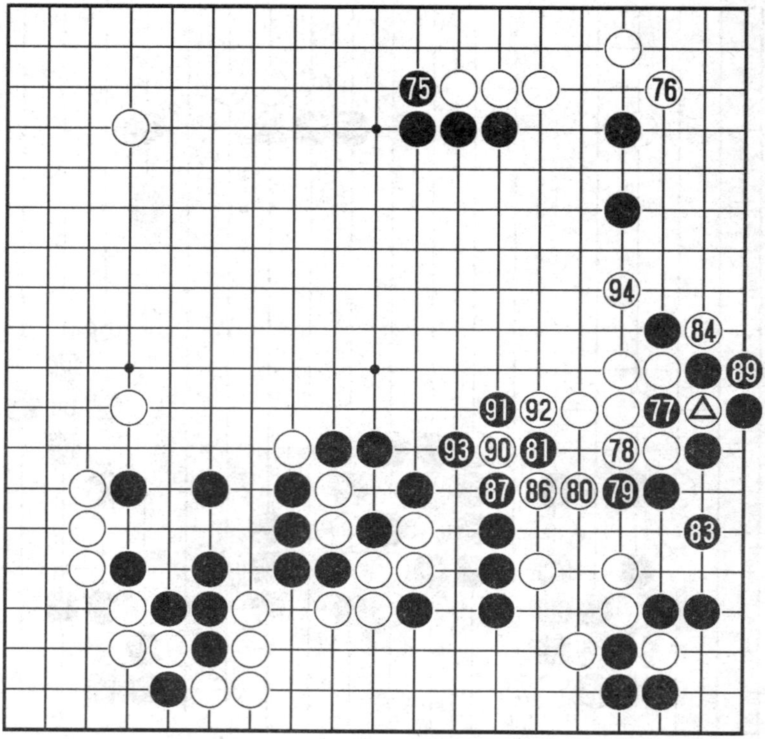

㉜㊳＝△　㊵＝㉗

图 3（并不困难）：接上图，在将白棋打重之后，黑 79、81 是凶狠的攻击。白棋于 90 位断是局部的手筋，争到先手后跳到 94 位，白棋的治孤似乎并不困难。

第四局：打二还一

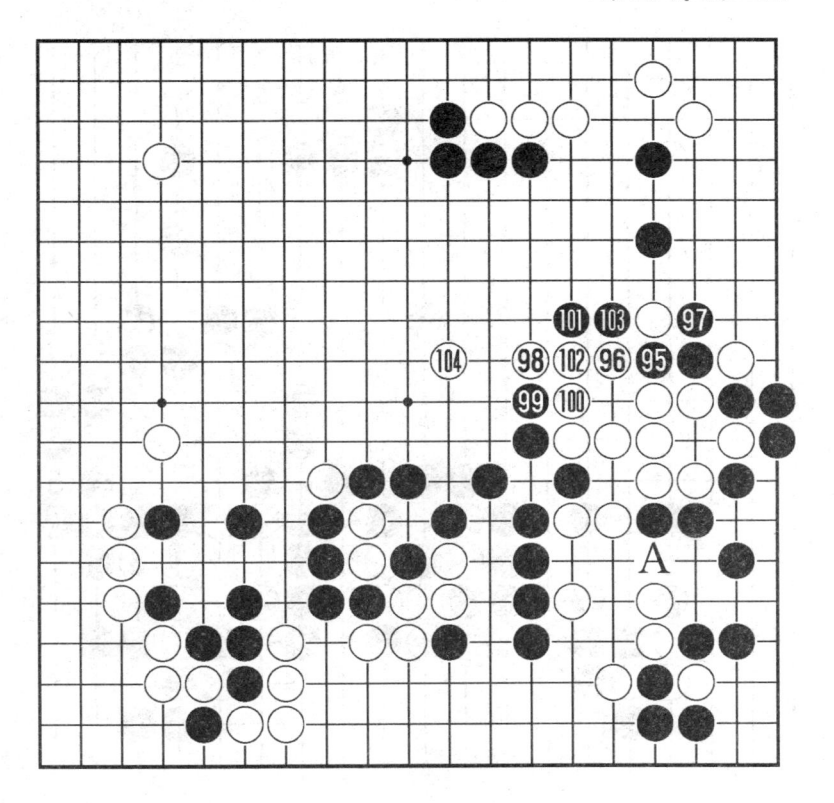

图 4（成功？）：接下来的招法基本上是必然，白棋确保中央的眼位后再于 104 位"从容出头"。由于右下 A 位一带暗藏眼位（右边黑有接不归），白棋的治孤似乎已经取得了成功。或许此时柳才馨已经开始判断治孤成功后的形势了。

AI时代: 围棋名局名手之我见

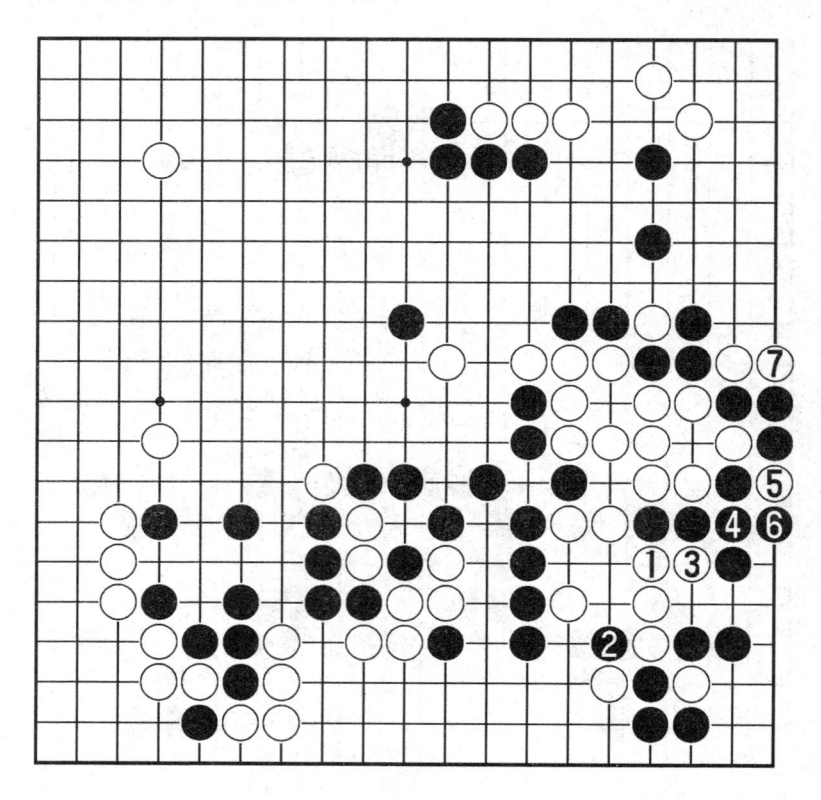

图5（致命劫争）：先来看看右边的变化，一旦中腹无法出头，白会选择如图顶住，当黑2破眼时，白3以下可以吃黑棋接不归。虽说是打劫，但此劫黑棋太重且白有无数本身劫，此图黑棋断然不行。

第四局：打二还一

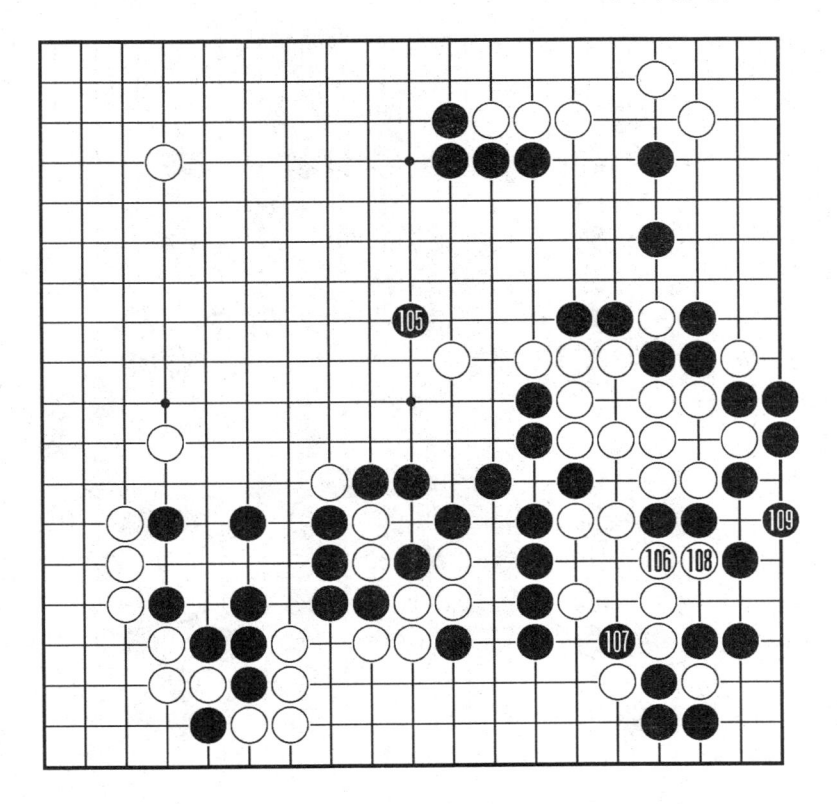

图 6（谜底揭晓）：实战黑 105 仍然奋力罩杀！看到这手估计不仅是看棋的我们，就连柳才馨也是一头雾水吧。白 106 以下是预定的计划，黑 107 仍然破眼，当白 108 打吃时，黑 109 终于亮出了底牌！仿佛一出戏已经演到了高潮却戛然而止，估计柳才馨此刻的心态已经被这手打二还一彻底摧毁了。直到此时，我们才真正明白刘昌赫策划了怎样的一场屠龙大戏，实在是精彩至极！

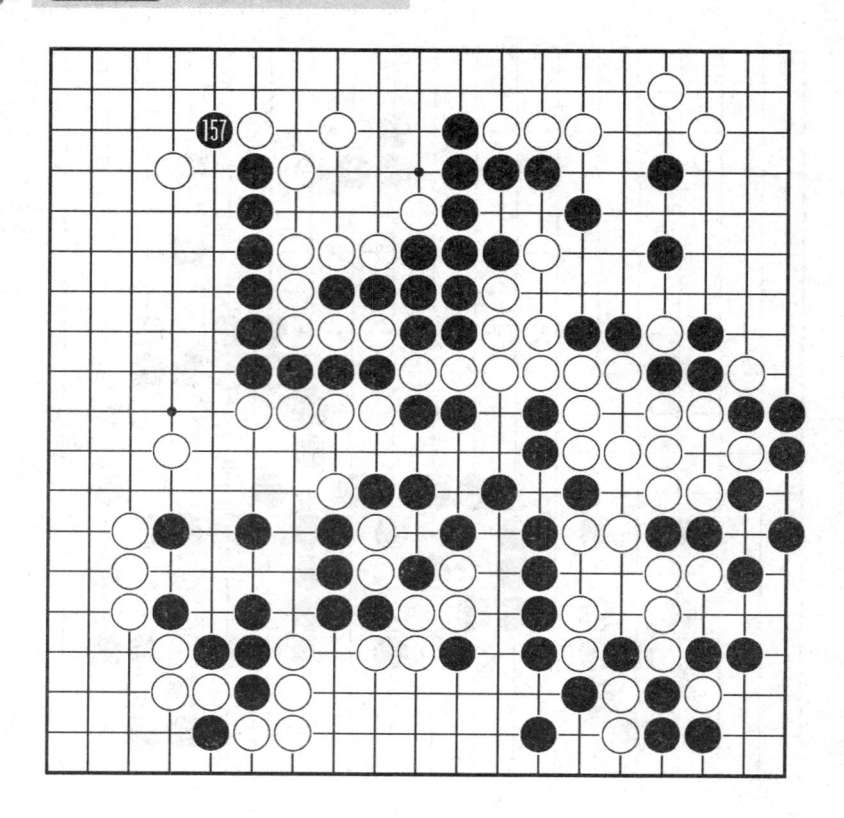

图7（毒刺）：越过高山，前方已是一片坦途。白棋尸横遍野，而右边的黑棋棋形就像一根毒刺，深深地刺入白棋的要害。

第四局：打二还一

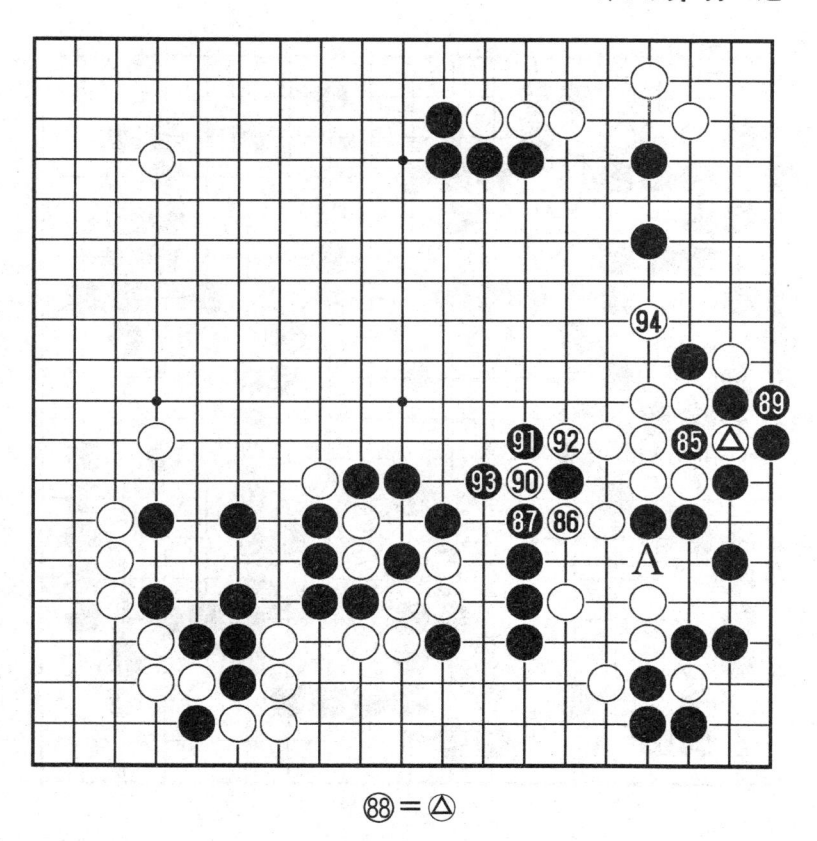

⑧⑧=△

图 8（细思极恐）：回想当初，难道刘昌赫早在那个时候就已经发现了白棋 A 位顶不是先手？真是细思极恐，刘昌赫真不愧是天才型杀手啊。

39

AI时代：围棋名局名手之我见

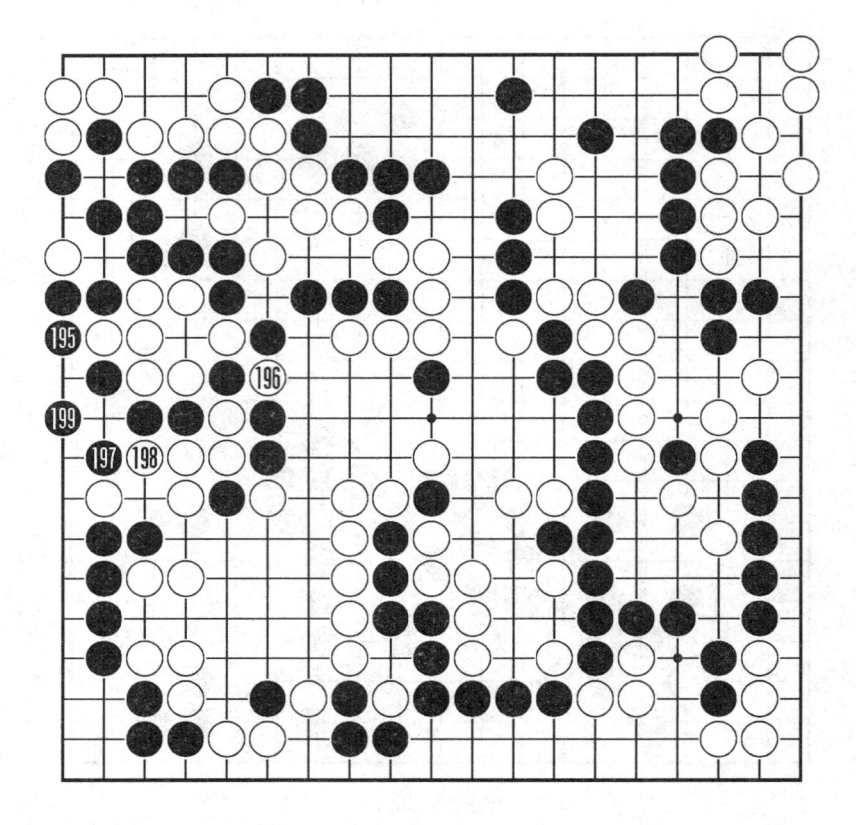

图 9（致敬经典）：多年以后的 2013 年三星杯，唐韦星在与时越的半决赛中就完美复刻了当年刘昌赫的妙手，向经典致敬！

第五局：引征三连击

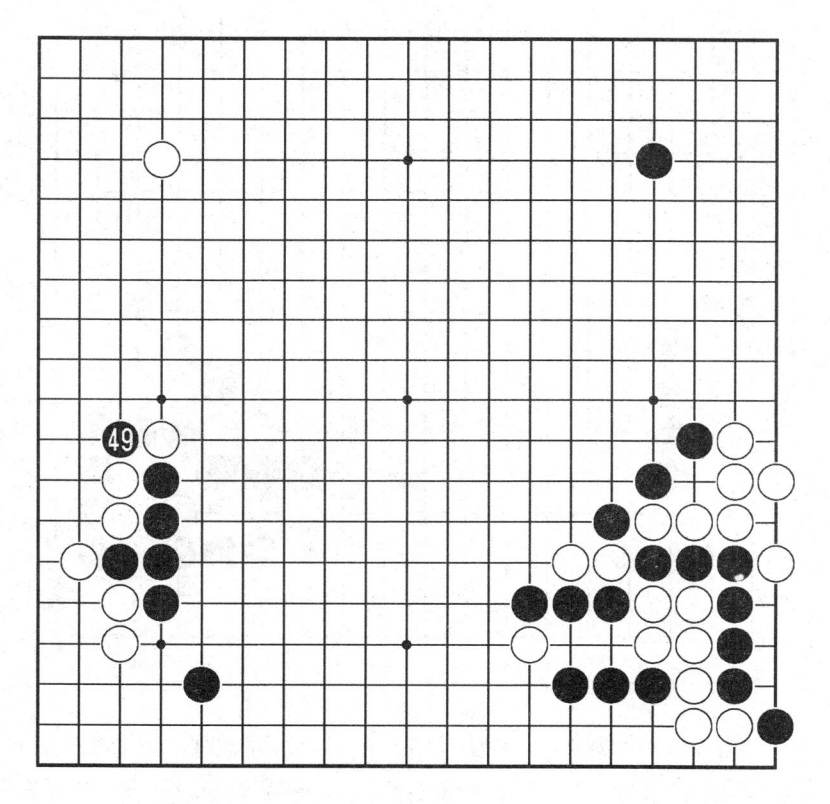

本谱取材于1995年韩国第26届名人战李昌镐执黑对梁宰豪的对局。当时的李昌镐尽管只是七段棋手，却已经是足以和曹薰铉媲美的韩国天王级人物。梁宰豪是韩国著名的中坚棋手，也有过非常亮眼的成绩，但这盘棋，他却不幸沦为"昌镐三引征"的背景板。黑49断是令人吃惊的一手，由于左边并没有黑棋的接应，此手通常会被认为不成立，但在此局面下，此手却发出了耀眼的光芒（请注意右下角的征子）！

AI时代：围棋名局名手之我见

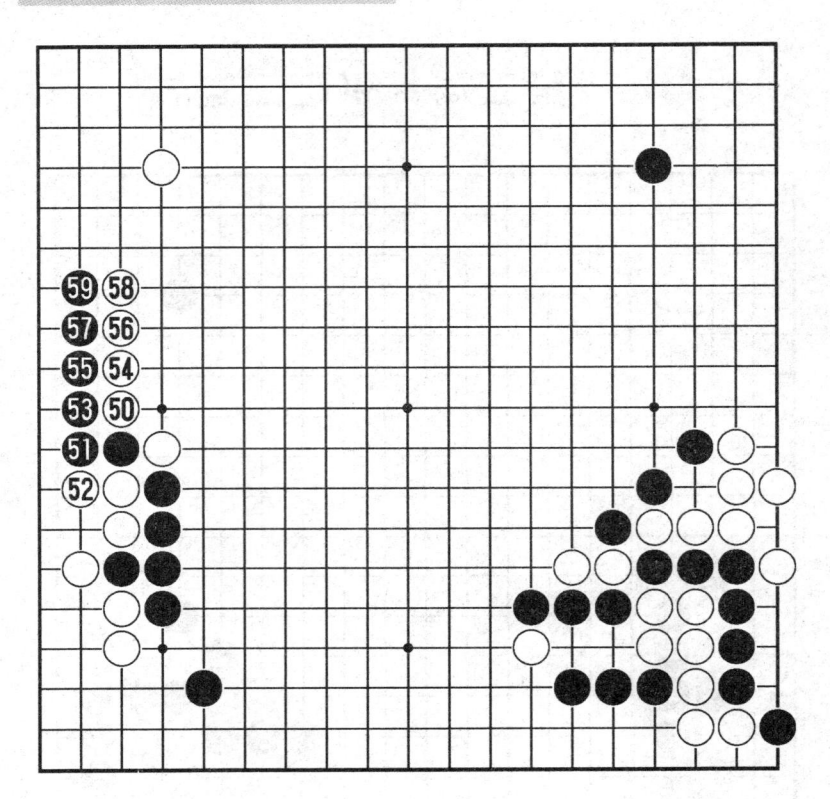

图1（爬二路?）：实战白50打是正常的应对，黑棋爬了一串二路看似不知所云，殊不知白棋已经落入黑棋精心设计的陷阱！从结果来看，白50堪称本局的败着，可在当时又有谁能想到呢。

第五局：引征三连击

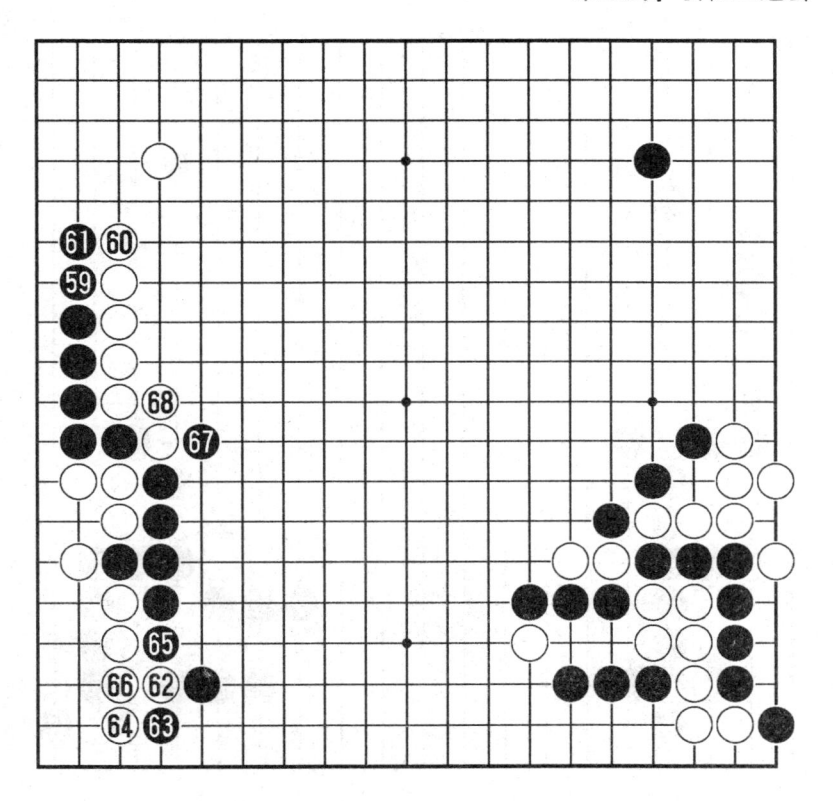

图 2（拿准心理）：接上图，当黑 61 继续爬时，由于再跟着应左下角就会有危险，白 62 选择了尖顶做活，这也是正确的选择。此时，黑棋直接动手也可以，但少年李昌镐已经拿准了对方的心理，黑 67 打要求再便宜一手（此手存在被对手脱先的风险），而白 68 麻木的应对彻底将自己推入深渊。

AI时代：围棋名局名手之我见

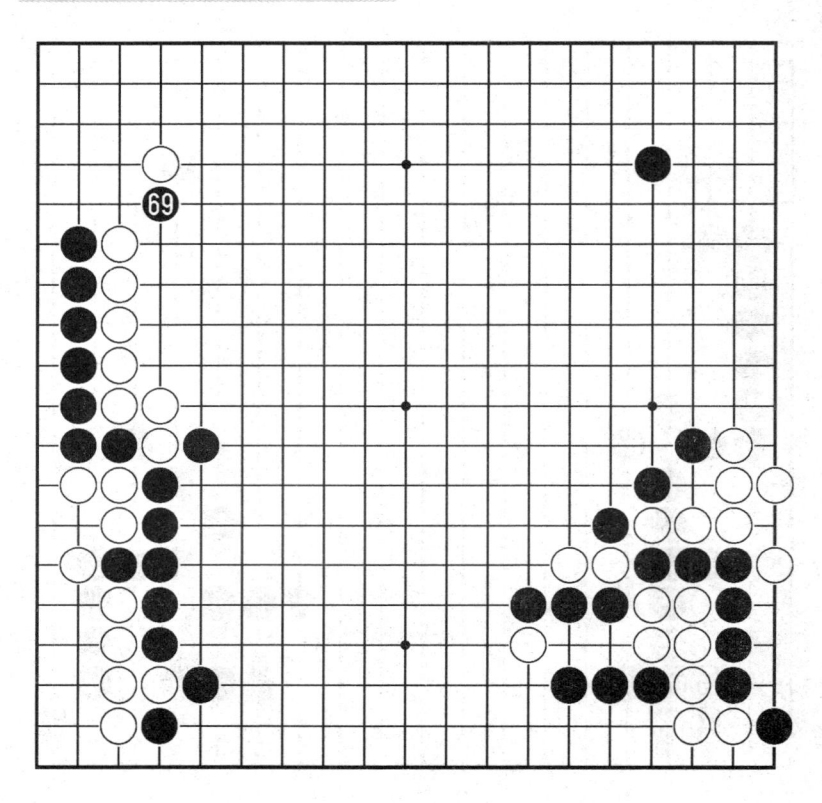

图3（第一引征）：黑69堪称石破天惊！此时梁宰豪方才明白左边黑棋一串二路爬的真正目的，可惜为时已晚。更加悲催的是，白棋的苦难才刚刚开始。

第五局：引征三连击

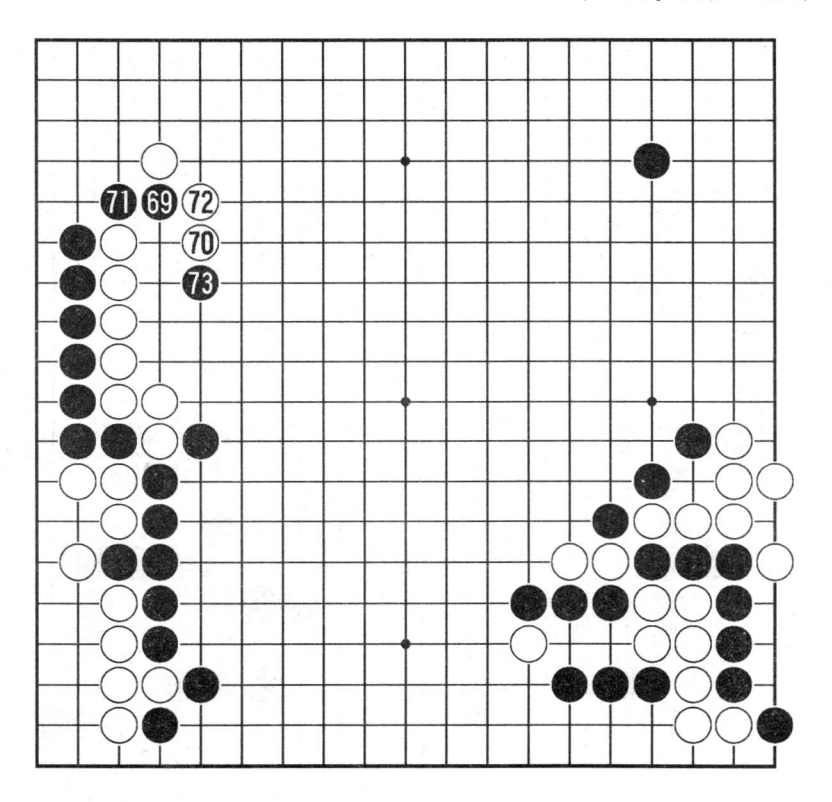

图 4（第二引征）：由于实在无法忍受被黑棋直接穿通，所以白70选择迂回退让。但在黑棋凌厉的引征攻势下，此举无异于用纸来包火。就在白棋以为能喘口气时，黑73又展开了第二波攻势，白棋内心的煎熬可想而知。

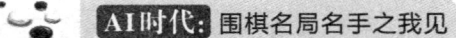

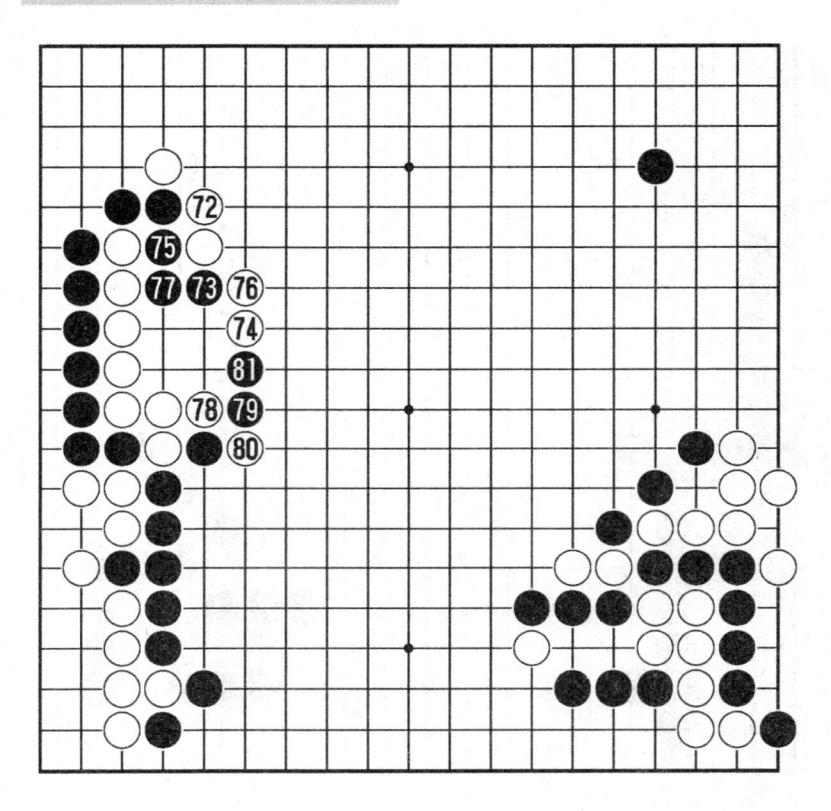

图 5（第三引征）：迫不得已，白 74 以下只能选择继续妥协，但黑 79 扳得理不饶人！而接下来的黑 81 顶给这场引征大戏做了圆满的收场。白棋的心理防线被彻底击溃了。

第五局：引征三连击

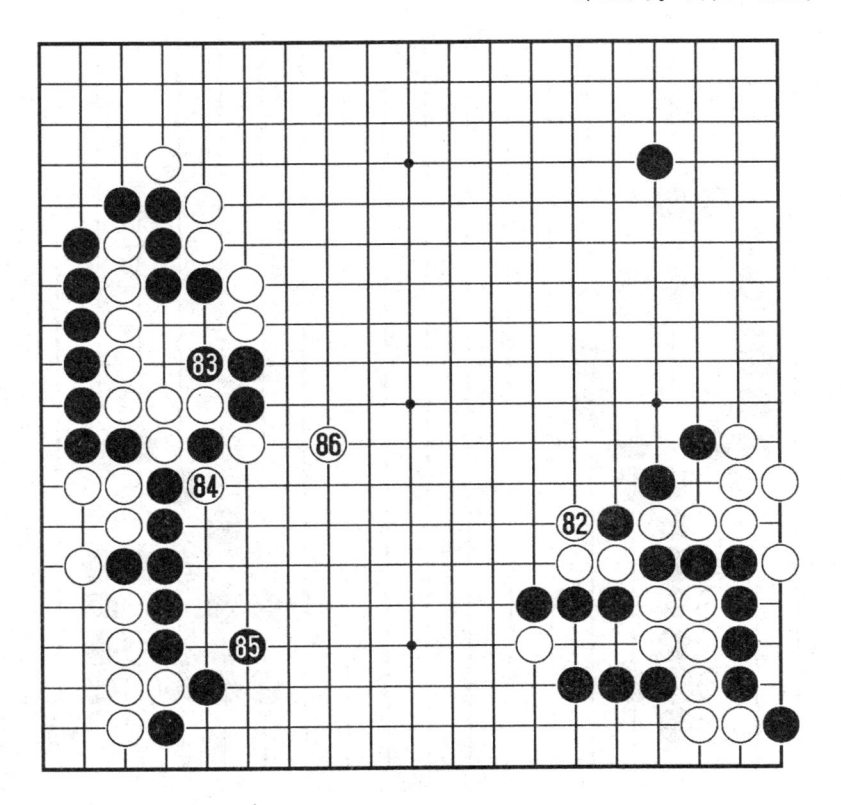

图 6（割裂白棋）：无路可走之时，白 82 只能回头除掉这个一直长在白棋身体上的毒瘤，黑 83 得以先手割裂白棋，回想当初白棋的那道外势，此战役无疑是白棋大亏。

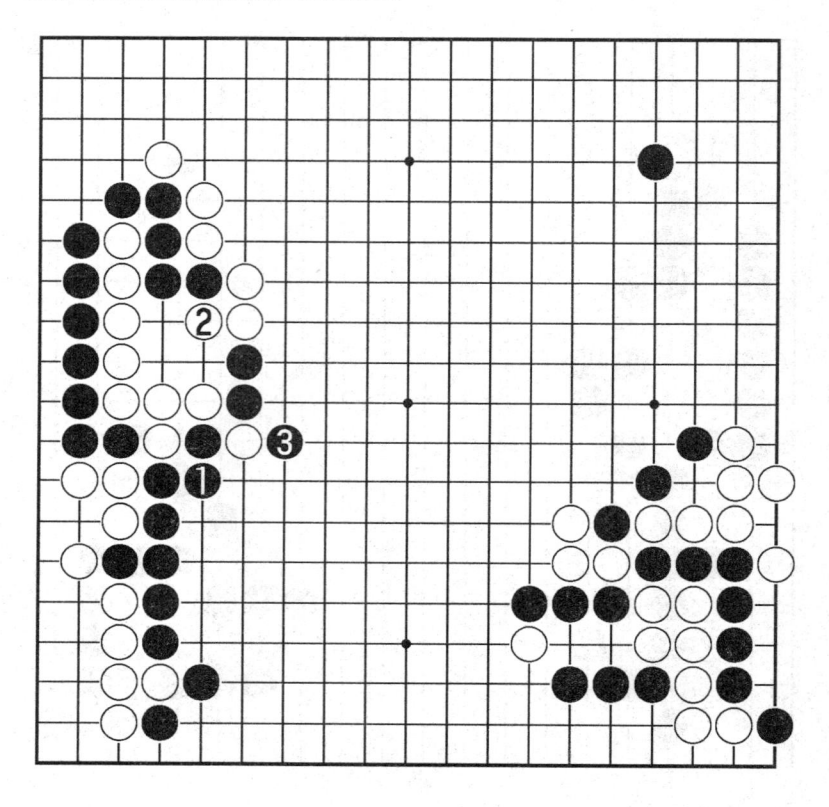

图 7（更好）白 82 补棋时，黑 1 粘上其实效果更好，此时白棋只能单官连回。

第五局：引征三连击

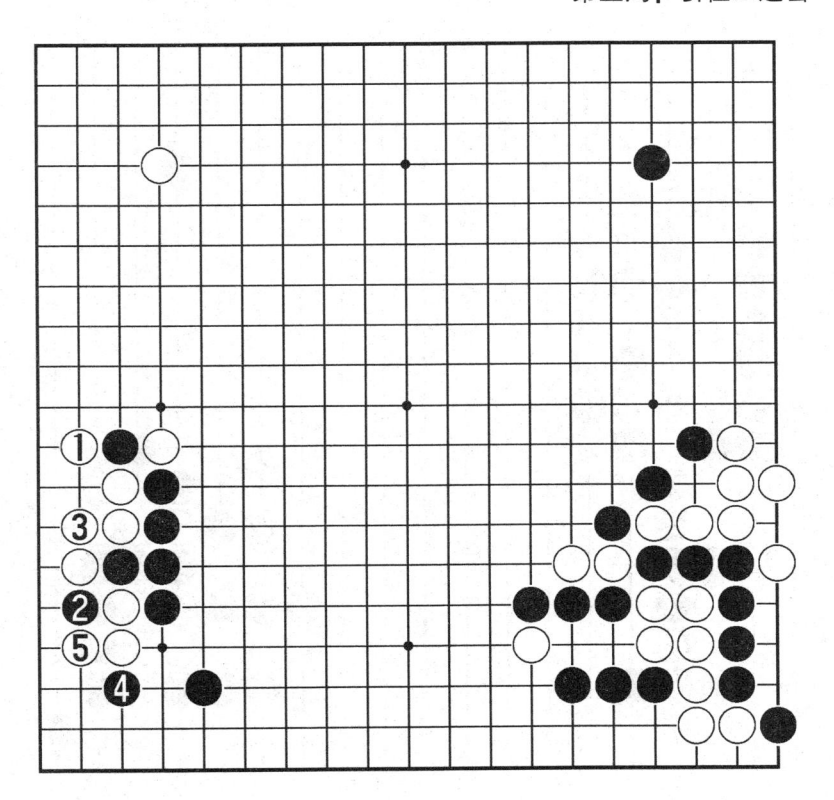

图 8（难下决心）：回头来看，当黑棋断时，白棋还是选择白 1 二路打为好，不过除非能事先知道实战的结果，否则恐怕任何人都难下此决心吧。

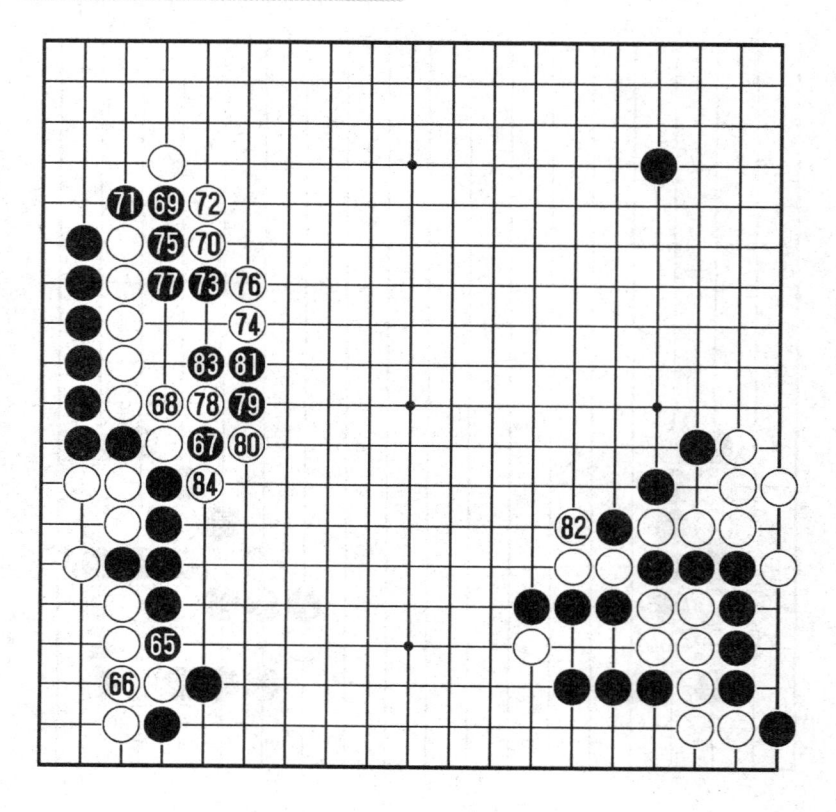

图9（经典）：最后，我们一起来欣赏一下李昌镐精彩绝伦的三连引征，此构思足以媲美当年的"丈和三妙手"，足以流芳百世。

第六局：致命嗅觉

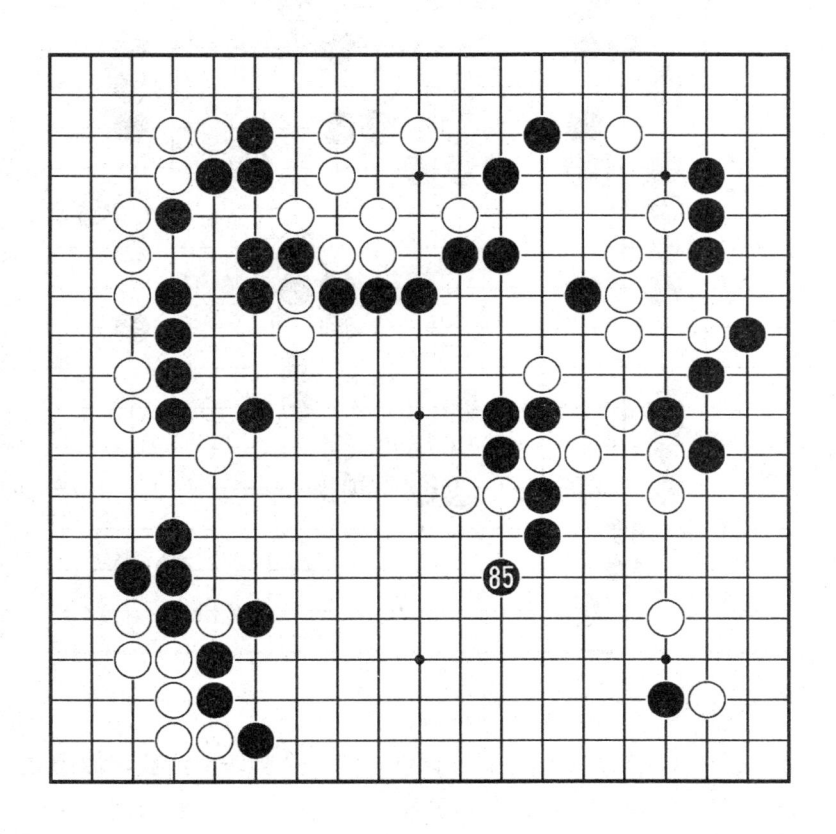

本谱取材于 2012 年围甲联赛，孔杰执黑对范廷钰的对局。彼时的范廷钰只有 16 岁，但凭借出色的战绩以及老练的棋风已经有了"小石佛"的美誉，他的棋防守稳固，反击犀利，很有当年坂田荣男的风采。此时白棋实空领先，但中腹两子却面临黑棋的围攻，白棋能否全身而退成了本局胜负的关键。且看少年范廷钰的表演！

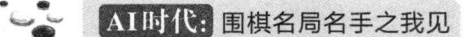

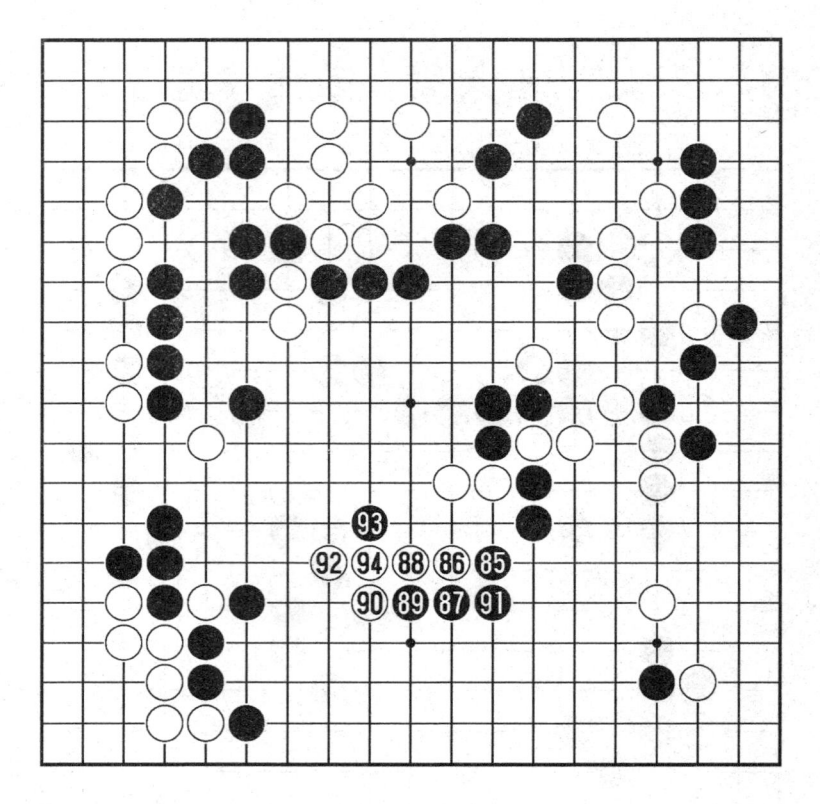

图 1（闲庭信步）：白86以下一步一个脚印地治孤，似闲庭信步，显示了年轻人对自己治孤能力强烈的自信。要知道此时白棋完全可以选择更从容的处理方法，但范廷钰仍然选择了近乎"一毛不拔"的治孤。不知道此时此刻，作为中国围棋上一代领军人物的孔杰心中有何感想。

第六局：致命嗅觉

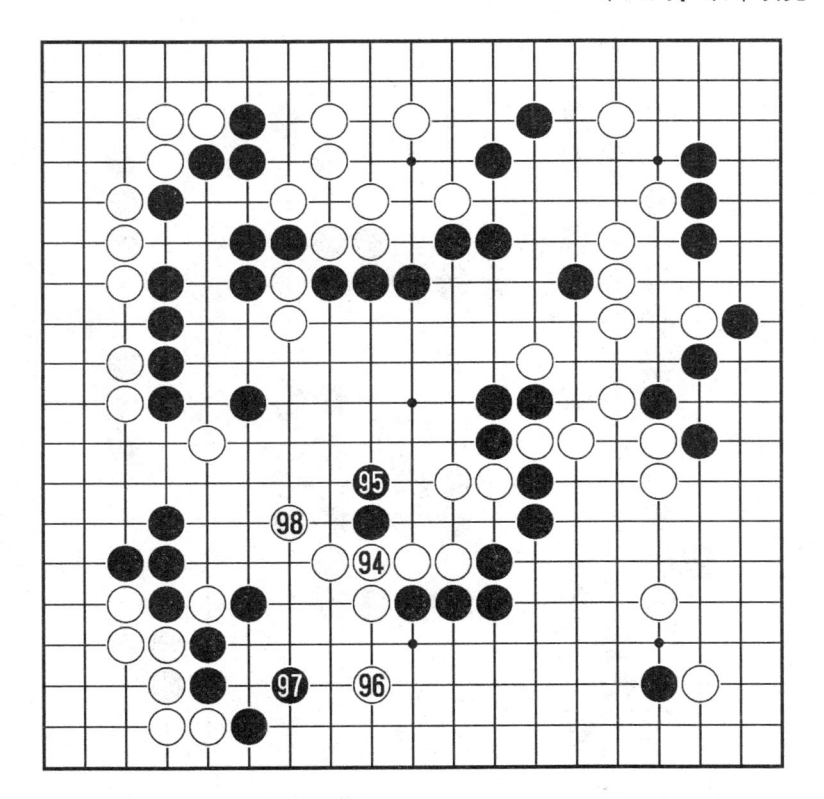

图2（今非昔比）：熟悉孔杰的棋友恐怕对黑95并不会感到陌生，要知道两年前孔杰就是靠这招在LG杯决赛中击败了李昌镐！可惜今非昔比，白96、98简单处理，黑棋已然不好强杀。回头来看，黑95更像是表达一种不甘，一种对自己时代即将结束的不甘。

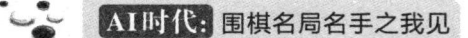

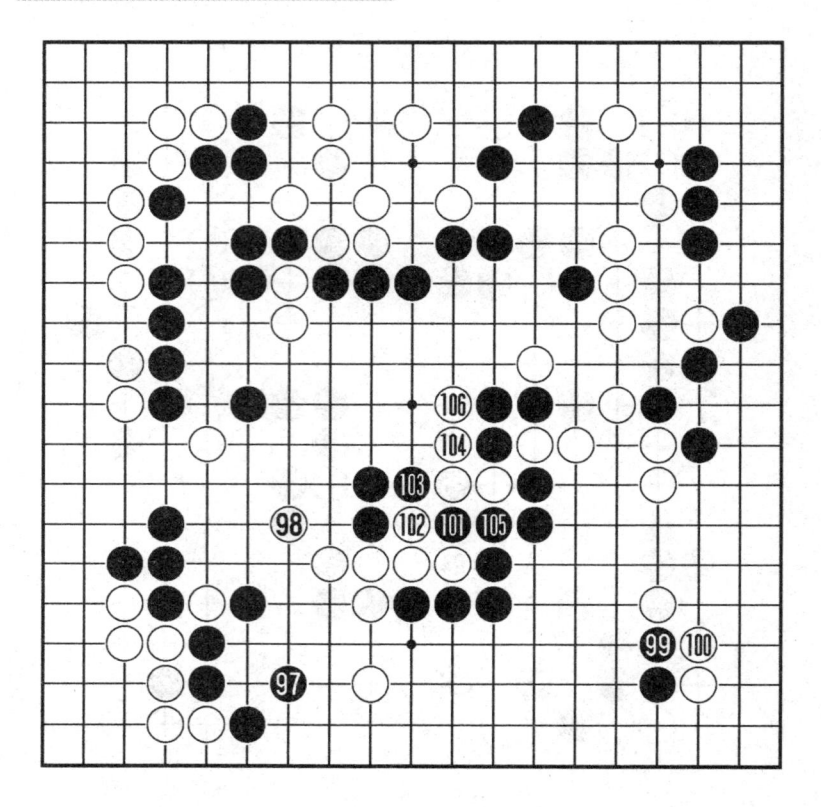

图3（胸有成竹）：眼见强杀困难，黑101改变思路，希望能把白棋打成愚形。但面对前辈的妥协，范廷钰丝毫不给面子，白104、106竟然敢在黑棋子力众多的地方跟黑棋决战！白棋看似危险，但范廷钰早已胸有成竹。恍然之间，我们仿佛看到了16岁李昌镐的影子，尽管羽翼未丰，但心中已有四海，眼前尽是绝巅。

第六局：致命嗅觉

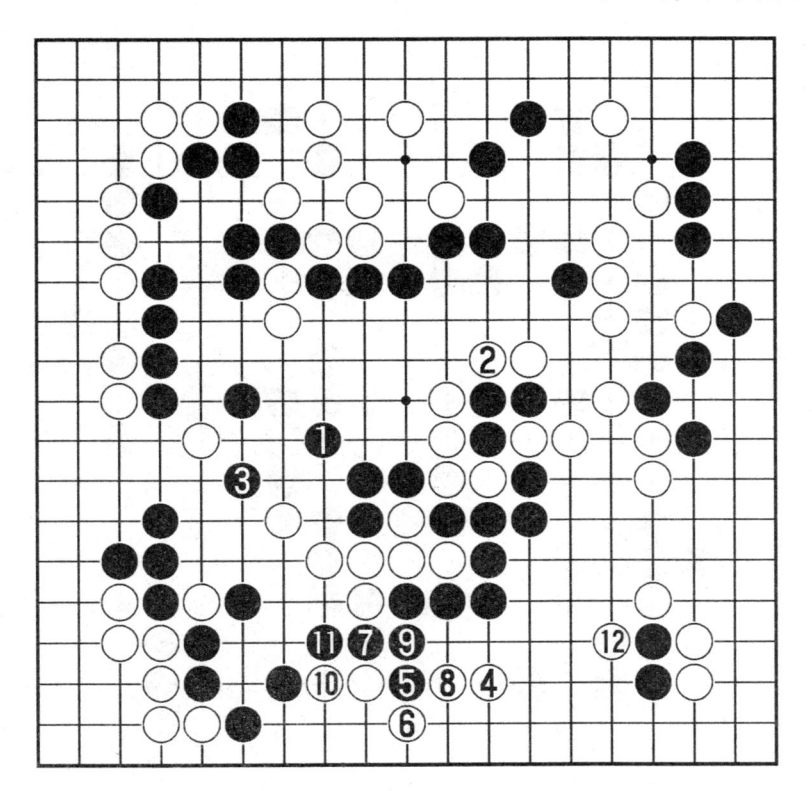

图 4（得不偿失）：客观来说，此时黑棋是有杀棋的机会的。黑 1 小尖是局部最强抵抗，对此白 2 肯定先把三子收下，以下黑棋虽能把白棋吃住，却要付出下边实地被占的代价，如果再考虑到中央黑棋的损失，此转换黑棋显然是得不偿失。

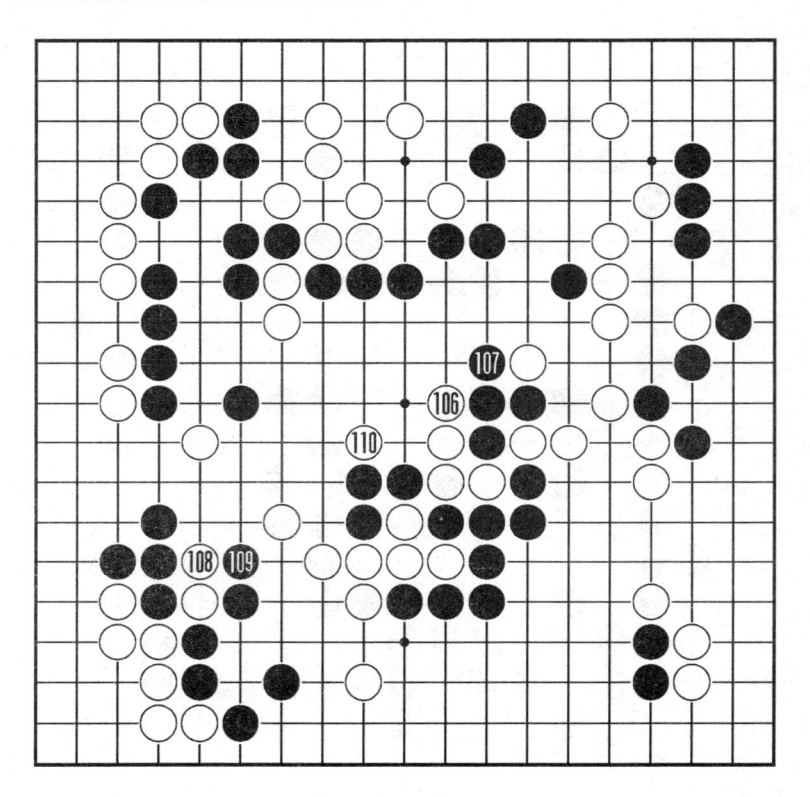

图 5（闪耀的妙手）：说起孔杰的计算力，曾经也是棋界数一数二的存在，但这一回，黑107是真的误算了。白108、110是极其精彩的组合拳！在我眼里，这两步堪比那些在围棋史上闪耀的妙手！从这两步棋我们也可以看出，在网络对弈中成长起来的"90后""95后"棋手他们究竟强在何处。换位思考一下，即使是曾经的"聂马"，在紧张的实战中也不见得能很快下出这样精彩的招法。

第六局：致命嗅觉

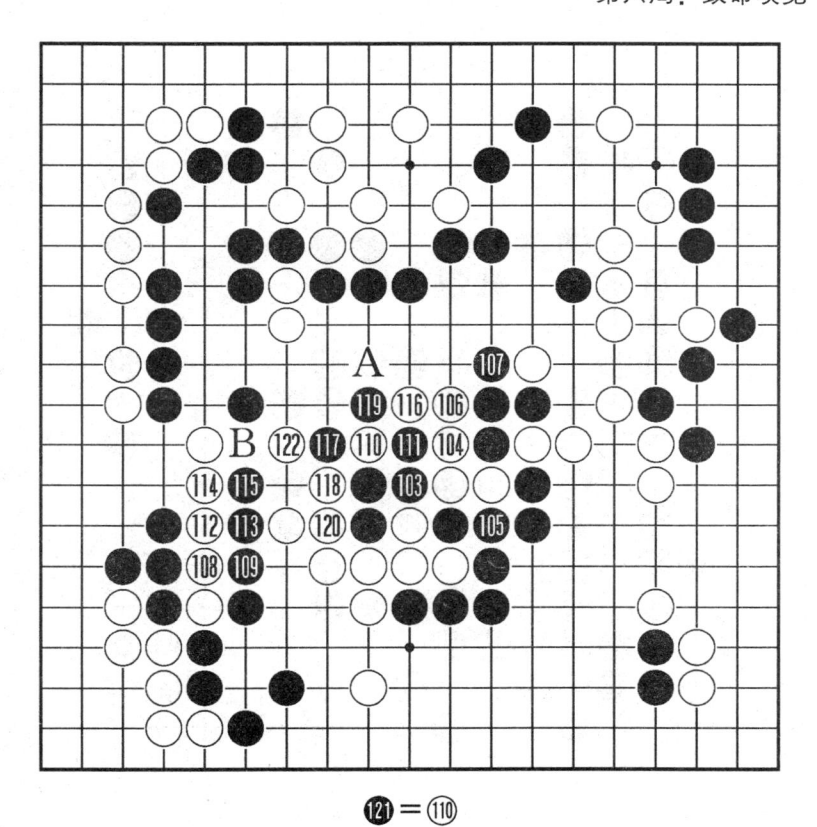

㉑=⑩

图 6（崩溃）：接下来的变化并不复杂，由于此处黑棋的气实在太紧，尽管黑棋已经拼尽全力，仍然无法阻止自身的崩溃。下至白 122 扳，黑棋对 A、B 两处已经无法两全，对比当初白棋的处境，不禁让人感慨围棋的残酷。在这个年代，计算就是王道！

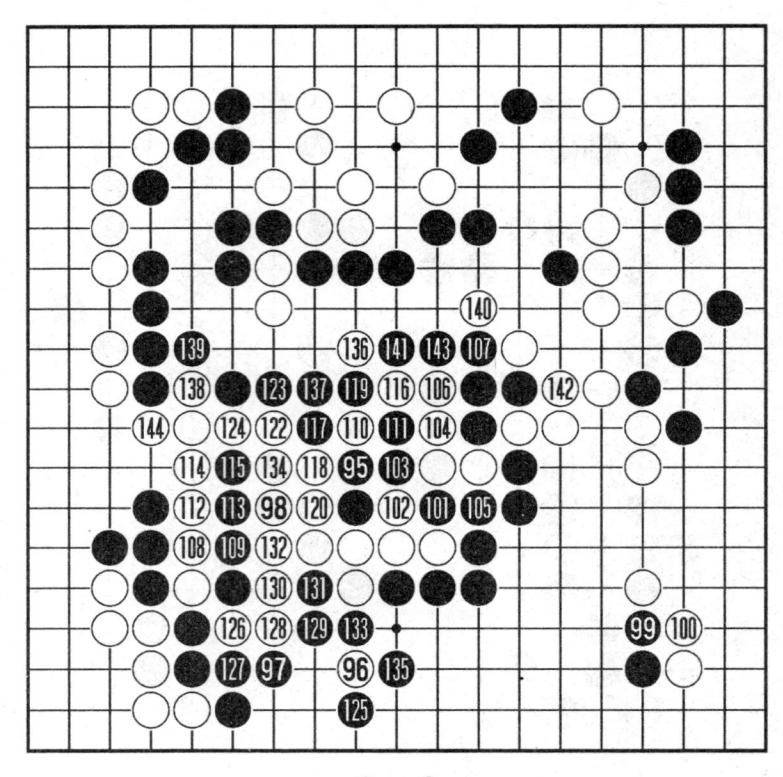

图7（大败终局）：这是最终的场面，很难想象白棋最后竟然能鲸吞黑棋左边，甚至白140、142还能在黑棋的伤口上再撒把盐。面对如此冷静却又如此凶残的范廷钰，曾经无敌于世的孔杰也只能感叹一句"力不从心"。

第六局：致命嗅觉

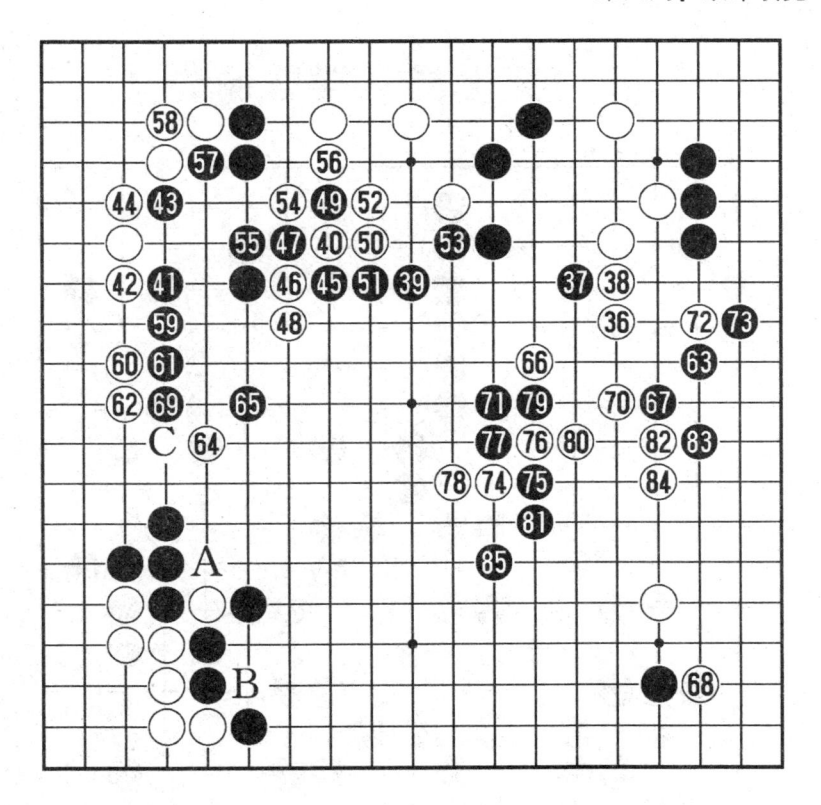

图8（嗅觉敏锐）：回头来看，白棋之所以敢像实战那样治孤，除了对治孤的自信，更多的还是因为黑棋的包围圈存在A、B、C等处的弱点吧，而在后来的治孤中，白棋正是抓住了黑棋的这些弱点才取得了实战那样辉煌的成果。对棋形弱点的敏锐嗅觉，无疑是"95后"棋手最大的武器。

第七局：凿壁偷光

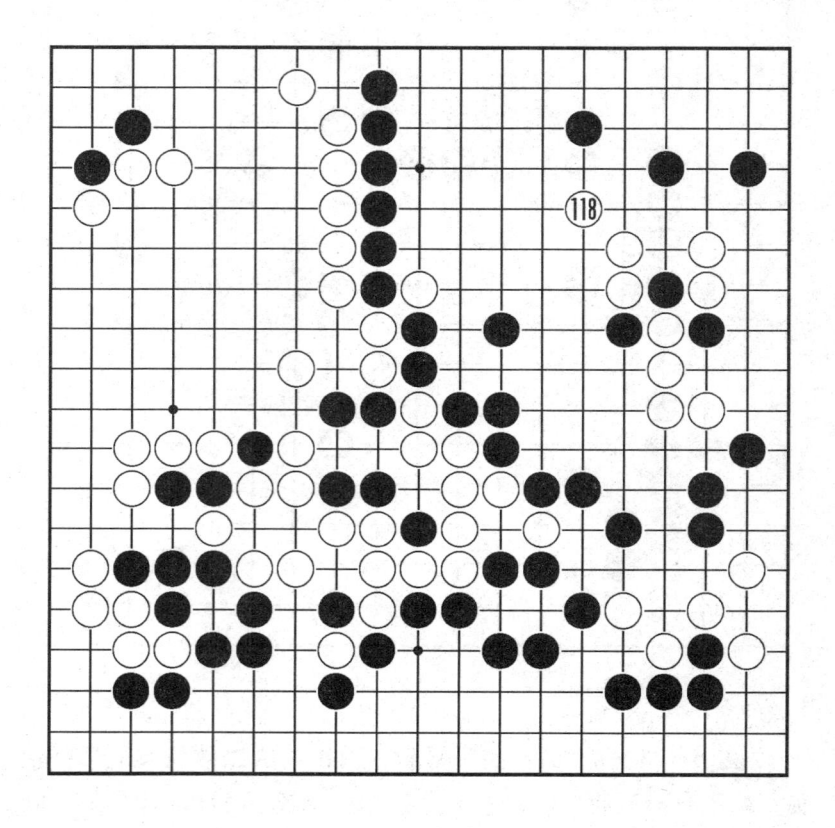

本谱取材于2012年BC信用卡杯8强战，党毅飞执黑对朴永训的对局。党毅飞一直是中国外战成绩最好的棋手之一。本局面对韩国老将朴永训，前半盘一直处于下风，虽然中盘发力吃掉了右下角白棋，但形势仍然不容乐观。当白118小尖破空时，白棋似乎已经看到了胜利的曙光，但此时党毅飞的目光却停留在了棋盘的左上。

第七局：凿壁偷光

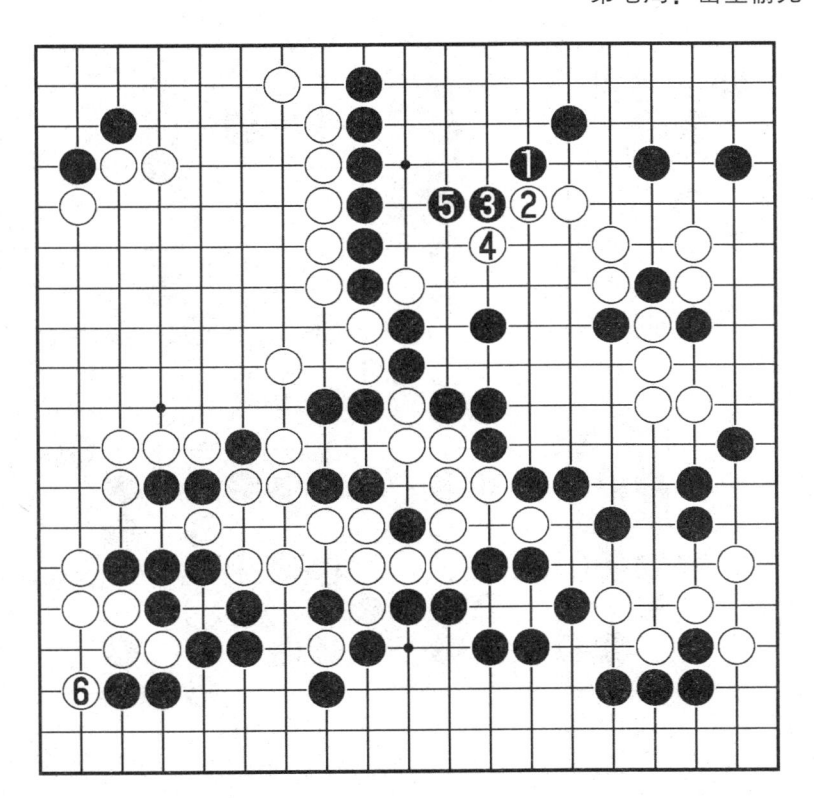

图 1（收官不够）：黑 1 若简单围空，则白棋先手定形后抢到左下角的大官子。仔细点目之后我们会发现白棋的优势已经难以动摇。因此，黑若想争胜就必须在左上角制造纠纷。

AI时代：围棋名局名手之我见

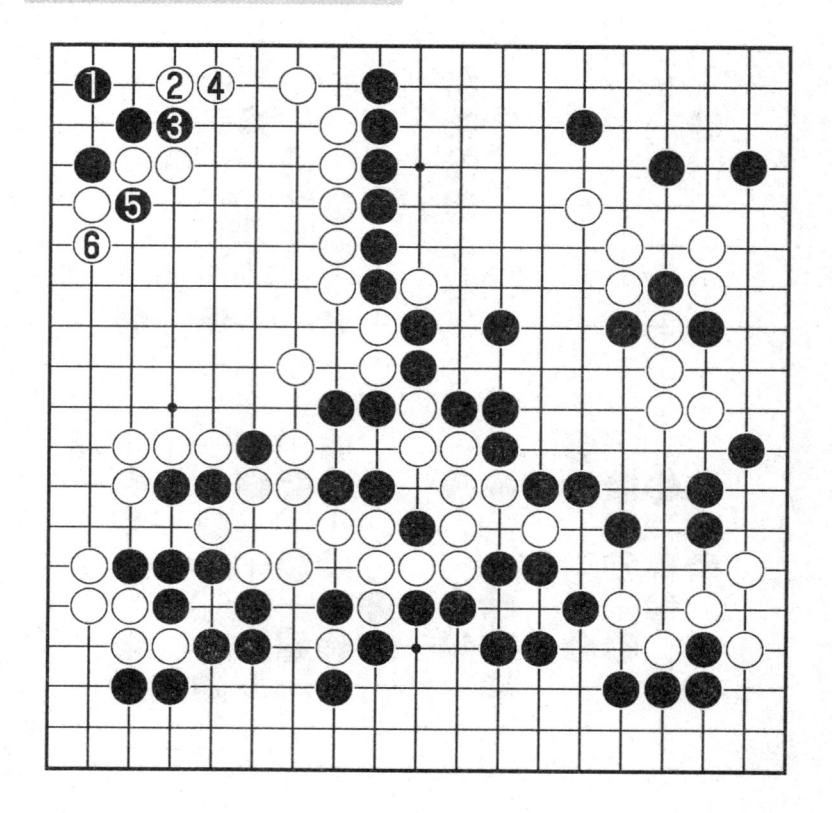

图2（掀不起风浪）黑1虎是局部常见的做劫手段，但无奈白棋周围太厚，白2强杀成立，本图黑棋掀不起什么风浪。

第七局：凿壁偷光

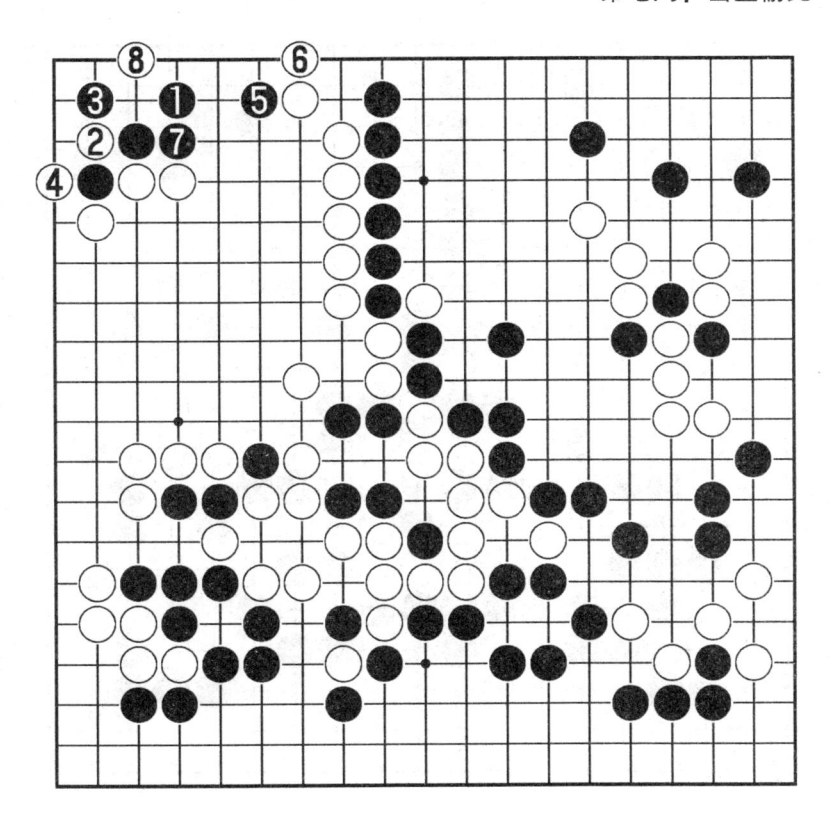

图 3（依然不行）：黑 1 小尖也是容易想到的一手，但此时依然不行。白 2、4 打拔必然。尽管黑 5 拼命扩大眼位，但白 6 立是冷静的杀招，黑棋仍然无法做活。

从以上两图来看，黑棋局部似乎已无办法，要想出棋，必须有妙手！那么党毅飞实战是如何出招的呢？

63

AI时代：围棋名局名手之我见

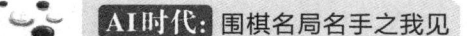

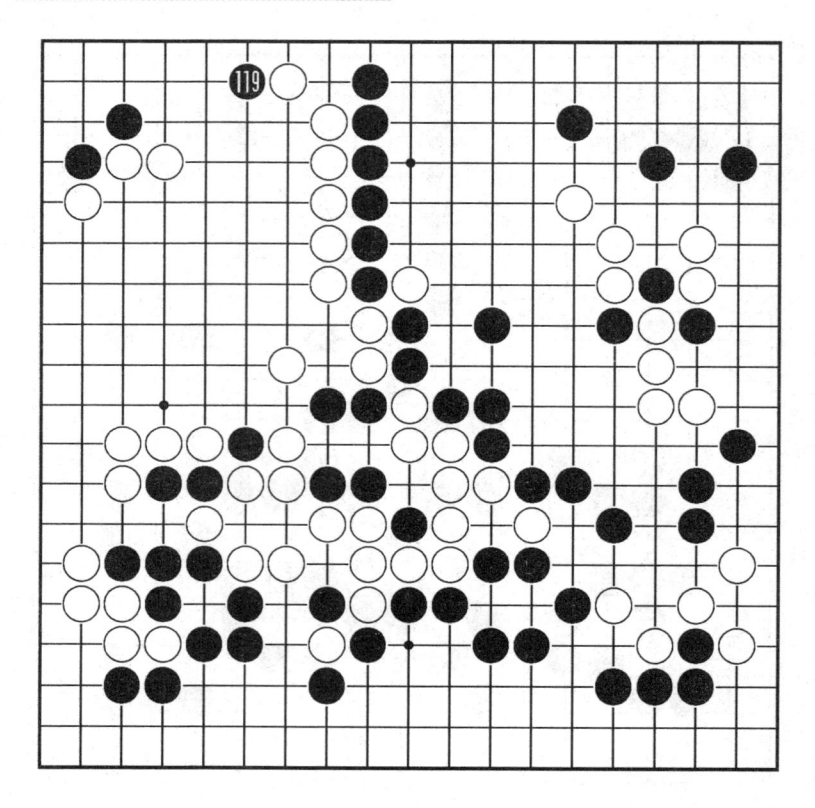

图4（凿壁偷光）：实战黑119靠就是传说中的妙手！此招就像凿壁偷光一样，硬生生地在白棋铁壁上找到了一丝破绽。必须说明的是，早在上边黑棋二路立时，党毅飞就已经看到这里的手段，算路之深远让人感叹。

第七局：凿壁偷光

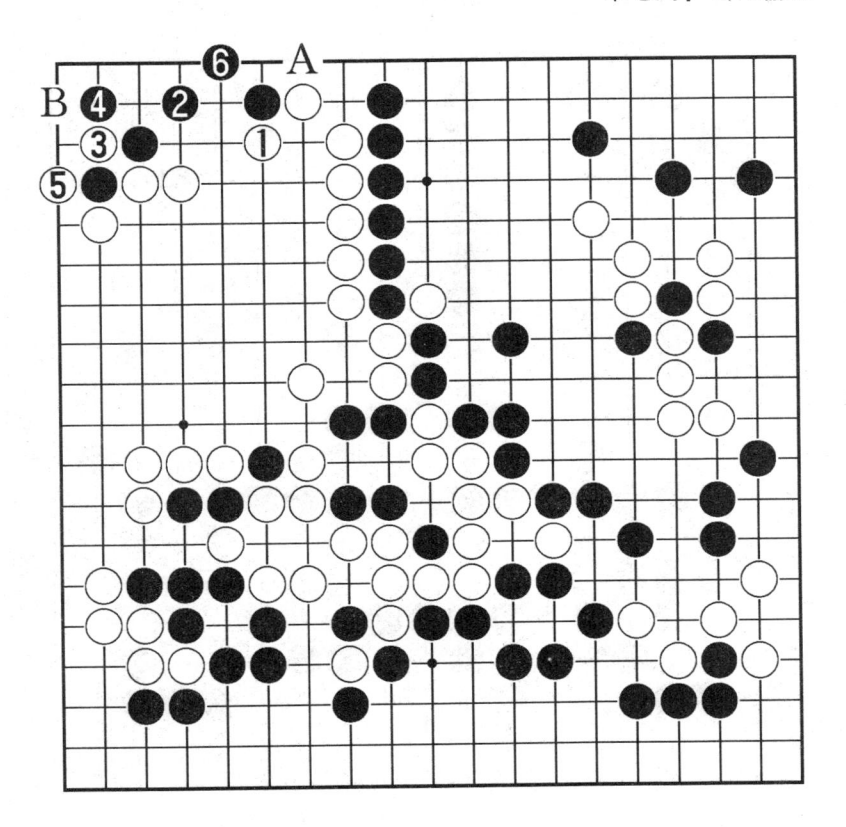

图 5（必得其一）：白 1 若虎，则黑棋再尖回，相当于图 3 中黑 5 靠时白棋没有立而选择了在上面虎。接下来的变化不复杂，当黑 6 一路小尖时，A、B 两点黑已必得其一，白棋失败。

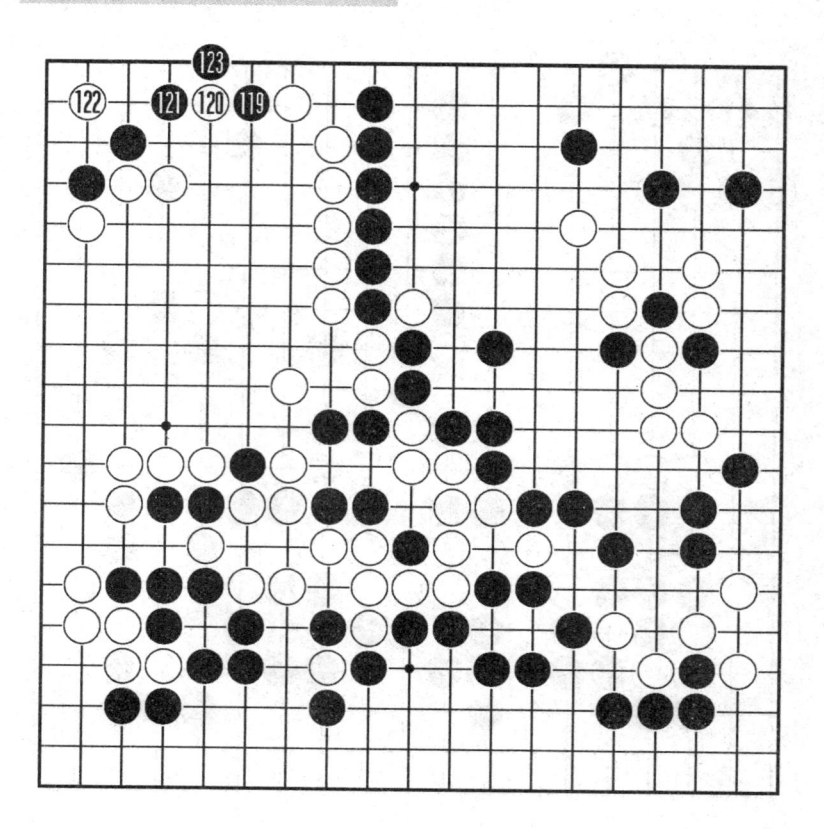

图6（胜着）：实战白120夹堪称最强抵抗，但党毅飞早已洞察一切。黑121先手尖后黑123一路打吃堪称本局的胜着！白棋已经无法抵挡。

第七局：凿壁偷光

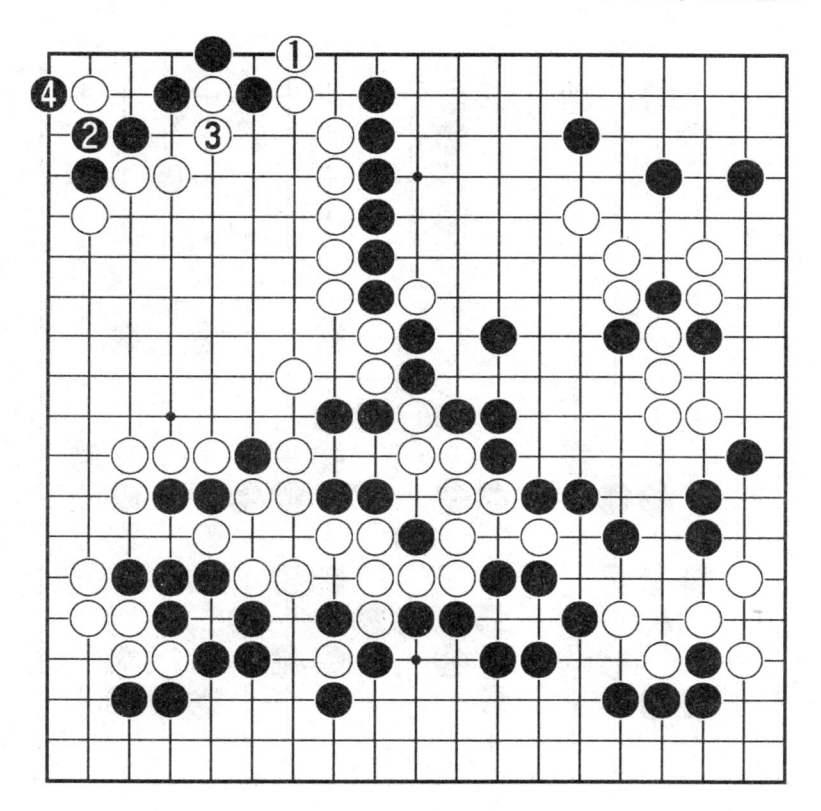

图 7（无力攻杀）：白若阻渡，则黑 2 粘回即可，由于白 3 必须将一子连回，白棋已经无力攻杀。

AI时代：围棋名局名手之我见

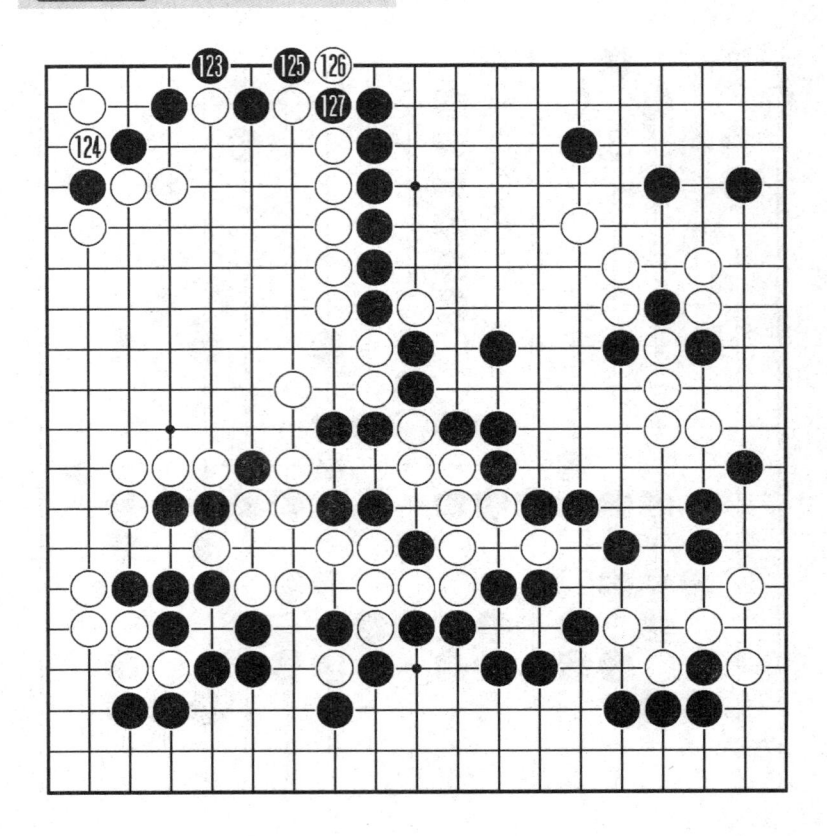

图 8（胜势）：实战白 124 实在是含着泪落下的一手，黑棋凭空在白棋大空里搞出一个大劫，一举确立胜势！

第八局：时代初开

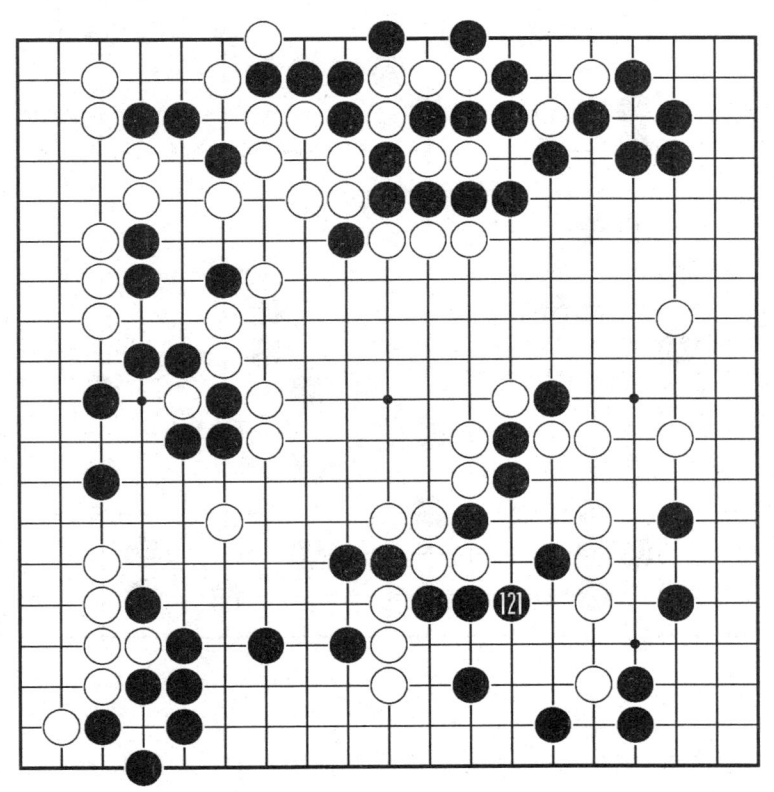

本谱取材于1980年日本名人战决赛第五局，大竹英雄执黑对赵治勋的对局。赵治勋是笔者最欣赏的棋手之一，他年少成名，刷新了日本最年轻的定段记录，在进入职业棋界之后，又以火箭般的蹿升速度迅速成为日本棋界的风云人物。1980年，24岁的赵治勋第一次挑战名人头衔就击败了木谷道场的大师兄大竹英雄，从而正式拉开了日本棋界"赵治勋时代"的序幕。本局是他登上名人宝座的关键台阶，此时下面白棋三子被断开，全死的话实地显然不够，如果直接往外冲则正中黑棋下怀。危急时刻，赵治勋该如何解开这道实战死活题呢？

AI时代：围棋名局名手之我见

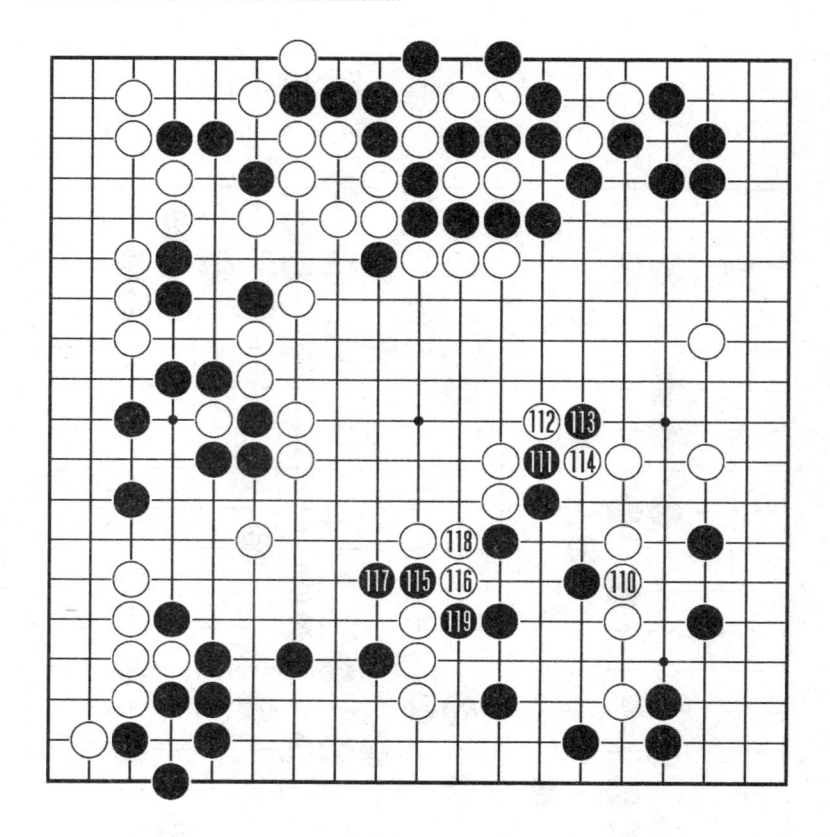

图1（前情回顾）：先来看看之前黑棋的妙手，由于上边一带白棋弃子成功，此时是白棋优势的局面，但大竹英雄显然不会轻易放弃，黑111、113先手交换后黑115凌空挖入！如同一把开山的利斧直接劈开了白棋的防线。不管结果如何，如此精彩的手段必须让大家欣赏一番。

第八局：时代初开

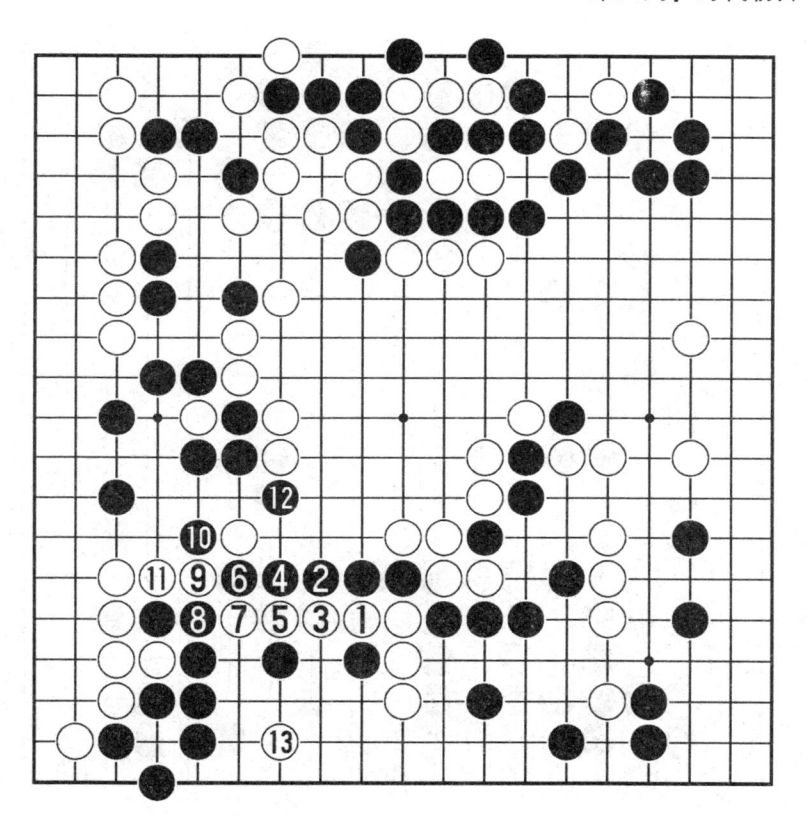

图 2（对杀）：回到基本图，此时白 1 冲显然是第一感，接下来双方进入一本道，在黑棋联络中腹之后，白 13 转身进攻左下黑棋，以下双方势必形成对杀。

AI时代：围棋名局名手之我见

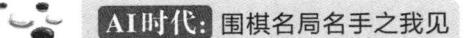

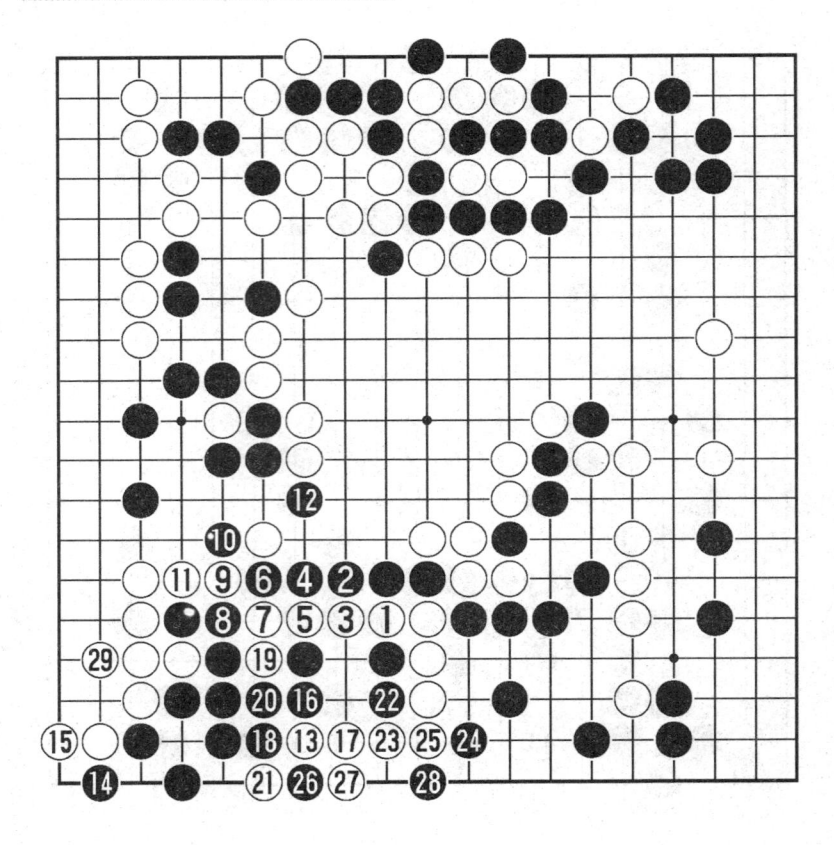

图3（黑棋不行?）：接上图，黑16先手交换后，黑18顶必然，接下来如果黑棋坚持杀棋将会形成白棋有利的打劫（请棋友自行验算），黑棋不行。

第八局：时代初开

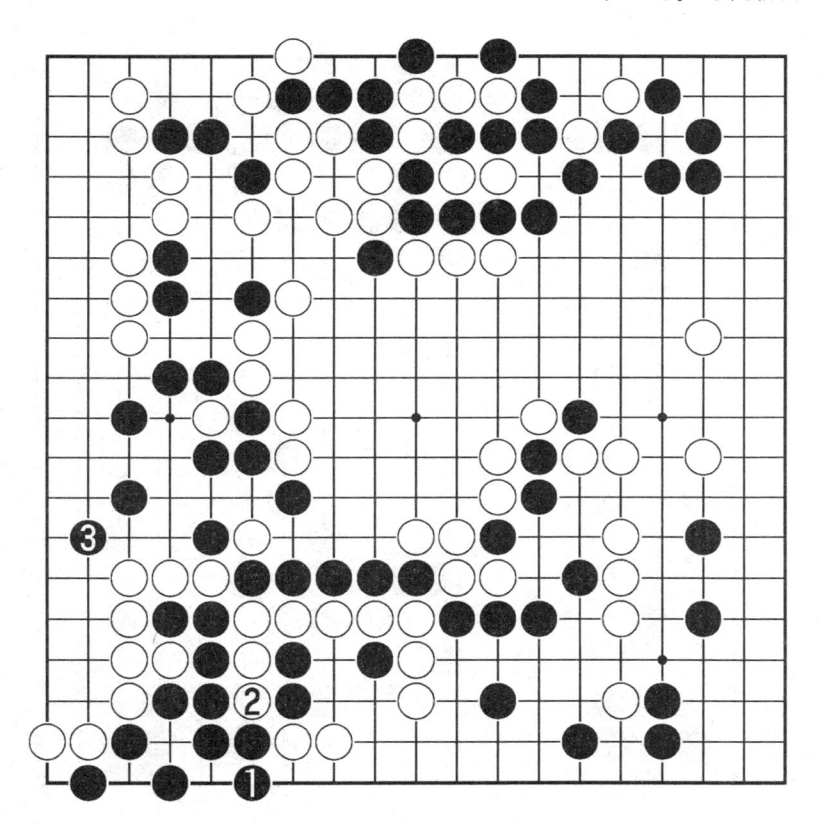

图 4（冷静）：黑 1 立做活才是冷静的好手！接下来 2 位和 3 位，黑必得其一，白棋不行。从此图我们可以看出白棋当下面临的问题是如何下才能兼顾两边。

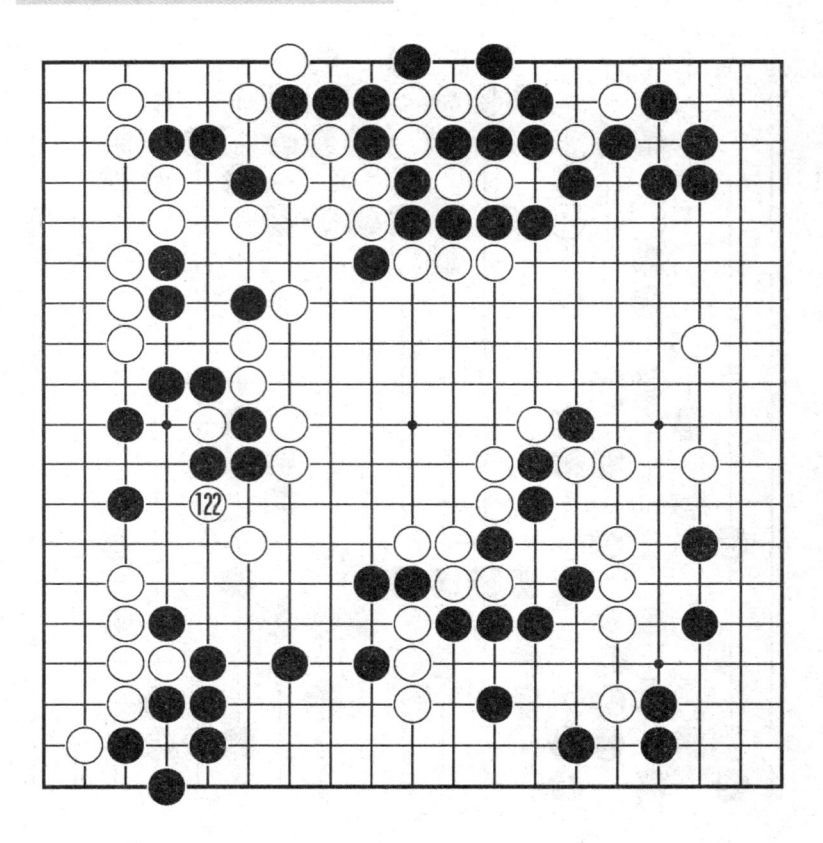

图 5：(绝妙)：实战白 122 尖，此招堪称赵治勋围棋生涯的名手！此处体现了顶尖棋手深不见底的计算力，只有算到了以上三图的变化，才能真正读懂这手棋的妙味。

第八局：时代初开

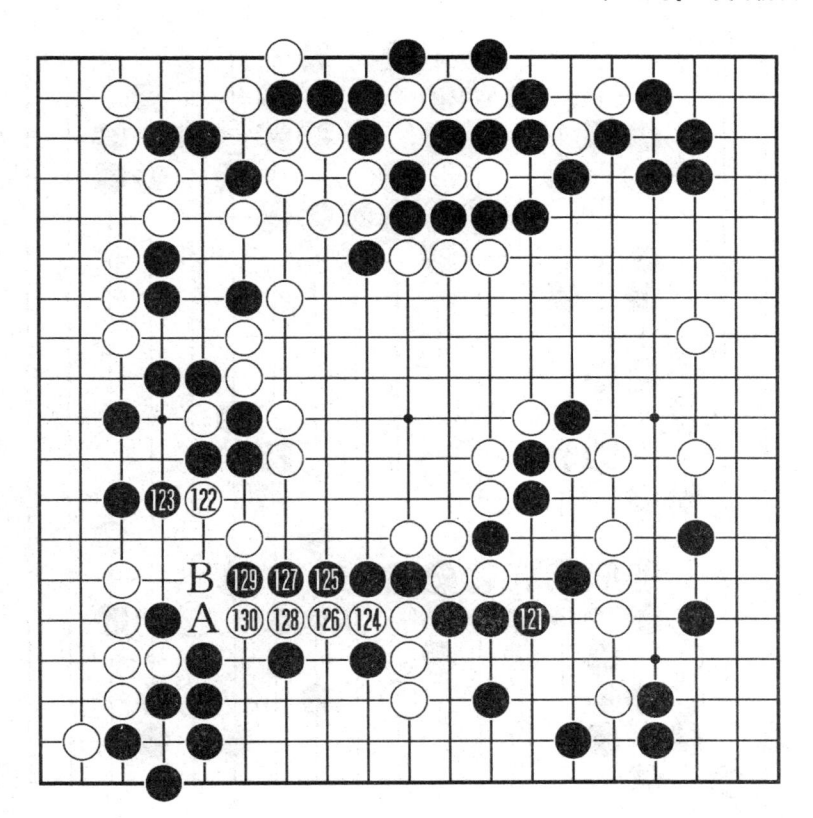

图 6（玄机）：黑 123 顶住必然，接下来白棋再往外面冲。当白 130 落下时，我们就能看到这里的玄机（黑 A，则白 B，黑棋不行）。

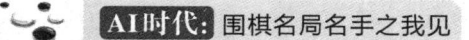

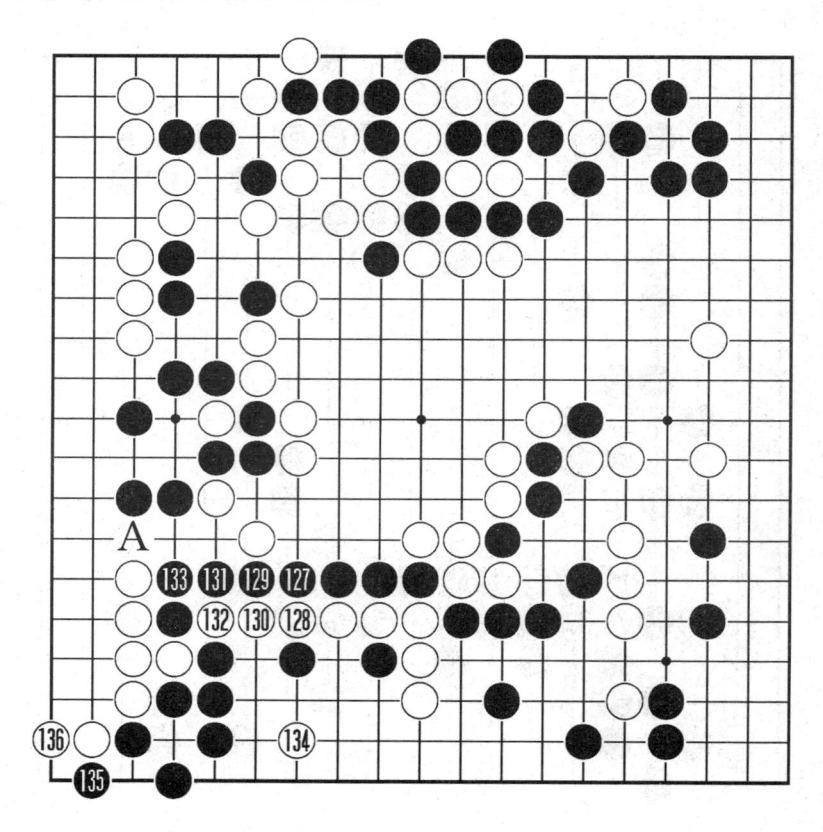

图 7（净活）：既然粘住不行，黑 131 退是无奈的一手。乍一看此图和图 2 没有区别，但仔细观察之后我们就会发现，由于白 A 顶是先手，左下角已经活净，因此下方黑棋就不能像图 4 那样从容做活了。黑如选择对杀，又将是白棋有利的打劫（见图 3）。几手棋之后，黑棋已经坠入谷底。

第八局：时代初开

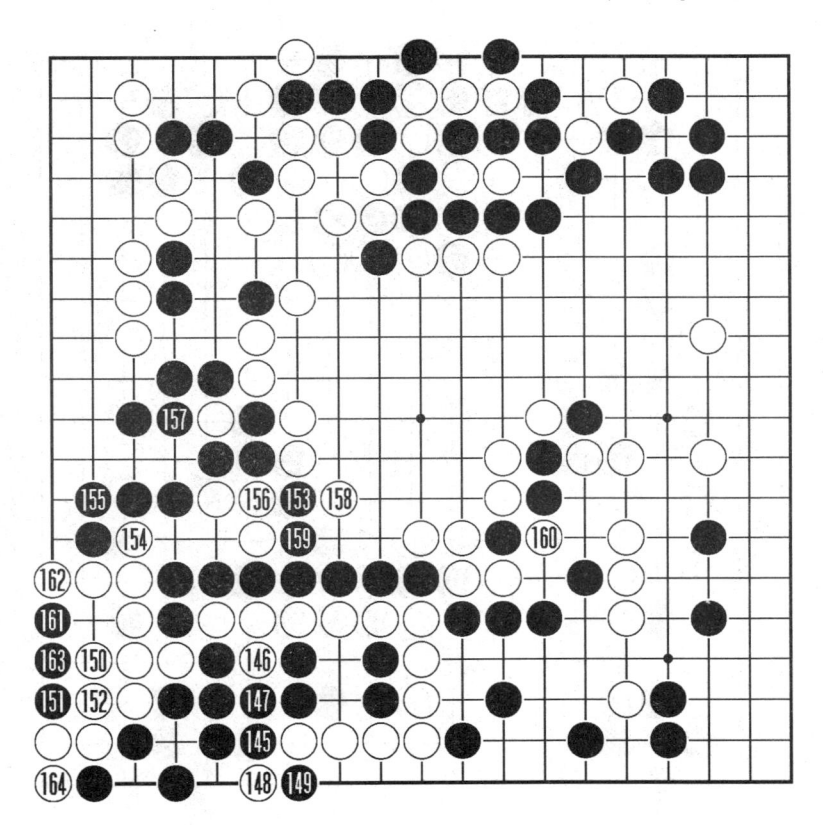

图 8（依然不行）：这是终局的局面，眼见和下边白棋对杀不行，黑161以下只能尝试和左边白棋对杀，但依然难以摆脱被白棋劫爆的命运，黑棋只能无奈认输。

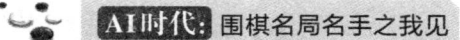

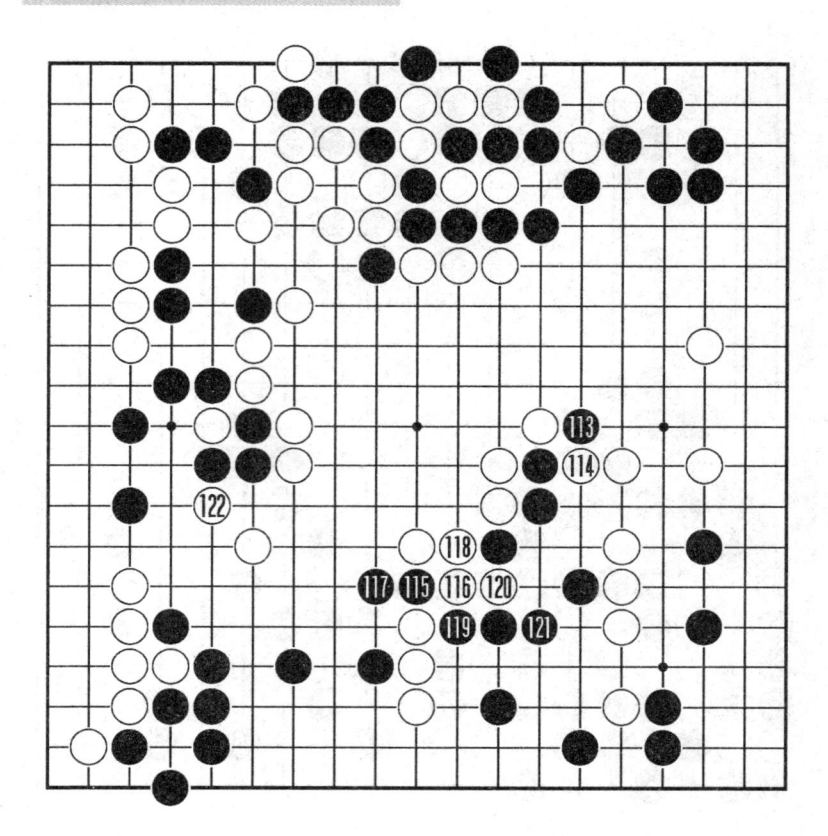

图 9（悬念）：最后留下一个悬念——在黑 115 挖之前，白棋是否就算到白 122 这手棋？

第九局："死线"舞蹈

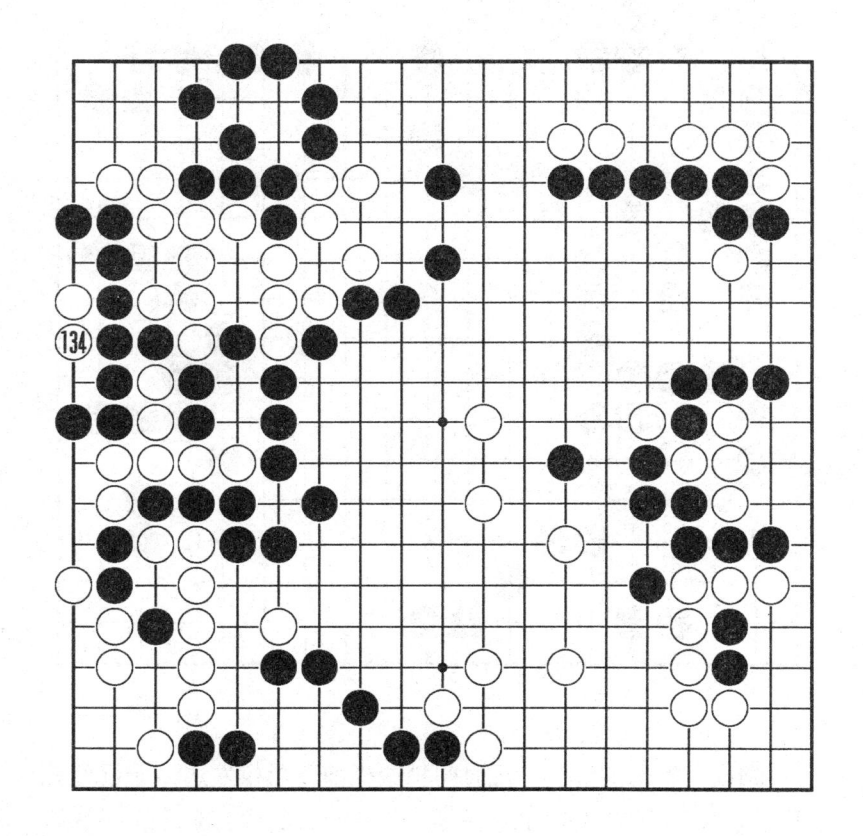

本谱取材于 1995 年日本名人战决赛，武宫正树执黑对小林光一的对局。作为同在木谷门下的师兄弟，武宫和小林的对决尽管没有像武宫和赵治勋那样针锋相对，但仍然堪称火花四溅、精彩纷呈。此时黑棋左边一块已入绝境，想要生存只有反杀白左上角一条路可走，虽然白棋确实也没有完整的两只眼，但对杀的话黑棋的气真的够吗？

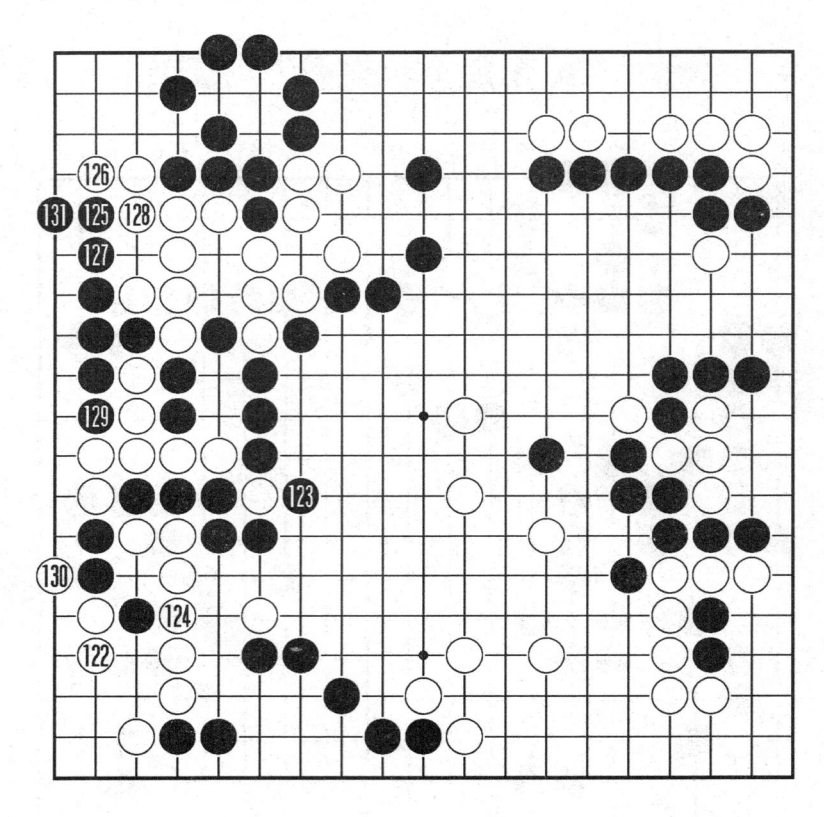

图 1（黑气不足?）：把时间稍微提前，黑棋左边四子已经陷入绝境，但武宫先生似乎一点也不慌张。黑 125 跳是延气的好手，对此白 126 选择了一毛不拔，这样黑气明显不足，但小林先生显然忽略了黑棋暗藏的妙手。

第九局："死线"舞蹈

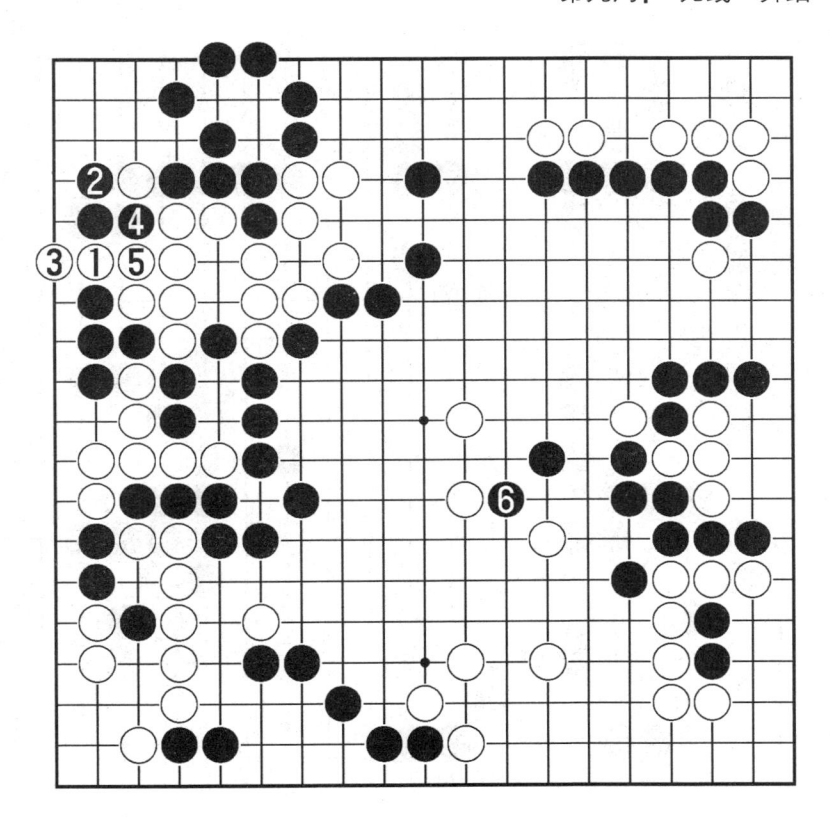

图2（黑棋稍好）：白1挖是此时最佳应对。黑棋先手得角后将转向右边，如此是黑棋稍优的局面，也许正是因为判断清楚了形势，白棋才不想在左边轻易放过黑棋吧。

AI时代：围棋名局名手之我见

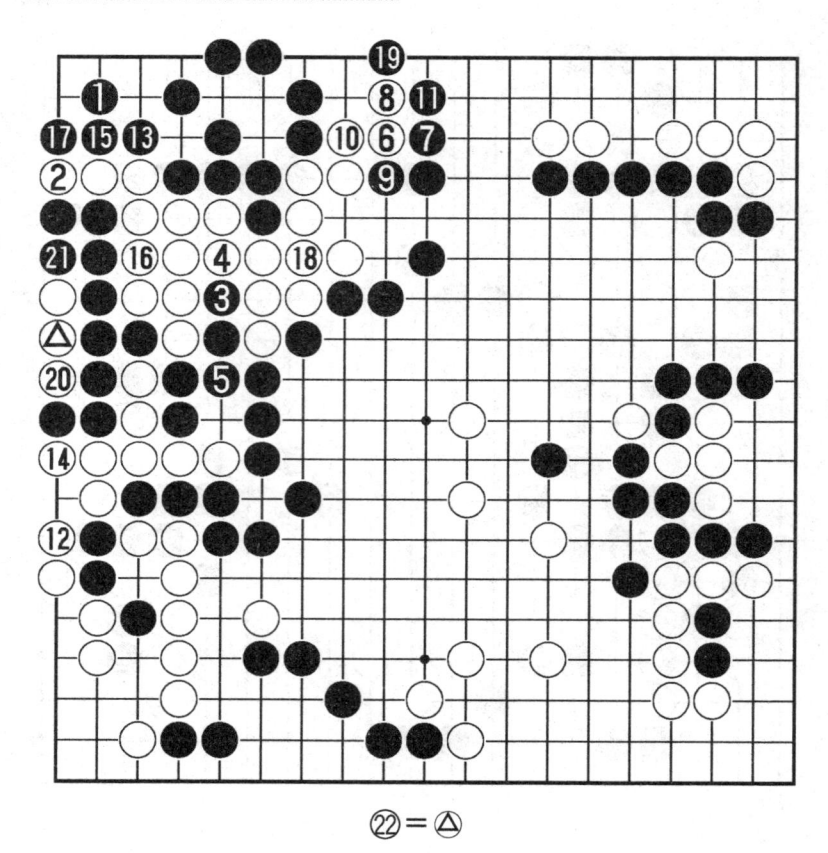

㉒＝△

图 3（气不够）：回到实战，先来看看正常收气的情况。黑1跳是先手破眼，同时也防止白下在此处长气。接着黑3是此时最佳的收气方法，可惜白棋只需要简单收气，即可快一气杀掉黑棋。

第九局："死线"舞蹈

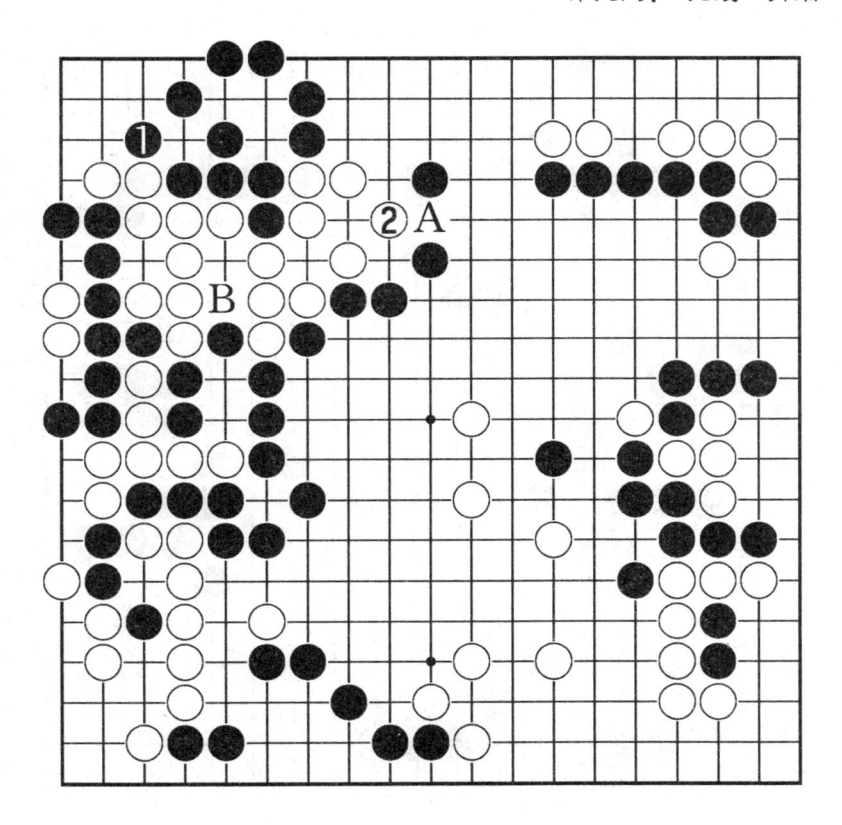

图 4（见合）：既然跳不行，黑 1 试图多紧一气也就不难理解了。但可惜白 2 只需简单做眼即可，以下 A、B 两点白必得其一，黑棋仍然不行。

由此可见，此时黑棋既要破掉白棋角上的眼，又不能让角上白棋延出三气，似乎是不可能完成的任务，那么武宫先生有起死回生之术吗？

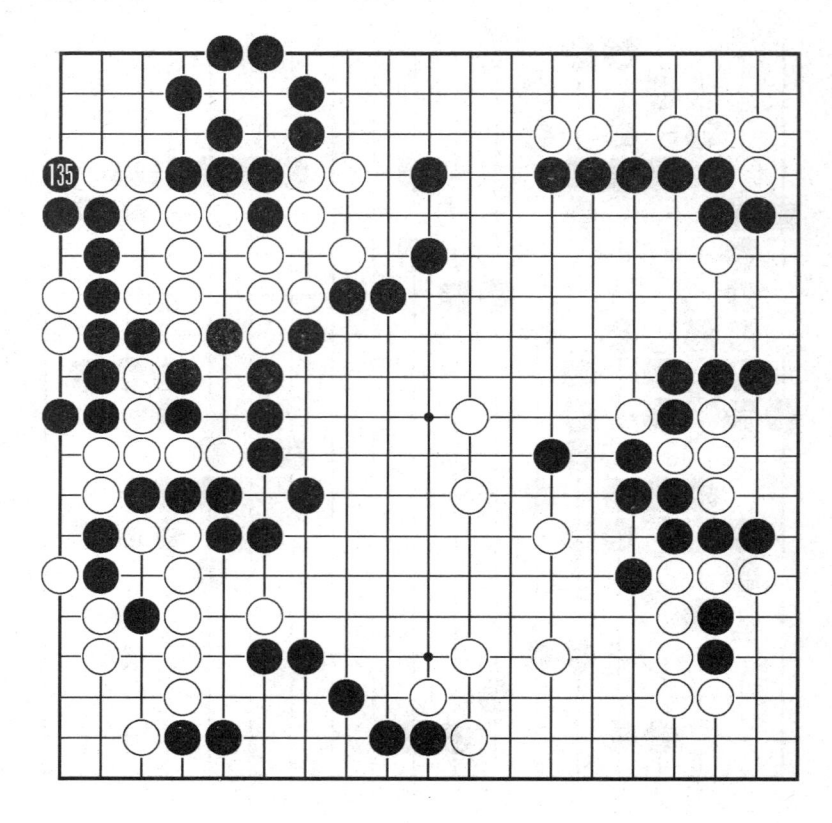

图5（死线求生）：黑135一路拐！这看上去匪夷所思的一手，居然成了黑棋的救命仙丹。很难想象号称"宇宙流"的武宫正树居然也能下出一路的妙手。很显然，小林光一忽略了这手。

第九局："死线"舞蹈

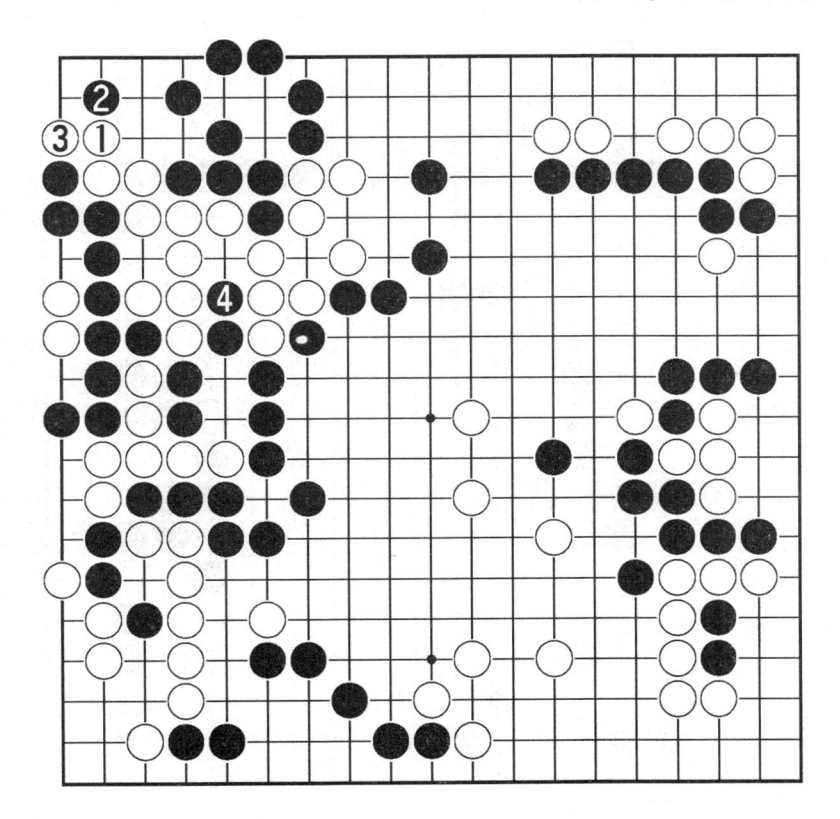

图 6（简单应对不行）：白 1 弯显然不行，和图 3 相比，白棋等于白白少了一口气，而这足以将白打下深渊。

AI时代：围棋名局名手之我见

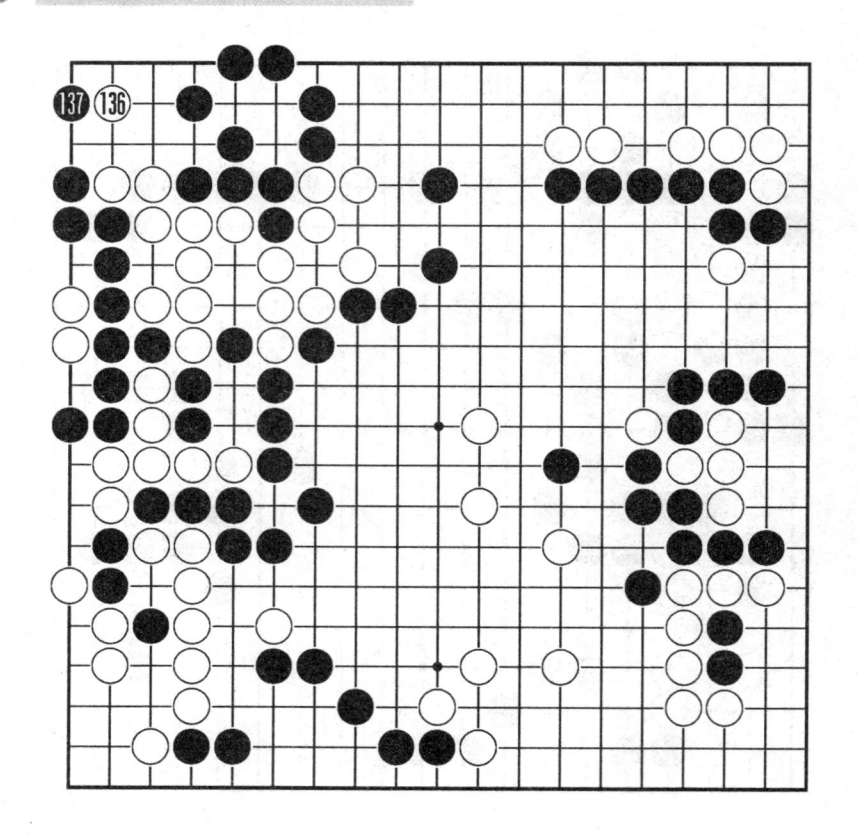

图7（一线生机）：既然弯不行，白136跳便是最强的抵抗，紧接着黑一路托又是妙手！黑棋硬生生从一路觅得了一线生机。

第九局:"死线"舞蹈

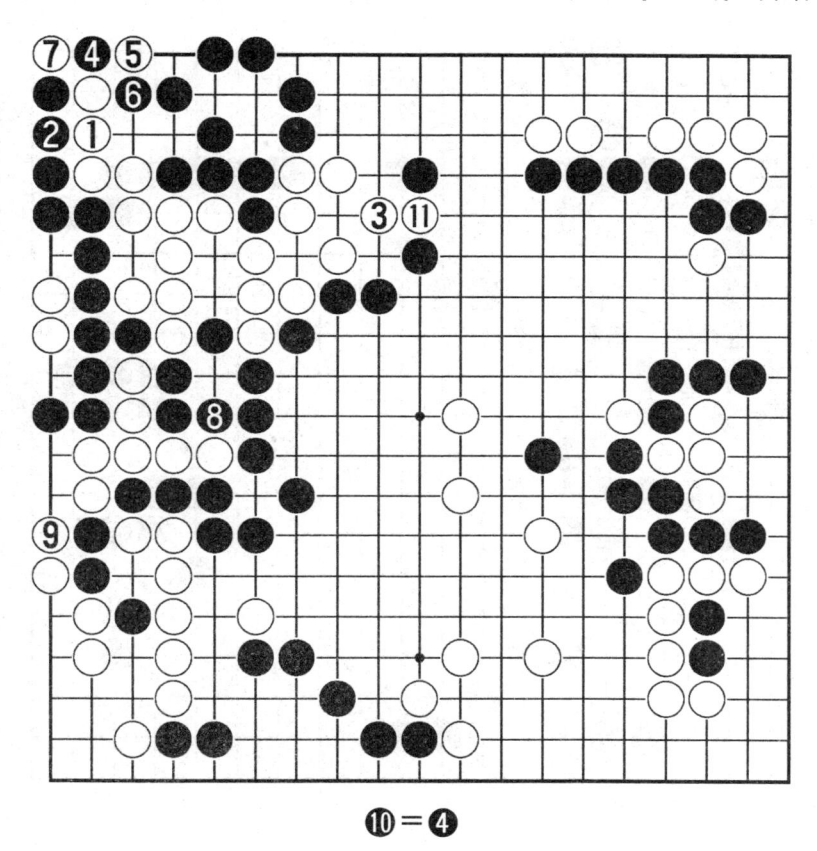

❿ = ❹

图 8（回头是岸）：此时白棋最佳的下法是放弃杀黑，先把自身做活。虽然黑棋可以利用自身劫材打赢角上的劫，但白 11 冲同样收获很大，此图白棋并不差。

87

AI时代: 围棋名局名手之我见

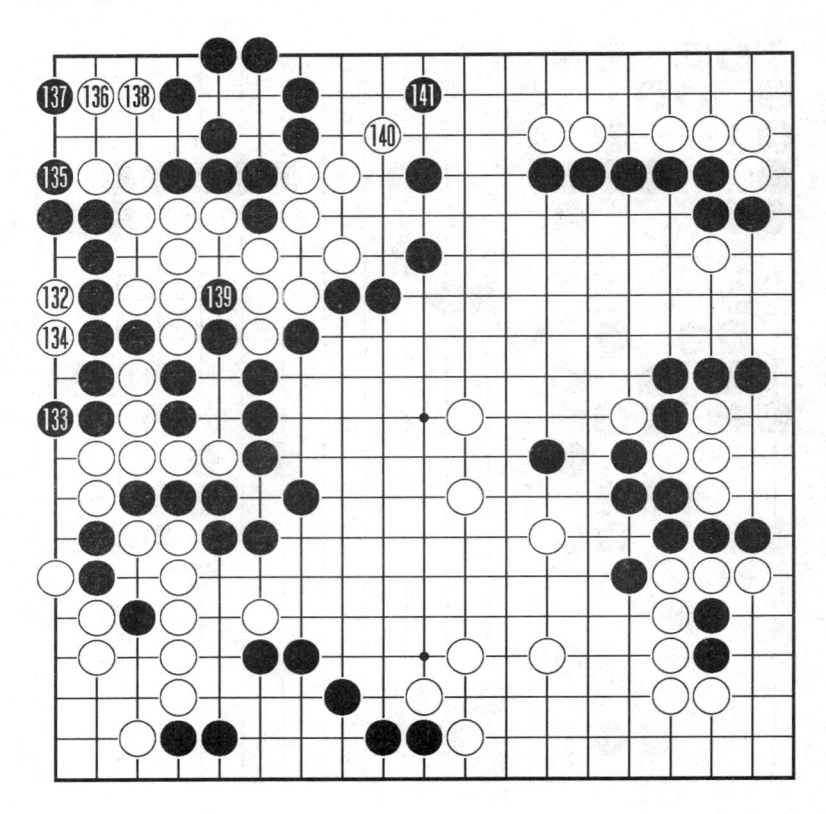

图 9（失去冷静）：实战中小林光一显然失去了冷静，下出了白 138 双的恶手。和图 3 对比，白棋气的损失可谓一目了然，黑 141 甚至都不用紧气了……

第九局："死线"舞蹈

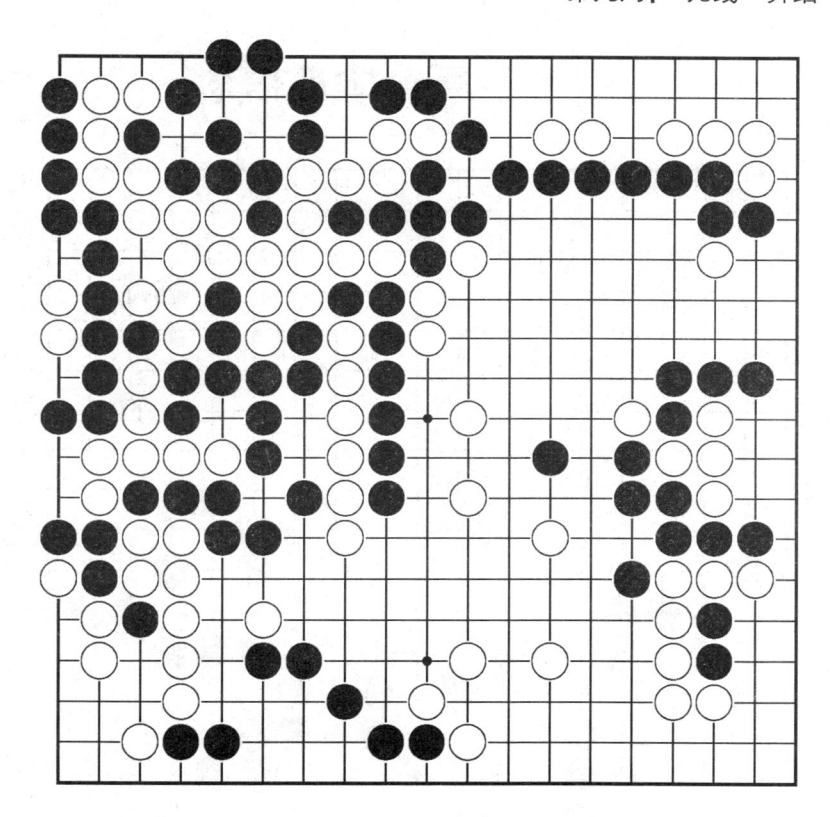

图 10（转折点）：这是最终的结果，企图杀黑的白棋大龙战死，而当初黑棋的一路拐正是战斗的转折点。

89

第十局：体现信念

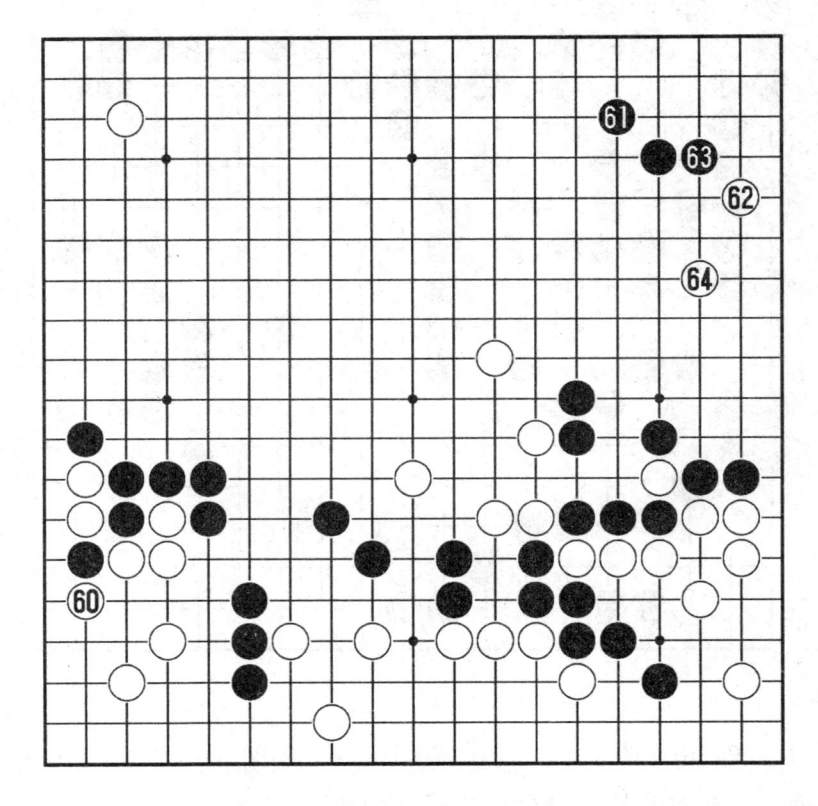

本谱取材于1985年日本名人战七番胜负决胜局，小林光一执黑对赵治勋的对局。小林光一和赵治勋无疑是木谷门下弟子中成绩最好的两位，赵治勋极端，小林光一均衡；赵治勋天资聪颖，小林光一信奉勤能补拙；赵治勋横空出世，小林光一厚积薄发。在20世纪80年代前期，赵治勋堪称神一般的存在，而小林光一正是通过1985年的名人战，吹响了赶超赵治勋的号角。那么小林光一是如何击败赵治勋从而登上名人宝座的呢？

第十局：体现信念

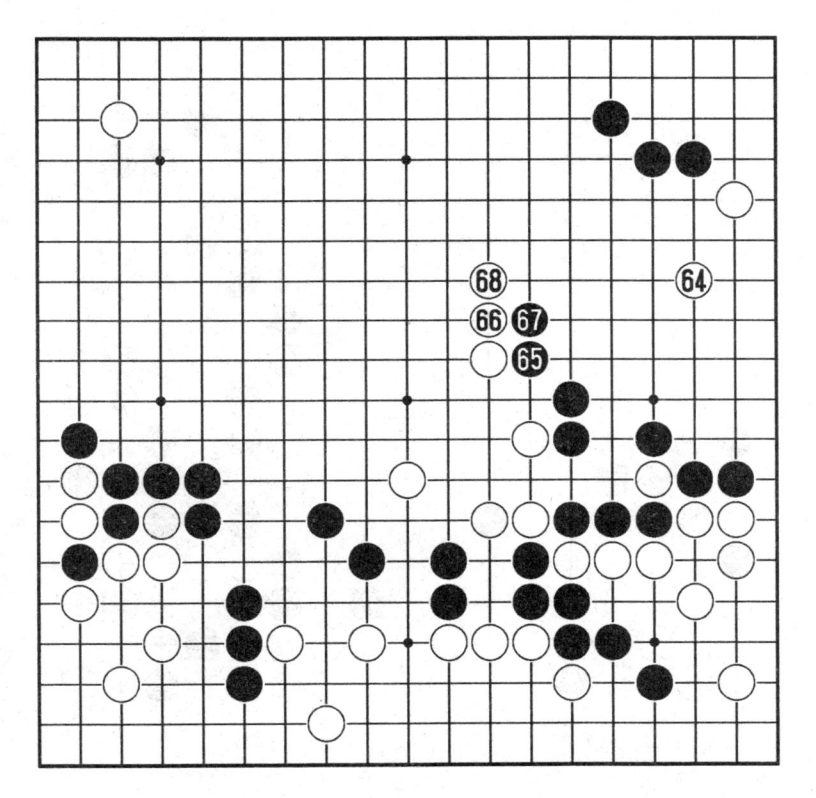

图 1（顺势）：右边白棋的侵入，看似为了破空，实则想顺势走厚中央。对此黑 65 以下是典型的声东击西战术，紧接着黑棋该如何吃掉右边白棋呢？

AI时代：围棋名局名手之我见

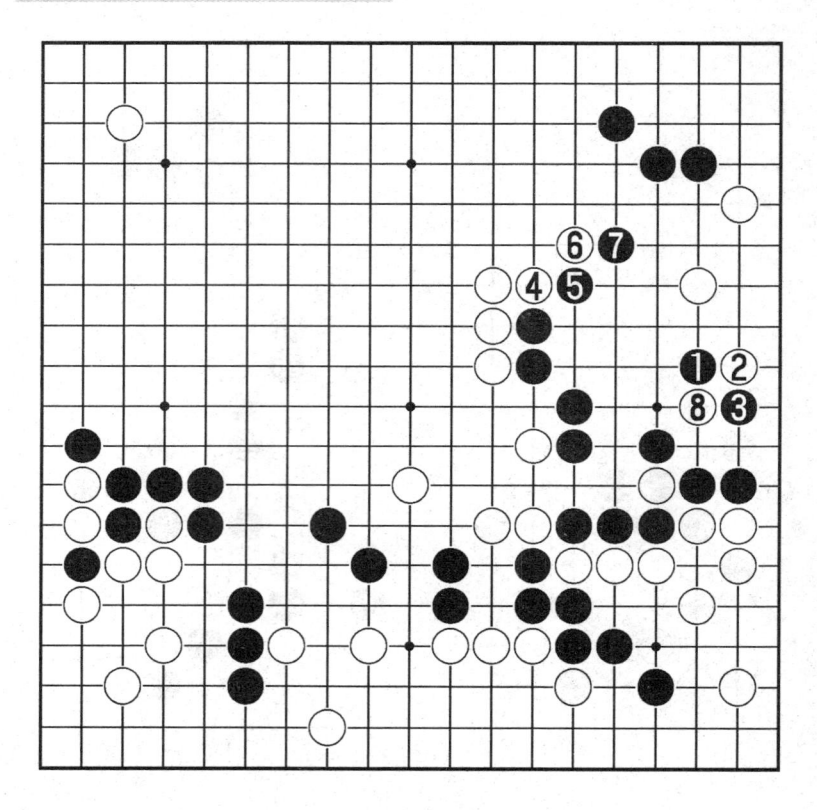

图 2（骚扰的好手）：此处黑棋要吃掉白棋不难，难在如何吃得最大且不给白棋留下借用。黑 1 小飞是正常的分寸，但小林光一并不满足于此。白棋不但有一路扳的先手官子，将来还有白 8 这样骚扰的好手。请特别留意白 8 断！

第十局：体现信念

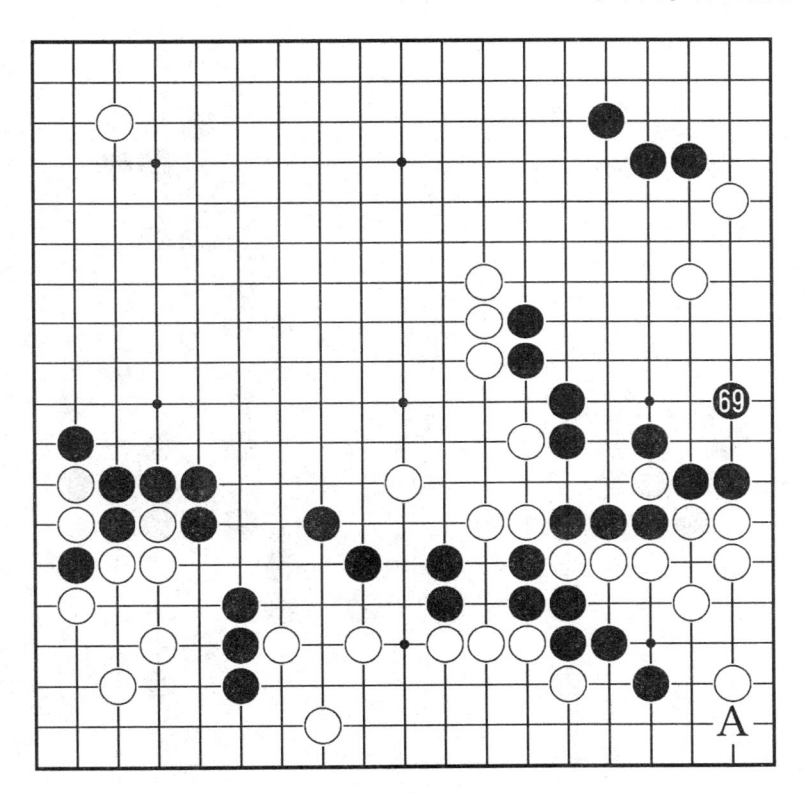

图 3（体现信念的一手）：实战黑 69 居然吃在这里！此手是体现小林光一信念的一手，即使纵览他的职业生涯，我们也很少看到这样执拗的小林光一。此手不但不给白棋右边的官子，还要强调右下角 A 位的搜刮！客观来说，此手并不是好棋，但从结果来看，此手确实是击溃赵治勋心理防线的一记重拳！

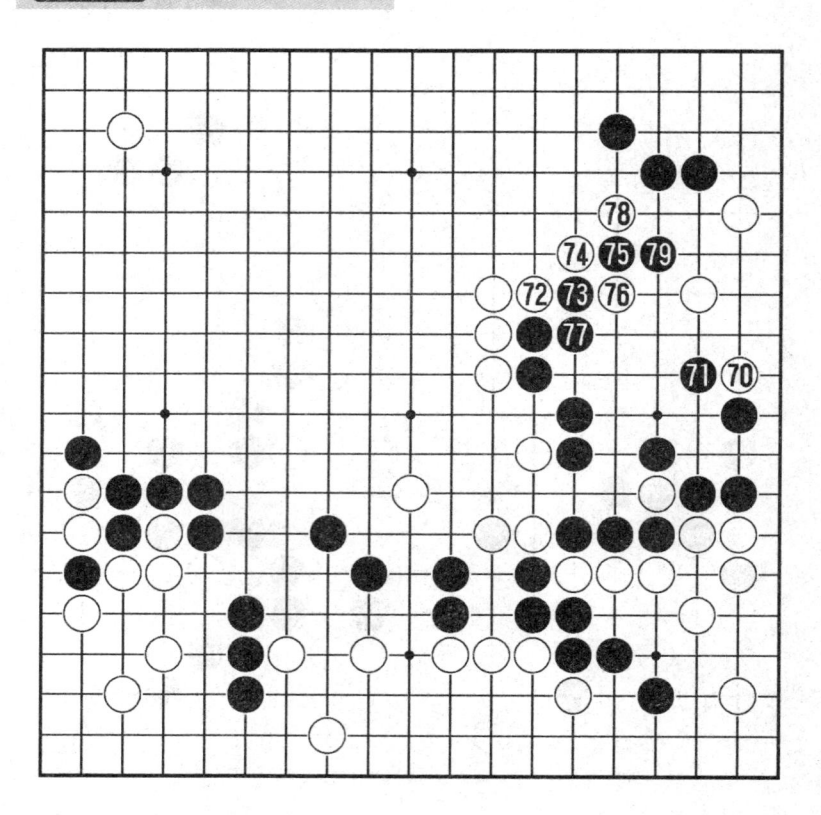

图 4（余味）：实战白 70 虚晃一枪后在外面行棋是正确的选择，接下来白棋如何利用右边的余味就成了胜负的关键。

第十局：体现信念

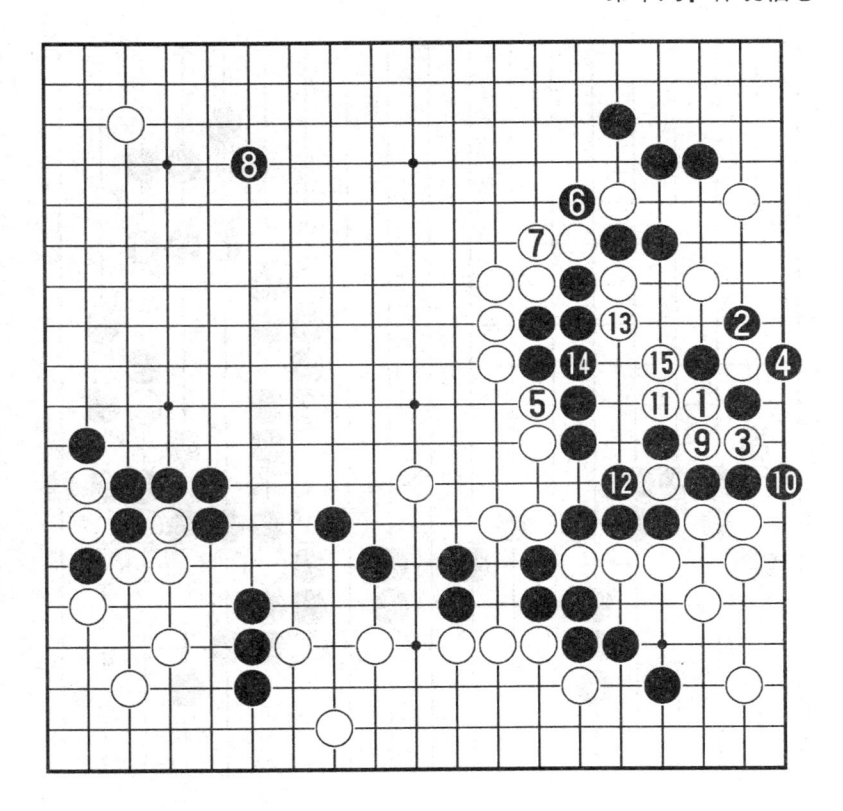

图5（妙手）：白1断仍然是当前的妙手！很奇怪的是向来对局部手段洞若观火的赵治勋居然没有发现这一手棋。此手的妙味在于黑若不想损空则将使得白5挤变成先手，如此外围白棋将得到加强。黑若强行脱先，则白9以下简单出棋，本图黑棋崩溃。

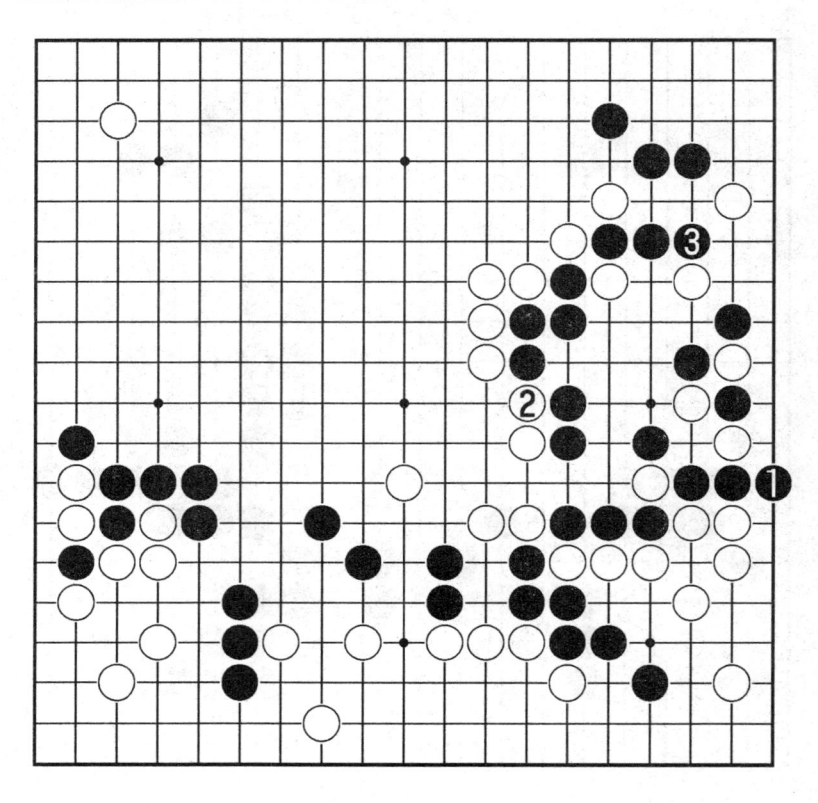

图 6（重磅劫材）：黑 1 立是最好的应对，但白 2 挤依然是先手，且此图白棋在黑棋空里留下了无数重磅劫材，黑棋未必就比直接提掉白子好。

第十局：体现信念

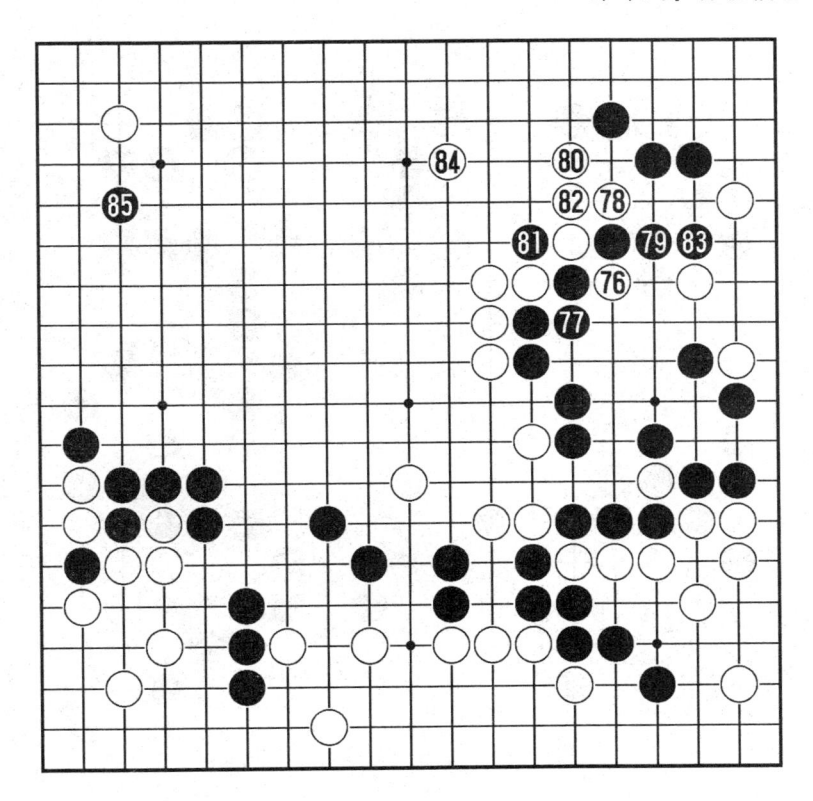

图 7（气势震慑）：实战中赵治勋显然被小林光一黑 69 的气势震慑到，因此他未敢在右边施展任何手段，而是简单弃子。从此图我们可以看出中腹白棋的厚薄和图 5 有明显的差别，在高手对弈中这一点点的差别往往就可以决定一盘棋的走向，黑棋也因此确立了优势。更为关键的是，当初黑 69 跳居然成了此时最好的一手！这对赵治勋心理上的打击是无法估量的。

AI时代：围棋名局名手之我见

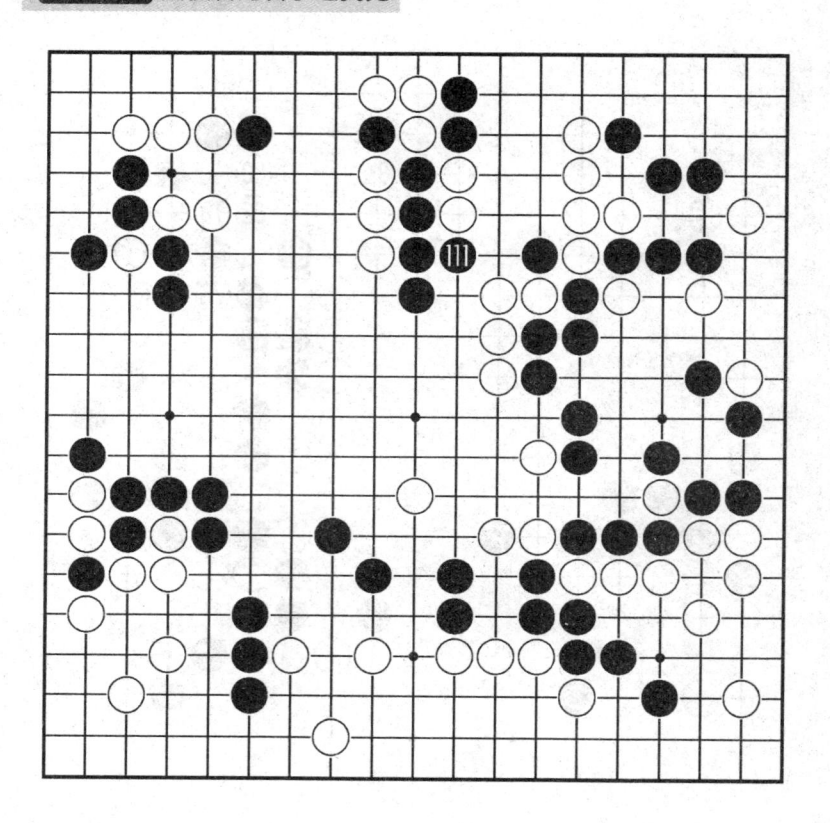

图 8（终局）：这是终局的画面，眼看实地不足的赵治勋在上边强行作战，却遭到黑 111 轻轻一击而无奈投子。各位能看出赵治勋认输的原因吗？

第十一局：世石三妙手

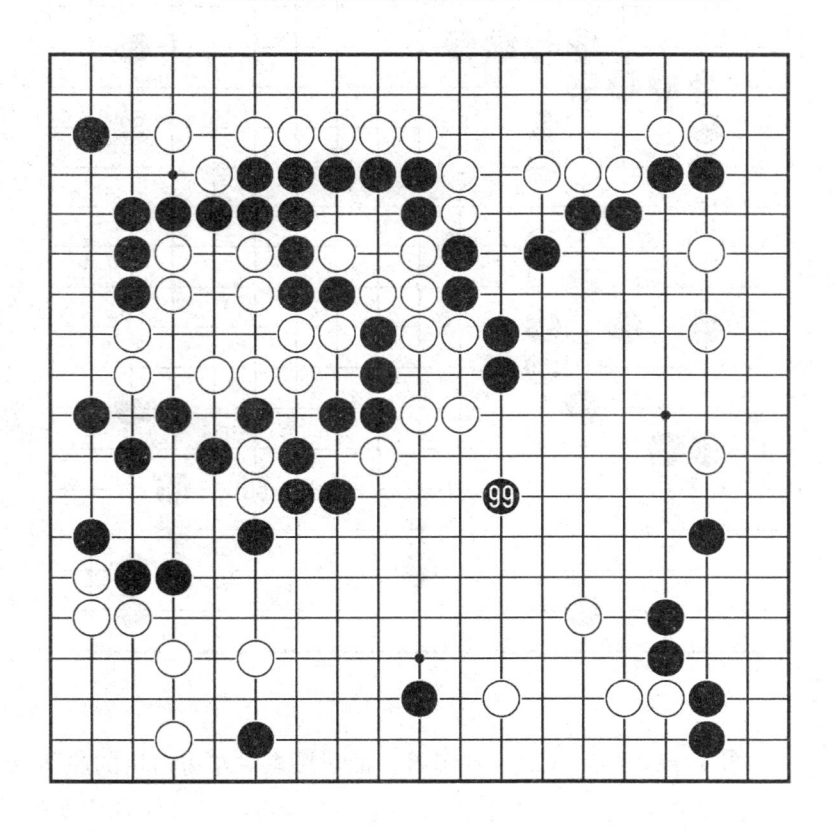

本谱取材于 2008 年应氏杯八强战，孔杰执黑与李世石的对局。李世石作为世界大赛诞生以来仅次于李昌镐的棋坛二号人物，以其独特的"僵尸流"纵横天下十余年，本局就是其"僵尸流"的代表作。左边白棋不活，中腹也正在遭受黑棋猛烈的进攻，看似白棋已经危如累卵，李世石还有起死回生的手段吗？

AI时代：围棋名局名手之我见

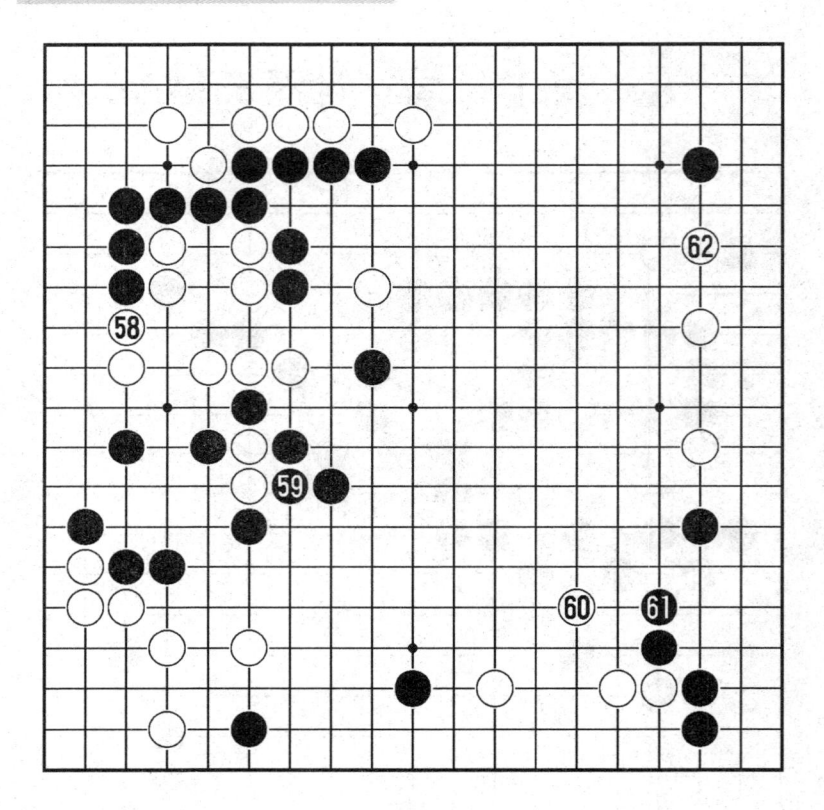

图 1（胆魄）：把时间往前推，面对黑棋对左边白棋的威胁，白 60、62 连续脱先体现了"僵尸流"的精髓：宁可冒着死龙的风险也不愿意后手苦活！尽管此类招法过分，但李世石却经常通过这种招法化险为夷，其胆魄可见一斑。

第十一局：世石三妙手

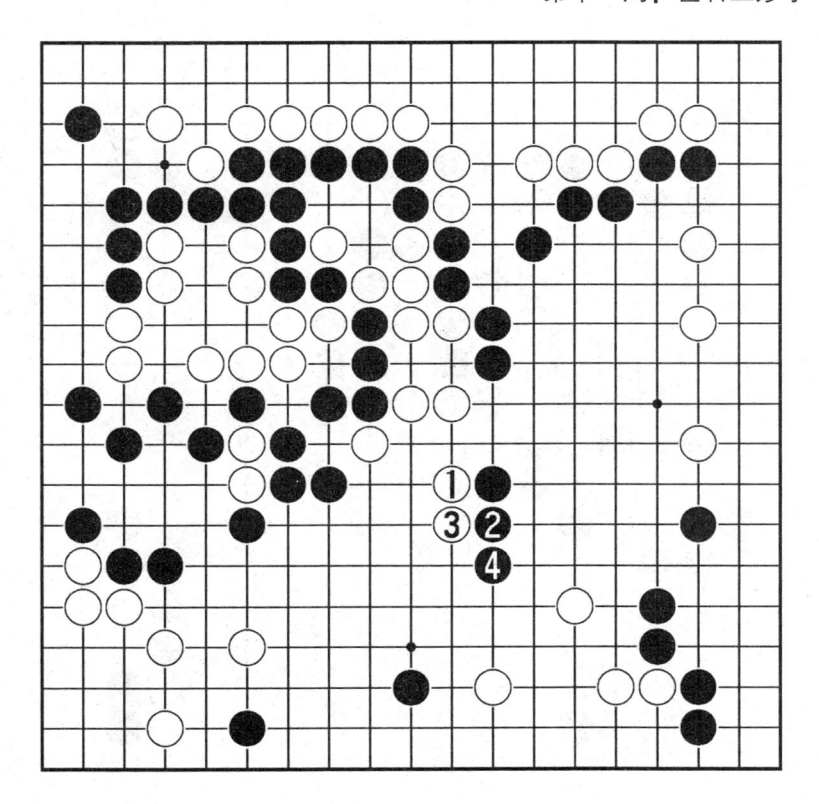

图 2（乐败）：回到基本图，面对实战黑 99 严厉的攻击，白棋如图这样简单处理明显不行。此图白棋不但中央不活，连右下角四子也受到牵连，就算全部活出，实空也明显不够，此图是白棋的"乐败"图。由此可见，此时白棋不仅要治孤，还要尽可能给黑棋制造麻烦，才有逆转的可能。

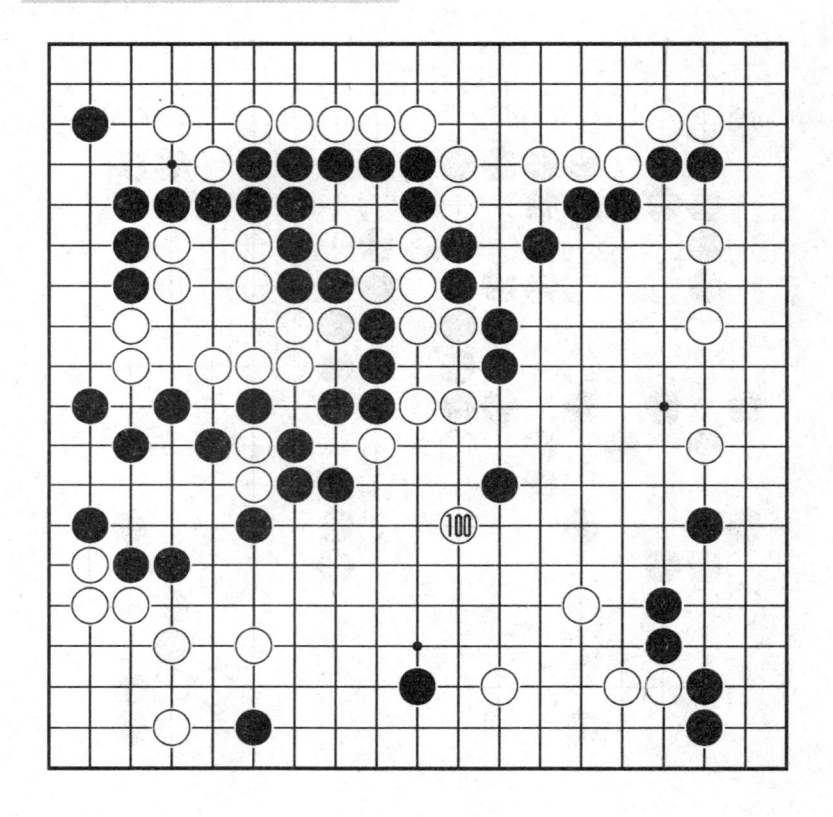

图 3（一路之差）：实战白 100 大跳是白棋走上逆转之路的第一步！此招看似和上图白棋靠只有一路之差，却成功地把头出在了黑棋前面，如此黑就无法再像上图那样分断白棋了。此时黑棋需要做出抉择：是继续进攻还是先稳固防守。

第十一局：世石三妙手

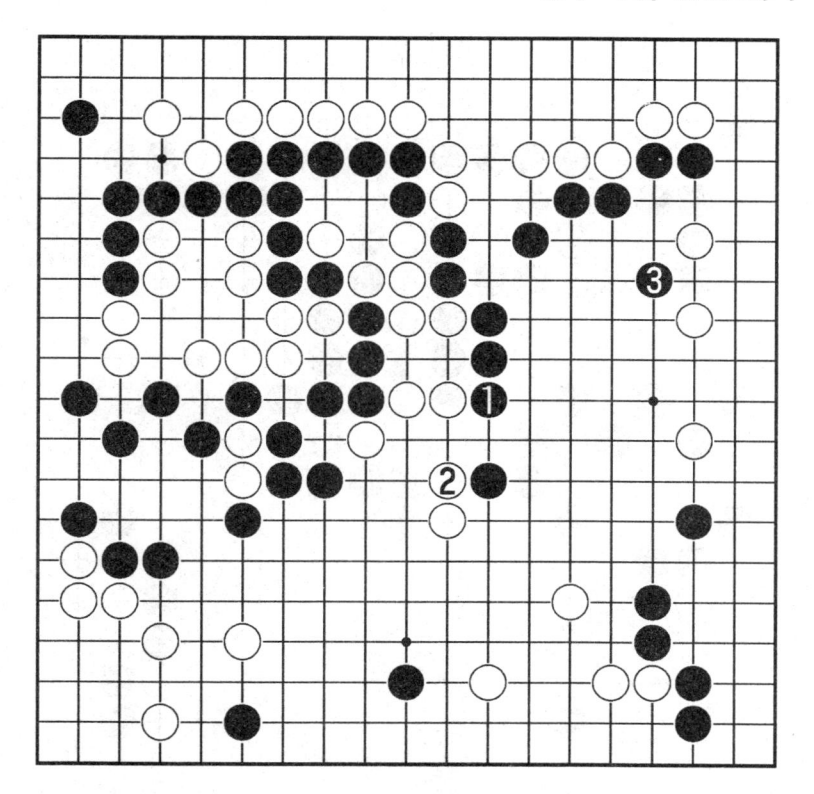

图 4（稳妥）：黑 1 贴回是可以考虑的下法。黑棋暂时停止对白的攻击，转而安定右边是当下最稳妥的计策，如此黑棋仍然是明显优势的局面。按说针对此图的判断难度不大，但实战中孔杰却没有如此选择。

说起孔杰的棋风，确实让人有些一言难尽：他棋风稳健，却又极其善战；他不轻易露出锋芒，一旦出手往往就能直击对手要害。过去，经常听见"你的棋比孔杰还稳健"这类棋手间的玩笑话，现在想想，这还是因为没有全面了解孔杰的棋。在我看来，孔杰的棋就像顶尖的狙击手一样，不轻易射击，但只要枪响就能命中目标！而此时，黑棋已经盯上了白棋的大龙。

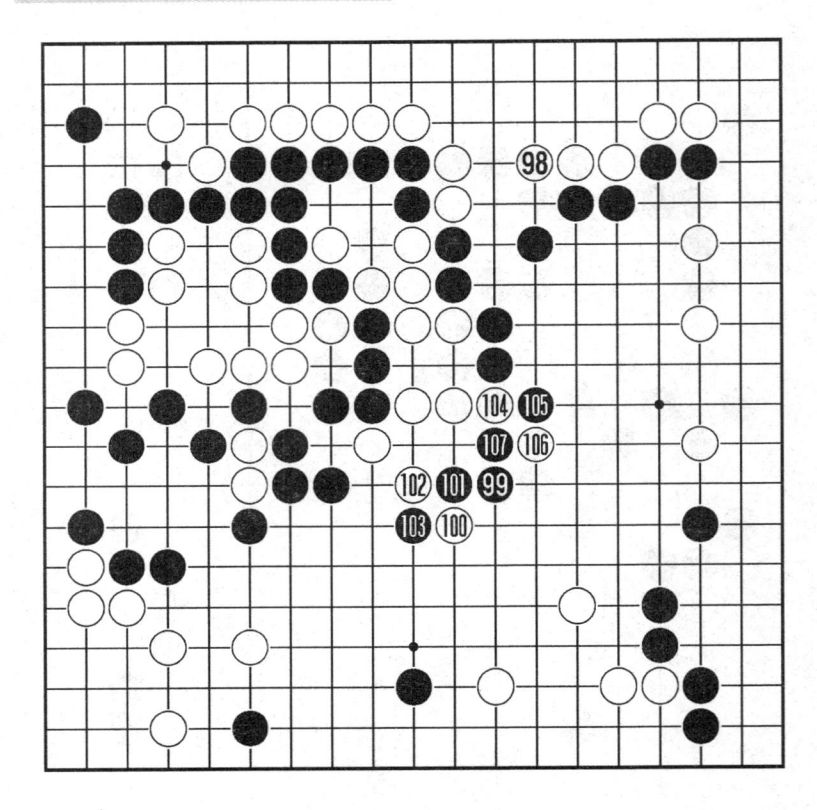

图 5（绝境?）：黑 101、103 冲断极其严厉！粗略一看，白棋已经陷入绝境，如果真这样的话，之前企图快速出头的白 100 大跳就会成为笑柄。以李世石的精明，此处一定藏有玄机，那么此处白到底有什么手段呢？

第十一局：世石三妙手

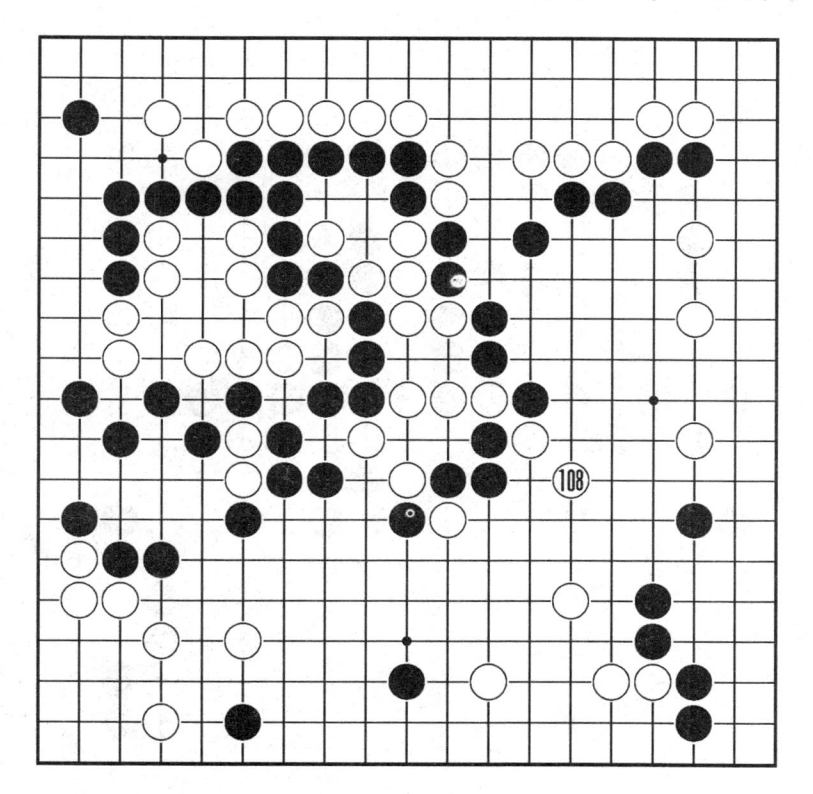

图 6（妖娆）：答案就是白 108 小尖！这是极其妖娆的一手，相比简单的长，此手对下边黑棋的威胁显然更大，黑棋面临考验。

AI时代: 围棋名局名手之我见

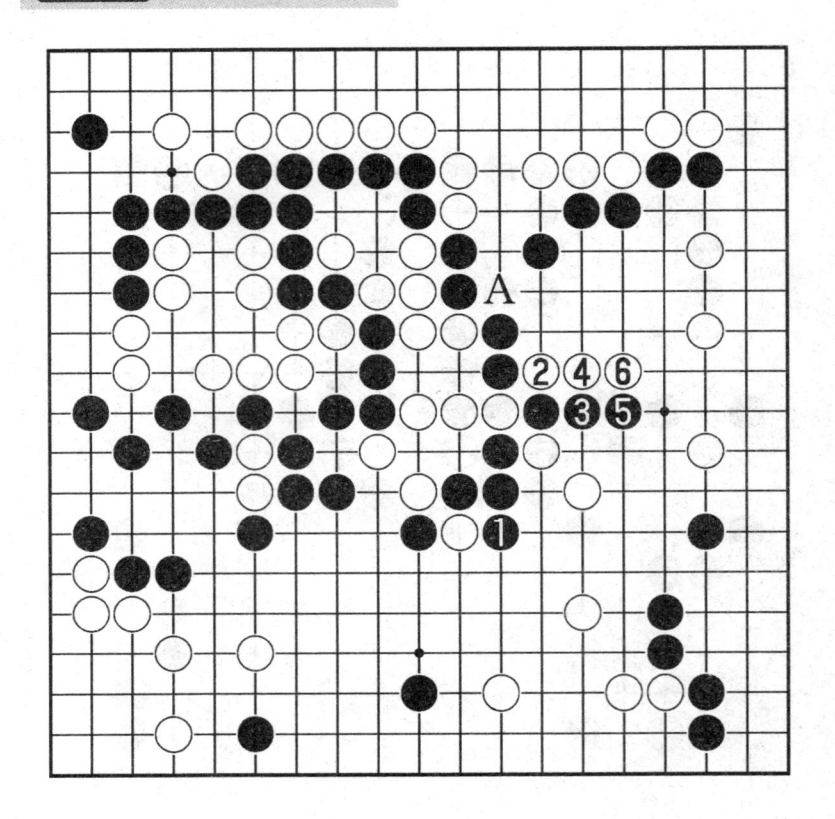

图7（一气呵成）：黑棋如补下边，则白2以下一气呵成。由于黑棋存在A位的断点，此图黑棋不行（请自行验证）。

第十一局：世石三妙手

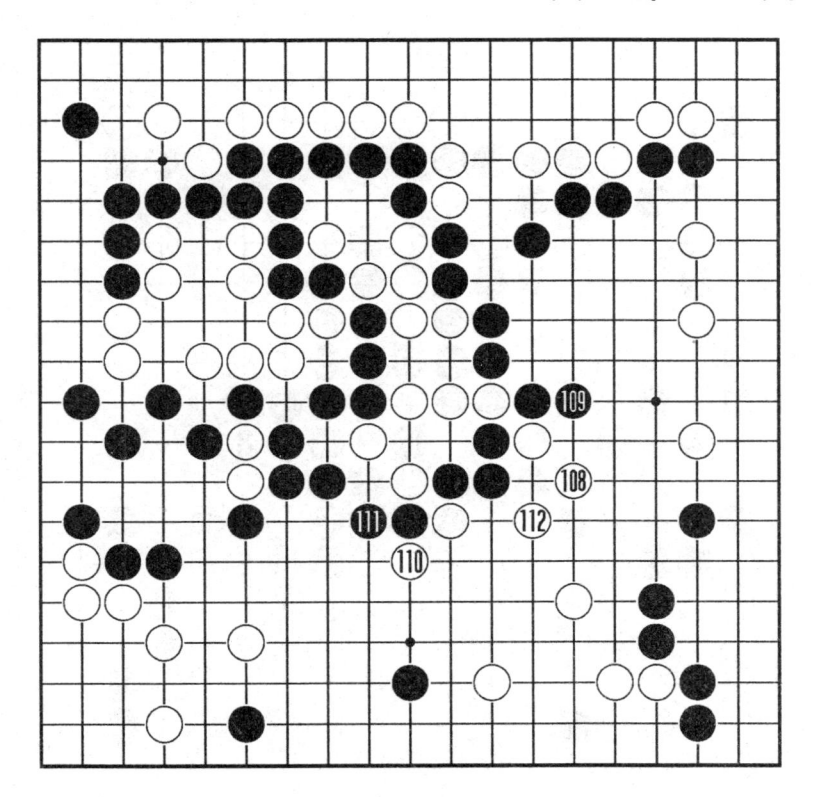

图 8（柔软的网）：实战黑 109 长是无奈之举，白 110 打后，112 小尖绝妙！此手完全出乎孔杰的意料。白棋在此处结成一张柔软的网，将黑棋三子牢牢地罩在了里面。

⑰=⑬

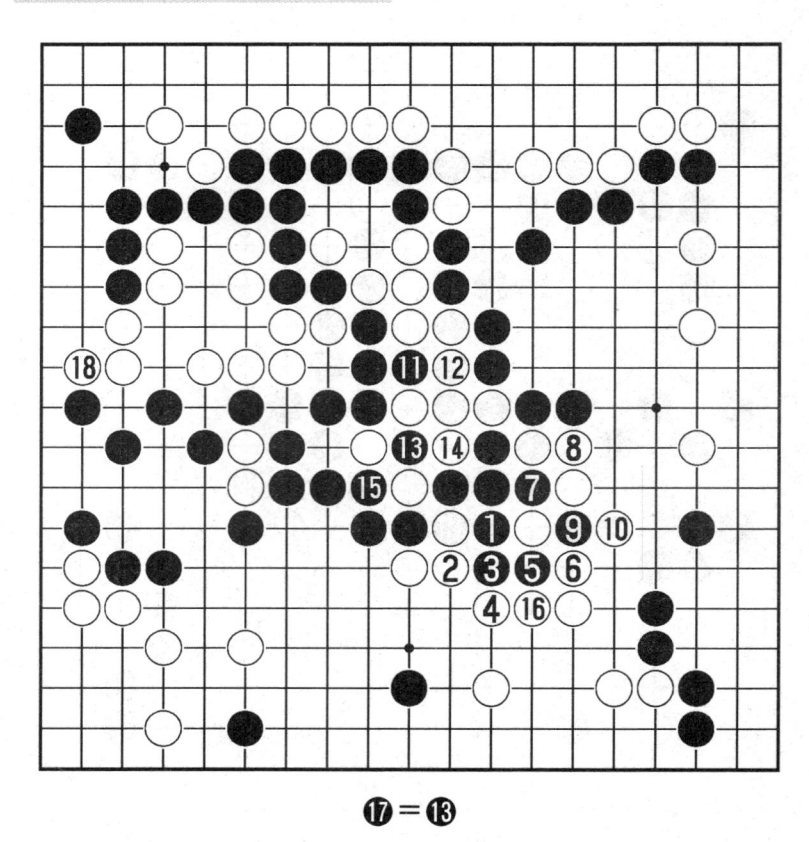

图 9（逆转）：黑棋若强行出头，则刚好不能成功，最终只能回头打劫吃掉中央白棋。但由于白棋左边有大量劫材，因此黑最终只能让白左边做活，如此白等于仅仅付出中腹二十余目的代价就将左边大块活出，还顺势加强了右下角。此图黑棋大亏，白棋成功逆转了局面。

第十一局：世石三妙手

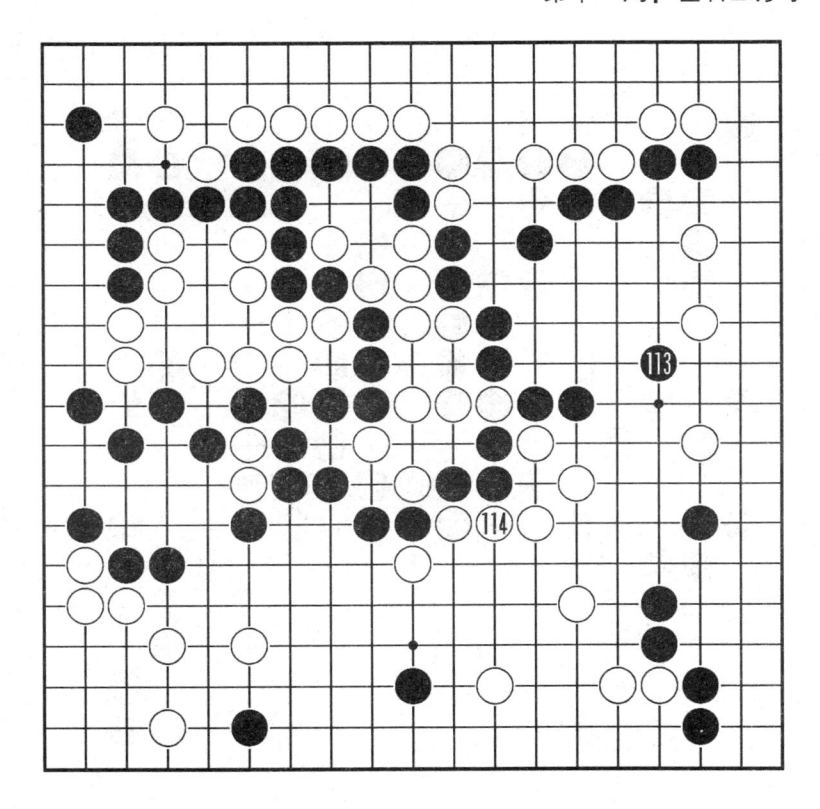

图 10（不敢想象）：在看清了上图的变化后，黑 113 无奈地选择了脱先，白 114 得以干净地吃掉黑三子。对比基本图，这简直是不敢想象的战果，白棋大获成功，也为最终的获胜打下了坚实的基础。

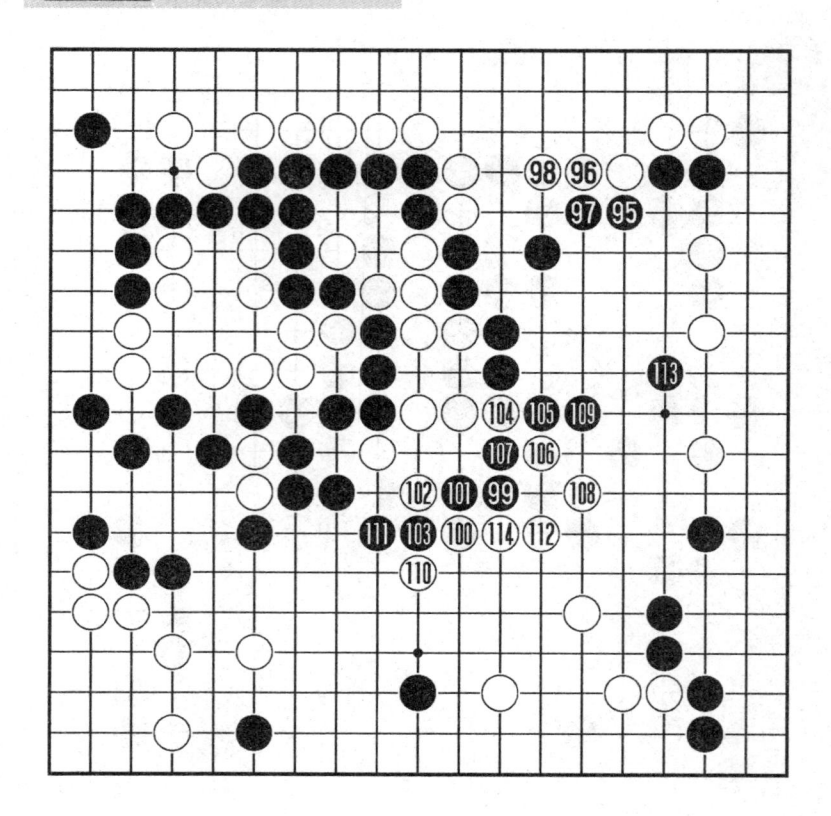

图11（三妙手）：最后请欣赏整个战斗的进程，白100、108、112三手棋真可谓"世石三妙手"啊！

第十二局：凌空一挖

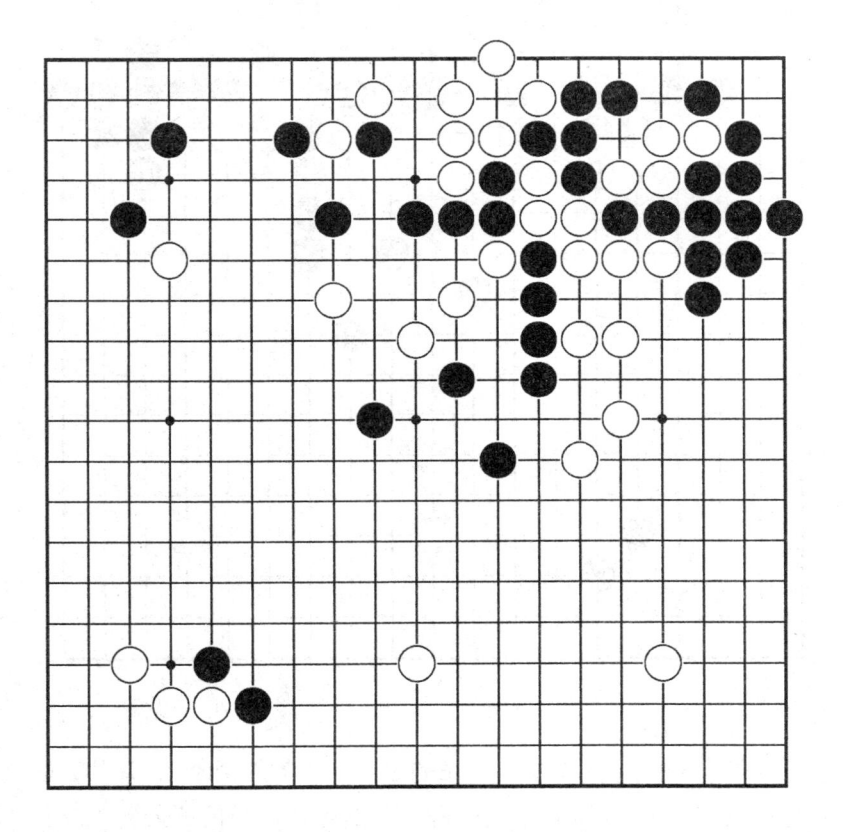

本谱取材于2016年应氏杯第二轮，黄云嵩执黑对朴廷桓的对局。朴廷桓是韩国第六代领军人物，虽然两次应氏杯决赛失利对他造成了沉重的打击，可他依然顽强地奋斗在棋坛第一线，并在2021年击败如日中天的申真谞达成"世冠五冠王"，堪称励志的典范。本局是朴廷桓第二次踏上本届应氏杯的赛场，首场面对的是中国小将黄云嵩。上边黑棋靠了夹本意是想先手加强自身，不想却露出了致命的破绽，此处白棋迎来了一举确立胜势的良机。

AI时代：围棋名局名手之我见

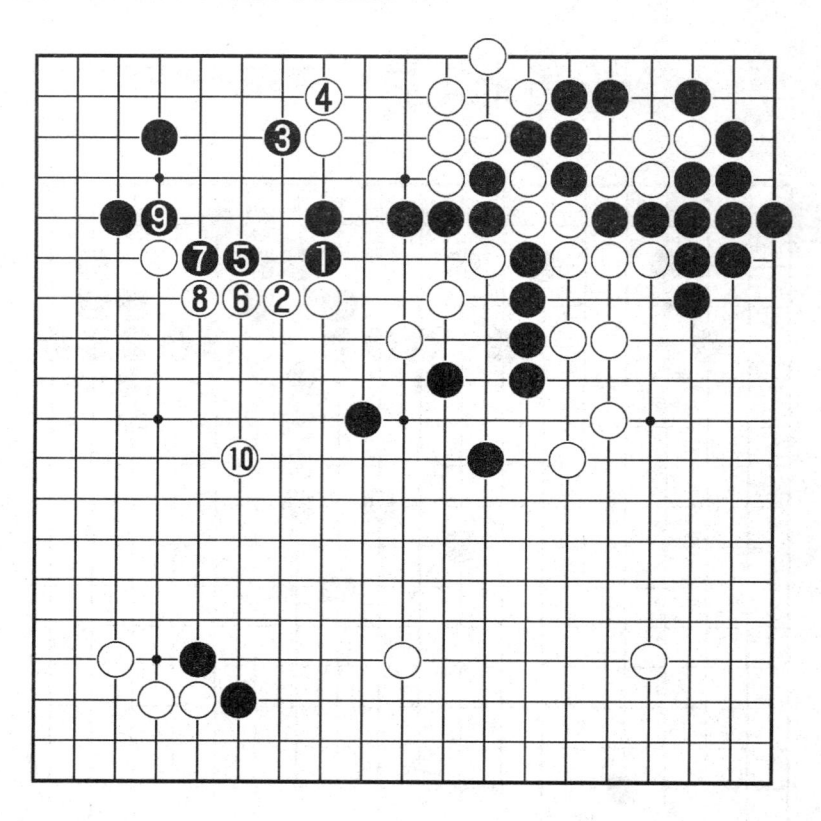

图 1（乐败）：对于右上角的定式，人类的判断和 AI 的判断存在一定偏差，但当前的形势确为白棋有利。相信黄云嵩此时也感到了压力，此时黑 1 顶是补棋的本手，但白 2 挺头太过舒服，以下黑棋虽能顺利联络，但白 10 轻松抢到中腹要点，此图是黑棋"乐败"的局面。

第十二局：凌空一挖

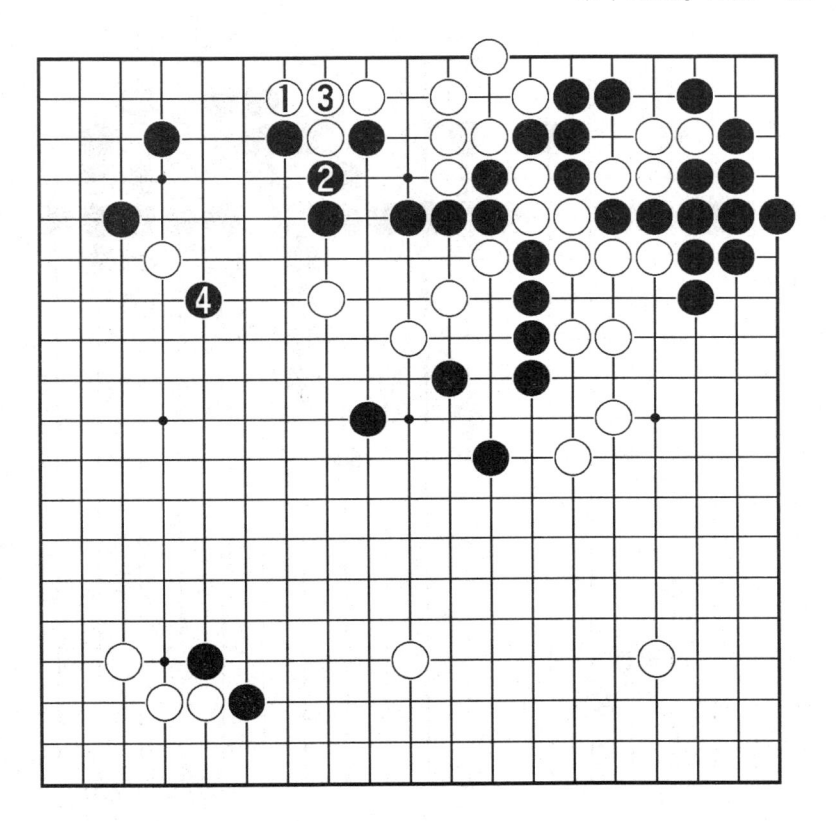

图2（反攻倒算）：实战黑棋选择靠了夹住，目的就是先手加强自身。白1虎是不可取的下法，黑2先手打吃后自身得到加强，黑4甚至可以考虑对白棋反攻倒算！本图白棋的主动权完全化为乌有，白棋万万不能接受。

AI时代：围棋名局名手之我见

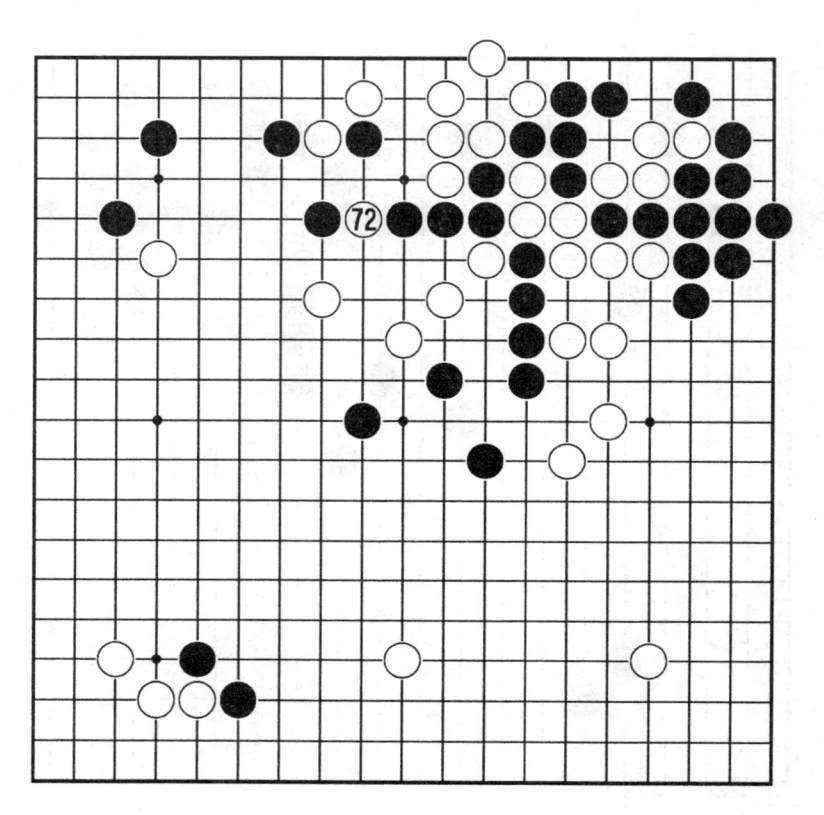

图3（经典妙手）：电光石火之间，白72犹如一把锋利的宝剑将黑棋生生劈开！此手的时机可谓恰到好处，堪称朴廷桓职业生涯中的经典妙手。各位在观察黑棋棋形的时候，想到过这手棋吗？

第十二局：凌空一挖

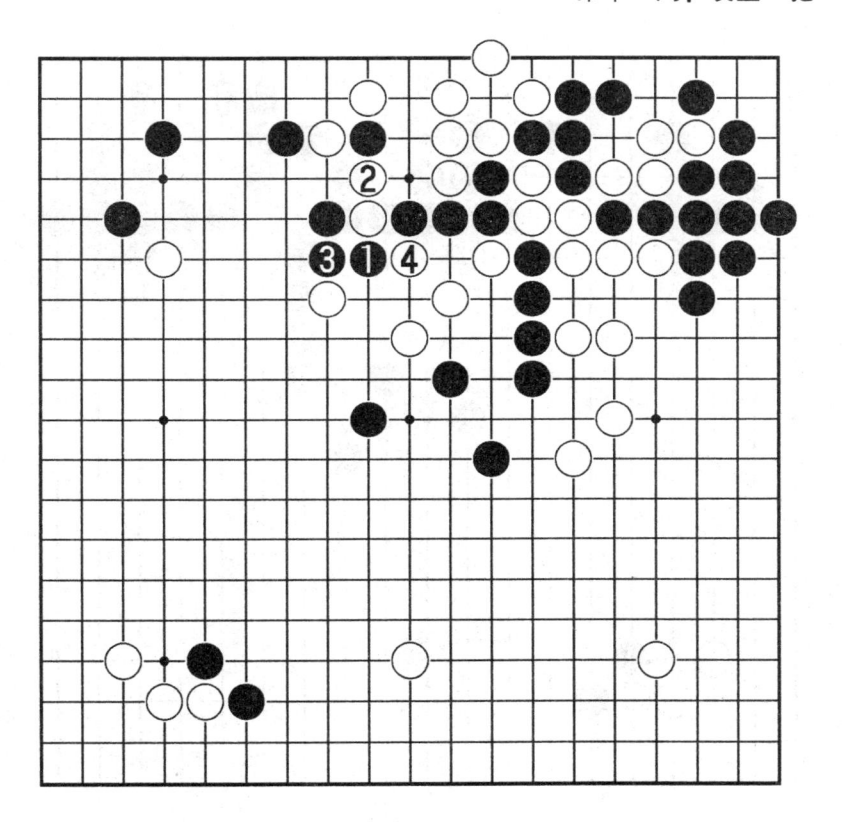

图 4（棋筋被杀）：黑 1 从这边打显然不行，四子棋筋将被白棋轻松断死，而黑 3 此时在白 4 右边打吃显然也来不及了。

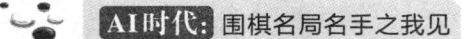

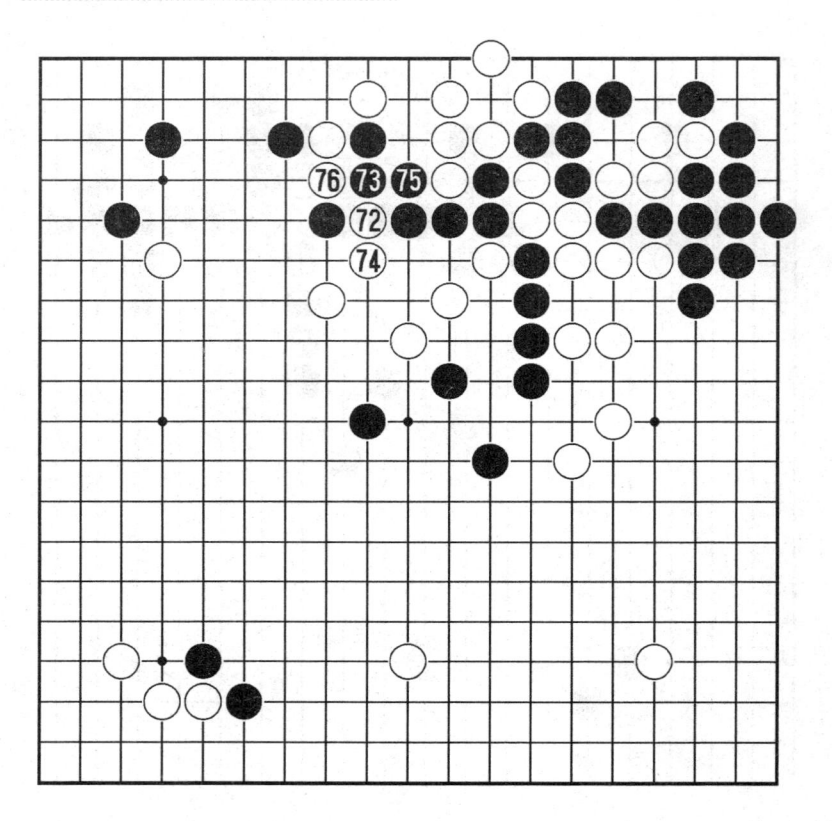

图 5（硬着头皮）：实战黑 73 打吃是正确的应对。按理说黑 75 本该选择吃掉白棋一子转换，但无奈中腹棋筋价值太大，实在不能舍弃，因此黑 75 只能硬着头皮连回，相信黑棋也预感到选择这条路会凶多吉少。

第十二局：凌空一挖

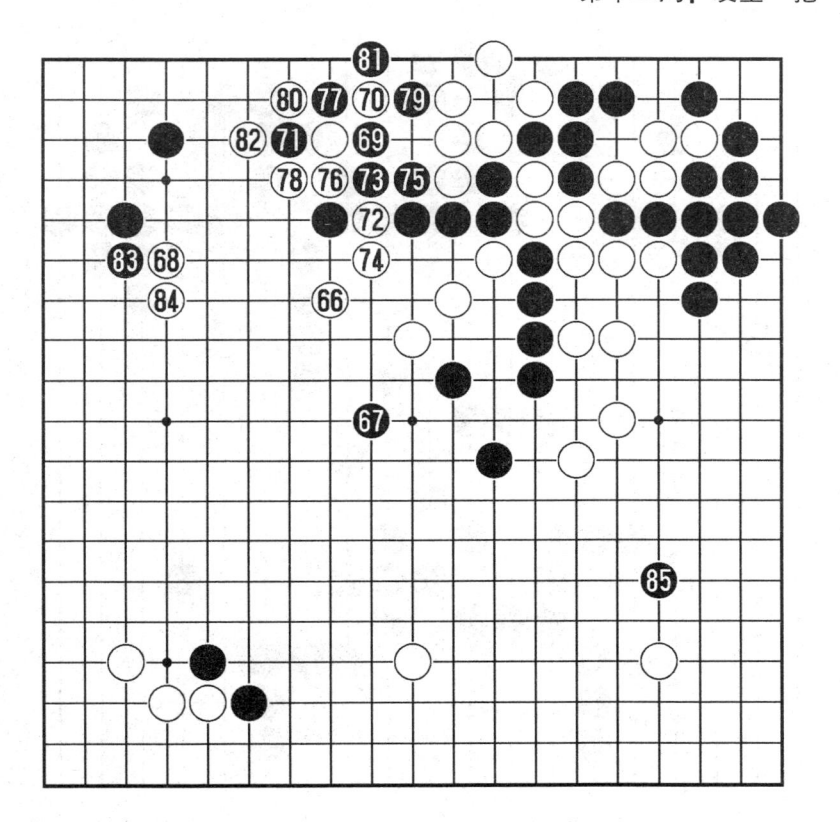

图6（不可估量）：这是实战的结果，看起来黑棋不但吃掉了白棋上边还获得了宝贵的先手，似乎是黑棋不错，但实际上白棋不但目数收获不小，此处白棋的厚味对全局产生的影响更是不可估量，因此白棋已经确立了优势。更令黑棋难过的是，此处白棋还留有严厉的搜刮手段。

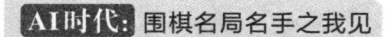

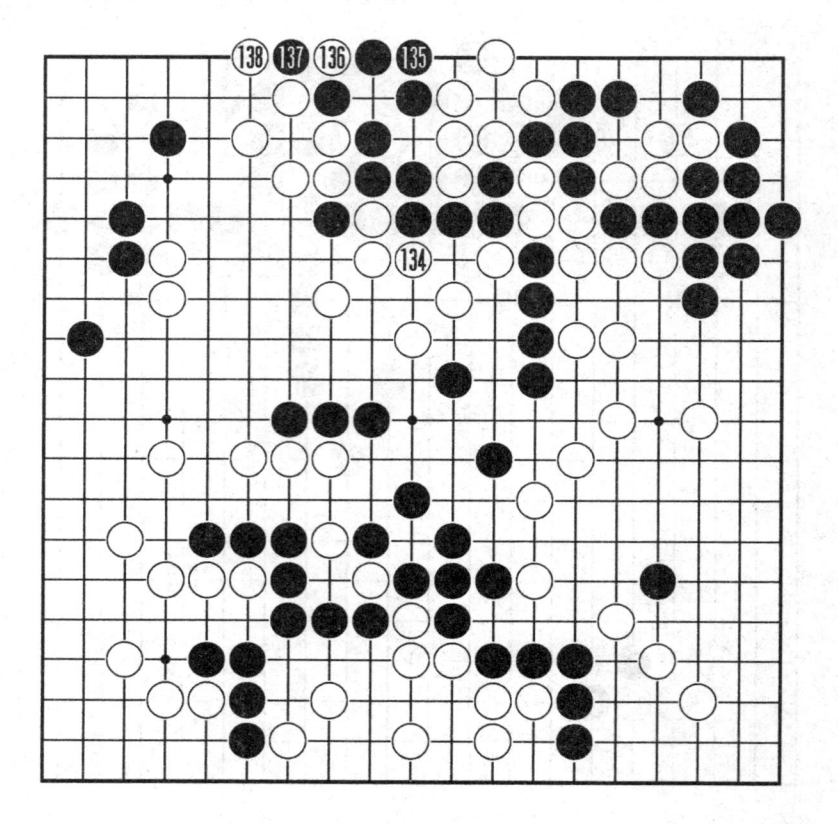

图7（杀手锏）：这是后来的实战，眼见时机成熟，白棋134先手收气后使出了136扑的杀手锏！黑棋面临痛苦的选择，要么上边被白棋起死回生，形成打劫，要么左上角实空尽失。而无论哪一种结果，都是黑棋无法接受的。

第十二局：凌空一挖

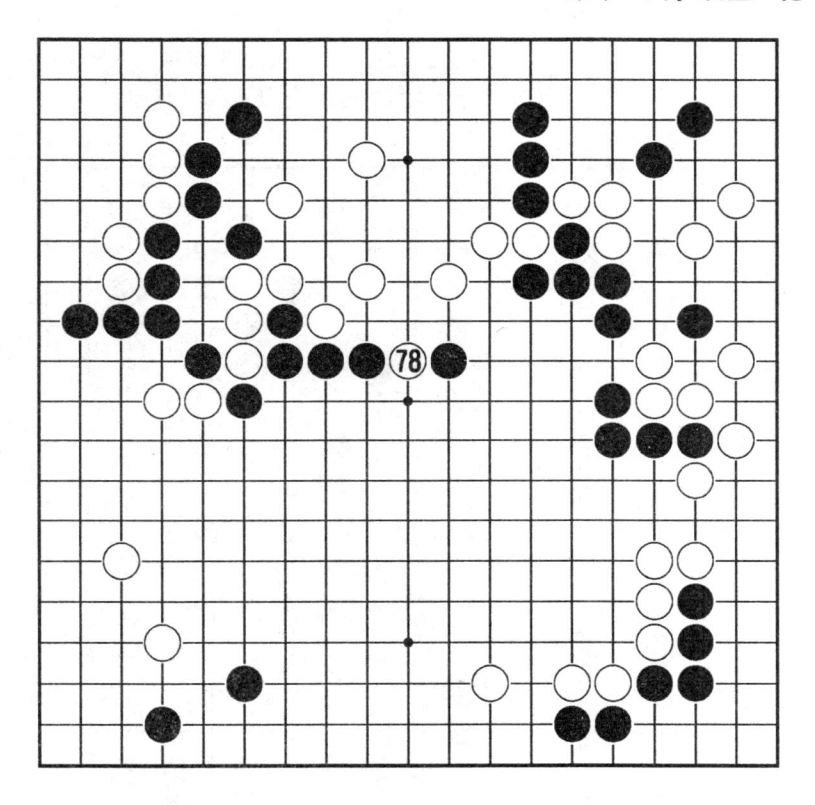

图 8（比较）：最后我们来欣赏常昊当年赢得应氏杯的那一"挖"。将其与朴廷桓的白 72 对比，大家觉得哪步棋更妙呢？

第十三局：飞石一击

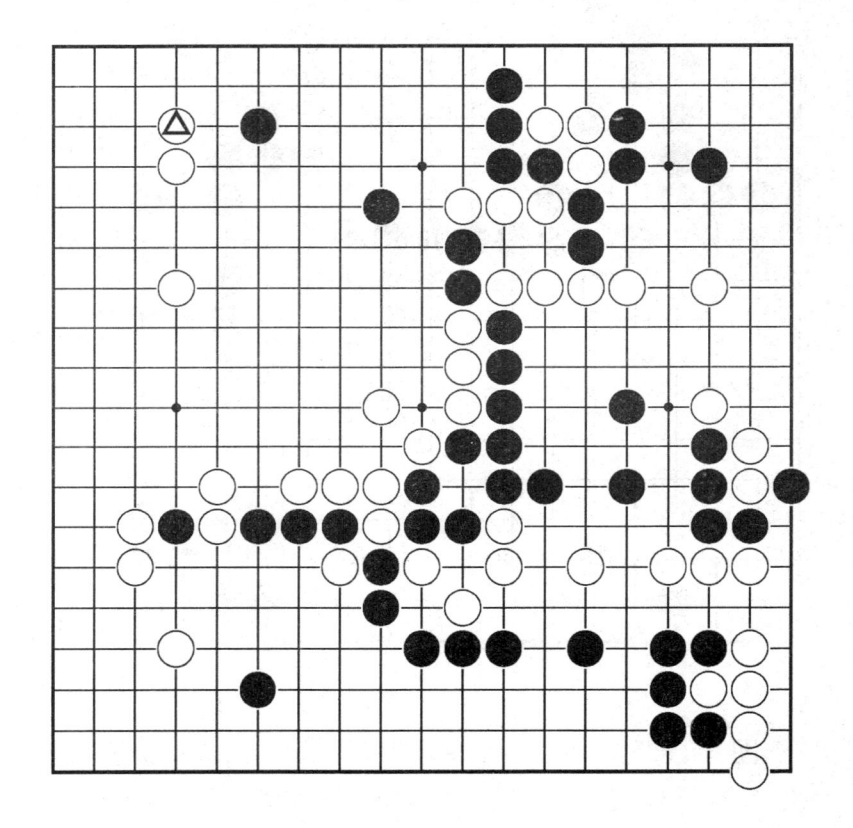

本谱取材于 2009 年 LG 杯半决赛，孔杰执黑对朴永训的对局。孔杰作为中国围棋虎一代的代表人物，长期以来却一直被认为"外战外行"。直到 2009 年，积蓄力量已久的孔杰犹如火山喷发，一年之内连夺三项世界冠军，创造了世界棋坛短暂却极其绚烂的"孔杰王朝"。此时黑棋实空虽多，但白棋左边的模样却让黑棋丝毫不敢大意，面对僵局，孔杰会如何打开局面呢？

第十三局：飞石一击

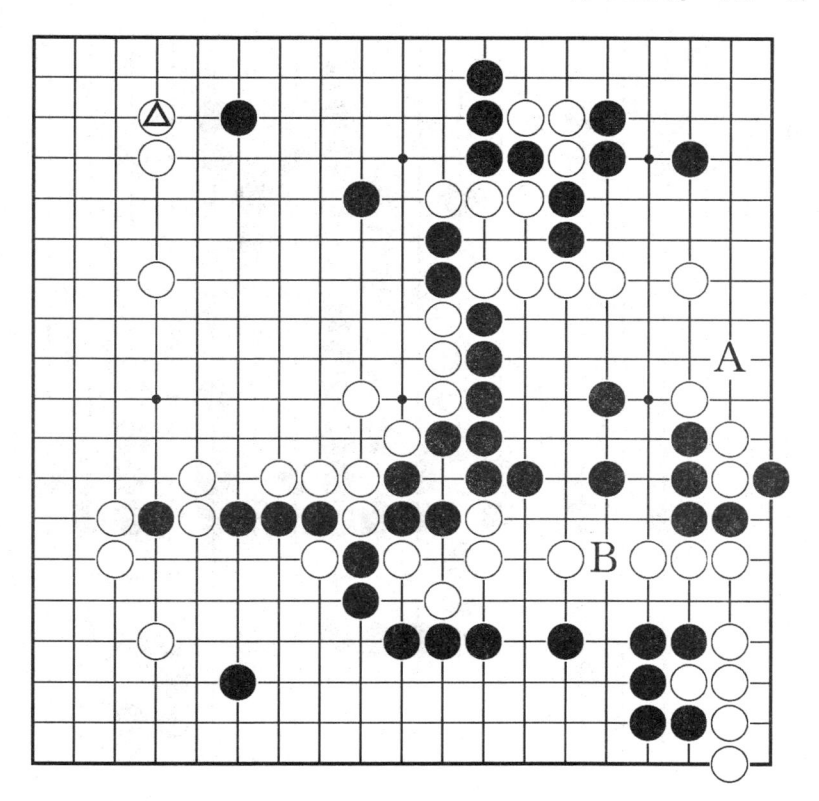

图 1（隐患）：当前局面下白棋右边并未活棋，一旦时机成熟黑于 A 位点是舒服至极的杀招，尽管此时由于中腹黑棋两子未联络，此手段暂不成立，但它确实是白棋的一大隐患。此外，黑棋于 B 位挖也可断开白棋数子。这些线索在形势判断中都非常重要。

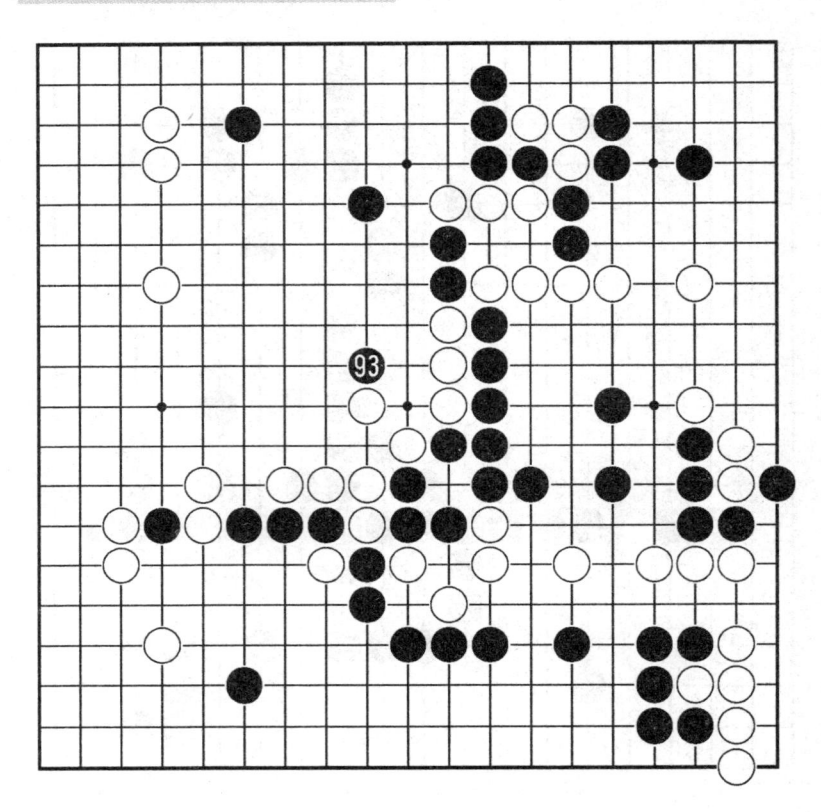

图2（飞石一击）：黑93靠犹如飞石一击，正中白棋要害！从这手棋开始，黑棋迈上了通往胜利的康庄大道，而白棋则和胜利渐行渐远。

第十三局：飞石一击

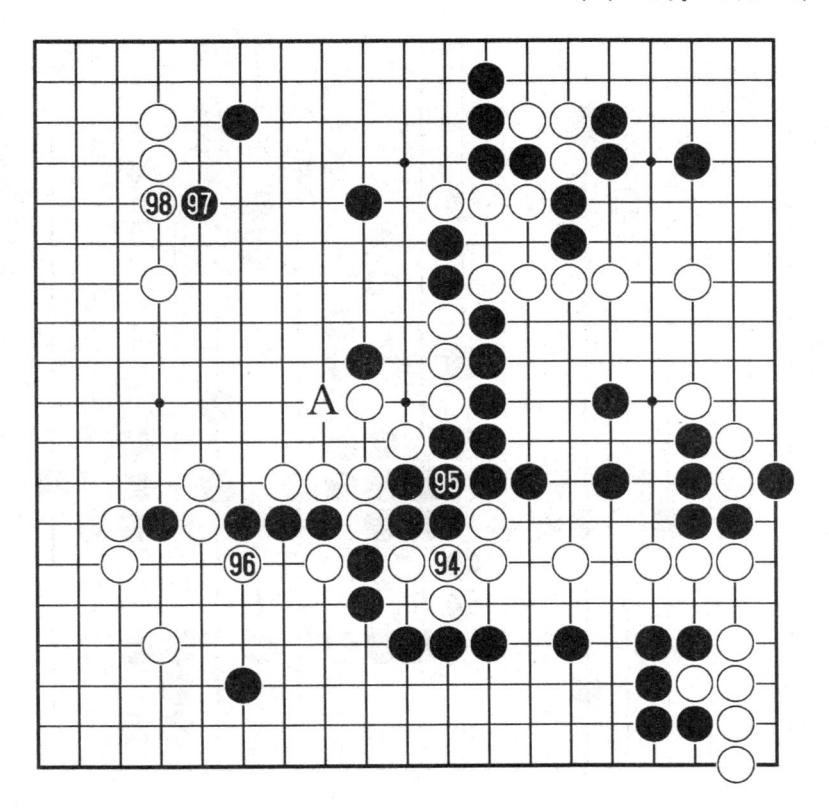

图3（破绽）：由于实在不想在A位委屈地补，白96扳在这里希望能最高效地补棋。但此手却露出了破绽，黑97先手交换后，下一手将决定本局的胜败。

AI时代: 围棋名局名手之我见

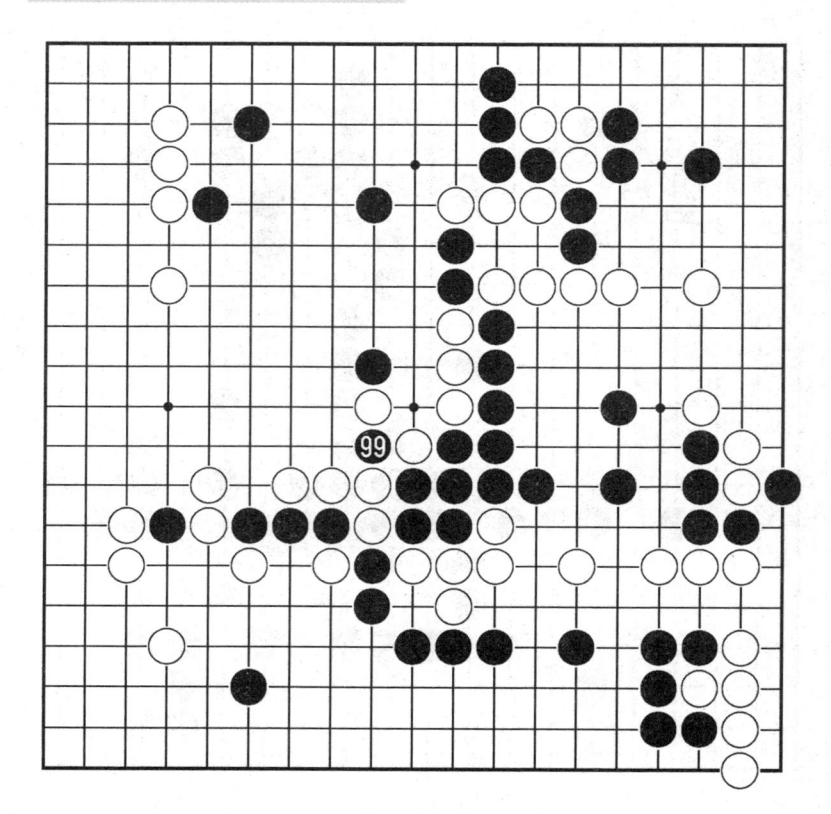

图4（第二胜着）：黑99扑绝妙！此手堪称本局的第二胜着（第一胜着是黑93靠），白棋面临痛苦的抉择：是跪着死，还是站着死？

第十三局：飞石一击

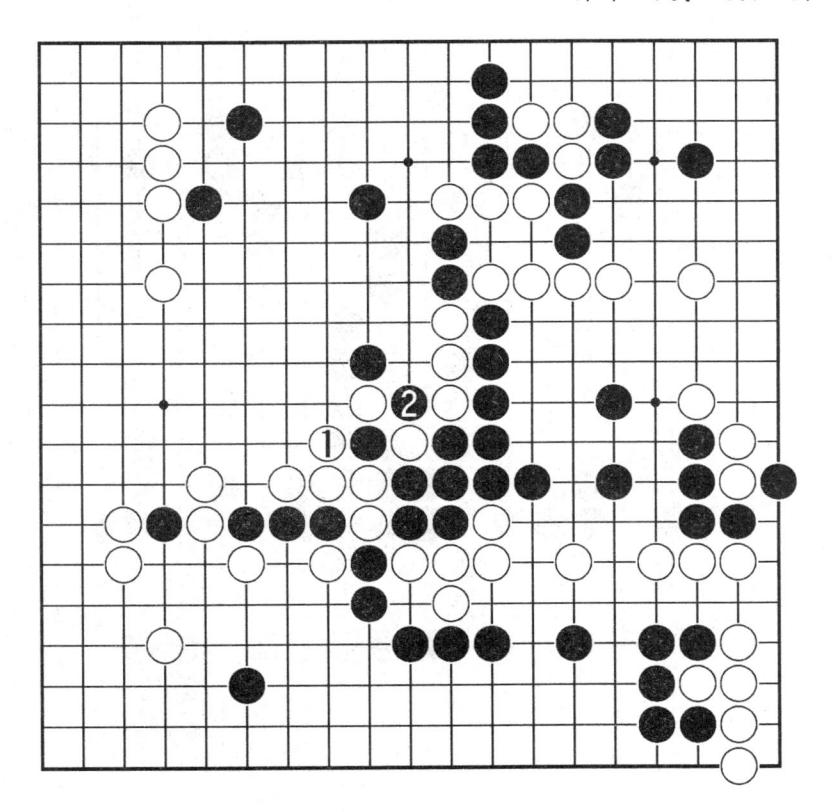

图 5（跪着死）：白 1 若提，则黑 2 简单一扑即可吃掉白三子棋筋（白棋若连回则中腹会被冲烂）。本图不仅双方中腹厚薄完全逆转，右边白棋大龙还面临"不攻自危"的窘境，至于经营左边的模样，白棋也是有心无力了。此图白棋是典型的"跪着死"。

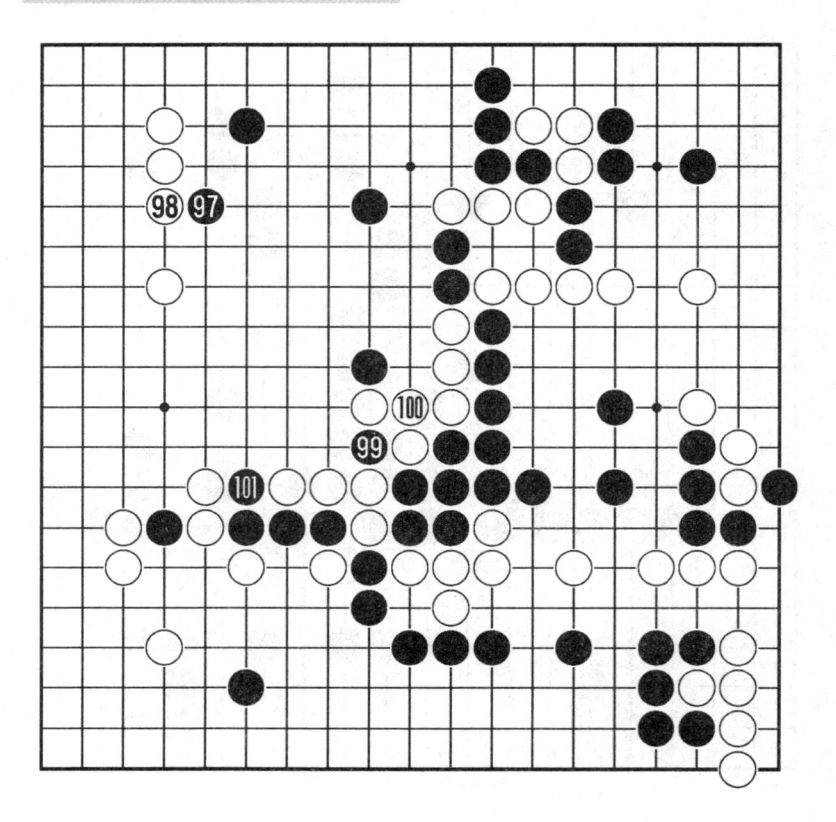

图6（欲哭无泪）：实战白100奋力粘回棋筋是争胜负的下法，紧接着黑101自杀般的一冲完成了黑棋这一串妙手中最重要的一环，白棋已是欲哭无泪。

第十三局：飞石一击

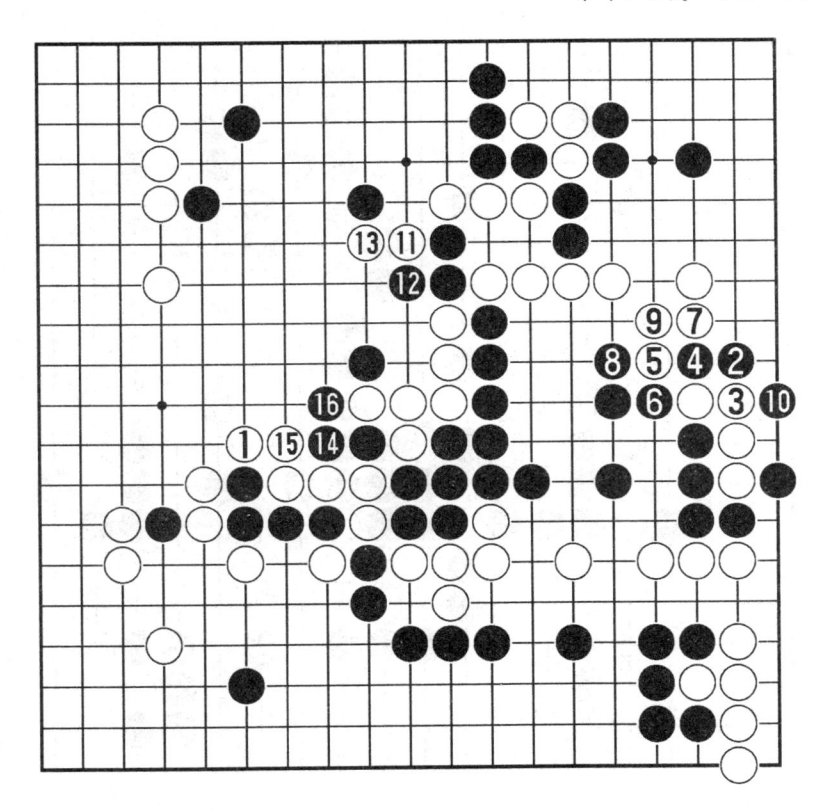

图7（*无法忍受*）：白1若吃掉黑四子，则黑甚至不需要马上在中央动手，可以先在右边吃棋，然后顺便把中央白六子收入囊中。如此屈辱，相信就算是"石佛"来了也无法忍受吧。

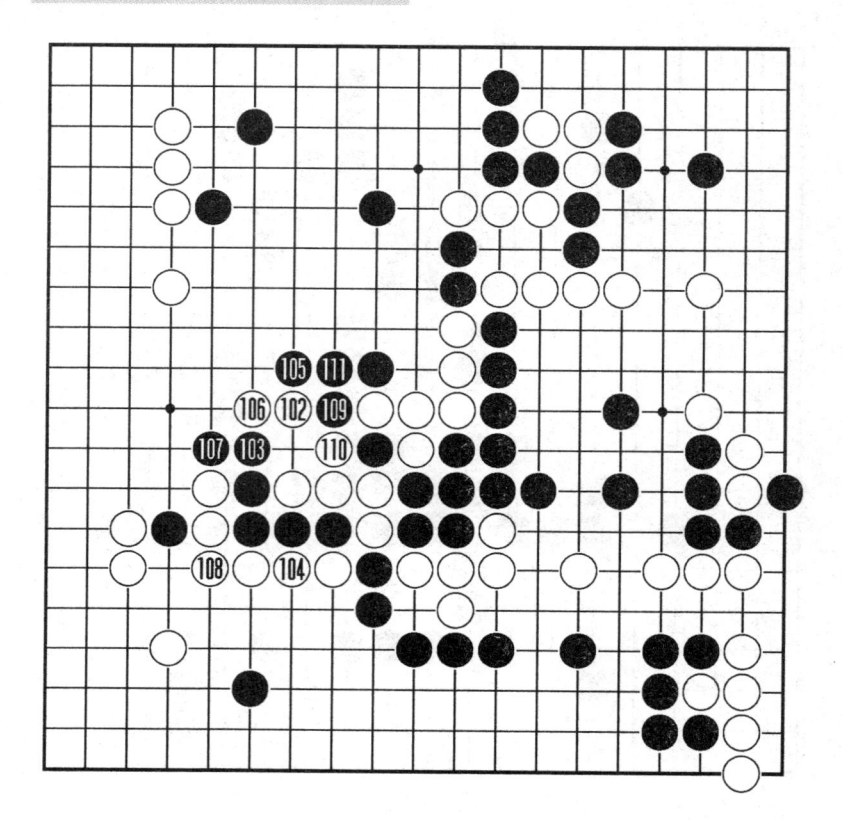

图 8（两个选择）：明知黑棋在挑衅，白 102 却只能如此退缩。黑 103 以下的下法就容易理解了，黑棋走厚中腹，留给白棋两个选择：是右边全灭还是左边破碎？

第十三局：飞石一击

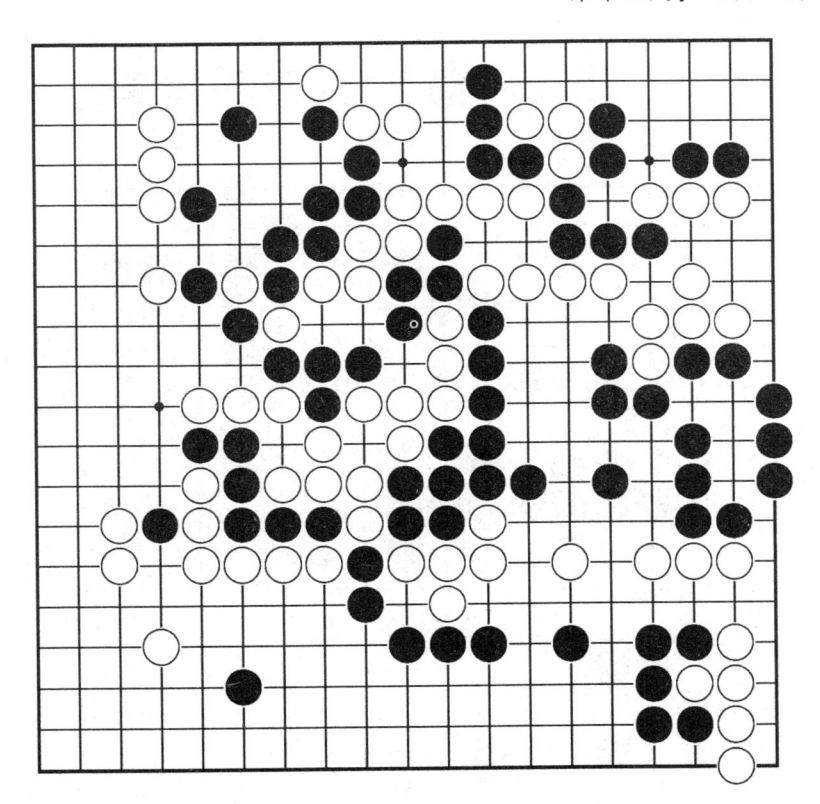

图 9（全灭）：这是终局的画面，白棋不仅上边大龙被歼，而且连左边大空也保不住了，让人不忍直视啊。

第十四局："太子"克星

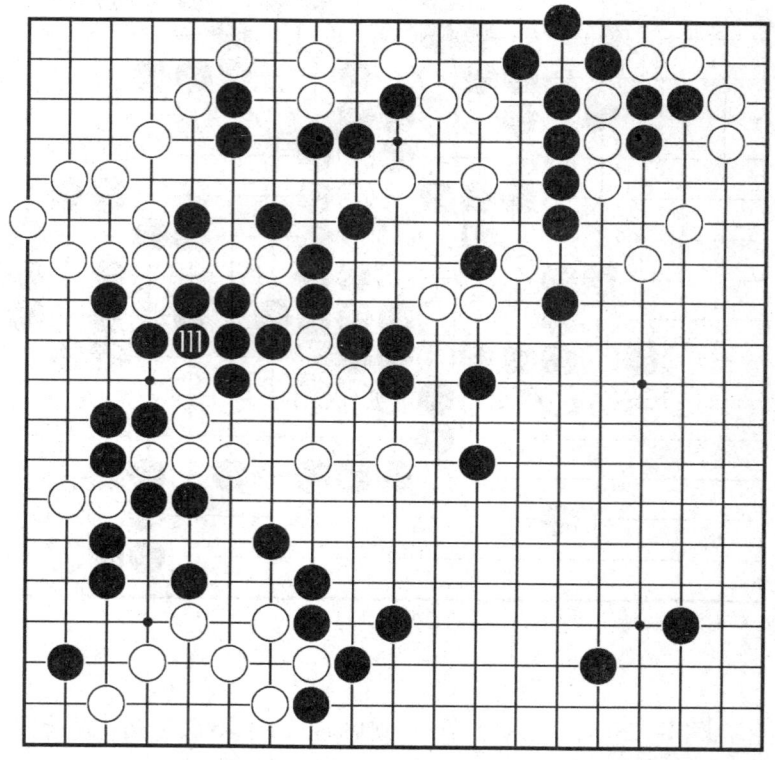

本谱取材于 2014 年中韩对抗赛第一轮，金志锡执黑对范廷钰的对局。金志锡是被韩国围棋寄予厚望的"皇太子"，虽然他所取得的成绩似乎并没有达到韩国棋界对他的期望，但他仍然是中国棋手最主要的对手之一，连柯洁也多次在他面前栽跟头。放眼棋界，却有一个人总是让金志锡无可奈何、屡战屡败，这个人就是"少年石佛"范廷钰。两人在正式比赛中交手十次，金志锡仅取得可怜的一胜！范廷钰到底有何过人之处，能让金志锡如此一筹莫展呢？从本局或许能看出一些端倪。

第十四局:"太子"克星

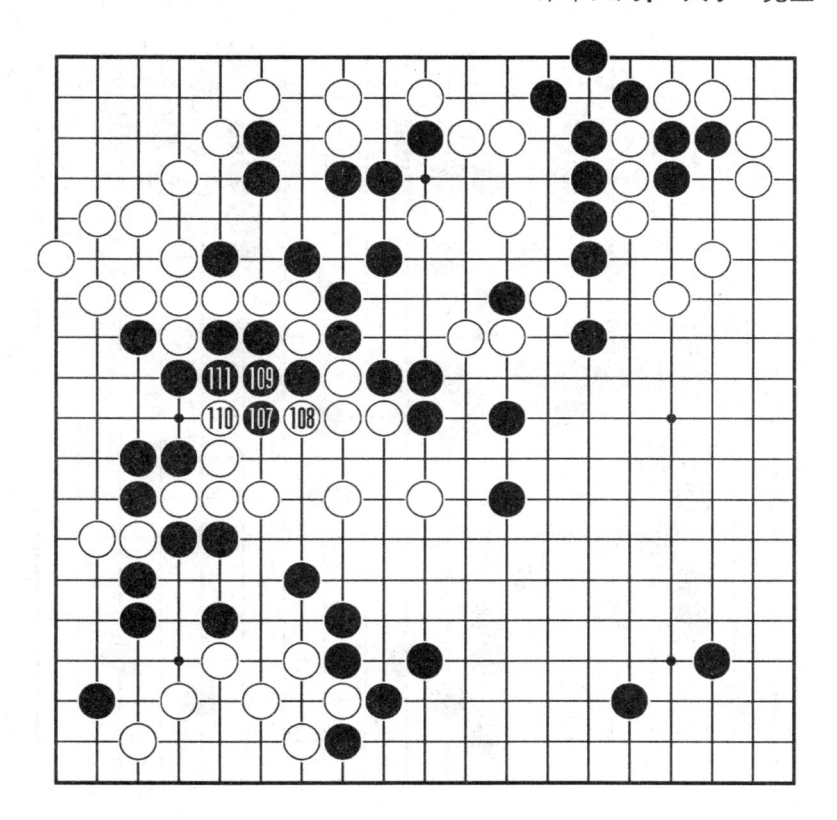

图 1(惩罚):由于实地不足,黑 107 毅然决定将中央棋筋连回,但也付出了左边气被撞紧的代价。当前白若只是单纯处理中腹,显然是不满意的,因此白必须在左边拿出手段才能惩罚黑 107 的过分。

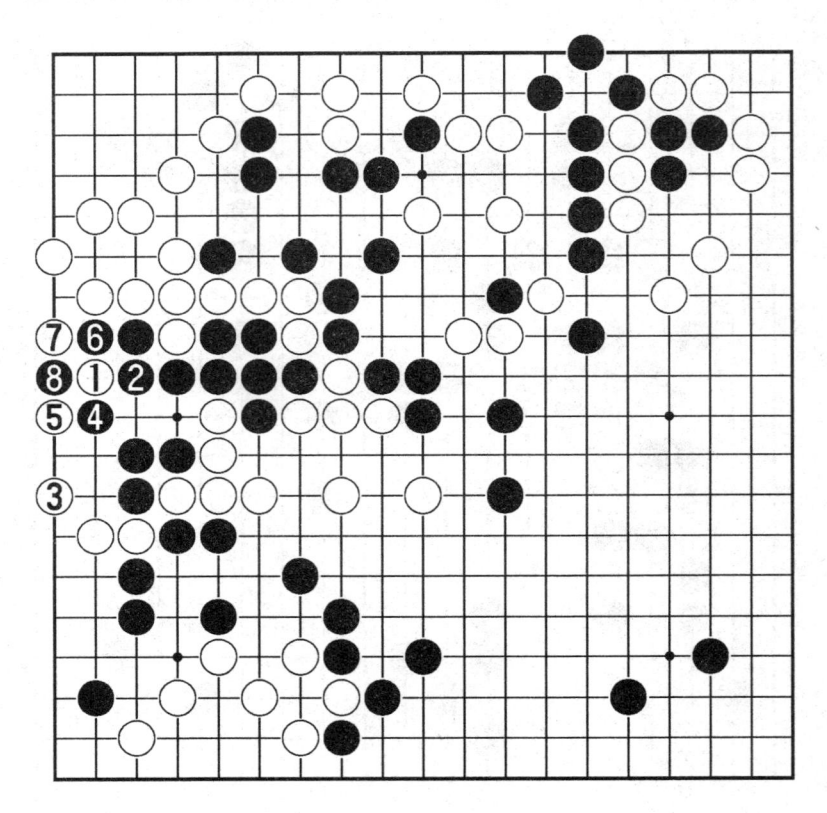

图 2（不是最优解）：如果能发现白 1、3 的手段，说明您已经有了很强的计算能力。确实，此两手一出，局部已经不可避免出现打劫。对于此劫，白棋若打输则目数较损；白棋若打赢则黑棋在中腹的死子仍有不少借用，因此这两手并不是局部的最优解。

第十四局："太子"克星

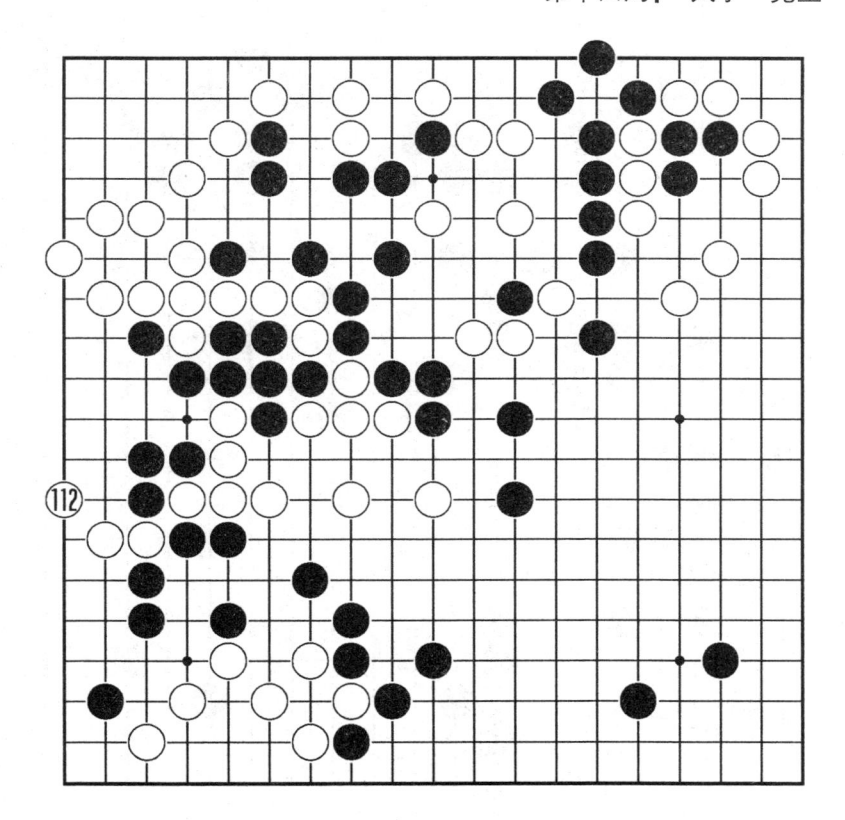

图3（绝妙）：白112一路小尖！此手初看不难对付，但随着计算的深入，我们就会发现此招背后所隐藏的恐怖计算力。值得一提的是，此手也是AI的首选。

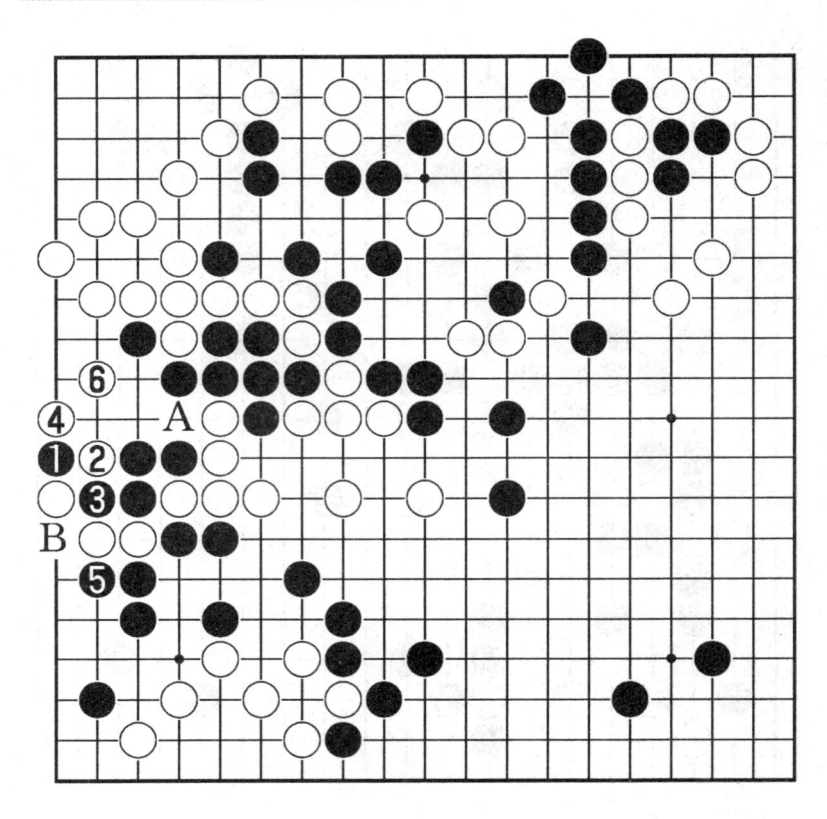

图4（冷酷一击）：黑1靠最容易想到，但此时不行。就在黑棋以为能吃白棋接不归的时候，白6小尖发出冷酷的一击，此后A、B两点白棋必得其一，黑棋崩溃。

第十四局:"太子"克星

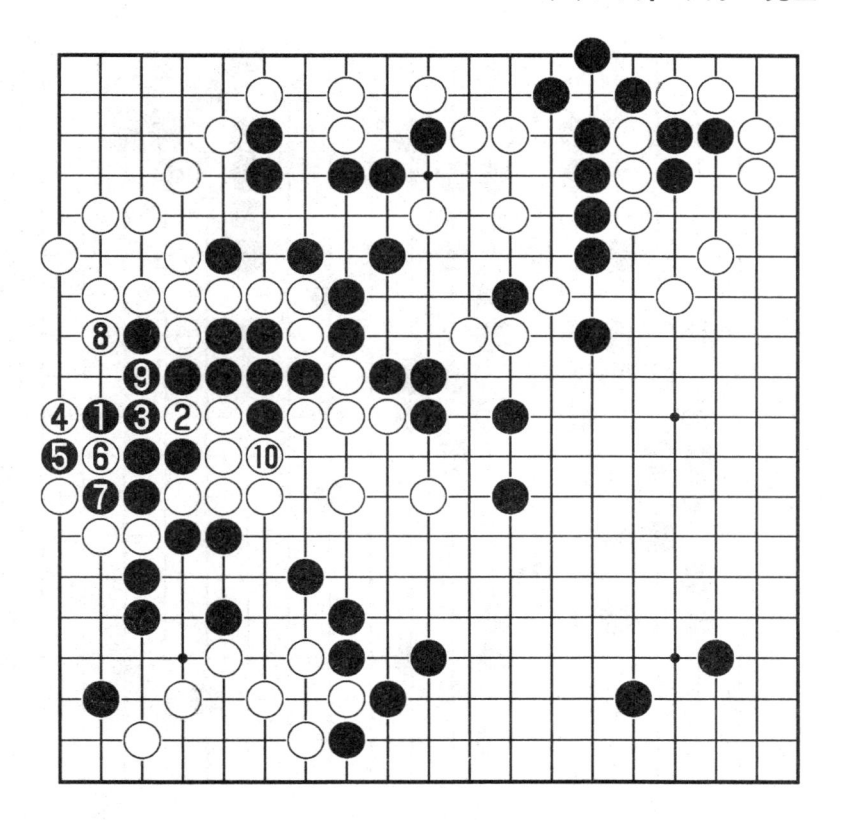

图 5(宽一路):既然硬挡不行,黑 1 宽一路试试。可惜白 2 简单一冲就令黑棋难以抵挡,本图虽然也是打劫,但和图 2 稍一对比即可知其中巨大的差别,黑棋仍然不行。

AI时代： 围棋名局名手之我见

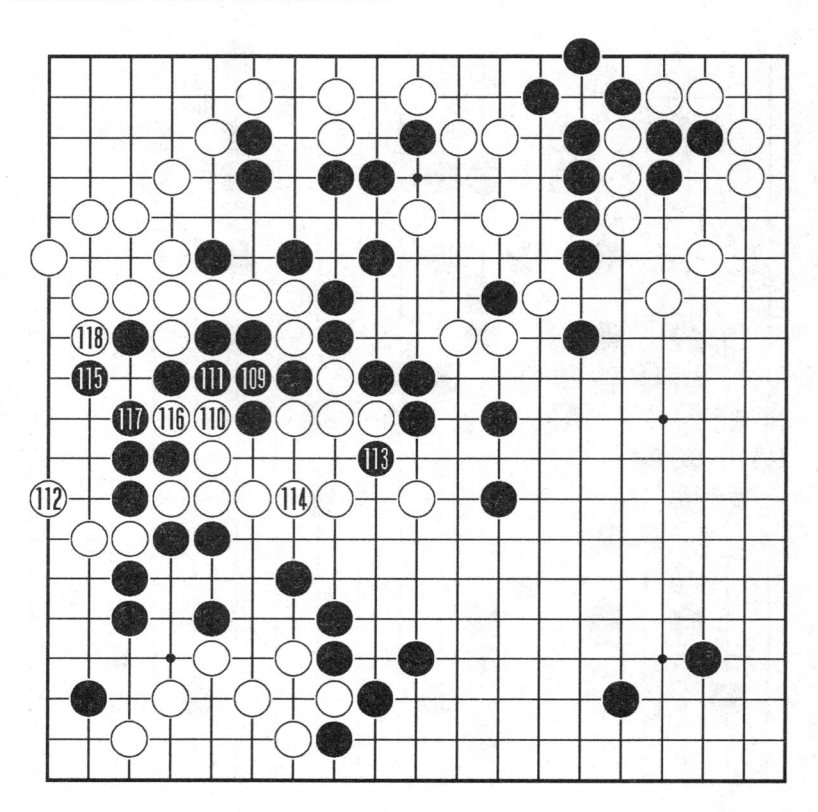

图 6（不敢连上）：实战黑 113 先手交换后再于 115 位虎是局部最强的应对，但仍然无法阻止白棋出棋。白 118 简单一打，黑棋已不敢连上。

第十四局："太子"克星

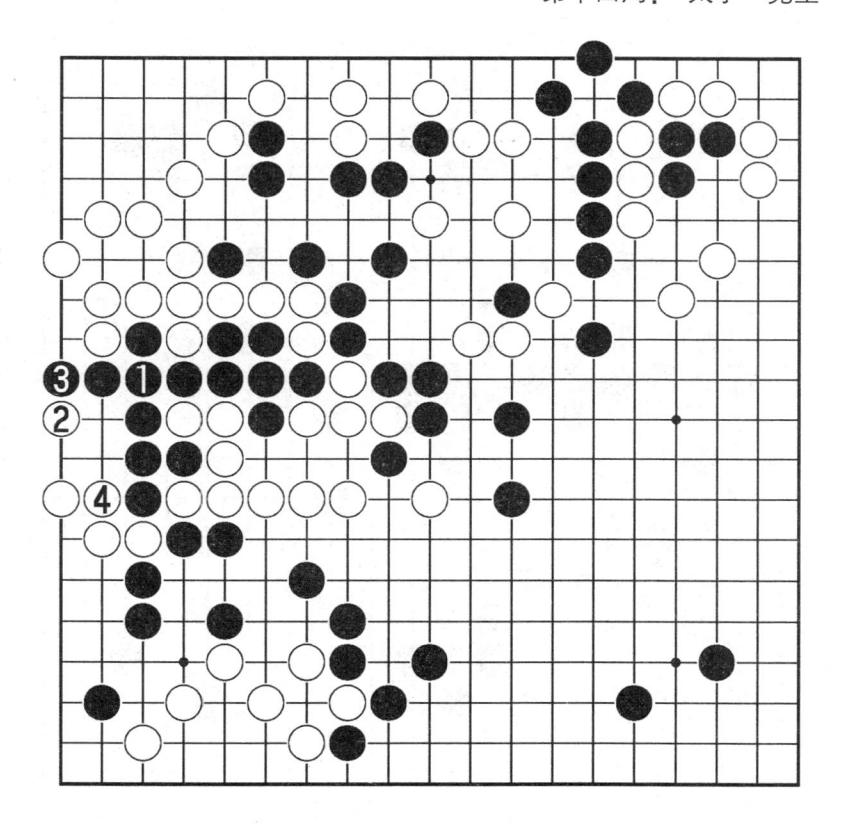

图7（死得简明）：本图黑棋死得很简明。

137

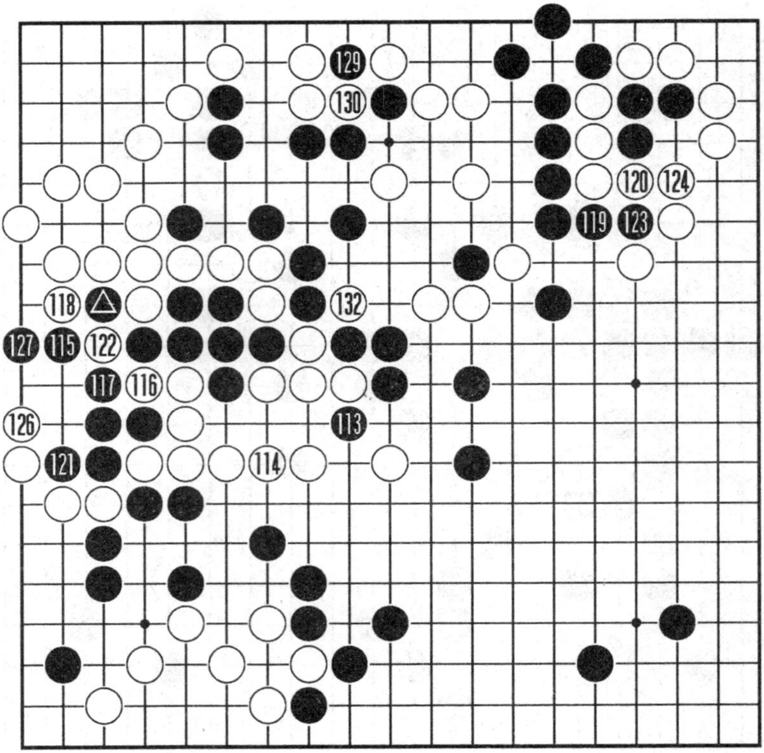

(125)(131)=▲　(128)=(122)

图 8（劫爆）：无奈之下黑棋只能选择打劫，但由于此劫“带响”，因此黑无法寻找本身劫，再加上中腹白 132 断后有很多劫材，黑棋只能眼看着自己被“劫爆”。

第十四局:"太子"克星

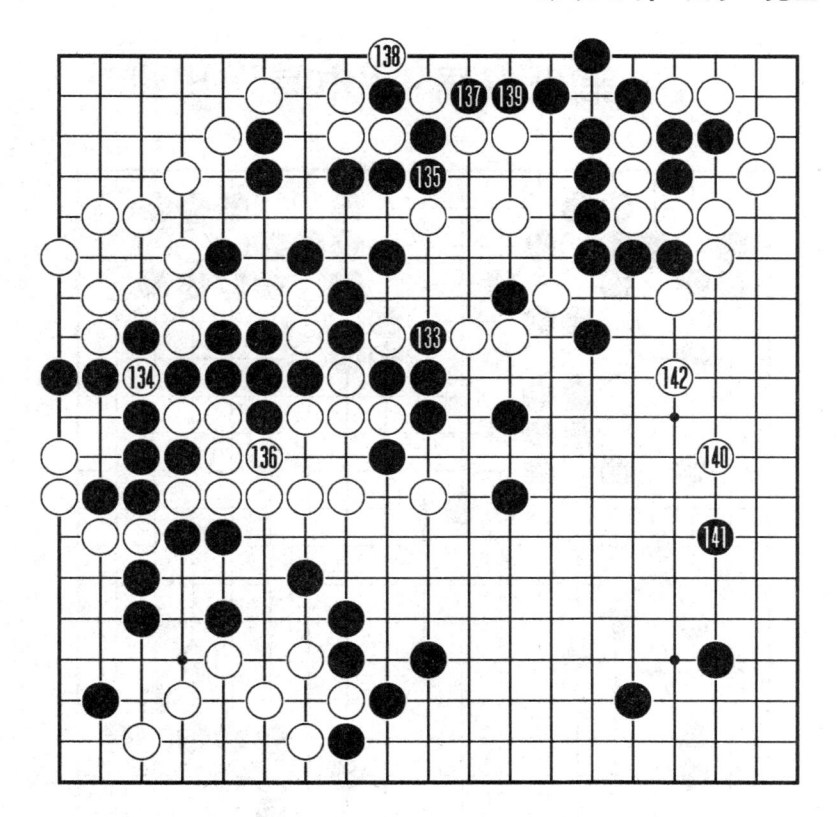

图 9（胜券在握）：这是终局的场面，白棋打赢了劫，又抢到了右边最后的大场，已经胜券在握。

AI时代：围棋名局名手之我见

第十五局："申皇"出世

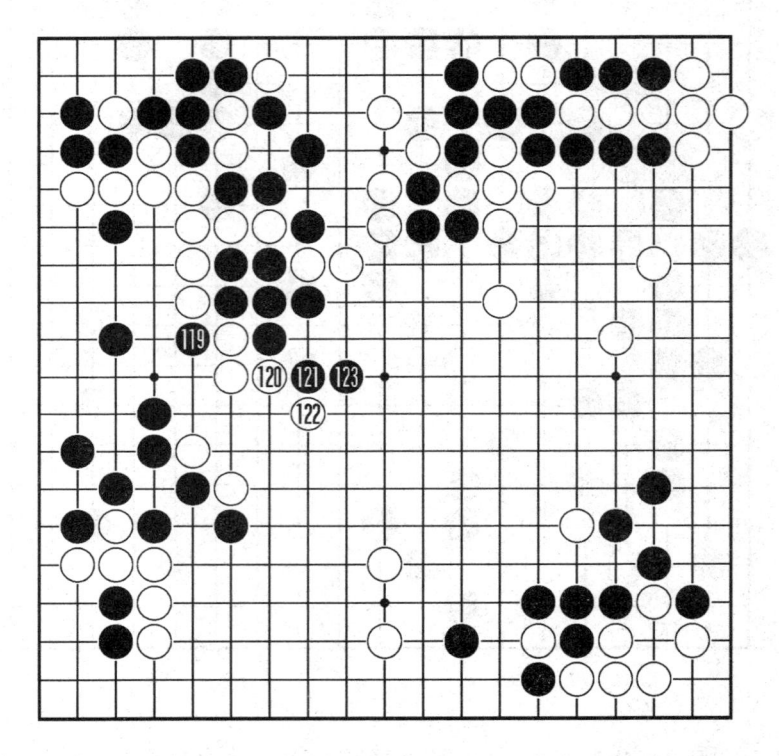

本谱取材于2021年第2届韩国最强棋手挑战赛决赛，朴廷桓执黑对申真谞的对局。作为韩国围棋两代领军人物，朴廷桓和申真谞之间对战的分水岭是2020年初的LG杯决赛。在此之前，朴廷桓面对这位年轻7岁的后辈有着绝对的战绩优势和心理优势。可在LG杯决赛失利后，朴廷桓面对申真谞好像突然就有了心理阴影，屡战屡败。尽管战绩明显落后，但朴申之间的对决从来不会缺少精彩，本局即是朴申对决当中经典的一战。在双方都没有退路的决胜局，黑119断显示了朴廷桓必胜的信念和斗志。此时白若无法拿住中央黑棋，则左边大龙将覆灭。可吃掉中央又谈何容易呢？危急时刻，请看申真谞的表演！

第十五局："申皇"出世

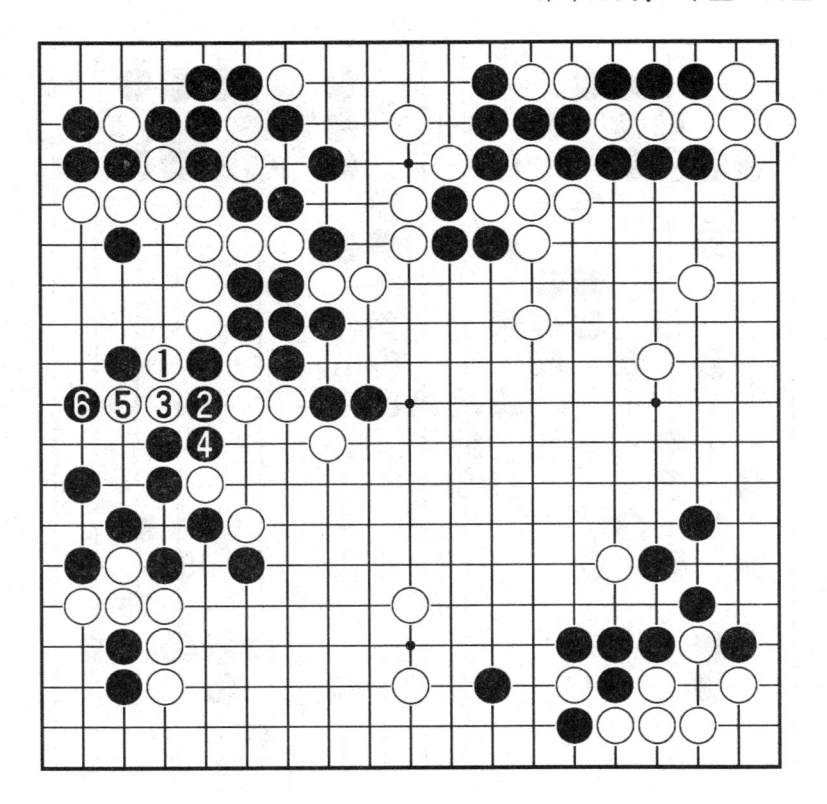

图 1（不可取）：之所以说白棋必须拿住中央，是因为白棋如图这样活棋是断然不可取的。此图白棋不仅中央损失惨重，甚至左边也未必能活，因此白只有强杀中腹黑棋一条路可走。

AI时代：围棋名局名手之我见

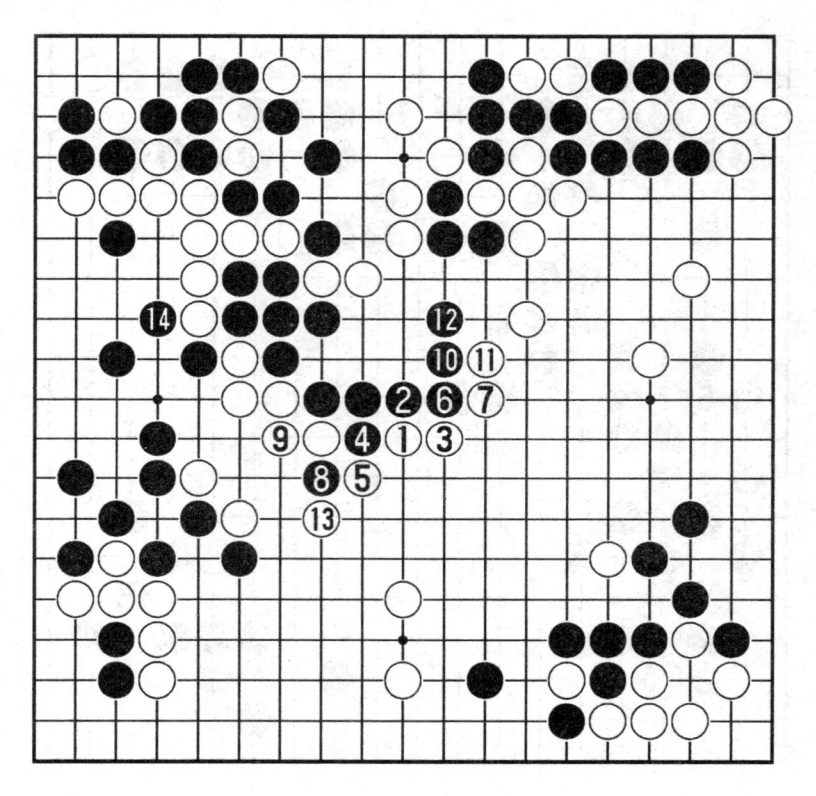

图 2（白气不足）：如果只是需要封住中腹黑棋的话，白1跳封确实成立。但可惜白棋左边只有五气，黑棋如图简单延气即可。由于白13必须补一手，此图白气不足。从此图可以看出，白棋既要杀掉黑棋中央，还不能被黑棋延出足够的气，确实不好办。

142

第十五局："申皇"出世

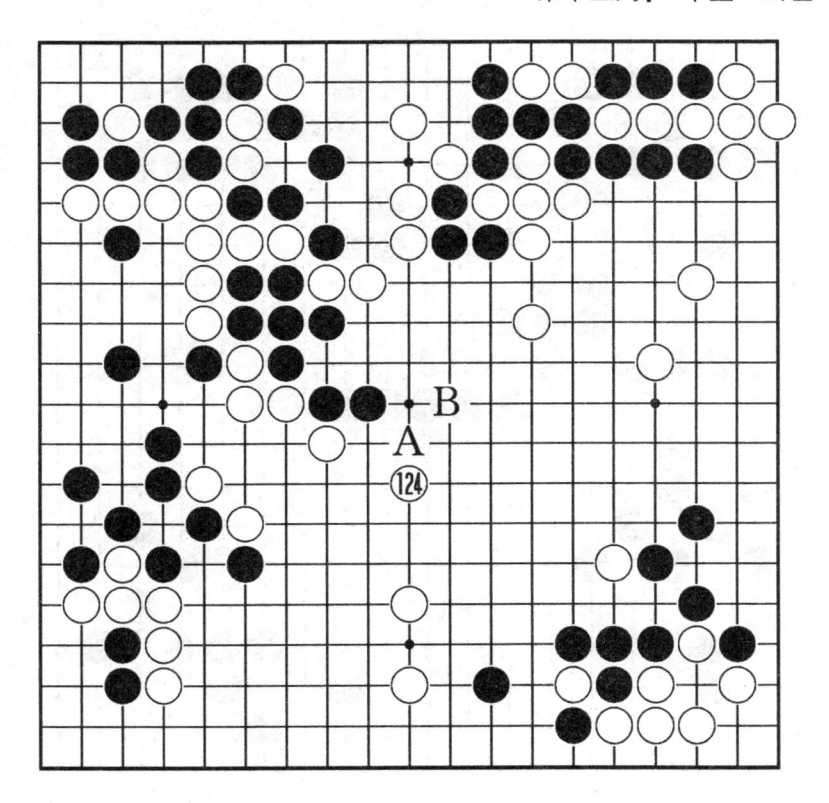

图 3（扭转乾坤）：实战白 124 飞看似松缓，却是扭转乾坤的妙招！此处体现了申真谞深不见底的计算力。虽然白棋松了一路，但黑棋却意外地不好处理，看上去似乎只有 A、B 两条路线可以选择。

AI时代: 围棋名局名手之我见

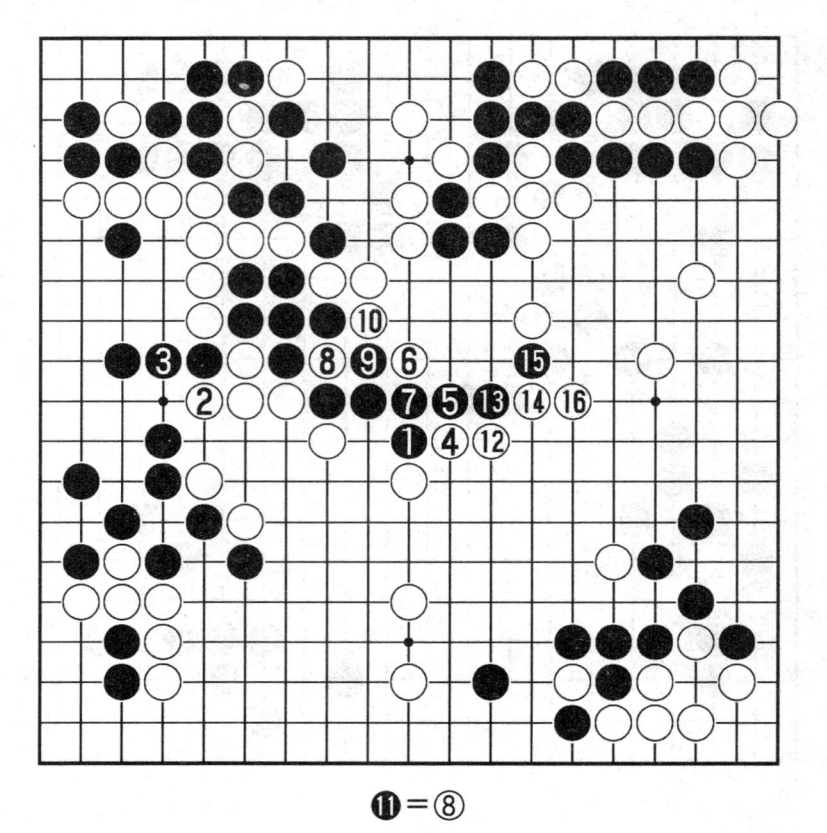

⓫=⑧

图 4（插翅难逃）：黑 1 尖是最容易想到的抵抗，对此白 2 先打是好次序，黑棋若不肯放手，则白 4 以下是极其紧凑的收气，黑棋已经插翅难逃。

144

第十五局："申皇"出世

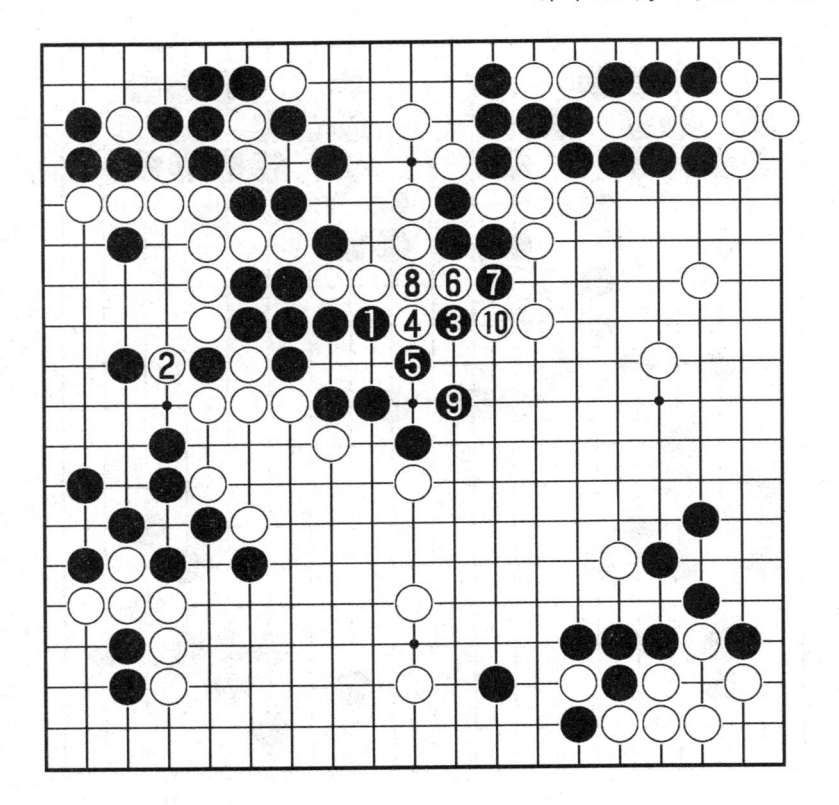

图 5（回头是岸?）：黑 1 "回头"也不好，由于黑棋无法杀掉白棋上边，此图也是黑棋失败。

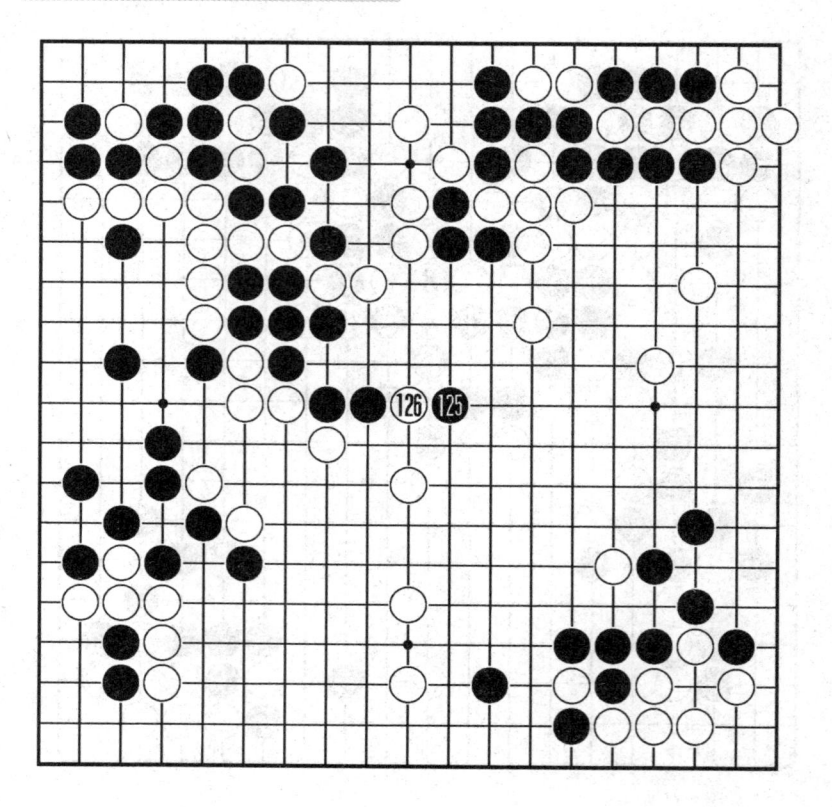

图 6（绝杀）：既然尖顶不行，实战朴廷桓便选择了另一条路。但此时申真谞早已将局部变化全部看清，白 126 挖堪称一记绝杀！有了这一手，黑棋的杀龙计划已经无法进行下去了。

第十五局:"申皇"出世

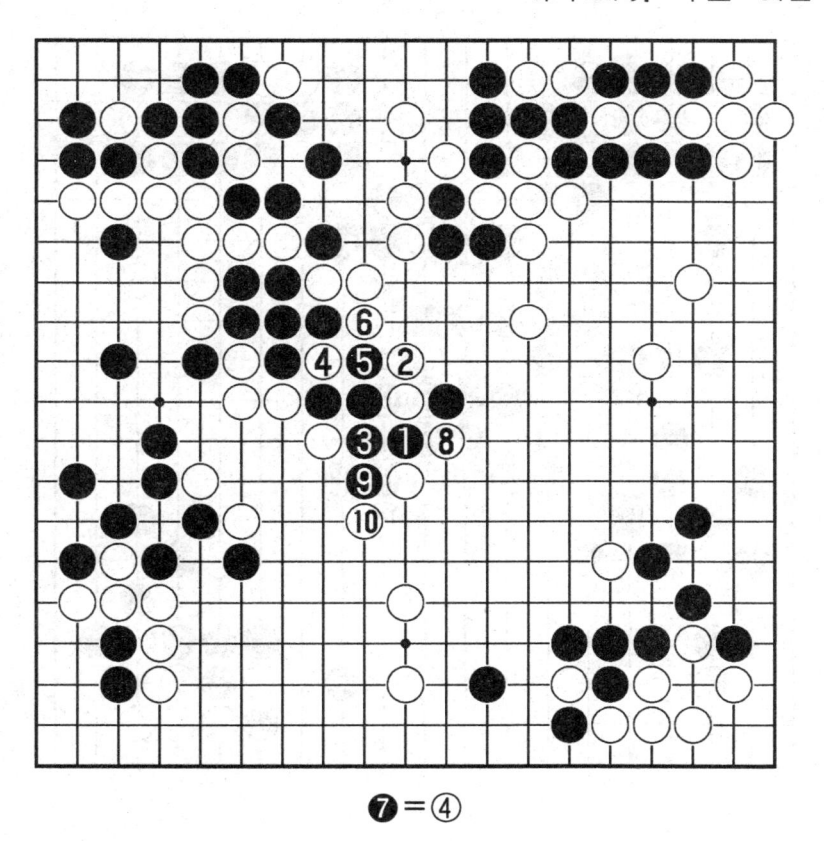

❼ = ④

图7(征子):黑若于1位打,将被白如图直接征死,死相过于惨烈。如果黑1改在2位打,则白简单于6位打,黑也不行。

147

AI时代：围棋名局名手之我见

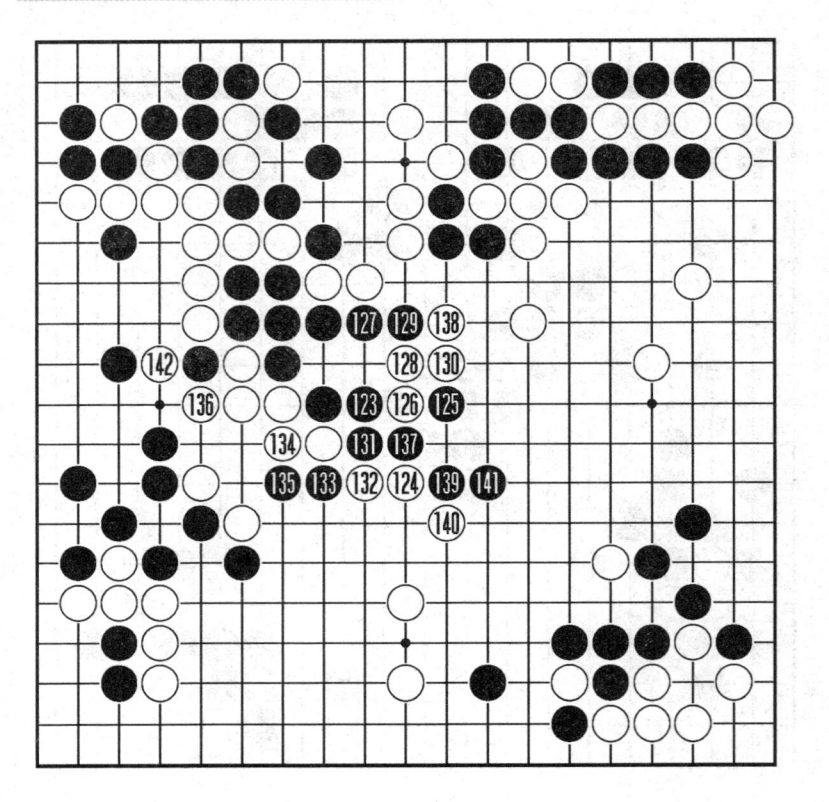

图 8（胜利在望）：实战黑 127 堪称唯一的抵抗，接下来的变化则十分简单。为了保命，黑棋只能做出黑 135 和白 136 的大损交换才能将大龙冲出，但白 142 提后，整个战役无疑是白棋取得了巨大成功，白棋也就此奠定了胜利的基础。

第十六局：AI 的盲点

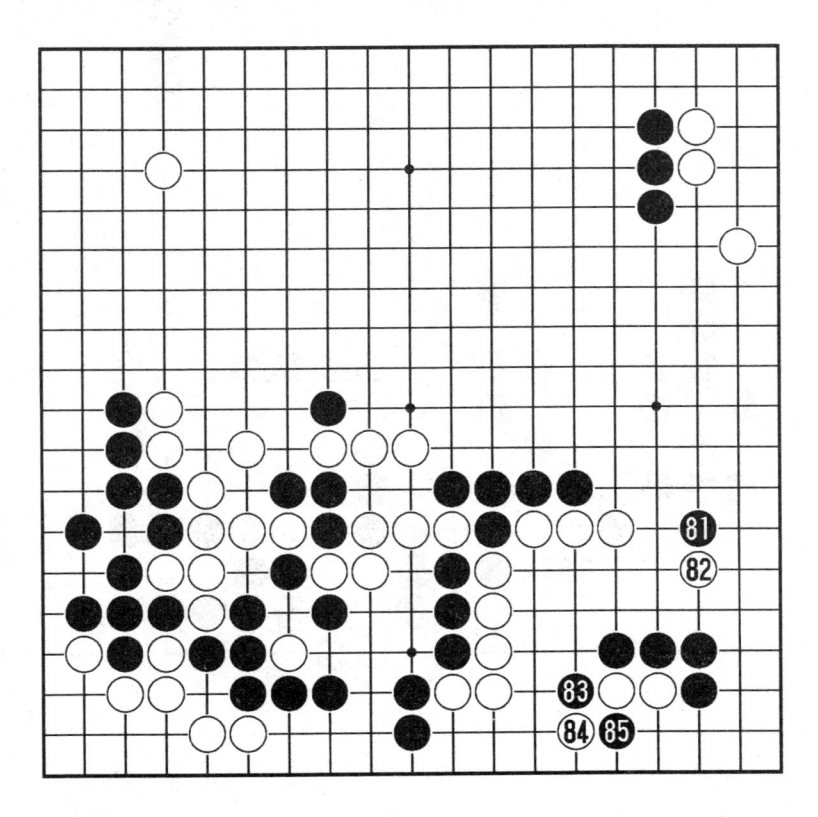

本谱取材于 2022 年韩国最强棋手战循环赛，朴廷桓执黑对卞相壹的对局。卞相壹是棋坛有名的神经刀，在他的棋中，精彩的构思和低级的失误几乎是并存的，"神一盘鬼一盘"是他一贯的状态。而一旦来了状态，他甚至能下出连 AI 都发现不了的妙手。此时黑 83、85 对下方白棋展开攻击，看起来白棋只需要正常应对就行，但就在这时，卞相壹却下出了超越 AI 的"神之一手"。

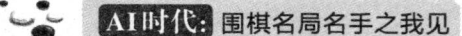

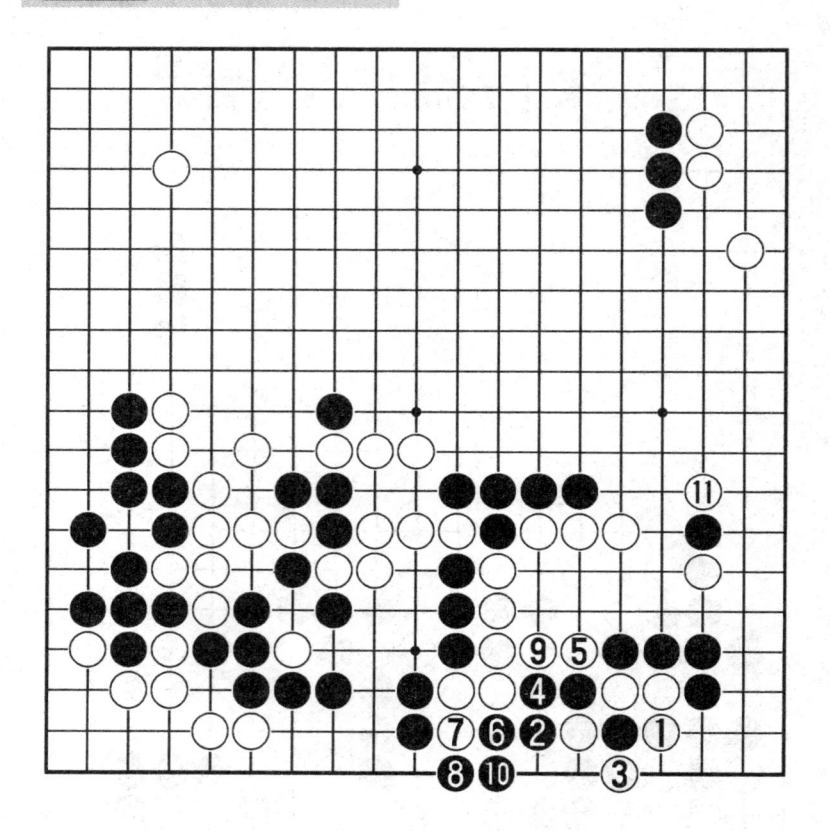

图 1（正常下法）：白 1 以下正常应对其实并非不可，其变化基本上是必然，白棋在局部留下一块活棋后再从容地抢到 11 位夹的好点，白棋优势。有趣的是，就连 AI 一开始也认为此图是白棋的最佳下法，直到白棋的下一手出现。

第十六局：AI 的盲点

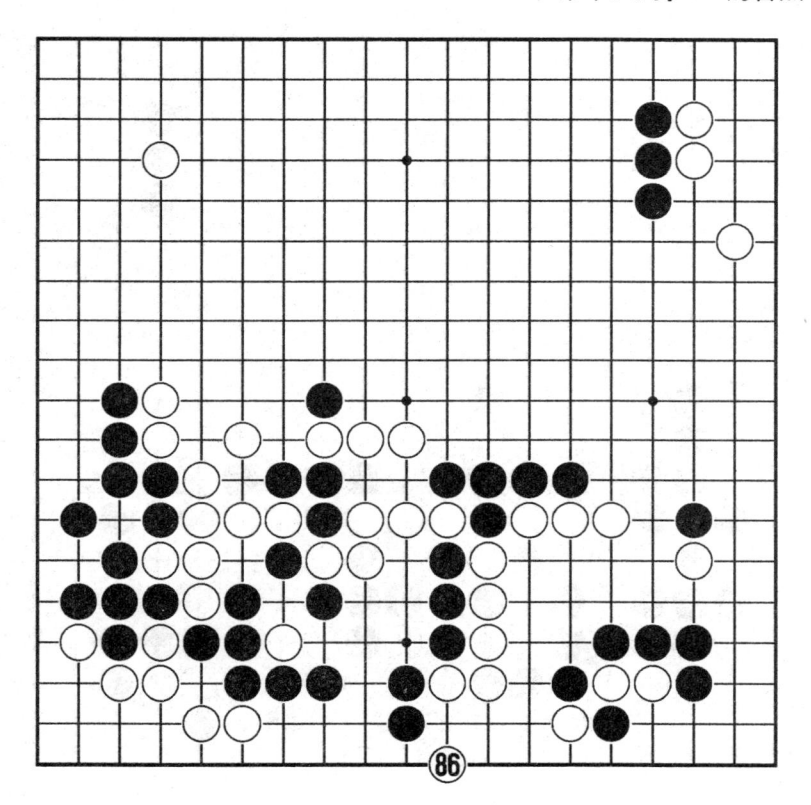

图 2（神之一手）：白 86 一路跳！此手到底想干什么？不只是观看棋局的我们没有明白这手棋的用意，甚至连各路 AI 一开始也没有把这步棋视为可行选点。但随着计算的深入，这手棋的胜率也节节攀高，可以说，白棋这手棋骗过了 AI，"神之一手"当之无愧！

AI时代：围棋名局名手之我见

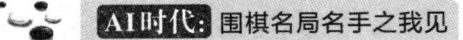

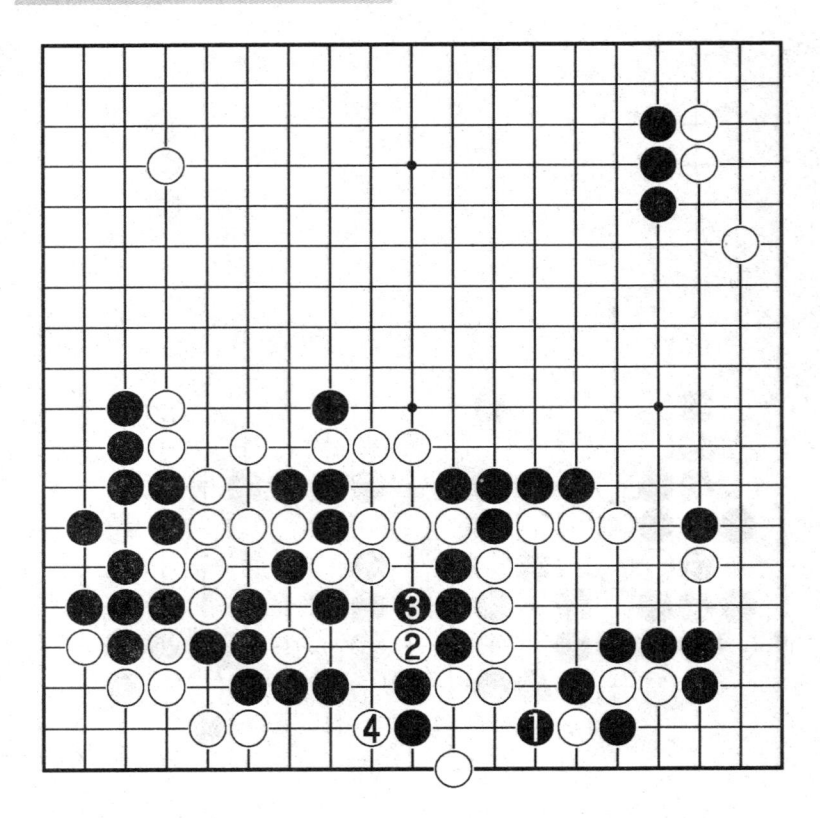

图 3（连环手筋）：AI 最初认为黑 1 可以补棋，但很快就发现这手棋并不成立，原因是白有 2、4 位的连环妙手！黑棋要么被白先手吃通棋筋，要么整块大棋被歼灭，明显不行。

第十六局：AI 的盲点

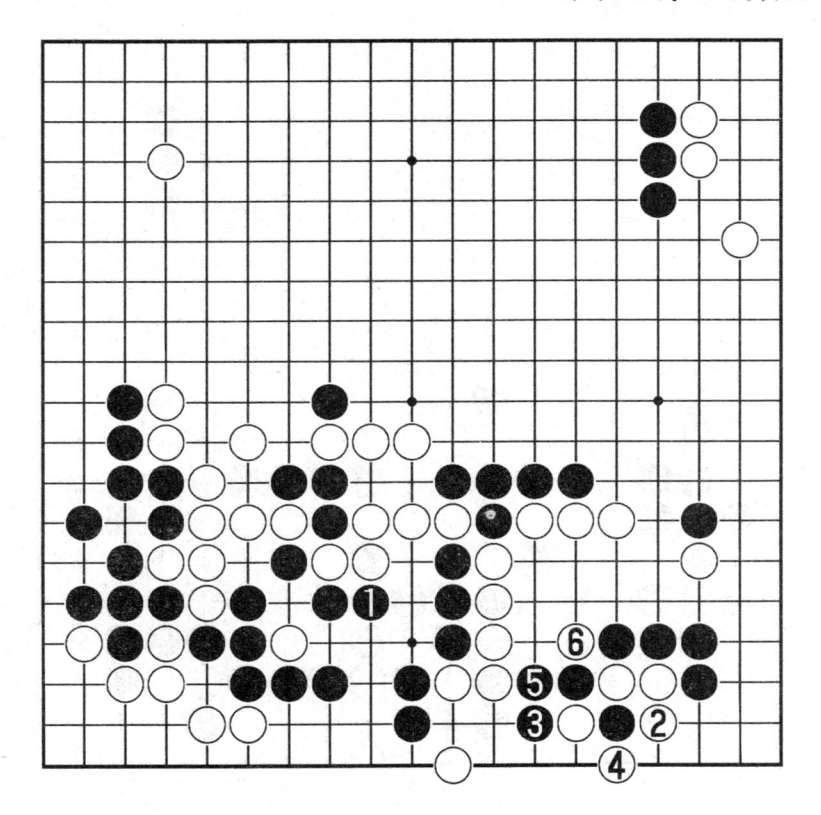

图 4（*左右逢源*）：既然白棋跳对于左下黑棋来说有先手意味，那么黑棋能否直接补棋呢？很遗憾，看到白 2 以下的手段，就知道白当初为何要跳在一路了。白 86 跳实乃左右逢源的妙手。

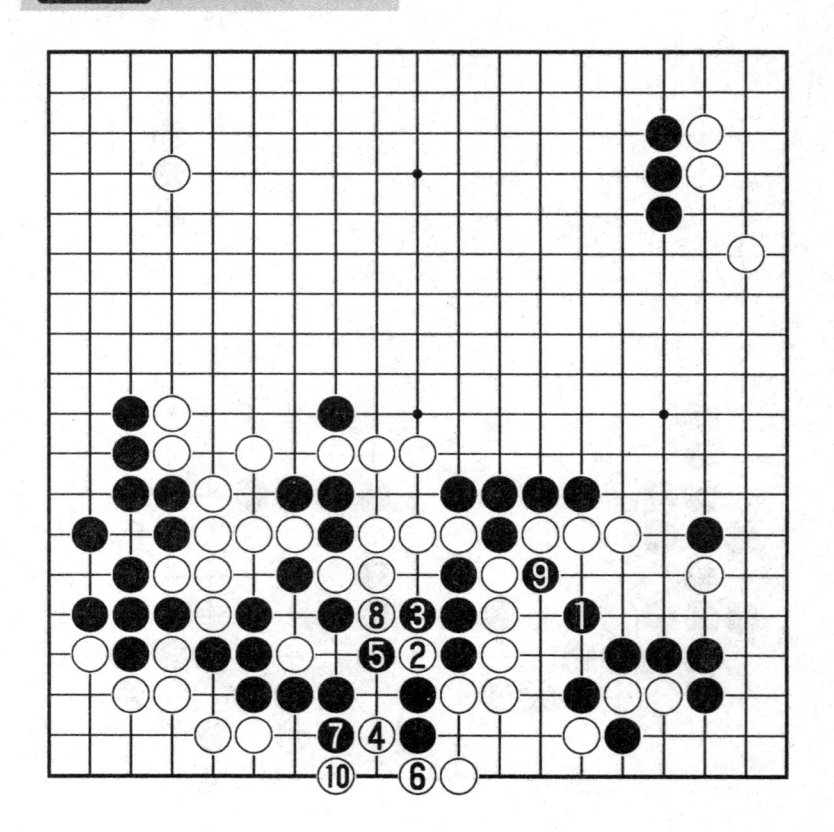

图 5（黑气不够）：黑 1 尖试图以攻为守，无奈白 2、4 仍是要点，形成杀气后黑气不足。

第十六局：AI 的盲点

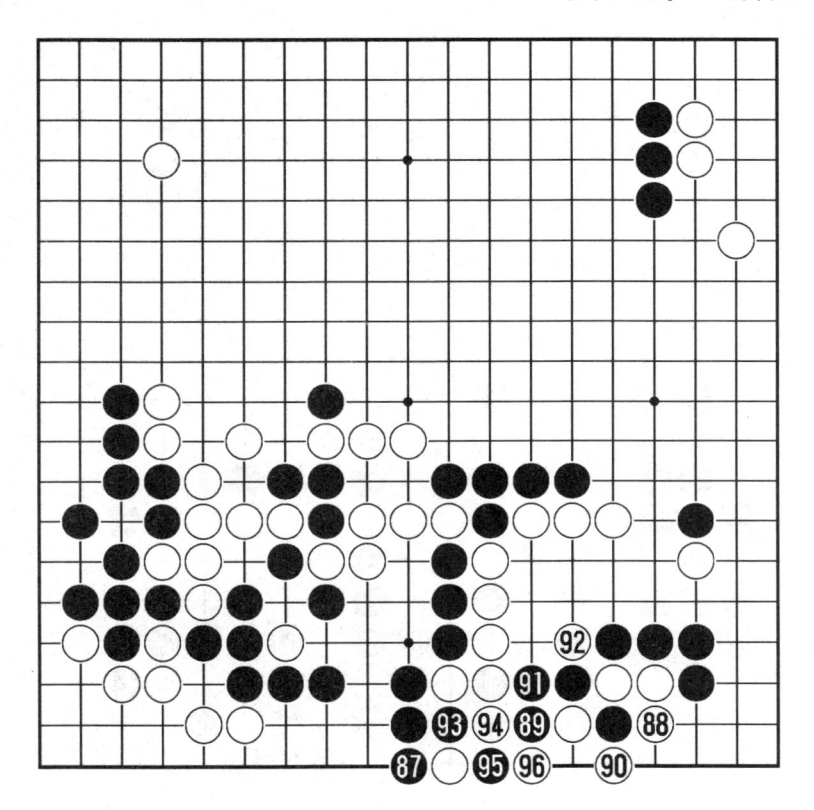

图 6（打劫）：实战黑 87 一路挡实属无奈之举。黑棋试图将两边白棋的手段同时防住，但白 88 以下仍然严厉，由于多了白 86 跳，黑棋只能通过打劫才能渡过。

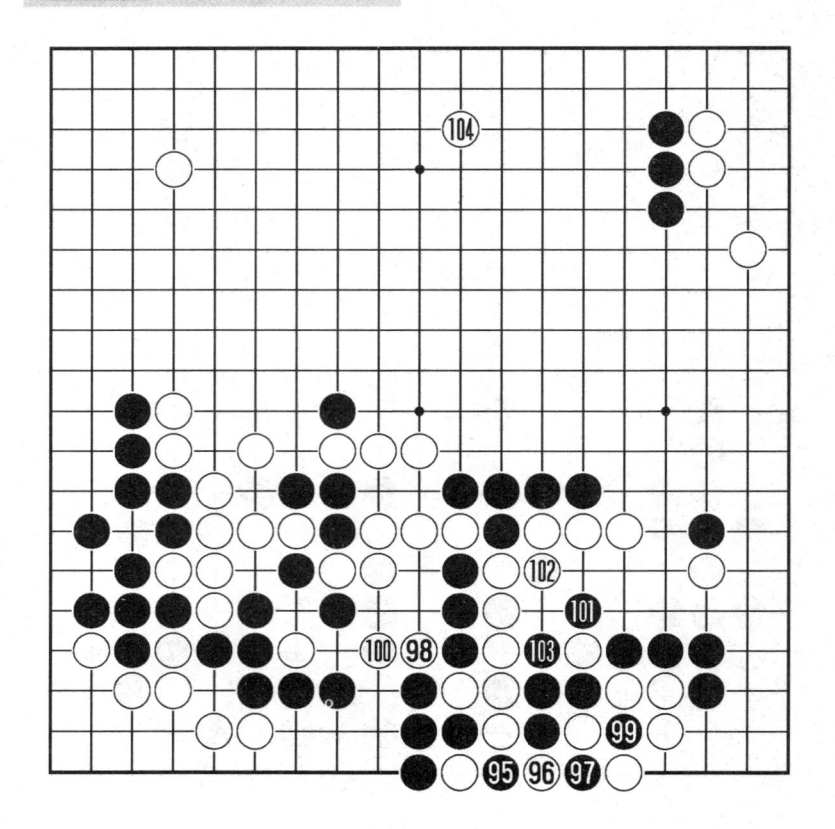

图 7（胜势）：打劫的变化并不复杂，由于白有 98 断绝好的劫材，黑只能放任白吃通棋筋。当白抢到 104 位的大场后，白棋已经确立了胜势。

第十六局：AI 的盲点

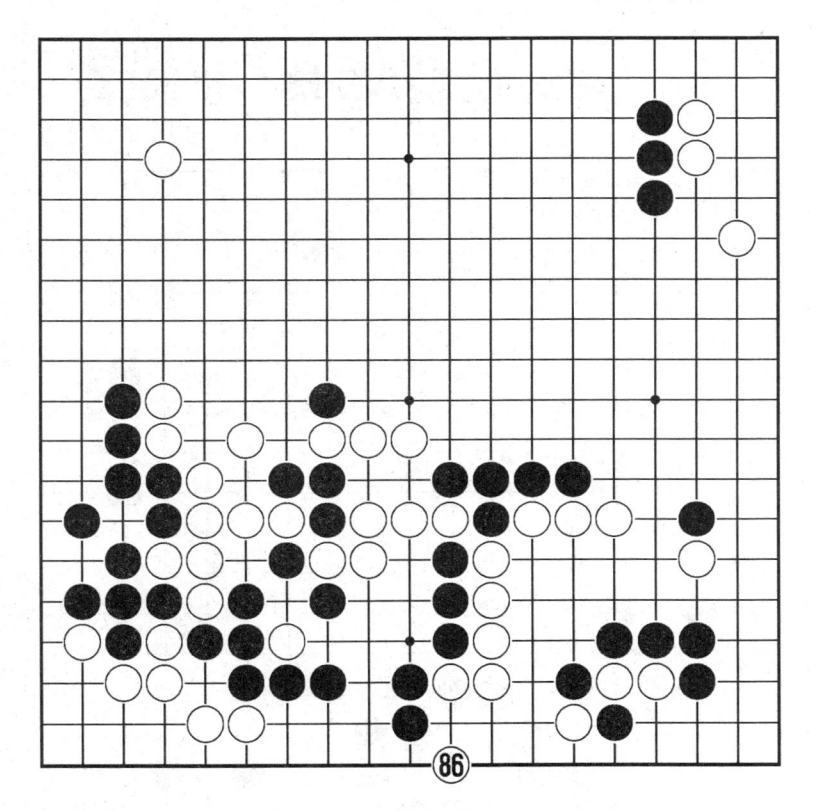

图 8（AI 盲点）：最后让我们再来欣赏一下白 86 这神奇的一手，这手棋真可谓 AI 的盲点啊！

第十七局："石佛"也误算

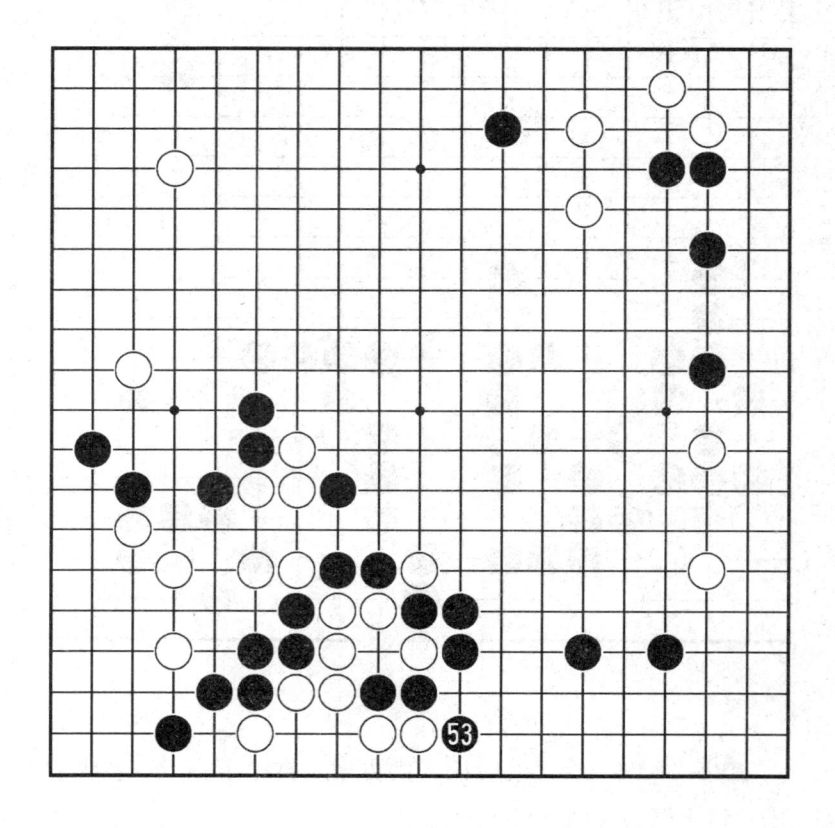

本谱取材于1997年东洋证券杯半决赛，李昌镐执黑对小林觉的对局。小林觉是日本著名超一流棋手，但他在世界大赛上却多次被韩国棋手压制，在之前的篇幅中，我们曾经介绍过他被李昌镐妙手击杀的经典名局。但在本局中，小林觉却爆发出了巨大的能量，最后凭借一步妙手漂亮地击败了李昌镐。那么，能躲过李昌镐视线的妙手到底是什么样的呢？现在就来为各位解答。

第十七局："石佛"也误算

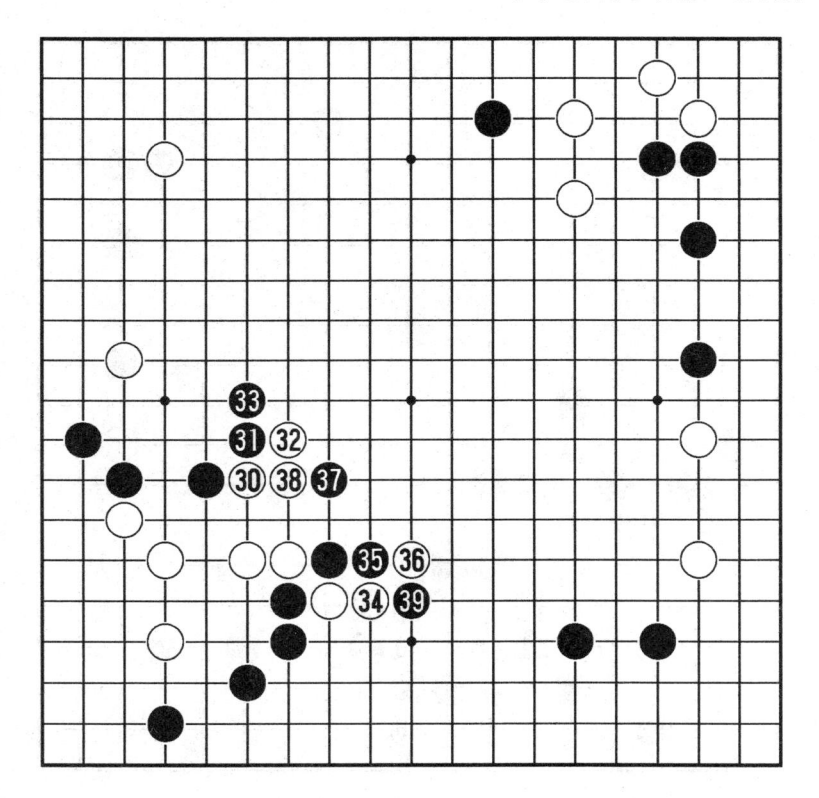

图 1（咄咄逼人）：本局一开始，执黑的李昌镐就展现出咄咄逼人的气势，始终对白保持压迫，甚至不惜下出黑 37 点这样的大俗手也要强吃下边白棋两子。不过话说回来，黑棋虽然凶悍，但下法终归有些过分，也为后来的失败埋下了伏笔。

AI时代: 围棋名局名手之我见

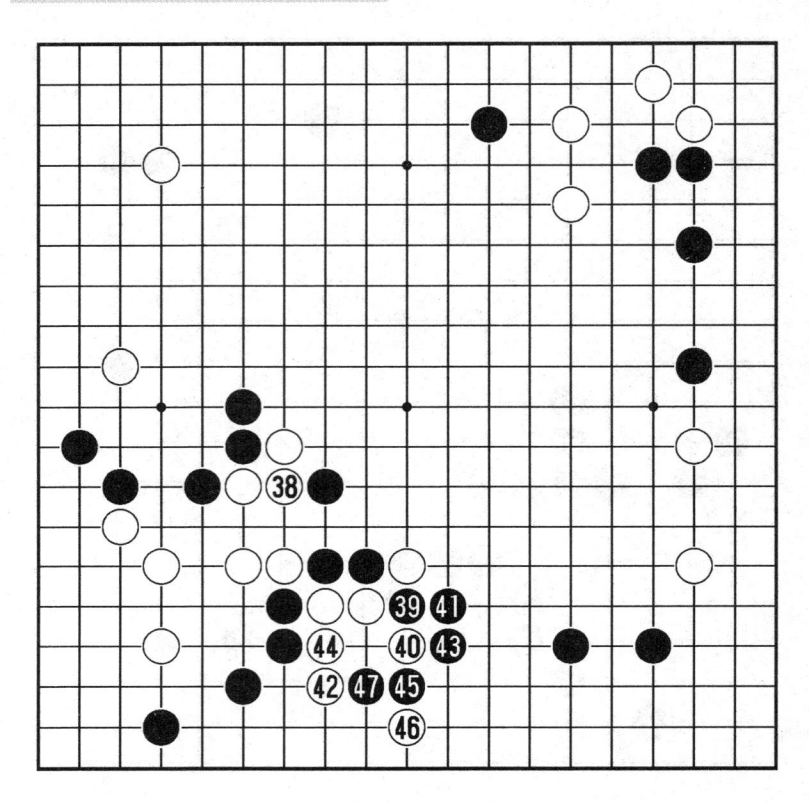

图2（粗俗）：面对黑棋的强手，白40、42是此时唯一的抵抗。紧接着黑47顶让人大吃一惊，完全无法想象一向心如止水的石佛也会如此"粗俗"地杀棋。那么黑棋的强杀大计能否实现呢？

第十七局："石佛"也误算

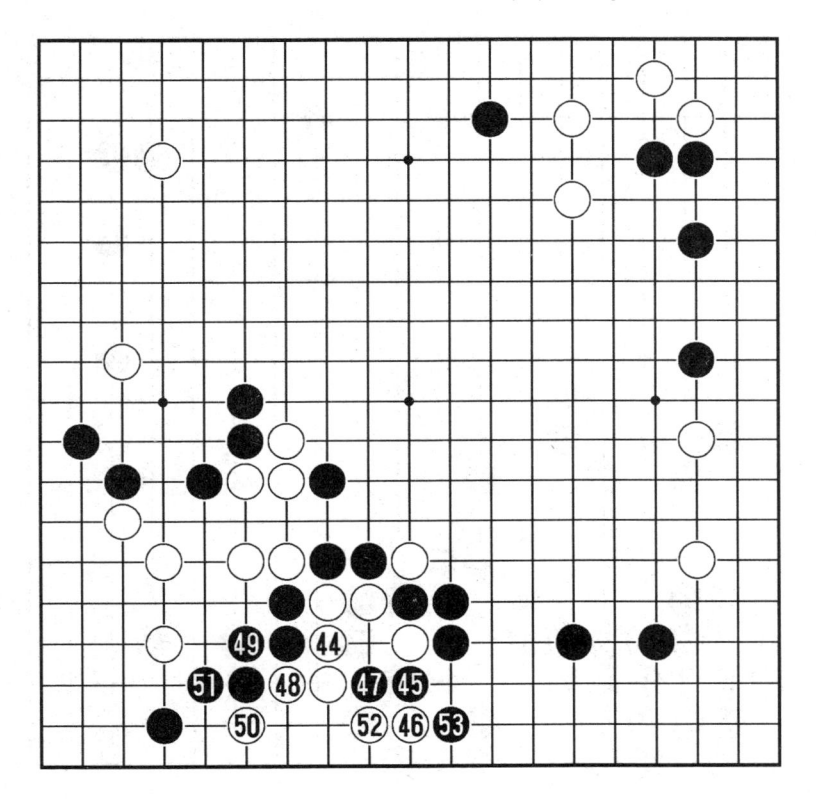

图 3（关键处）：白 48、50 好手！黑棋不能让白棋做出两眼，因此黑 51 弯实属无奈，紧接着就到了本局胜负的关键处。

AI时代: 围棋名局名手之我见

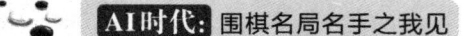

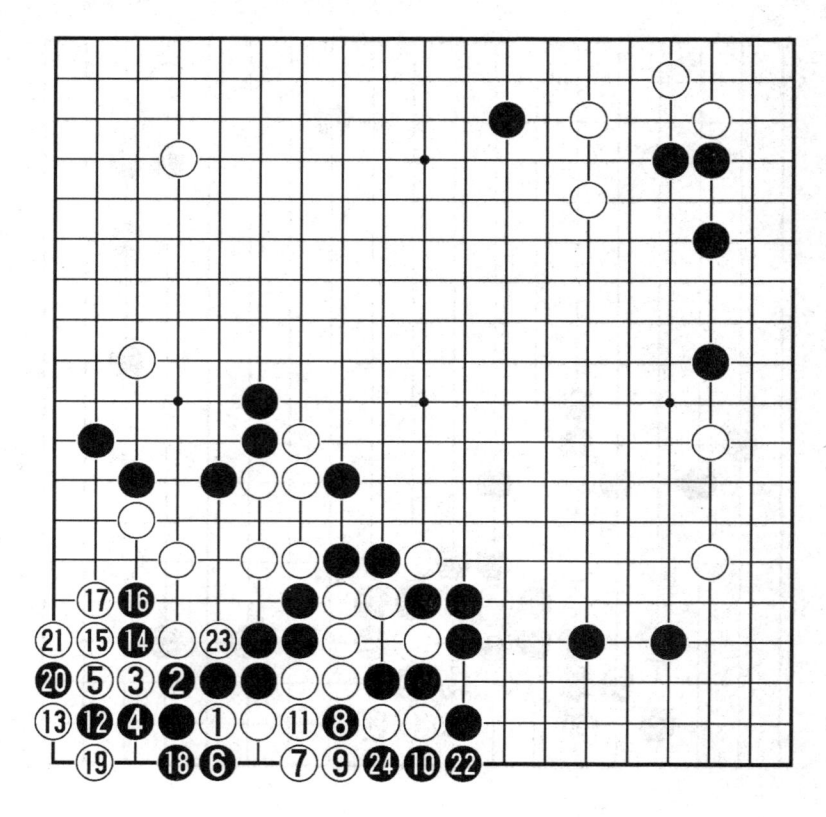

图 4（算路）：李昌镐选择强杀的底气是他超强的计算力，本图就是他原本的计划。白 1 挤是杀气的好手，紧接着白 7 一路虎的手法更是值得广大棋迷学习，但左边白棋棋形有缺陷导致白棋无法全力紧气，如此对杀将形成对黑棋有利的打劫。可以说，当初黑 39 断时，李昌镐就计算到了本图，算路的确惊人，但很可惜，他漏算了白棋关键的一步妙手。

第十七局:"石佛"也误算

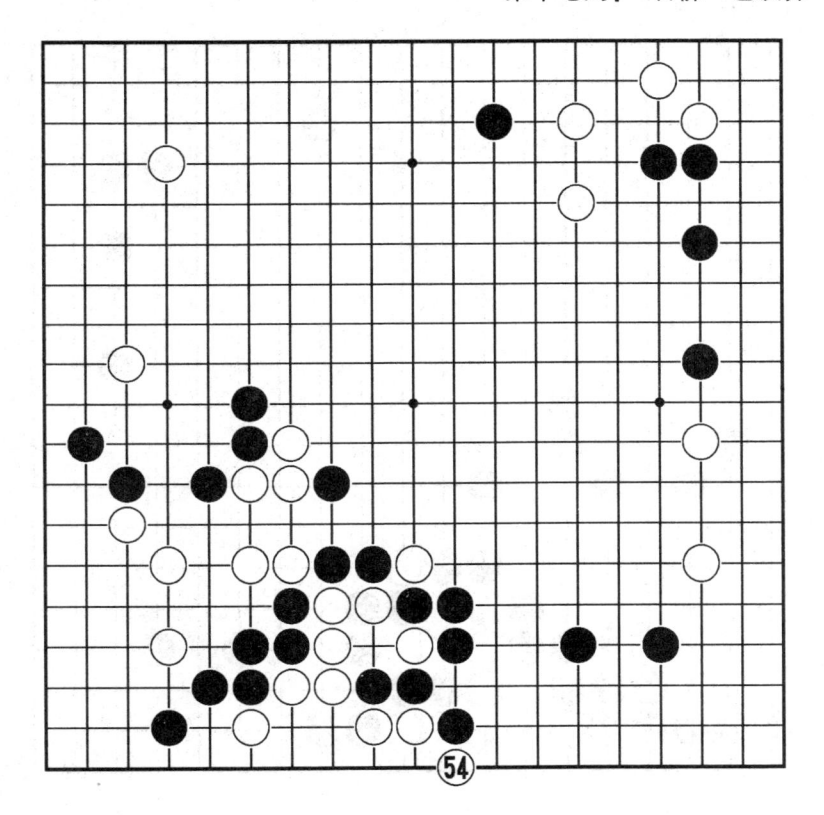

图5(瞒天过海):白54一路扳,看似普通,其实是真正意义上的瞒天过海!此招显然是李昌镐计算上的盲点,随着计算的深入,李昌镐越来越觉得大事不好。

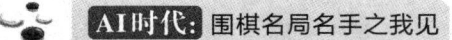

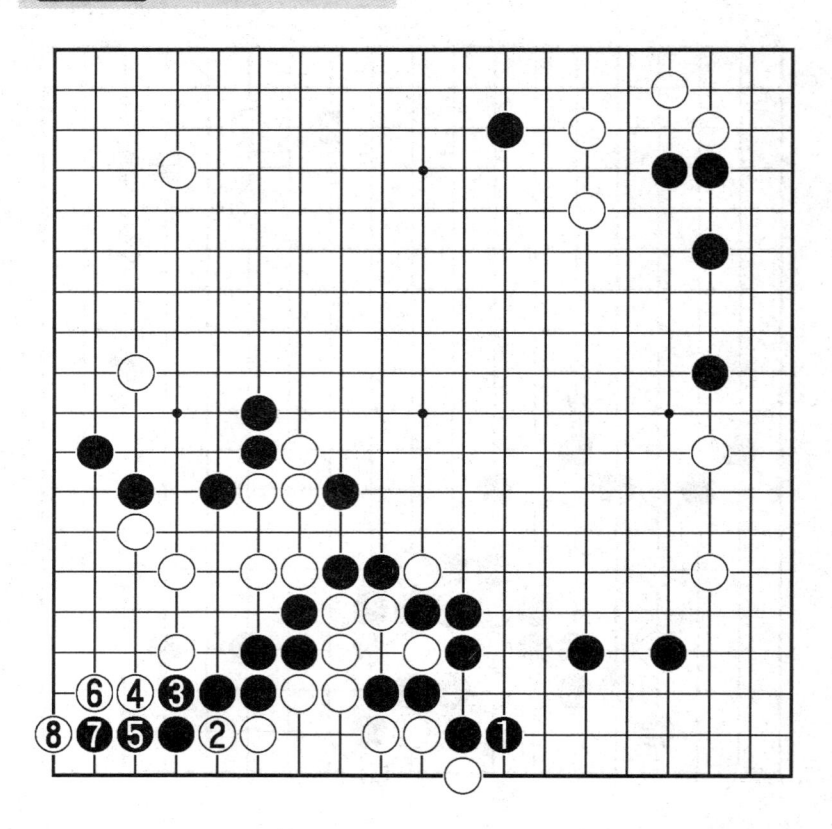

图 6（两扳长一气）：黑 1 退显然不行，此处有"两扳长一气"的原理，本图黑棋不行，请各位自行验证。

第十七局:"石佛"也误算

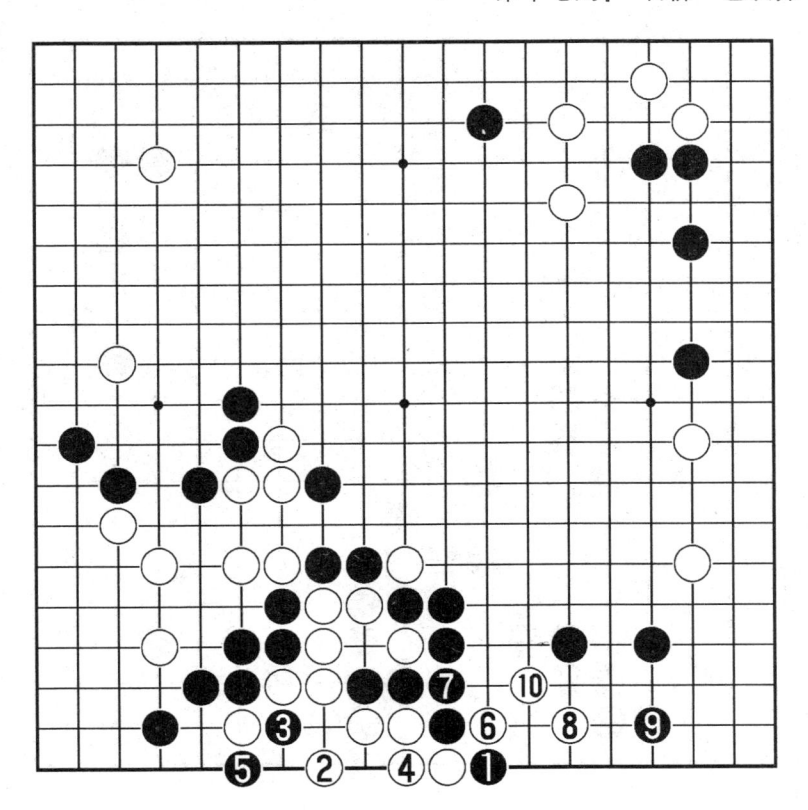

图7(绝妙):黑1若挡,则白2一路虎是绝妙的好棋。黑3、5只能如此,紧接着白棋刚好可以在下边做活,黑棋无法继续强杀。

AI时代：围棋名局名手之我见

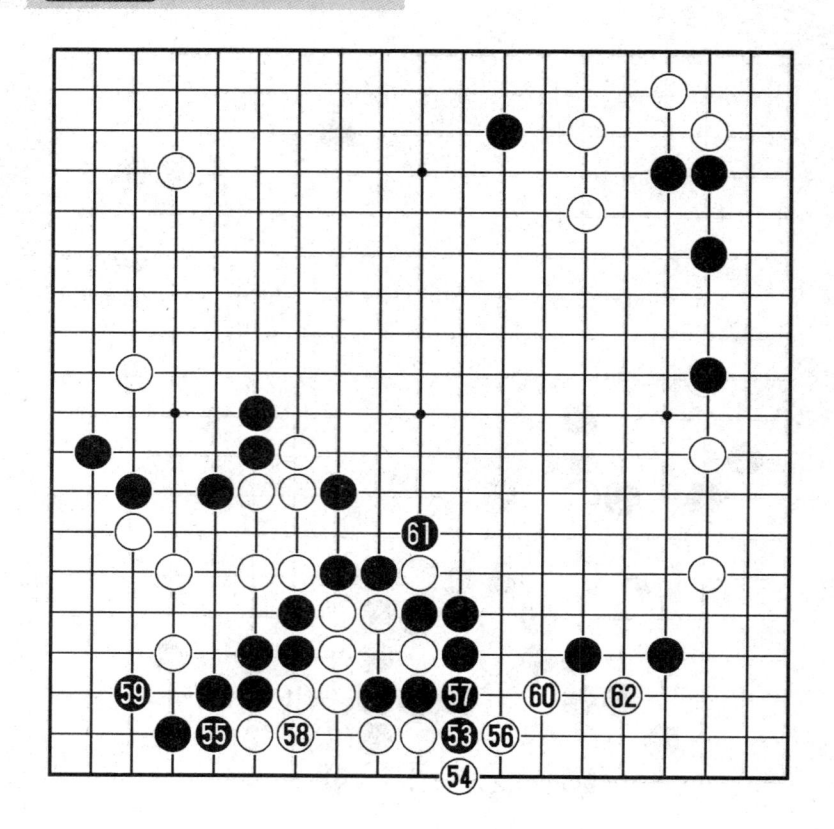

图8（胜局）：眼看下边无法应对，黑55无奈脱先，白棋56以下得以舒服活棋，一举奠定了胜局。事实证明，想击败当年的李昌镐，就必须得有白54这样的妙手才行啊。

第十八局：柯洁也有妙手

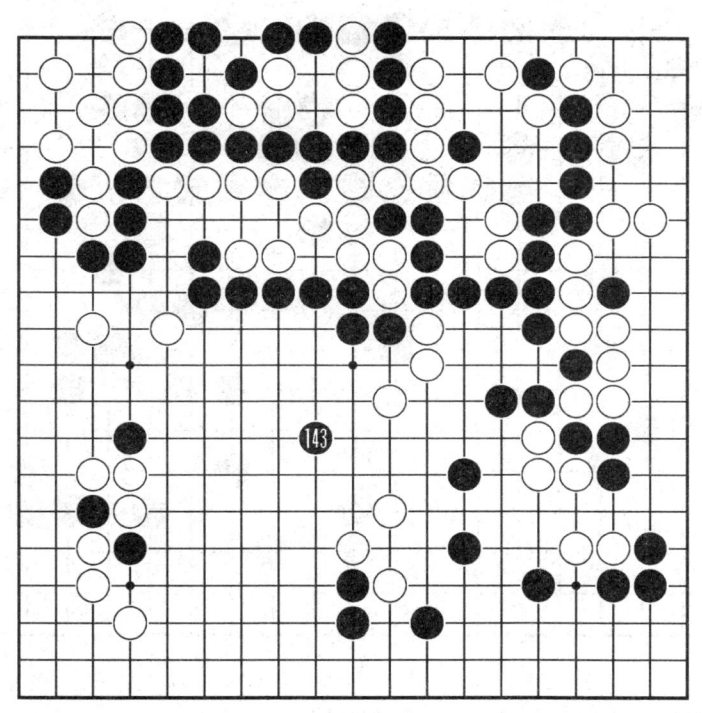

本谱取材于 2015 年第 15 届理光杯决赛，时越执黑对柯洁的对局。柯洁是中国围棋的领军人物，虽然他目前的棋力已经呈现出几乎不可逆的下滑趋势，但他曾经的辉煌成就却是众多中国棋手都望尘莫及的。关于柯洁的棋风可谓众说纷纭，有人说他是"控制流"，有人说他是"搅屎棍"，也有人说他是妥妥的"天赋型"。不可否认的是，柯洁的实战中确实很少出现那种让人惊爆眼球的妙手，甚至在棋界还有"柯洁无妙手"的说法。但在我看来，柯洁的棋从不缺少妙手，只是他对妙手的理解超出了同时代的其他棋手而已。柯洁的妙手往往具有"杀人诛心"效果。上边的战斗以白棋的成功而告终，逆境之下黑棋只能拿中腹白棋开刀，柯洁会如何处理呢？

AI时代：围棋名局名手之我见

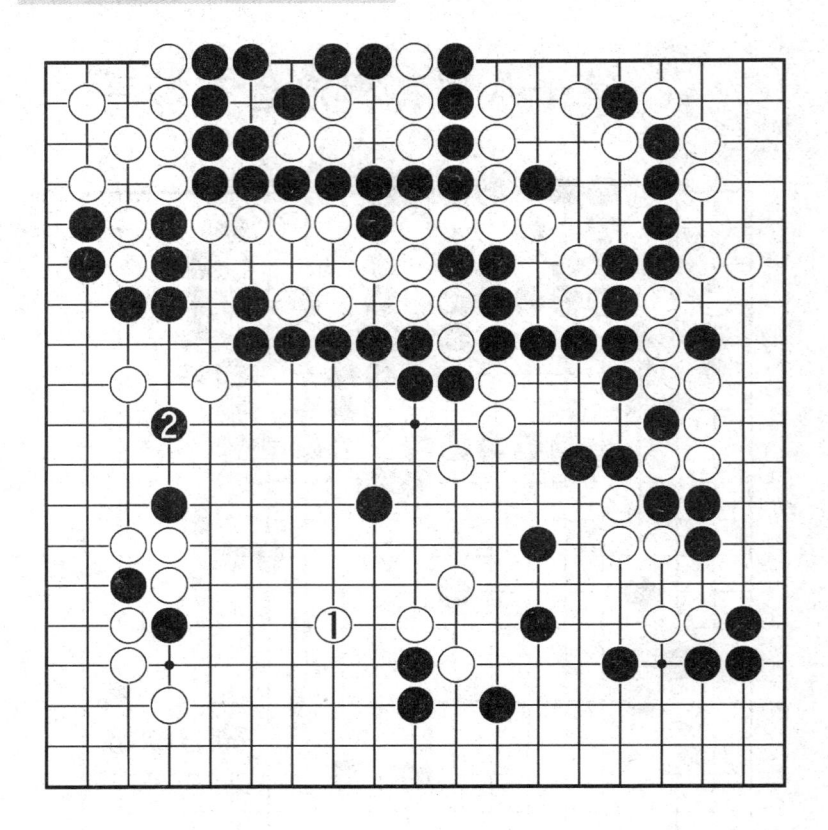

图 1（过于普通）：白1简单出头就是白优势的局面，黑棋拿中央白棋毫无办法，只能在左边另寻战机。只不过此图对于柯洁来说显得过于普通了，此时柯洁是不会放过这个打击对方心理防线的机会的。

第十八局：柯洁也有妙手

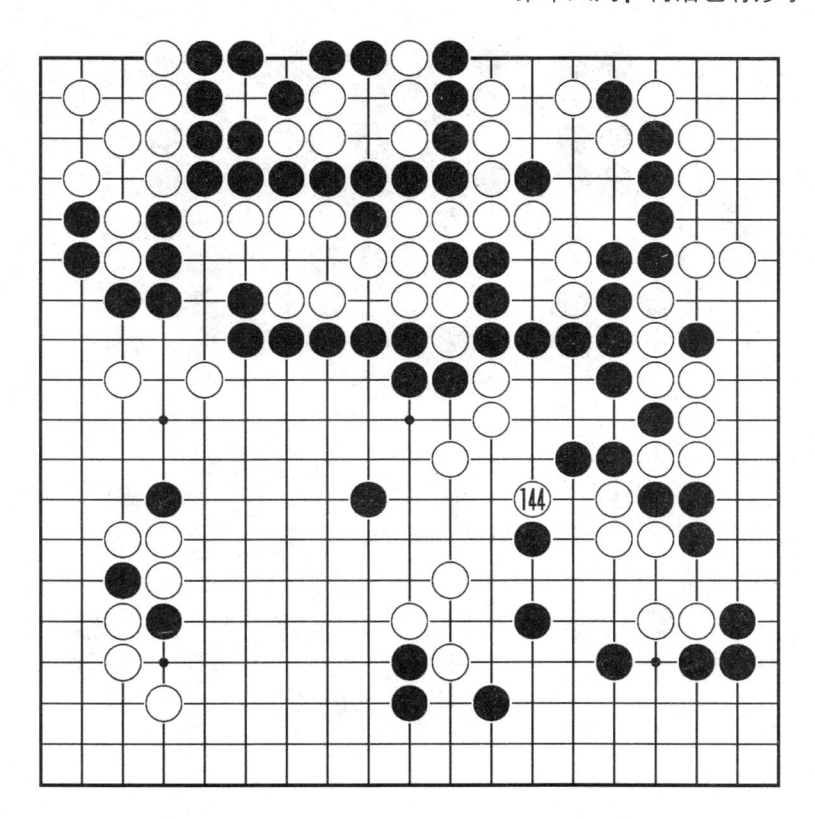

图 2（攻心为上）：白 144 在此时靠，妙手！此手看似平常，但实际上是典型的"攻心为上"。在上边刚刚获大利的情况下，白还要乘胜追击对黑棋进行无情的压榨，此招对黑棋心理上的冲击是无法言喻的。

AI时代: 围棋名局名手之我见

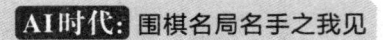

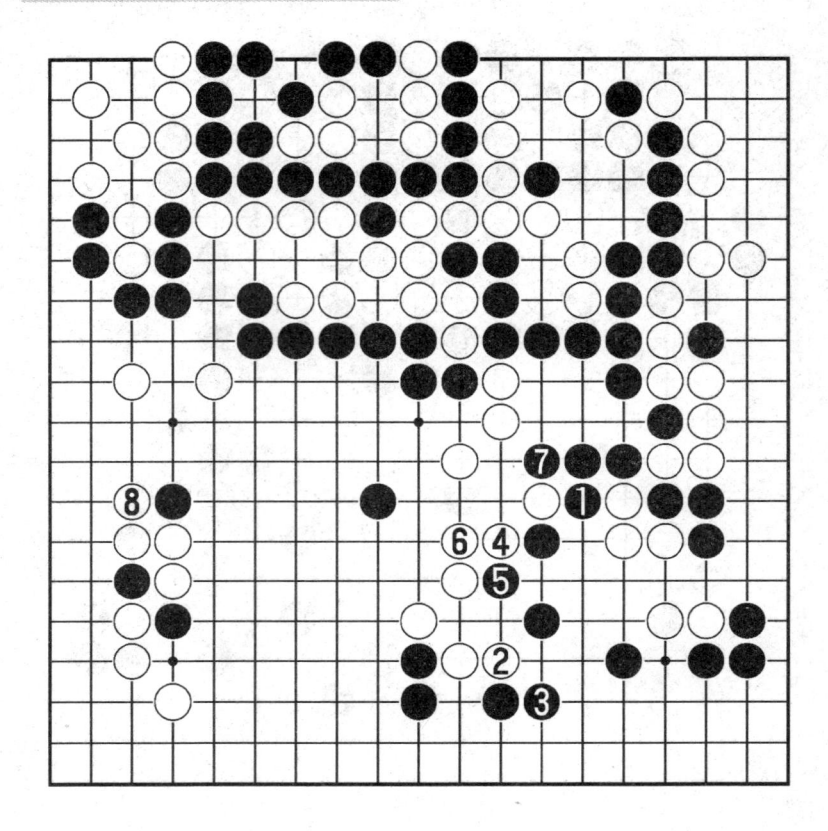

图3（先手便宜）：黑1挡虽是本手，但实在难受。白2以下是极其舒服的先手便宜，白棋走厚自身后甚至可以脱先去补左边。由于黑棋形势本就不好，所以就算想到本图也很难下出来，这也是白144靠的厉害之处。

第十八局：柯洁也有妙手

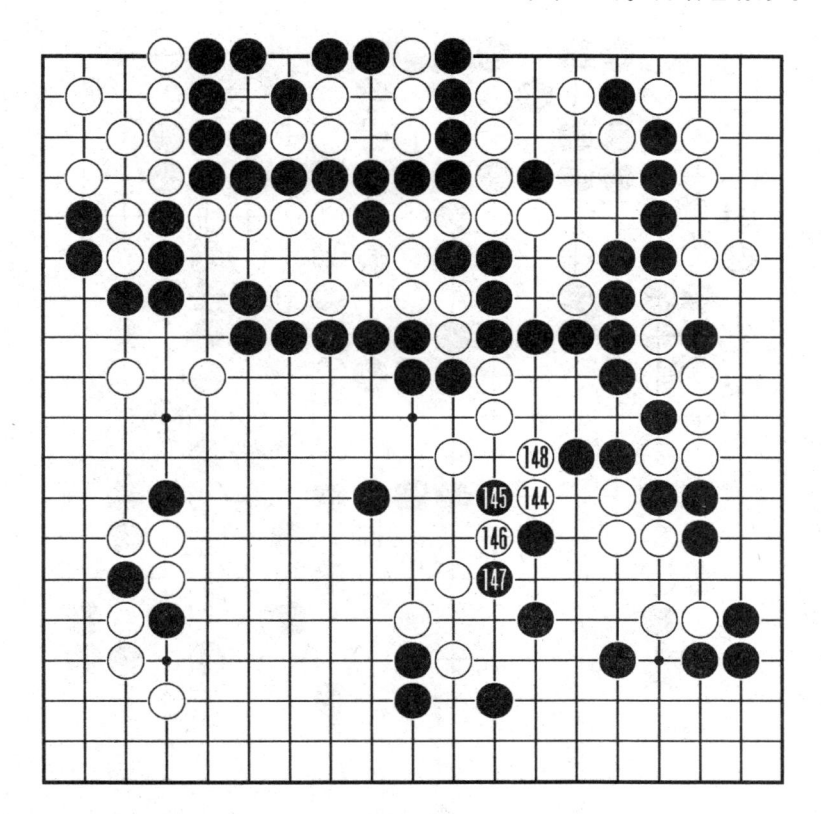

图 4（绝杀）：实战黑 145 外扳反击，这也是劣势下完全可以理解的一手。此时柯洁就像是嗅到猎物气息的猛兽一样，白 146、148 两手堪称绝杀！白棋仿佛在说："既然黑棋不肯忍耐，那就别怪我不客气了。"

AI时代：围棋名局名手之我见

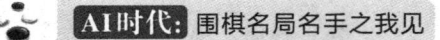

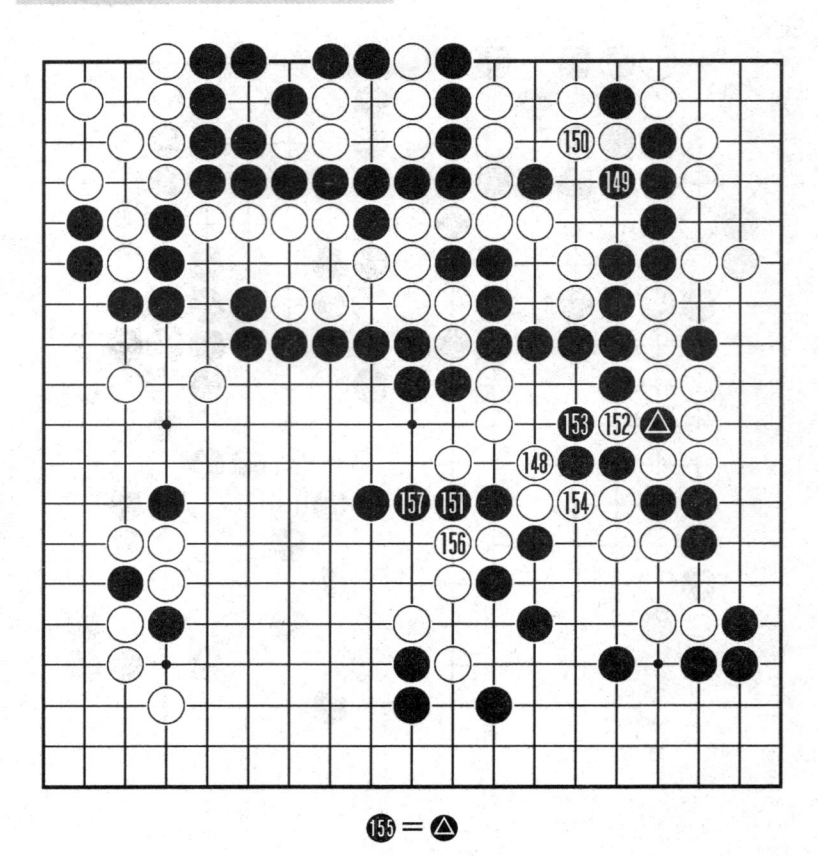

⑮=△

图 5（终点来临）：以下的变化几乎必然，黑棋右上大块虽然子力众多，但气却不长。黑 155 不得不提劫延气，但已无力回天，棋局即将来到终点。

第十八局：柯洁也有妙手

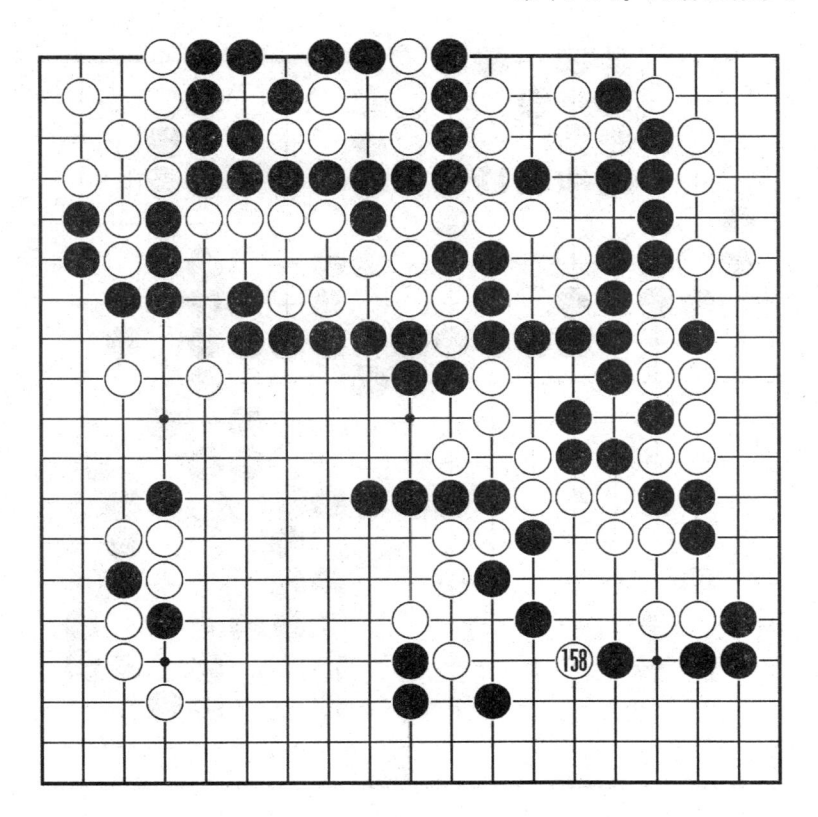

图6（天才）：白158靠一剑封喉！很难想象此手是柯洁在读秒声的催促中下出来的。记得当时一位和笔者一起观看本局的棋坛前辈在看到这手棋后，只感叹了一句："真是天才。"

AI时代：围棋名局名手之我见

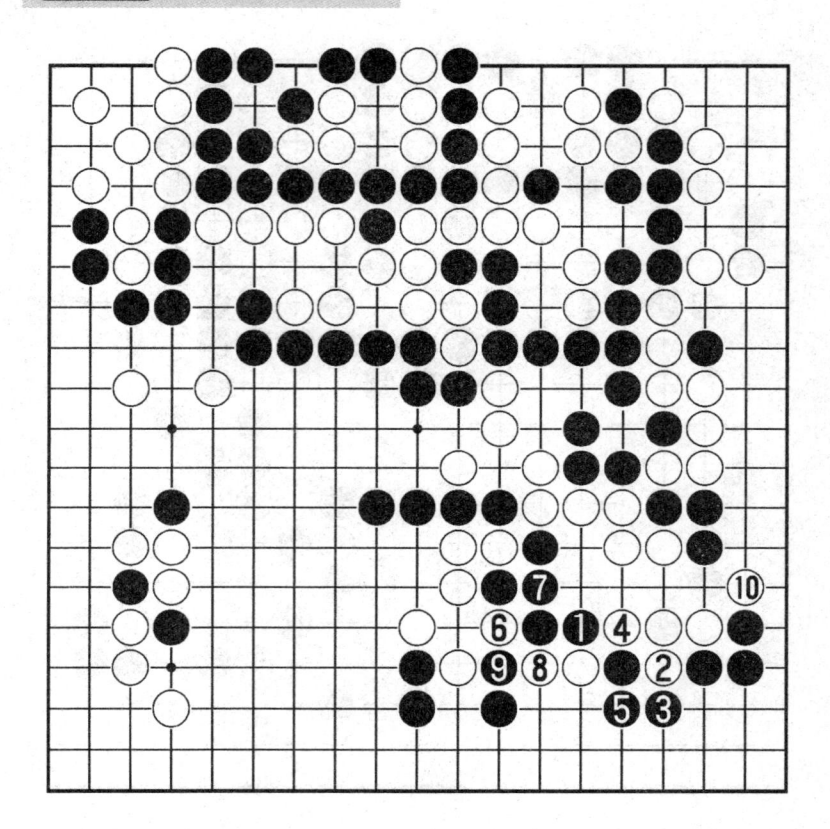

图 7（打爆）：黑 1 若挡，则白 2 以下形成黑棋输不起的打劫，而白棋凭借白 10 一带的劫材足以将黑棋打爆。

第十八局：柯洁也有妙手

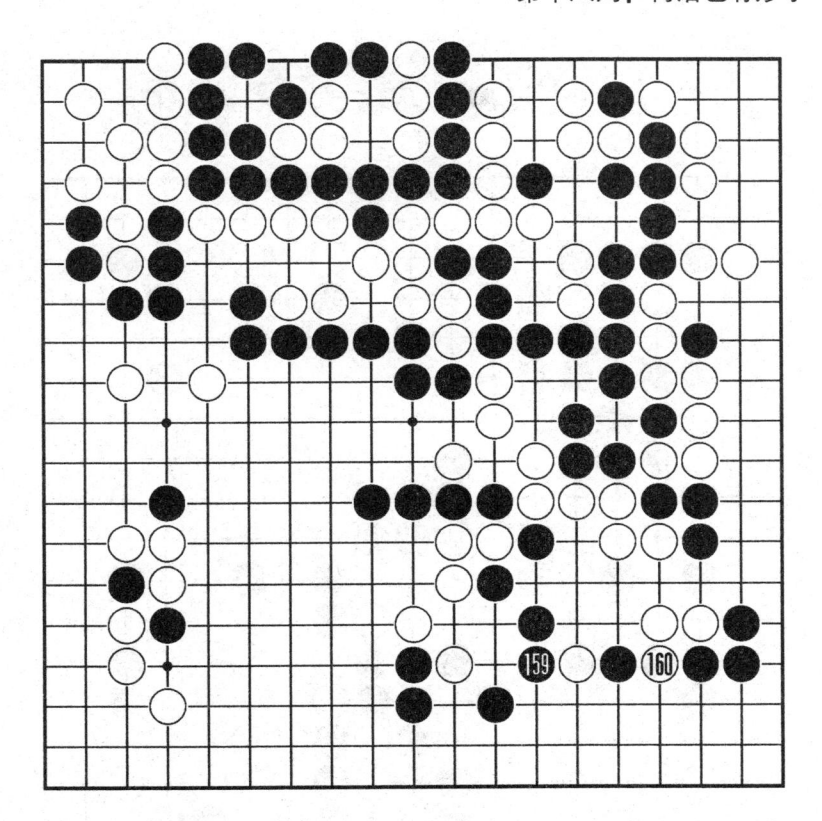

图 8（体面）：黑 159 贴住无奈，白 160 冲后黑棋已然崩溃。时越认输。

第十九局：天才一击

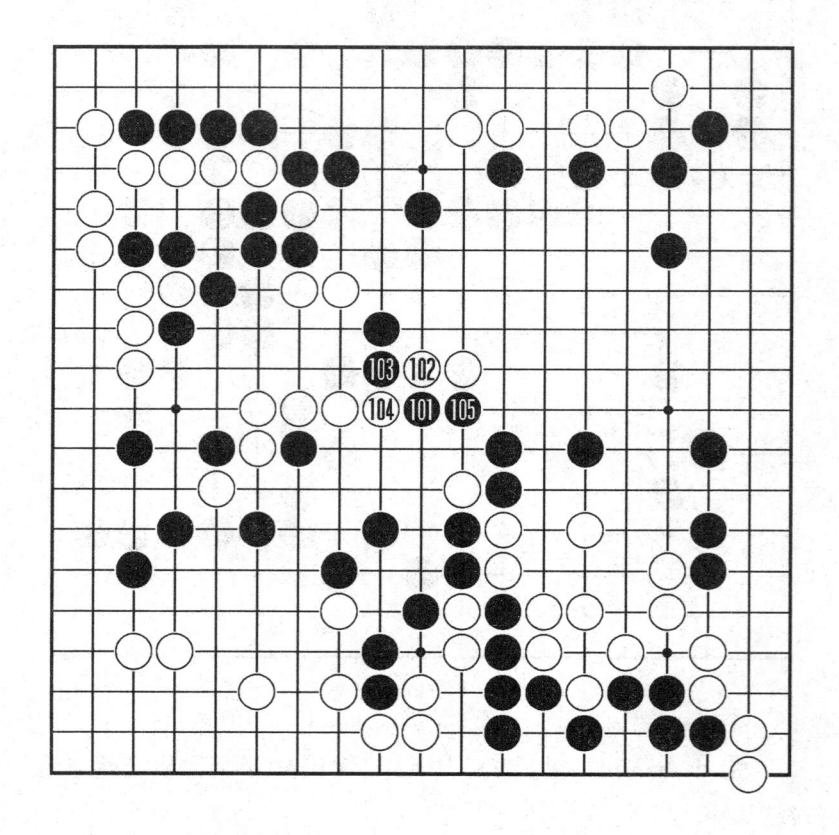

本谱取材于 2012 年 LG 杯棋王赛，朴廷桓执黑对连笑的对局。在后来进行的三星杯中，连笑十分遗憾地超时负于朴廷桓，但在曾经很长一段时间内，连笑都是朴廷桓不折不扣的苦手，本局就是两人在围棋世界里最初的相遇。行至中盘，黑 101 突然发力断开白棋在中腹的两子，白棋如何限制右上黑棋成大空便成了胜负的焦点，面对四周虎视眈眈的黑棋，白棋有何高招呢？

第十九局：天才一击

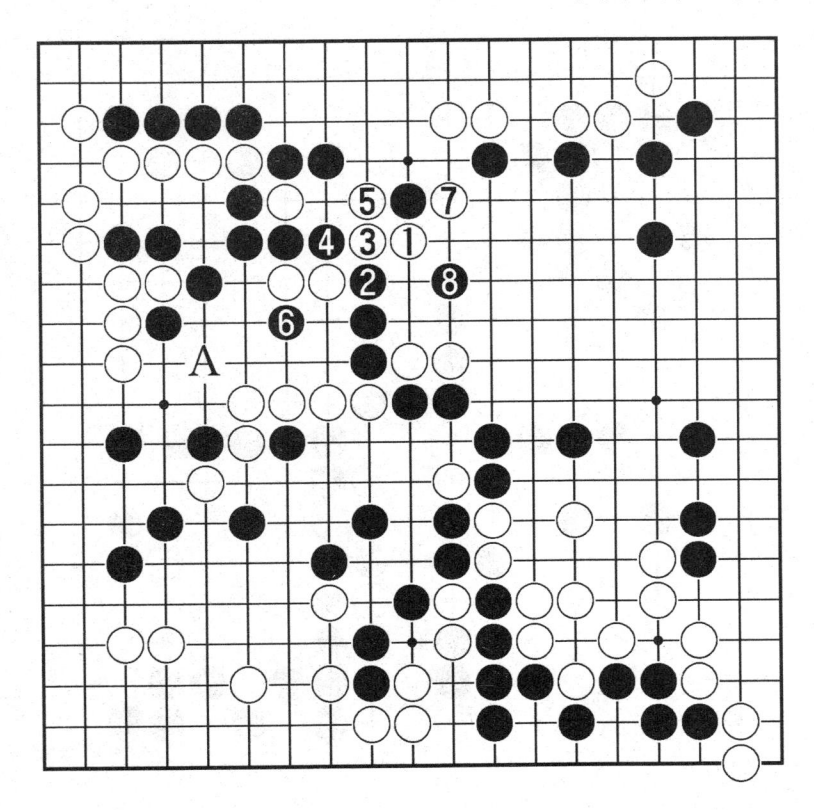

图 1（不容乐观）：就局部而言，白 1 靠是最佳的手段，黑棋大致只能如图这样退让，但这样一来黑棋右上角的实空仍然很大，二来左边黑棋还留有 A 位虎的手段，此图白棋不容乐观。但问题是，还有什么手段比白 1 靠更有效呢？

177

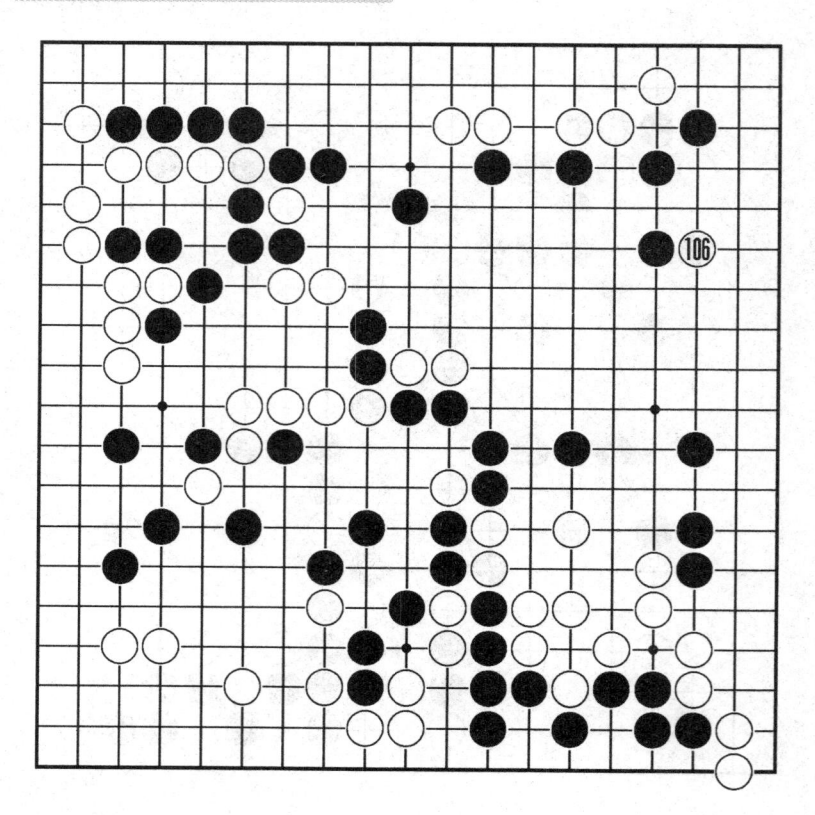

图 2（妙手）：白 106 三路托，真是天才的构想！不是天才，根本就不可能往这里落子。这手棋的用意就是在中央定形以前尽可能地在黑棋空里留下味道，给黑棋出难题。看到这手棋，我仿佛又看到了当初那个十八岁的少年，肩膀上承载着中国围棋的希望。

第十九局：天才一击

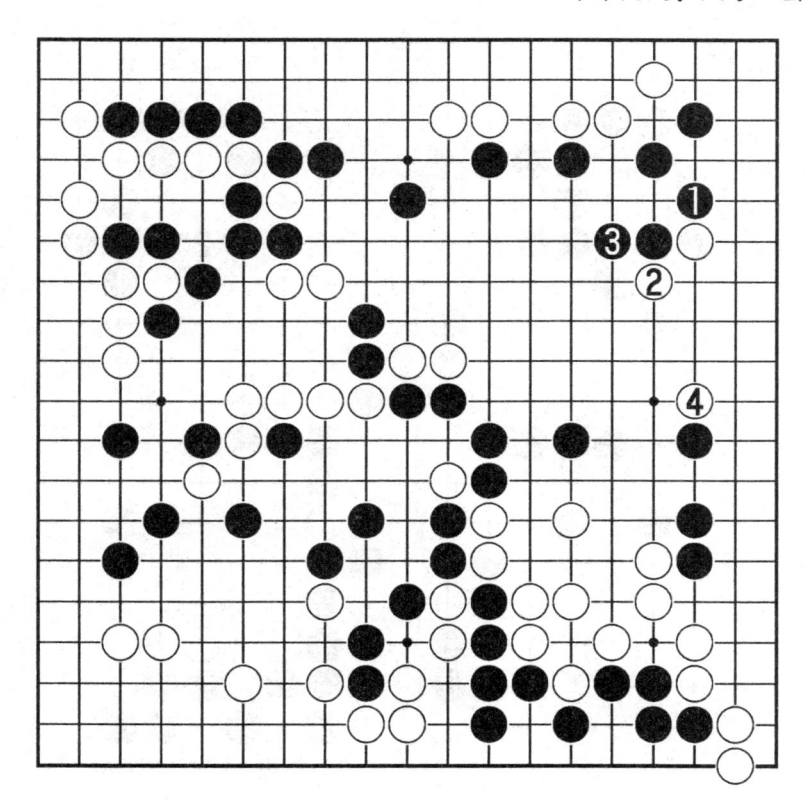

图 3（底气）：黑 1 若虎，则白 2 先手扳后就有了在右边折腾的底气。白 4 碰是好手，黑棋局部很难全歼白棋，如果再考虑到中央的各种借用，此图白棋显然胜算更大。

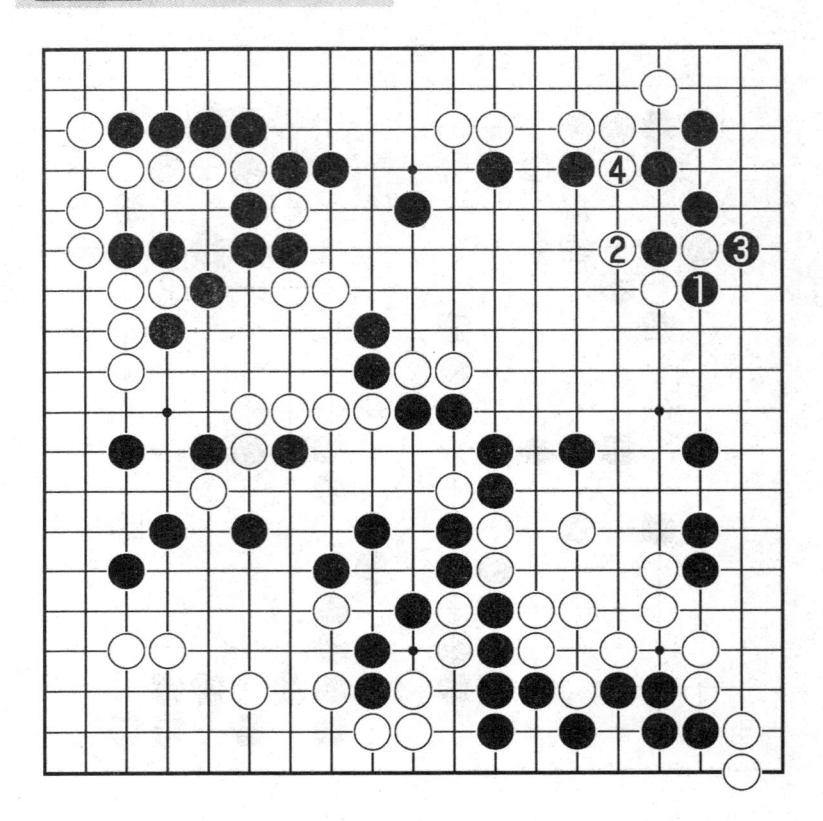

图 4（打穿）：黑 1 若选择打吃，则白 2、4 即可简单地将黑棋打穿，黑 3 如粘上，则局部味道更坏，黑棋同样不行。

第十九局：天才一击

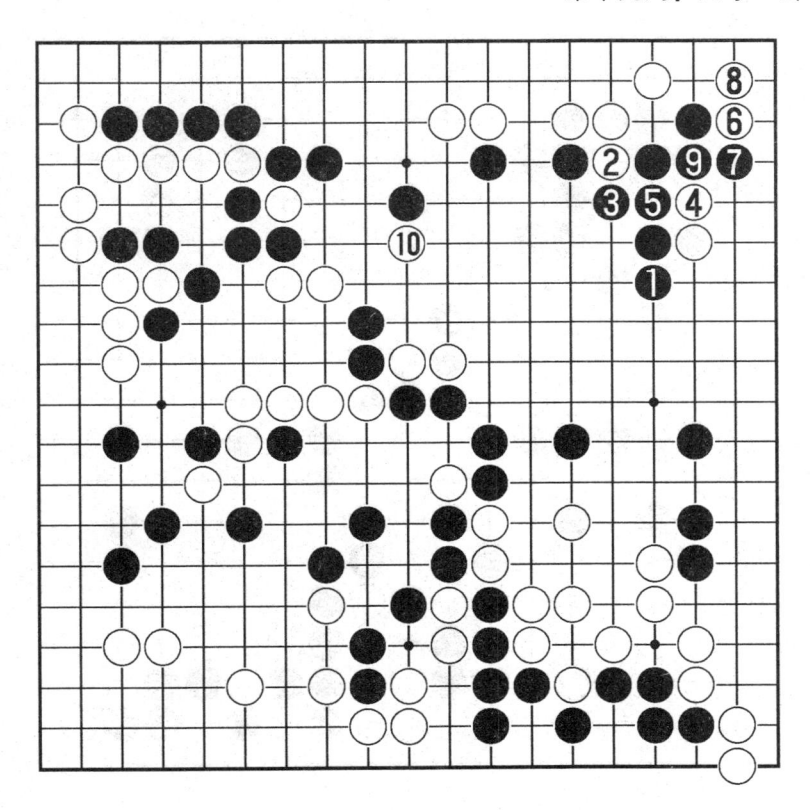

图 5（目数便宜）：既然底下虎不行，黑 1 长在外面如何呢？白棋准备了白 4 的漂亮手筋，黑 7、9 实属无奈。对比图 1，此图白棋目数便宜了一个贴目以上，这就是白 106 托的目的！

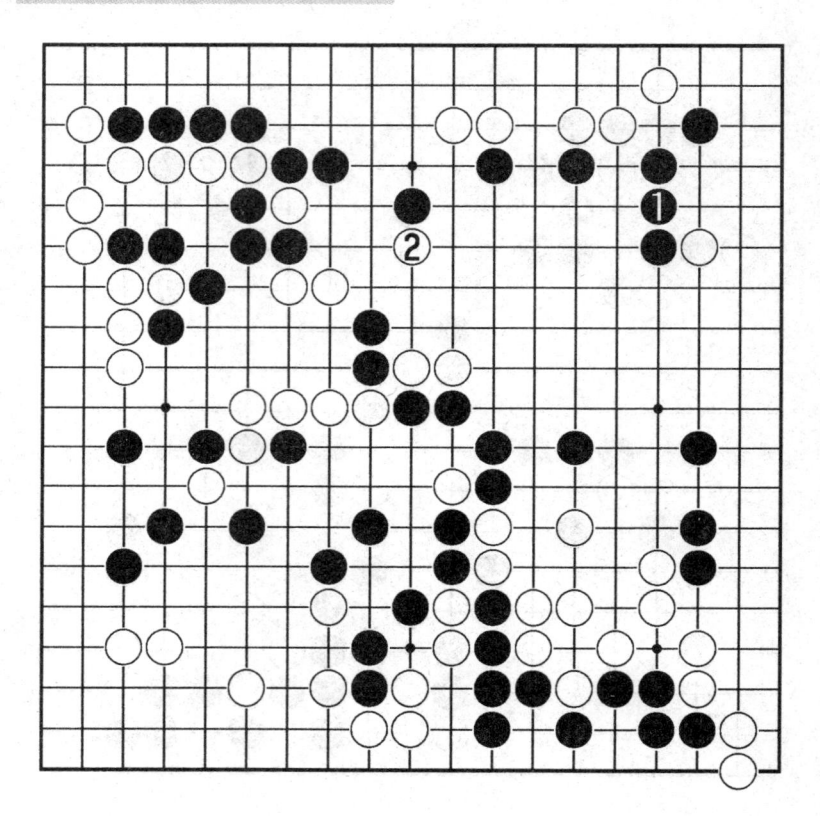

图 6（坚如磐石）：AI 认为，黑 1 棒粘是此时的最佳应对，如此白在右边不好出棋，还是得回到中央。不过话说回来，像黑 1 粘这样的感觉，一般的棋手应该都不会有吧。

第十九局：天才一击

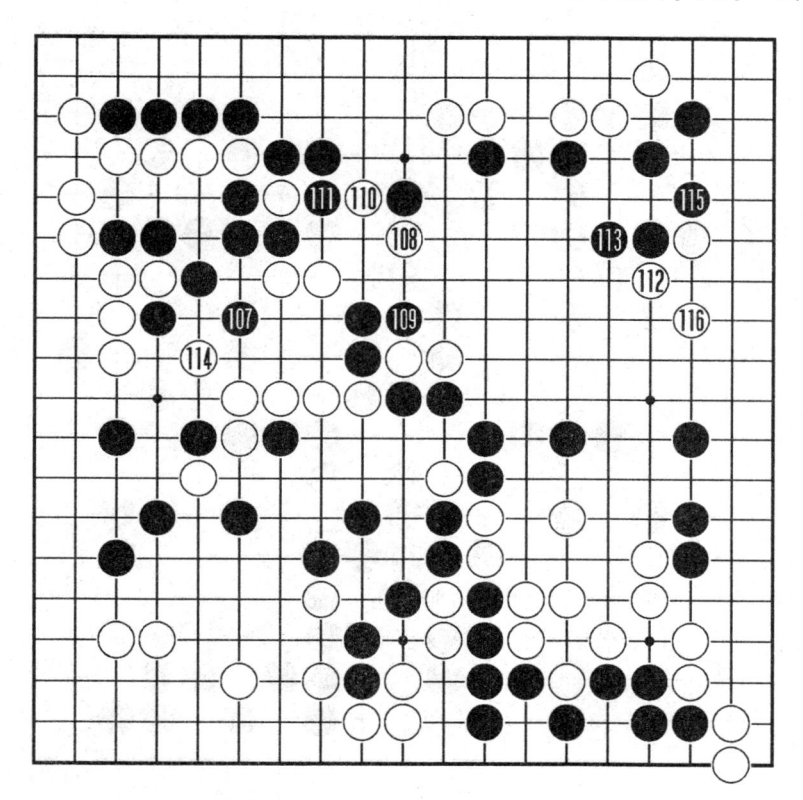

图7（失控）：实战朴廷桓一时没有找到合适的应对，便愤然选择了脱先，但这无疑是充满危险的选择。以下白棋在中央先手交换几手后再抢到右边白112扳，局面已经彻底失控，白棋的搅局战术无疑取得了巨大成功。

AI时代： 围棋名局名手之我见

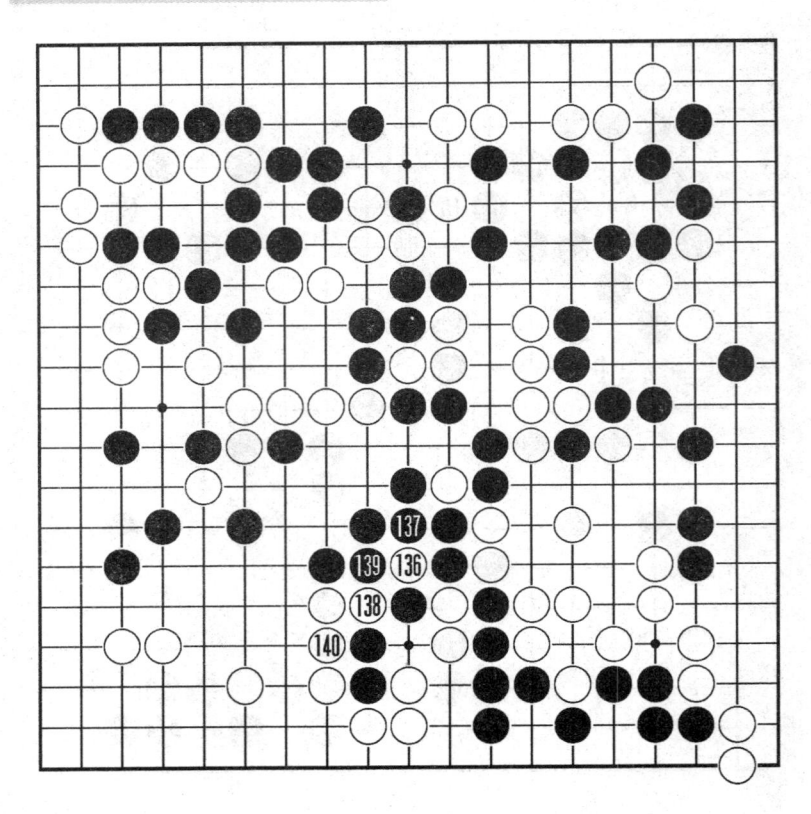

图 8（逆转）：这是几十手后的局面，黑棋虽然勉强围住了右边基本空，但中央却被白破掉不少目数，当白 136 抢到下边的大官子时，白棋已经成功完成了逆转。

第二十局：心生怀念

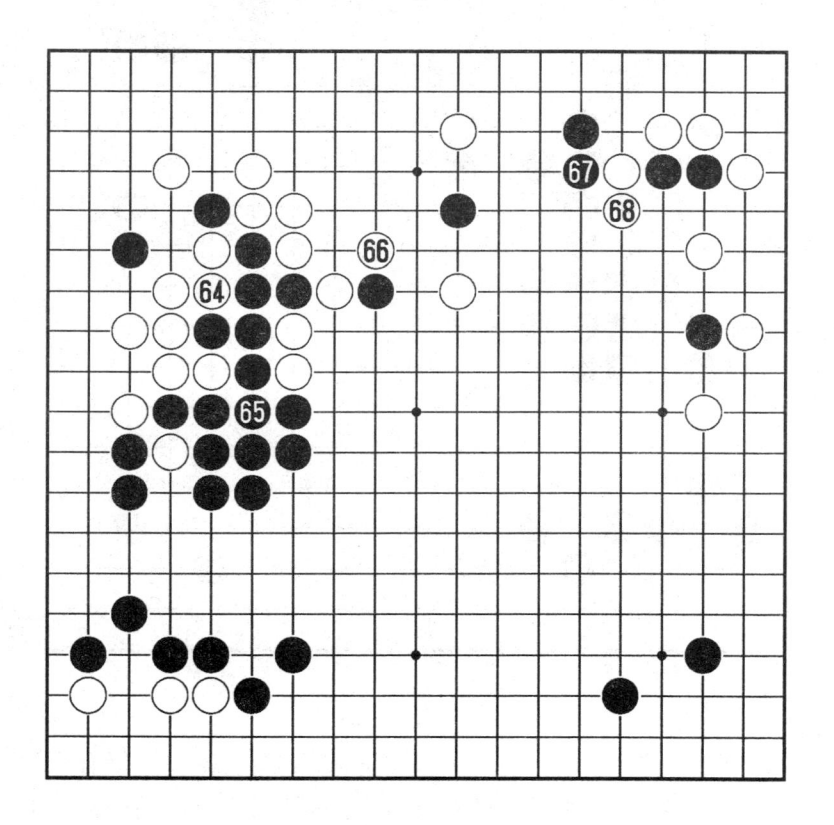

本谱取材于 2016 年世界新锐最强战，李东勋执黑对范蕴若的对局。李东勋和范蕴若，都曾是中韩棋界寄予厚望的年轻人，也都有成为世界冠军的潜质，只可惜人生无常，如今我们已无法再看到两人在棋盘上的精彩表演。值得庆幸的是他们在有限的交手里给我们留下了精彩的棋谱。在围棋世界里，他们来过，这就够了。

AI时代：围棋名局名手之我见

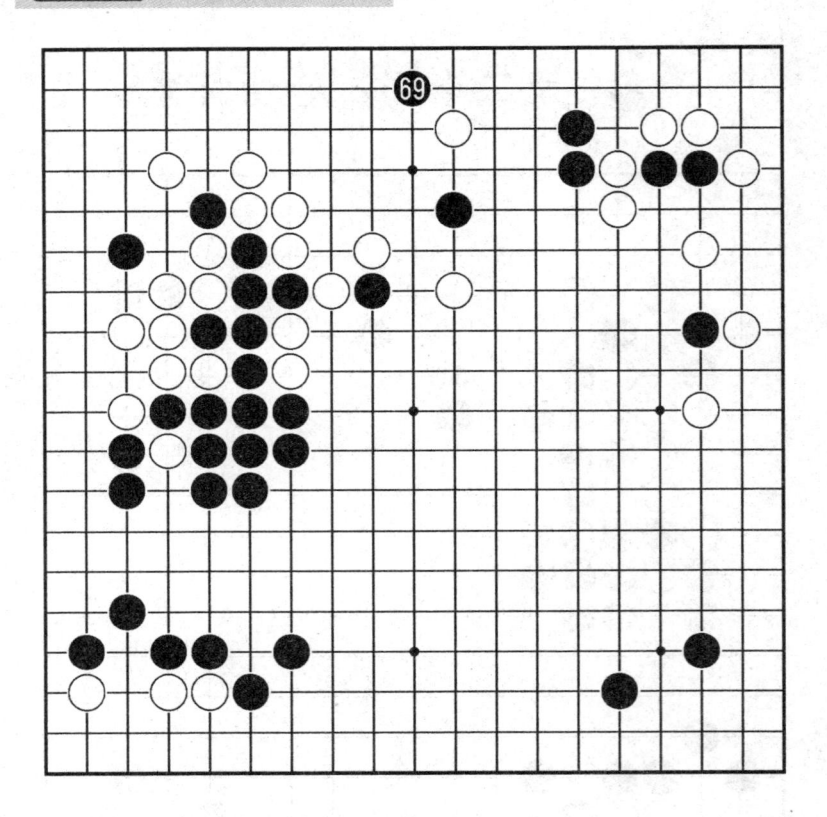

图1（才气逼人）：对于上边黑棋的处理，黑69是极有视觉冲击力的一手。尽管在AI眼里此手并不是当前最好的一步，但它却充分显示了李东勋逼人的才气，堪称李东勋职业生涯中的代表作。

第二十局：心生怀念

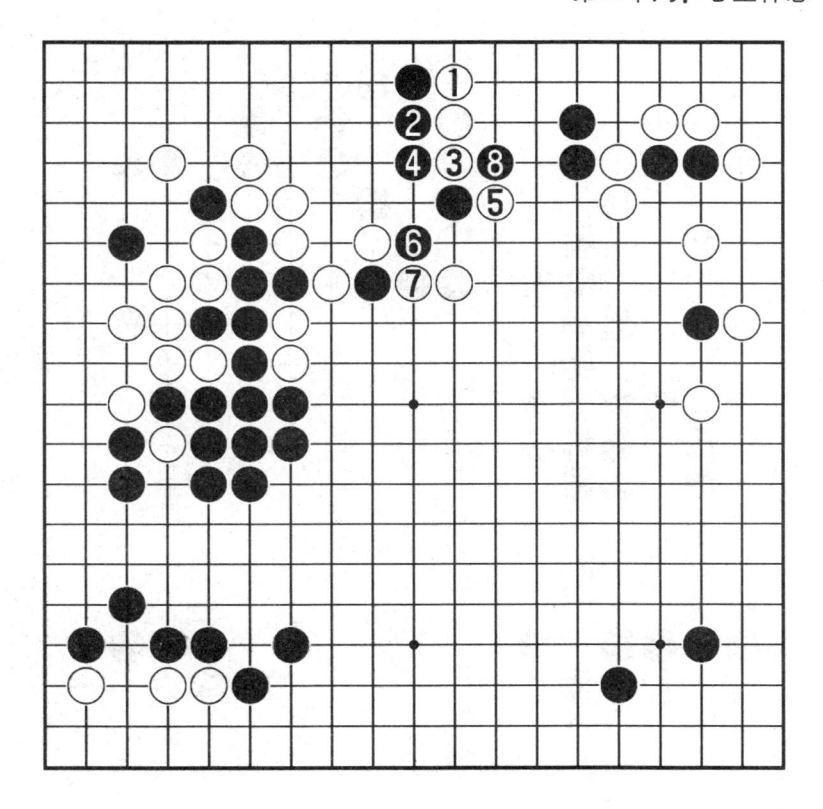

图 2（崩溃图一）：之所以说黑 69 是妙手，是因为局部无论白怎么应对都无法阻止黑棋治孤。白 1 若挡，则黑 2 简明贴起即可，以下 7、8 两点白棋无法兼顾，崩溃。

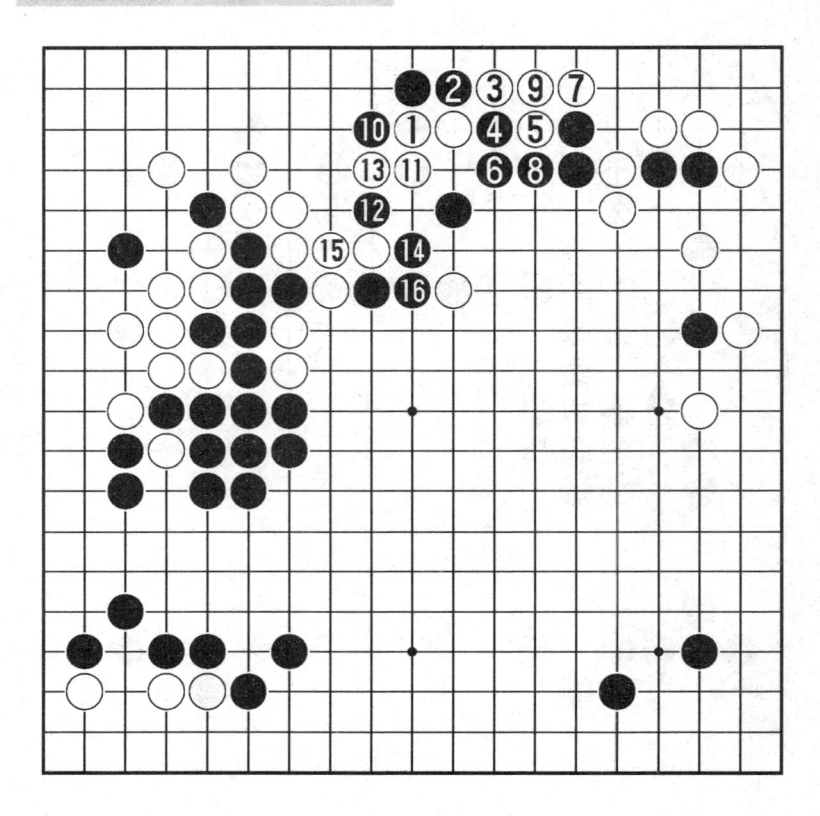

图3（崩溃图二）：白1压上面也不行，由于不想让黑轻松做活，白只能选择强行分断黑棋，但黑10、12的组合拳可将白击溃。

第二十局：心生怀念

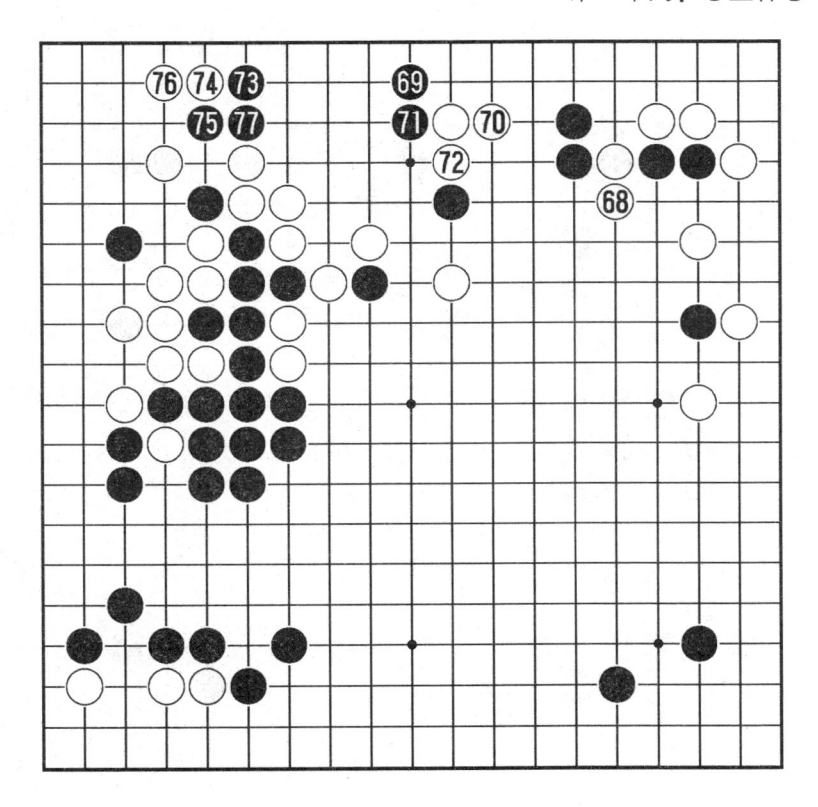

图 4（错失良机）：眼看正面抵抗不行，范蕴若使出了白 70 并的非常手段，紧接着白 72 的愚形顶更显示出白棋屠龙的决心。虽然白棋的招法终归有些过分，但是黑 77 粘却错过良机。

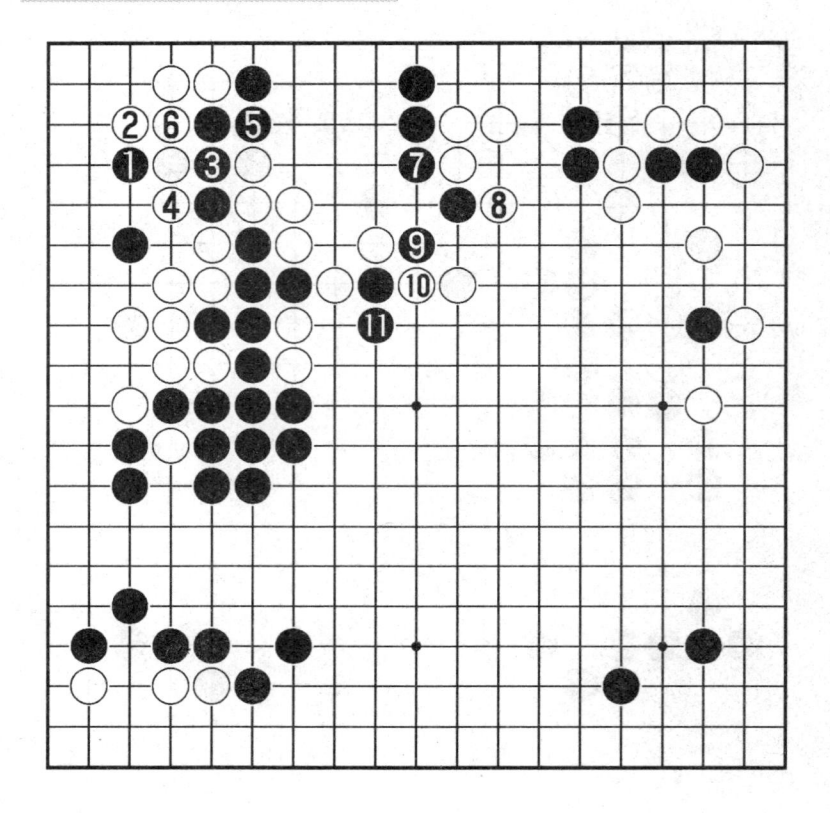

图 5（妙手）：黑 1 托才是此时绝妙的一击。如此白只能接受黑棋先手连回棋筋，紧接着黑 9、11 再将白棋分断，此时白棋的处境十分凶险，随时有崩盘的可能。

第二十局：心生怀念

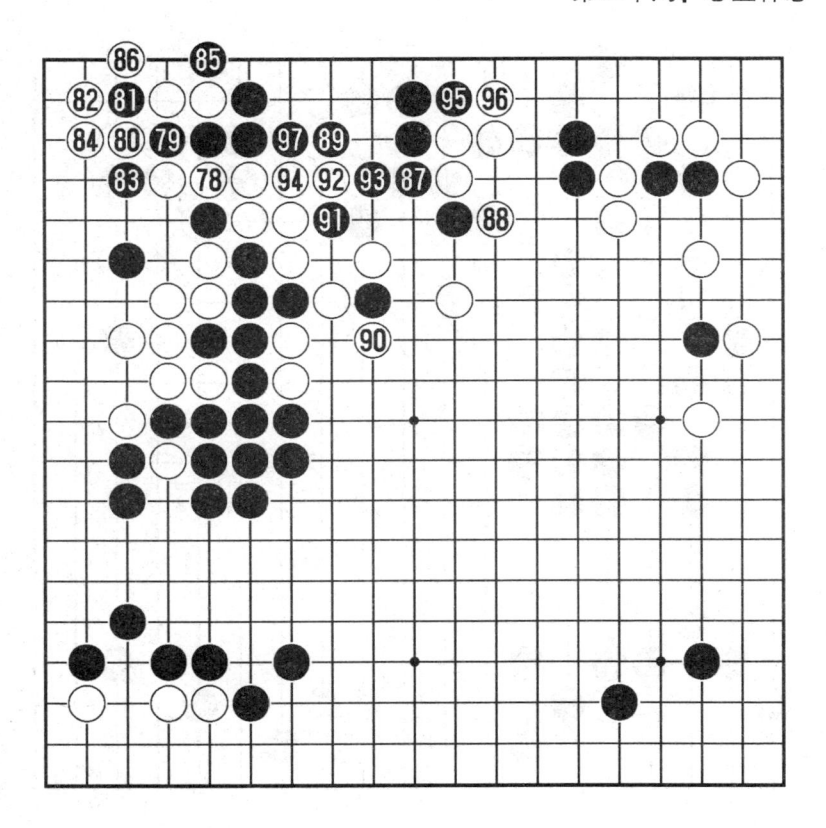

图 6（治孤大计）：由于发现上图的托难度较大，实战黑棋没有采用情有可原，所幸的是此处失误并没有影响黑棋整体的治孤大计。由于白棋外围并不厚实，白 90 放弃杀黑也是正确的选择。此图大致两分，从人类棋手的角度来看，黑棋能活得如此之大还是可以满意的。

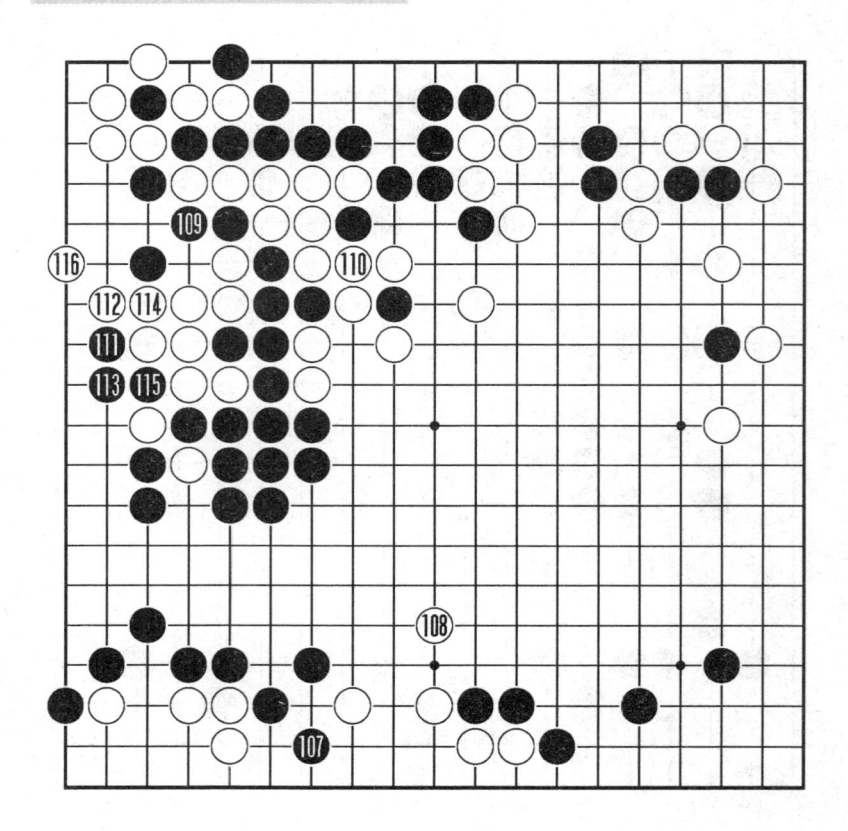

图7（痛快搜刮）：之所以说上图黑棋可以满意，黑109以下得以痛快地搜刮也是原因之一，白棋完全无法反击，只能任由黑棋将便宜占尽。

第二十一局：何谓妙手

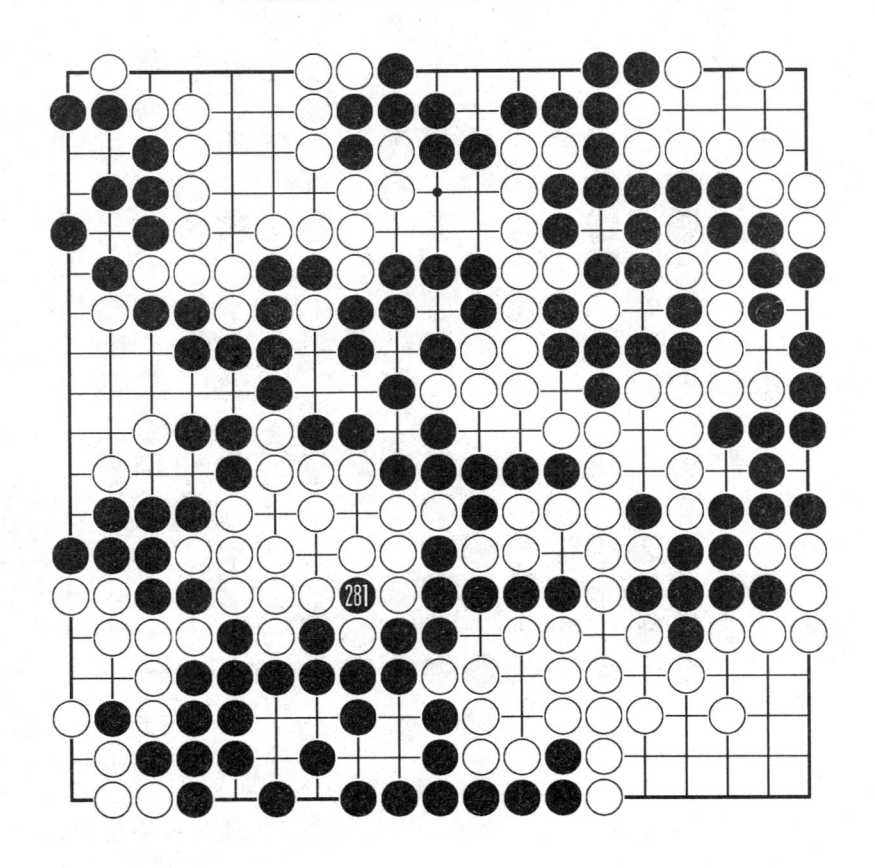

本谱取材于 2018 年农心杯，党毅飞执黑对金志锡的对局。什么样的手段能称为妙手？那种能够逆转局势的叫妙手，那种有超强视觉冲击力的叫妙手，或者您有自己的判断标准。在我看来，妙手没有固定的定义，只要是能解决当前问题的招法就能被称为妙手，哪怕其作用只是让你多一枚劫材。

AI时代：围棋名局名手之我见

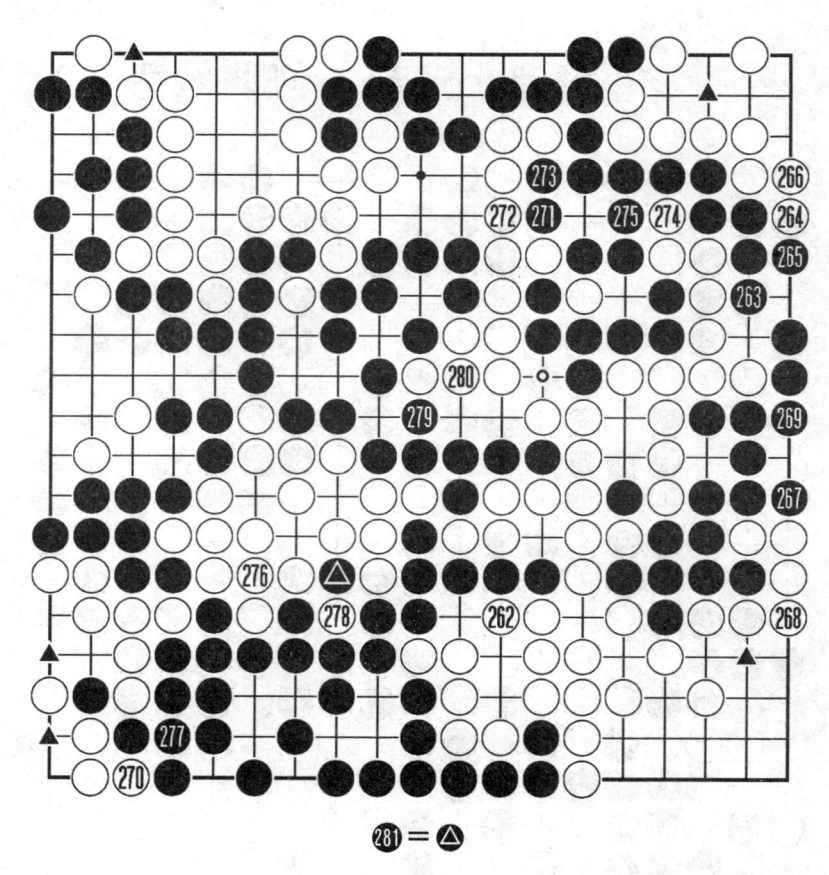

㉘①=△

图 1（单劫定胜负）：当前是半目胜负，谁能打赢中央的劫就将获得胜利。黑棋在小三角处共有五枚劫材；而白棋除了找到中央小圆圈处的一枚劫材以外，还必须在左边找出五枚劫材方可劫胜，显然，这并不是一个简单的任务。

第二十一局：何谓妙手

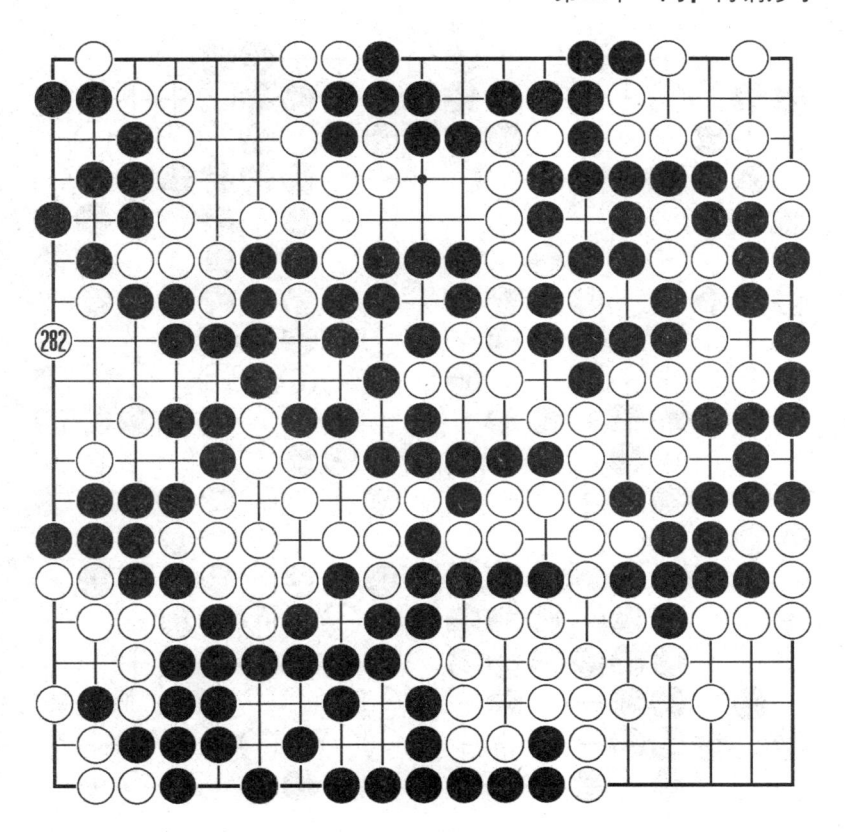

图 2（妙手）：白 282 一路小尖，看似匪夷所思，实乃逆天的妙手。此手充分发挥了黑空中所有白棋残子的功效，开始上演一出无中生有的好戏。

AI时代：围棋名局名手之我见

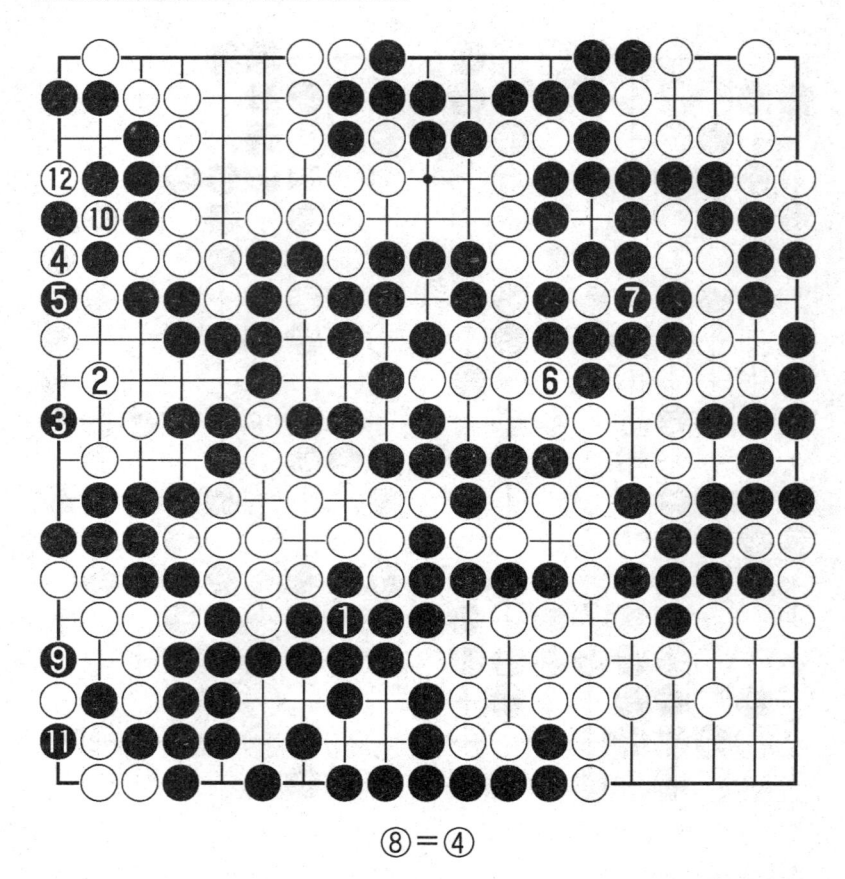

⑧＝④

图3（转换不够）：首先要确定的是，白282确实是劫材，黑1如消劫，则白4扑入形成打劫，黑棋吃掉左下角白棋仍然不够，此图白胜。

第二十一局：何谓妙手

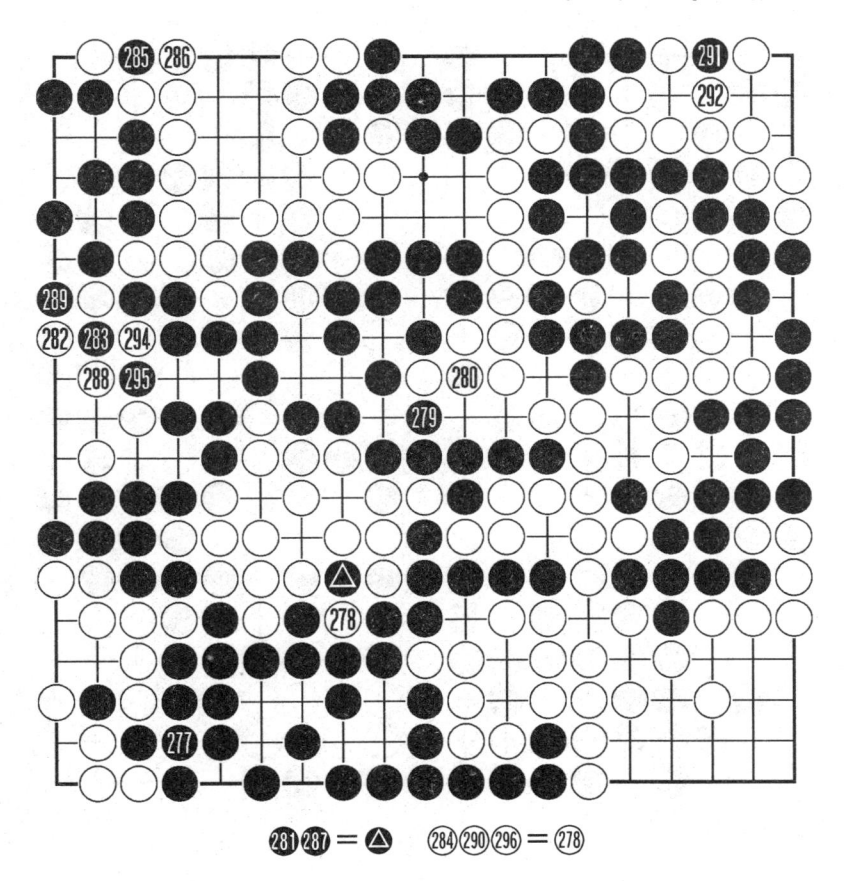

㉛㉗＝△　　㉘㉙㉖＝㉘

图 4（败着?）：实战黑选择了 283 位应劫，但此手显然让白棋的胜利之路变得明朗起来。白棋除了 282、288、294 位三个劫材外，左边还剩下两个劫材没用。如此白棋终于如愿在左边造出五枚劫材，借此打赢了中央的劫争。那么黑 283 是不是败着呢？

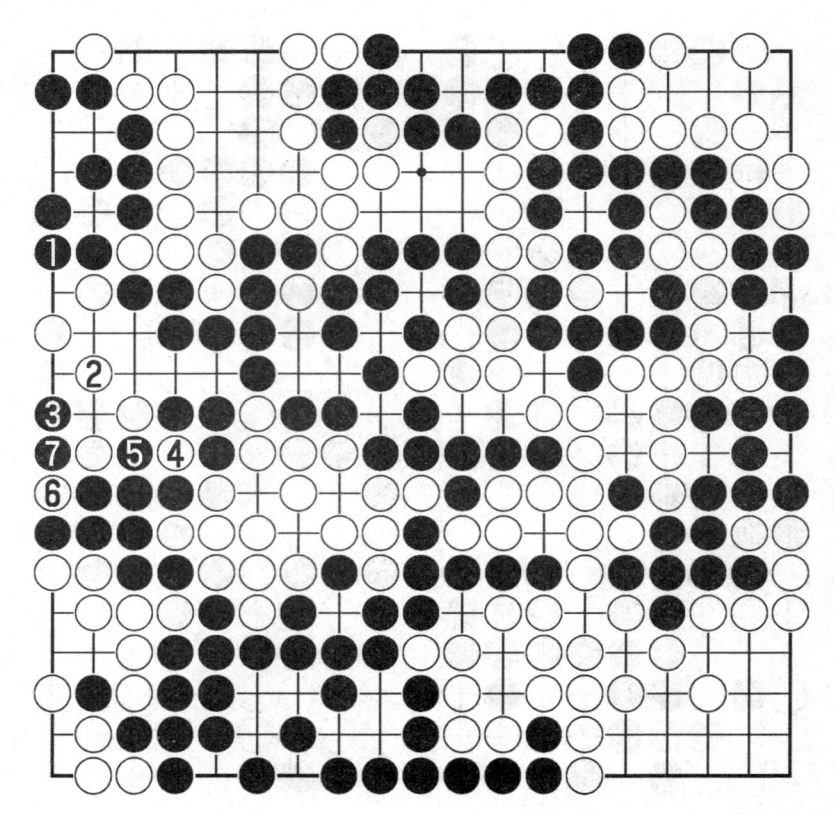

图 5（差一枚劫材）：就局部来说，黑 1 粘似乎是让白棋劫材最少的应对，如此白 2 以下还有三枚劫材，加上 282 位的一枚，还差一枚。其实，白 282 只是白棋的第一个妙手而已，白棋还有更加巧妙的手段在等着黑棋。

第二十一局：何谓妙手

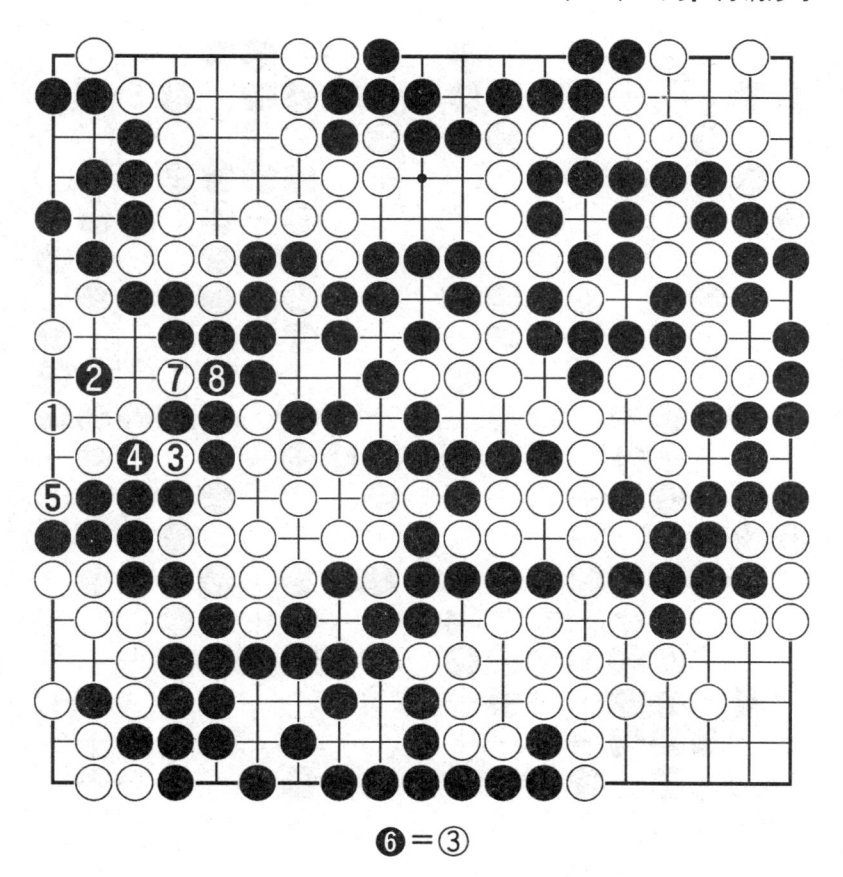

❻＝③

图 6（第二个妙手）：白 1 一路小尖才是此局面找劫材的妙手！实战黑棋应对不够顽强，导致白棋不需要使出此招便已获胜。此招让白棋多出了白 7 扑的劫材，成功扭转了局面。由此可见，黑 283 并不是败着，但它却让我们旁观者无法看到白 1 小尖的妙手，这不得不说是一大遗憾。

AI时代： 围棋名局名手之我见

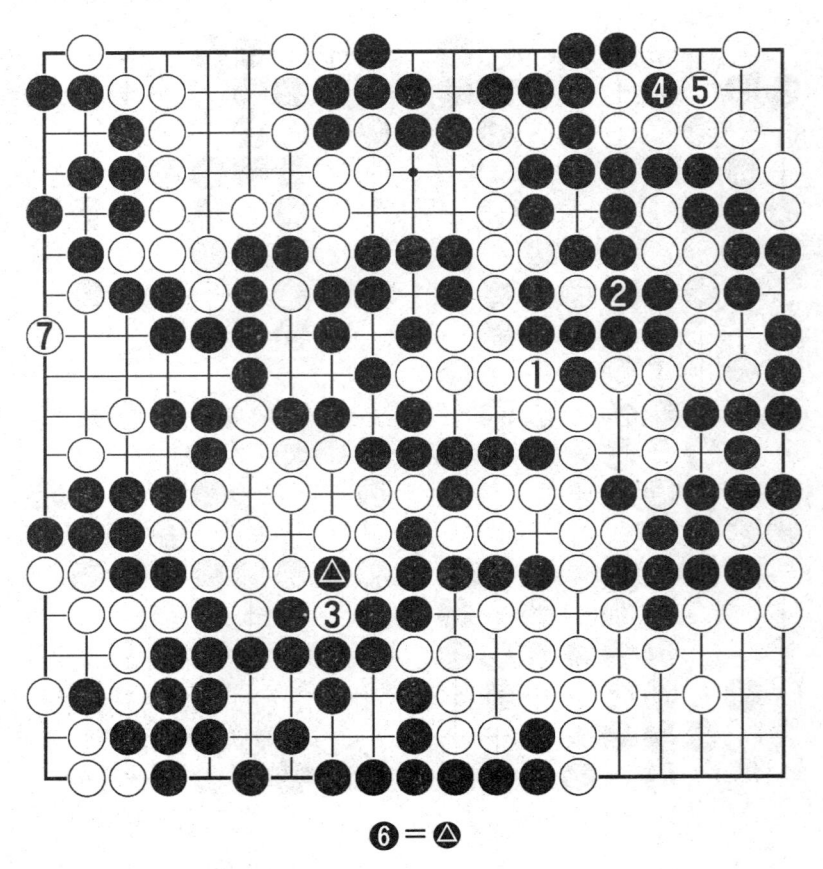

❻=△

图 7（悬念）：最后留下一个悬念，如果在找劫之初白先把白 1 的劫材用掉，左边的情况是否会和实战不一样，从而令黑棋寻到胜机呢？

第二十二局：化茧成蝶

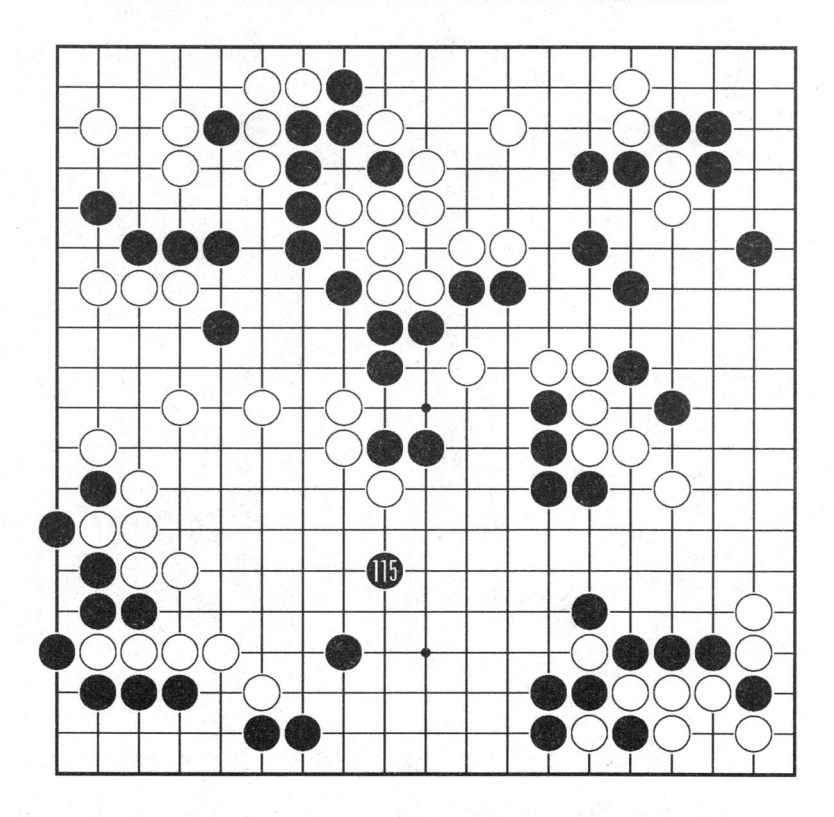

本谱取材于 2019 年 LG 杯八强战，许嘉阳执黑对申真谞的对局。作为当世最强者，申真谞的成长经历与前辈李昌镐和李世石相比可谓截然不同。他的成长伴随着的是无数次的失利和挫折。前两次的世界大赛决赛经历带给他的更多是苦涩的回忆，但进入 2019 年，化茧成蝶的申真谞终于一飞冲天，再次进入世界大赛决赛并最终夺冠，本局，则是他通往决赛道路上的重要台阶。当前下方黑空很大，白棋形势并不乐观，那么申真谞会从何处动手呢？

AI时代：围棋名局名手之我见

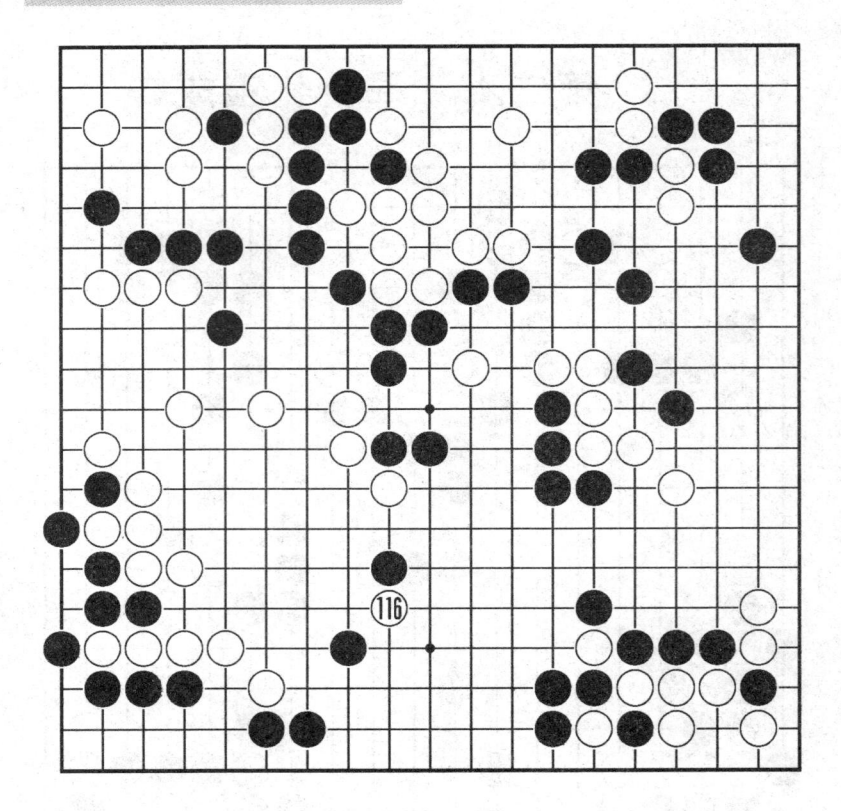

图 1（犀利）：实战白 116 靠，对于此手我只能用犀利来形容。从这手棋开始，白棋真正走上了通往胜利的道路。可以说，此手既体现了申真谞超强的棋感，又反映出他深不见底的算路。

第二十二局：化茧成蝶

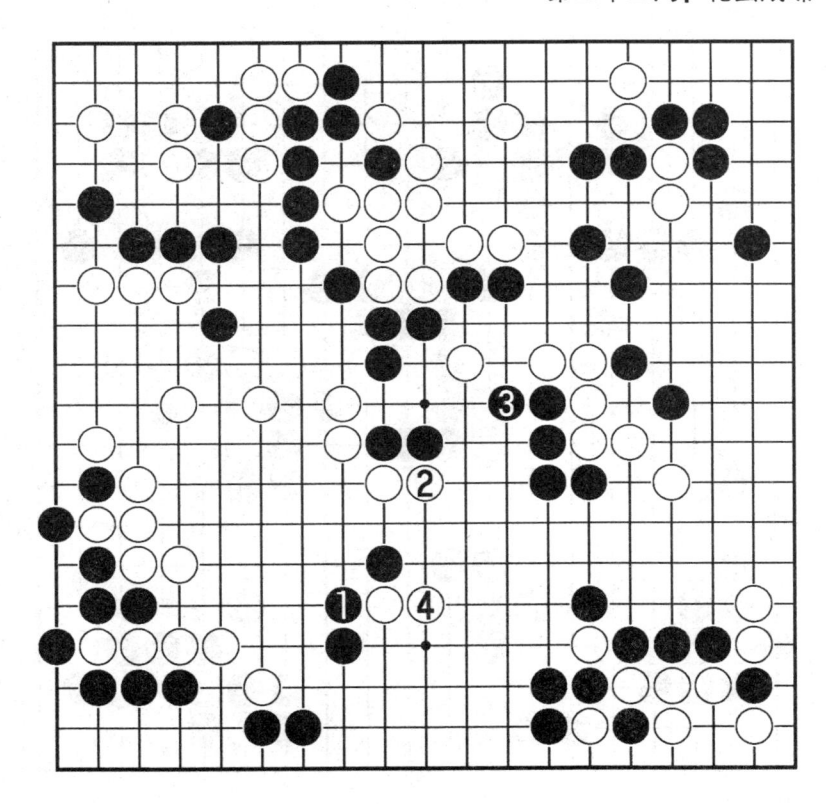

图 2（期望）：黑 1 挡看似必然，但这恰恰是白棋期望看到的应对。白 4 长后我们可以清楚地看到当初白棋的靠究竟便宜在何处。

AI时代：围棋名局名手之我见

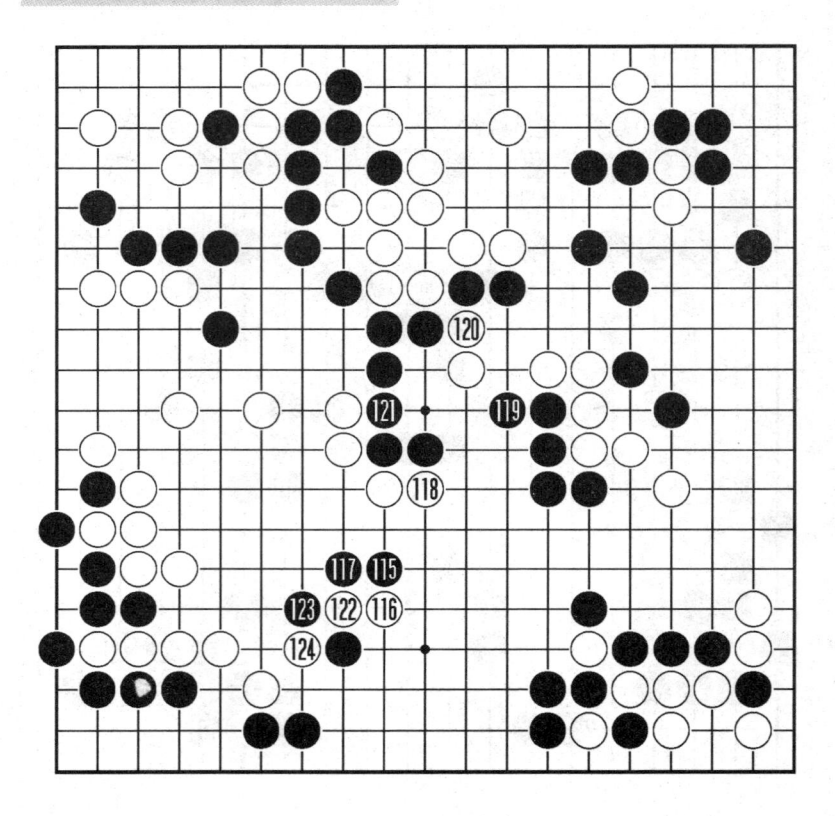

图 3（高潮）：由于形势紧迫，黑 117 要求将白全部收下。白 118 以下做好准备工作后，白 122 是猛烈的一击，本局即将迎来高潮。

第二十二局：化茧成蝶

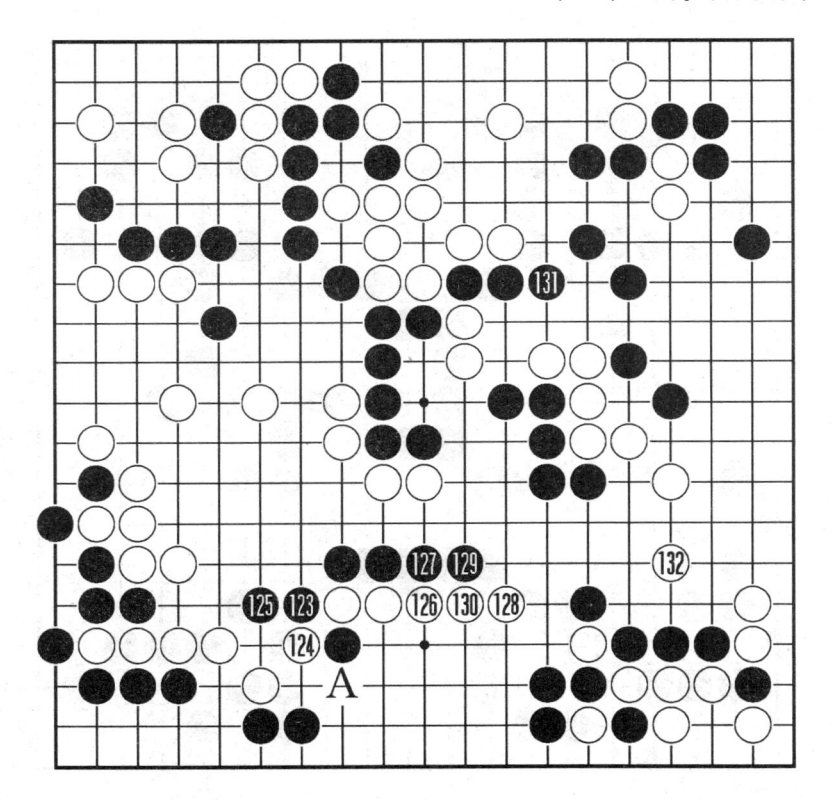

图 4（生命力）：接下来的下法基本上是一本道，虽然四周黑子众多，但白棋这根长棍的生命力却意外顽强。白 132 将右边联络后，黑棋面临难题：A 位长是否成立呢？

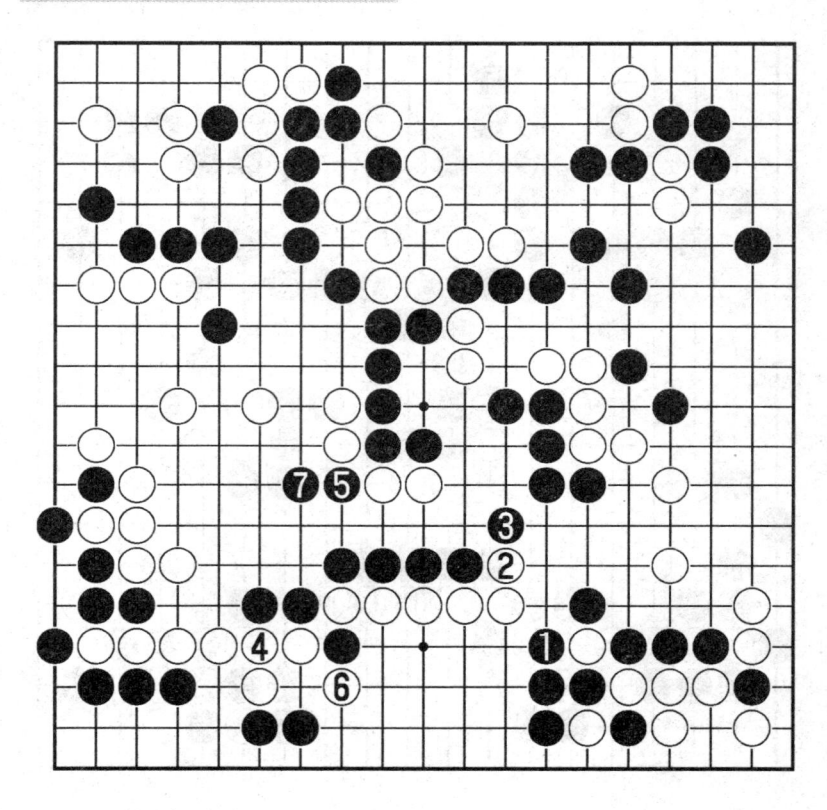

图 5（胜负漫长）：黑 1 提收兵是此时冷静的下法，如此虽然被白破了下边，但黑在中腹也有收获。如此局面白棋稍好，但胜负尚早。

第二十二局：化茧成蝶

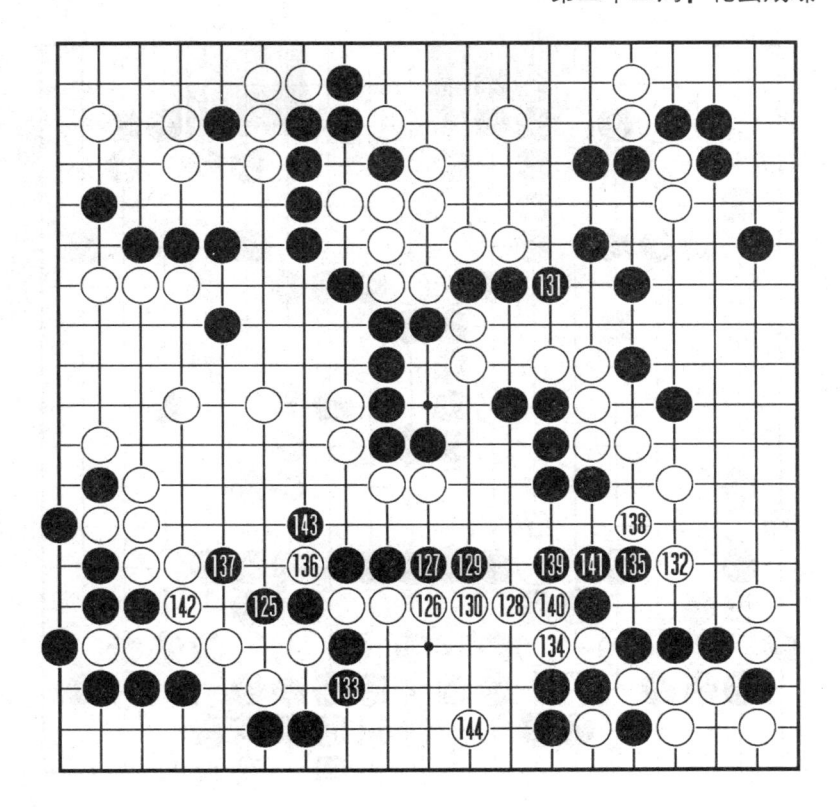

图 6（对杀）：经过激烈的思想斗争，实战黑 133 还是没有经受住杀大龙的诱惑。但可惜的是，白棋早就发现了胜利的路线。白 134 以下先手跑出后，白 144 堪称决定性的好手，若对杀，黑气竟然不足！

AI时代: 围棋名局名手之我见

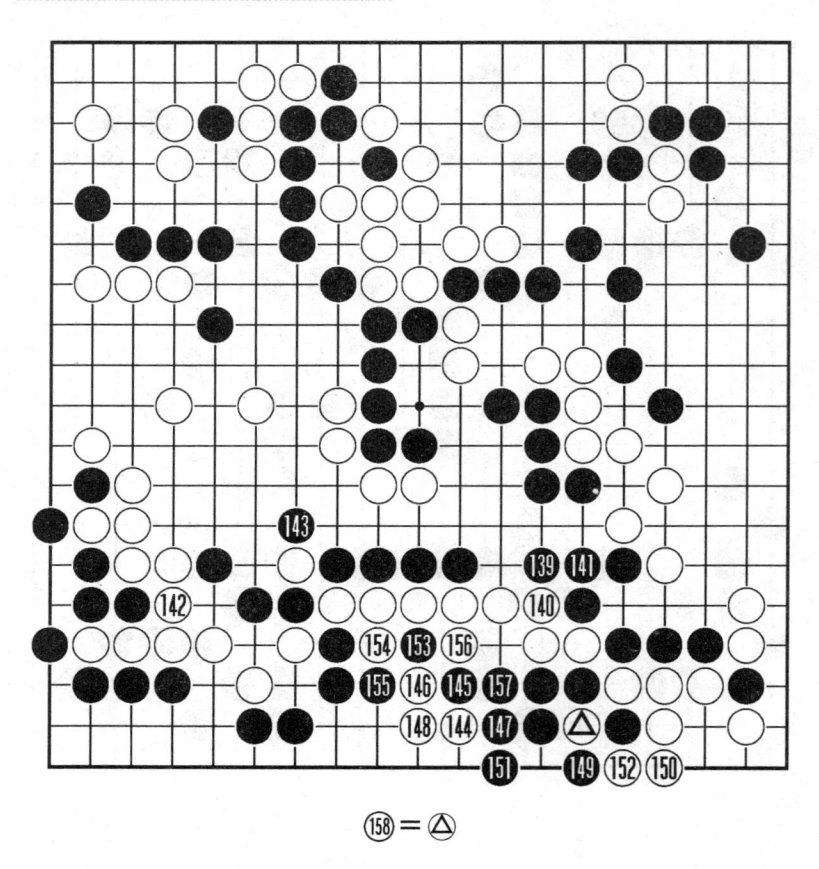

⑮⑧ = △

图 7（浑身解数）：为了对杀，黑 145 以下真可谓使出了浑身解数，但无奈白 150 立是冷静的好手，此处最终形成打劫。遗憾的是，黑棋劫材不足。

第二十二局：化茧成蝶

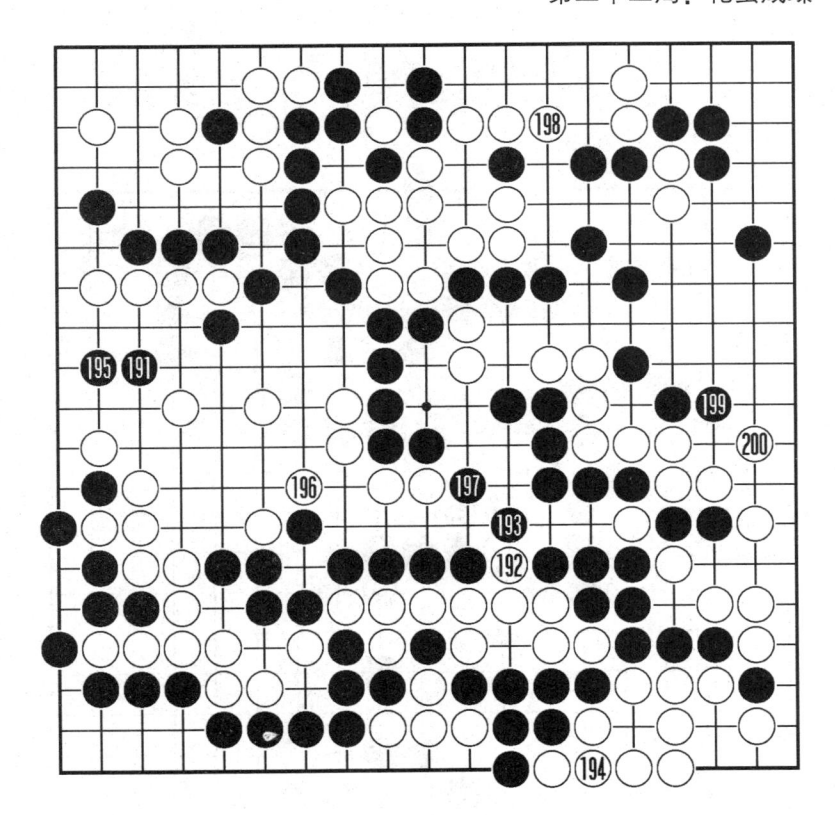

图8（王者之风）：这是最后的画面，苦于没有劫材的黑棋只能尝试在左边找劫，但下方黑空变白空的损失岂是左边吃掉白四子所能弥补的？本局申真谞在胜负关键处出手果断，计算精准，隐约已经有了王者之风。

第二十三局：从未离开

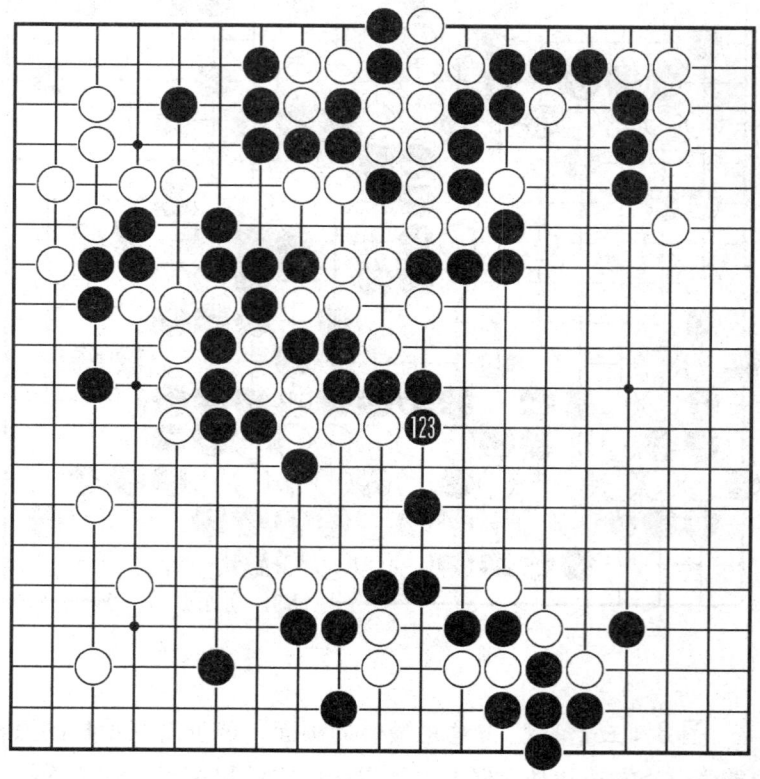

本谱取材于 2019 年 LG 杯预选赛，韩尚勋执黑对古力的对局。就目前所取得的成绩来看，古力无疑是中国围棋史上伟大的棋手，更重要的是，古力的棋观赏性极强，妙手层出不穷，这也让他拥有了大批拥趸。2015 年春兰杯夺冠以后，古力逐渐淡出了棋战第一线，我们欣赏他精彩表演的机会也大大减少。但实际上，古力从来没有真正离开过围棋，只要那颗求道的心还在，哪怕棋力已经不在巅峰，他依然可以创造出传世名局，依然能下出让后人惊叹的妙手。

第二十三局：从未离开

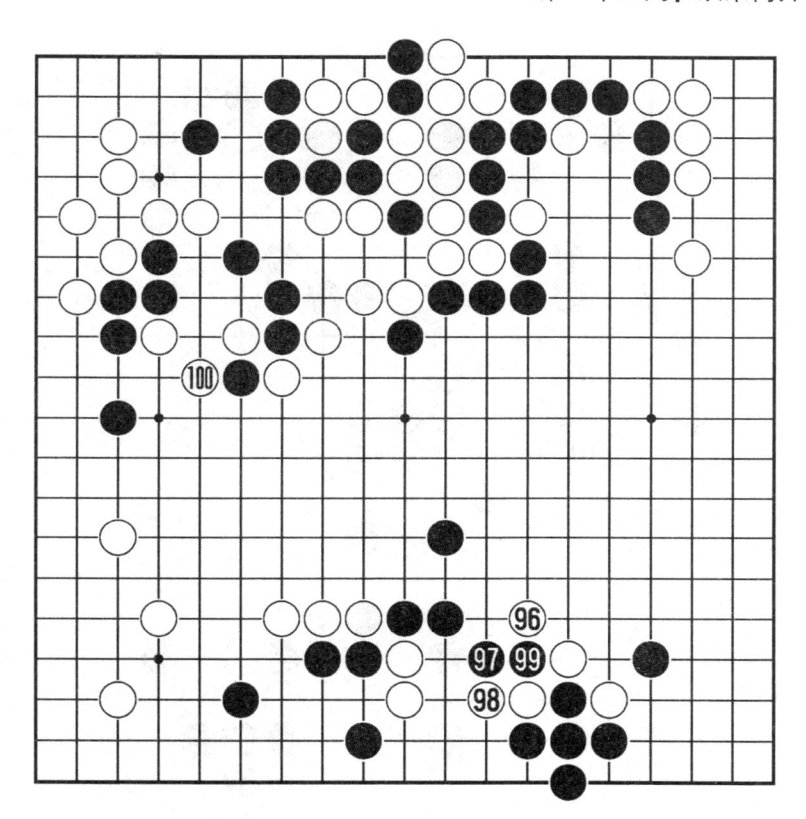

图 1（悬疑小说）：看古力的棋，经常感觉就像在看一本悬疑小说，不到最后，你根本猜不出他的构思是什么。白 96 以下让人十分不解，难道这几手交换和白 100 打出之间有什么联系吗？看到最后，我服了！

AI时代：围棋名局名手之我见

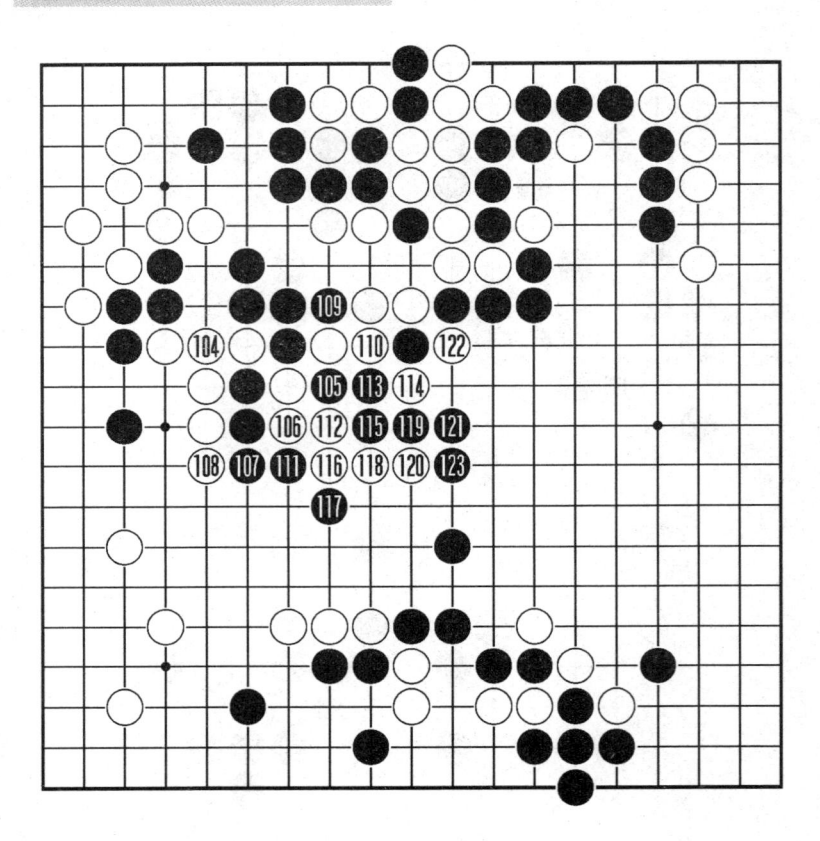

图2（绞肉机）：由于黑棋左上和白棋上方大龙都没有完全净活，所以中腹的战斗谁都不能有一丝的松懈。此处黑白双方就像绞肉机一样相互纠缠，中腹白棋能否逃出？左上黑棋生死如何？棋局逐渐进入白热化。

第二十三局：从未离开

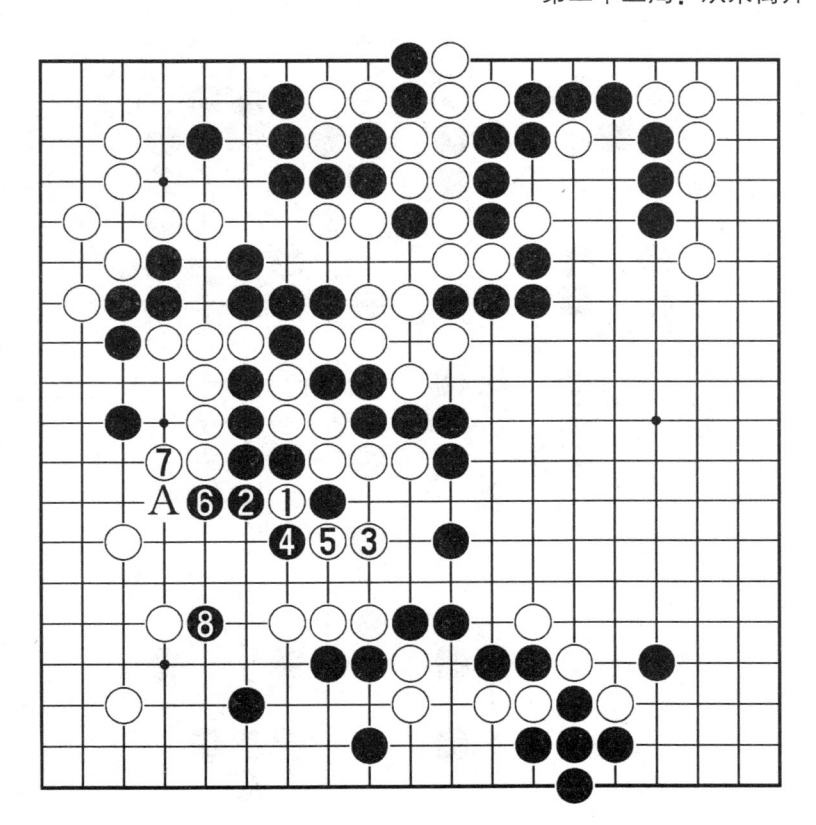

图 3（复杂）：就局部而言，白 1、3 的手段确实不难想到，但如果以为这样就万事大吉则未免把问题想得太简单了。为了防住黑 A 位的跳封，白 5 只能补在这里，但黑 6 先手拐后黑 8 靠是严厉的后续。此处的战斗十分复杂，稍有不慎就会满盘崩溃，显然，古力并不满足此图的下法，他要给予黑棋致命一击。

213

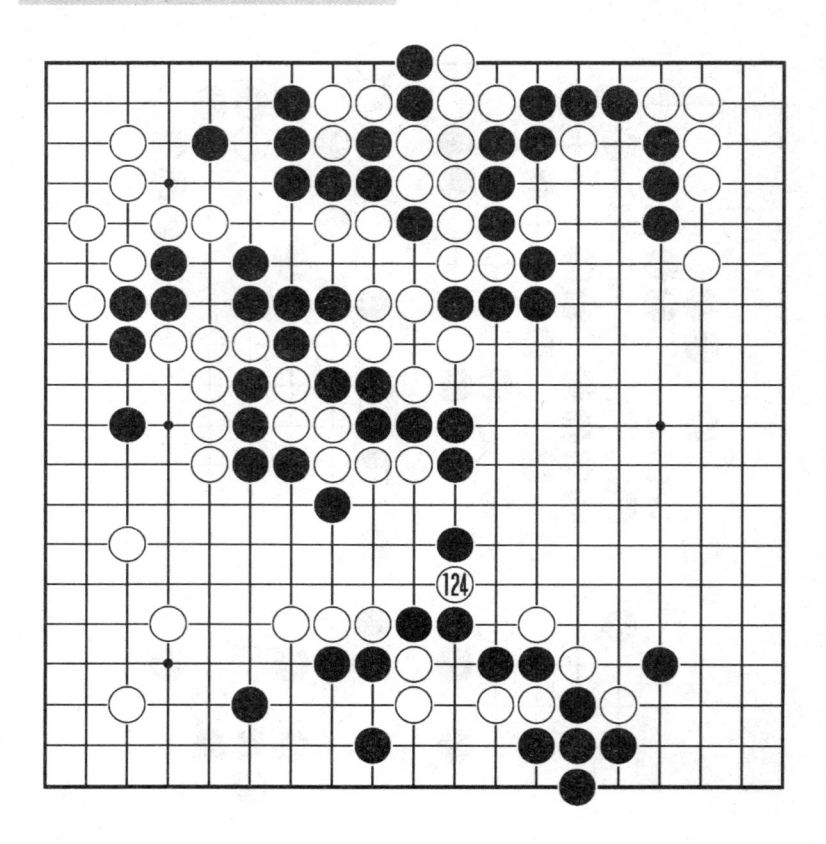

图 4（妙手）：白 124 挖！乍一看让人不明所以，但却是击溃黑棋的一记重拳。它让我不禁想起了那些年关于古力的故事：那个两年四夺世界冠军的绝对王者。尽管岁月无情，但那双洞察棋形缺陷的眼睛却从未退化。

第二十三局：从未离开

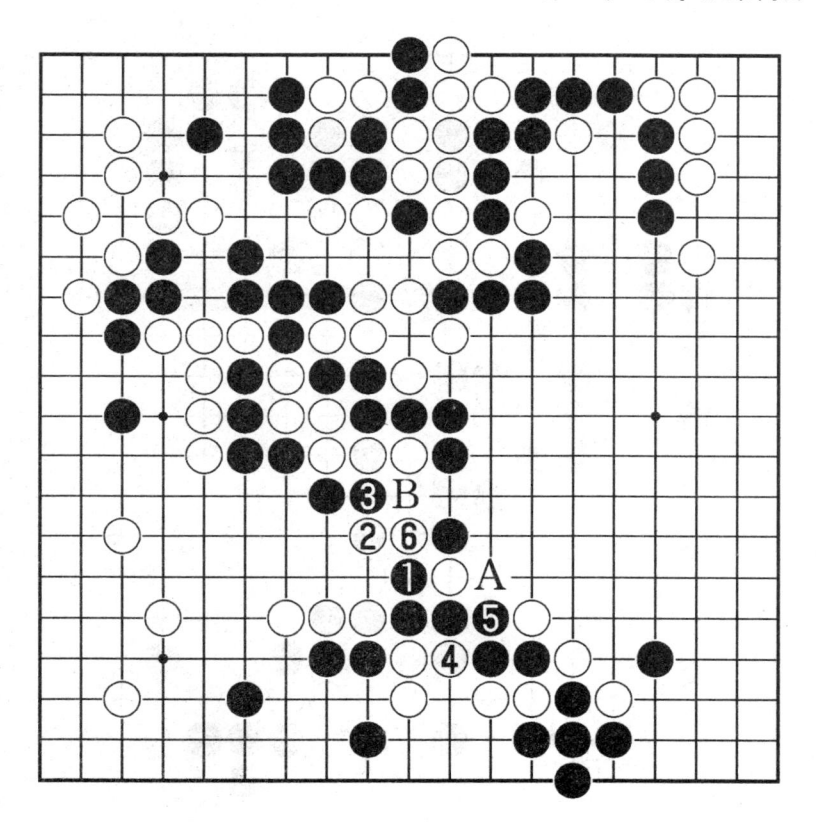

图 5（次序精妙）：黑 1 打吃是第一感，但白 2 以下是绝妙的次序，A、B 两点黑已无法兼顾。黑 5 若放弃下边两子，同样是大败之局。看到此图，我们应该就能明白在图 1 中白棋为何会如此轻易地放弃下边。一想到这里，就让人不自觉地感到"恐怖"。

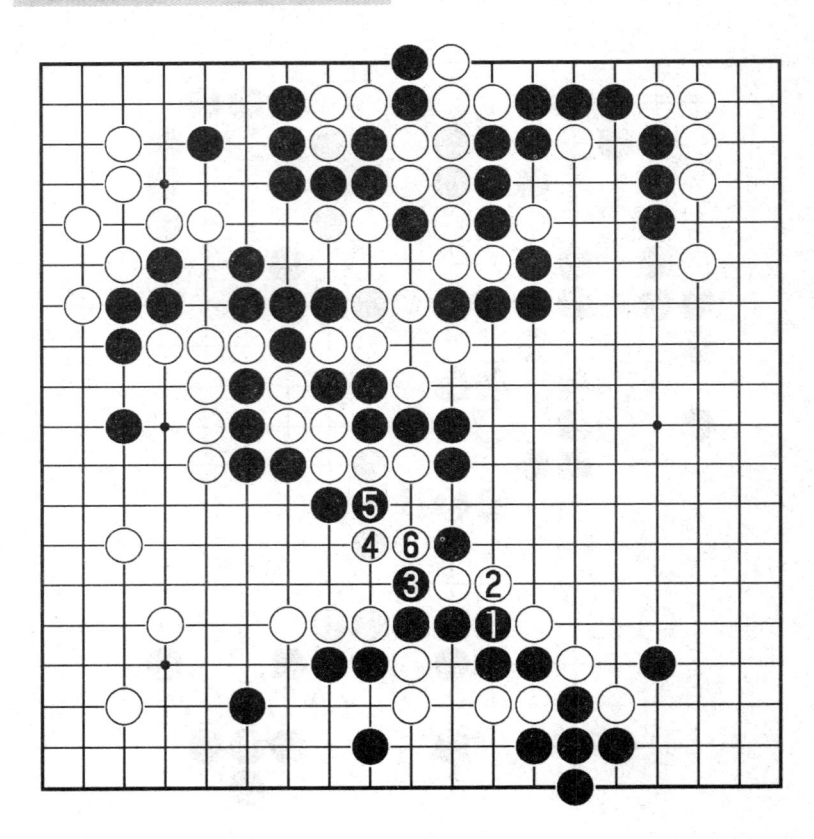

图 6（换一边抵抗）：黑 1 换一边抵抗，结局却没有任何改变，白 2 以下的组合拳仍然让黑无法招架。

第二十三局：从未离开

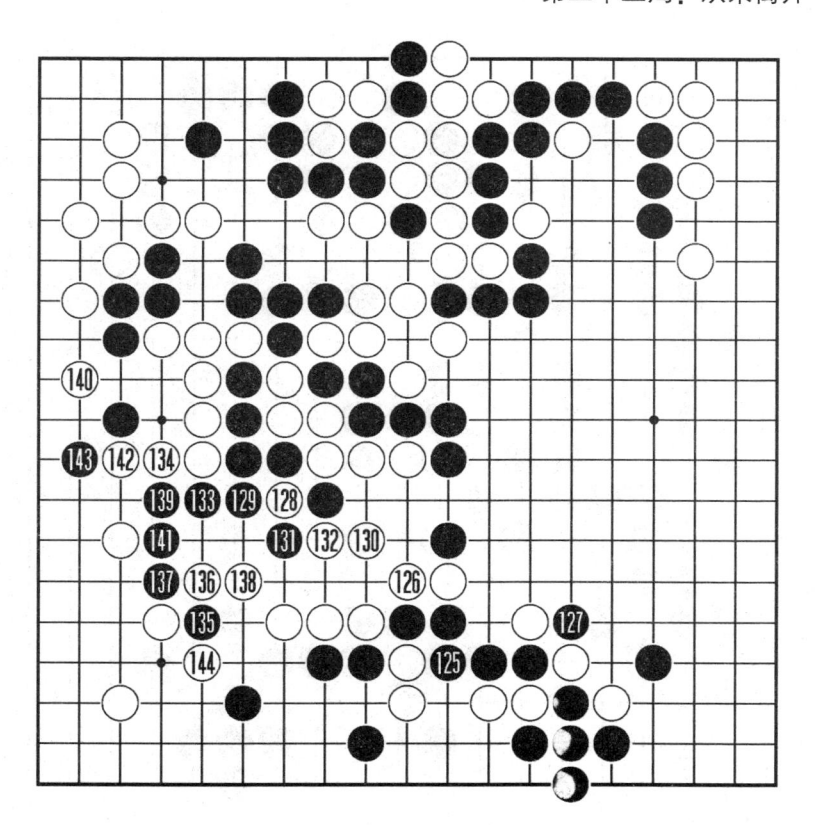

图 7（判若云泥）：既然反击不行，黑 125 只能痛苦地缩回去补棋。在古力的全盛时期，出现这种"伸头一刀，缩头也是一刀"的局面，我们就已见怪不怪了。白 128 再动出中腹六子，此图和图 3 相比可谓判若云泥，黑棋已经无力抵抗。

AI时代：围棋名局名手之我见

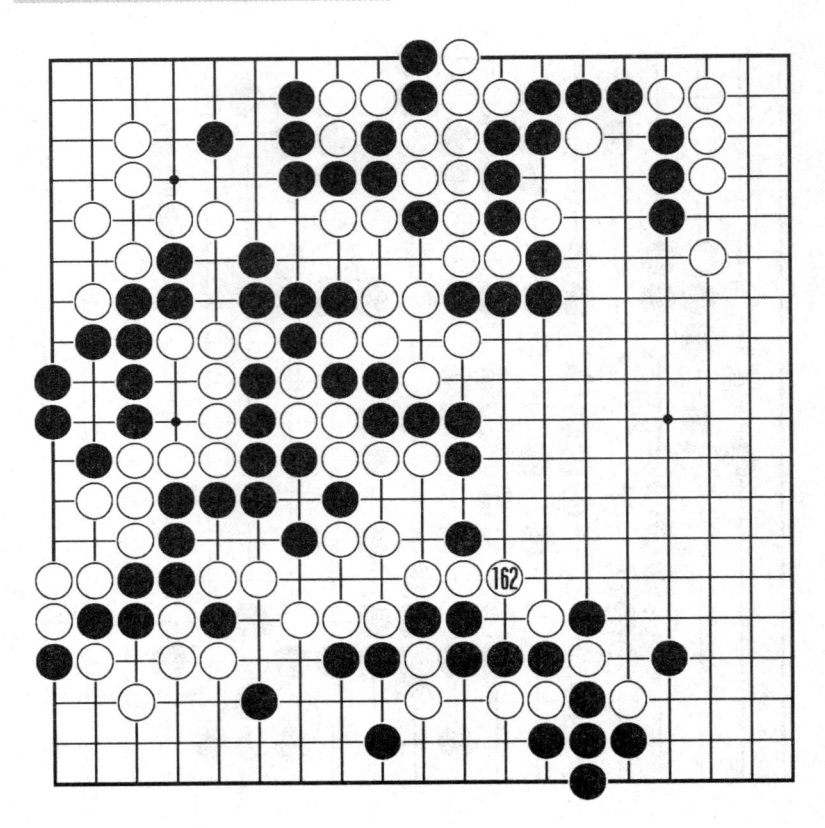

图8（风采）：这是最终的结果，白棋居然先手吃掉了黑棋大龙，真让人不敢相信。本局古力构思精彩，计算精确，颇有全盛时期的风采。

第二十四局：胜利之前

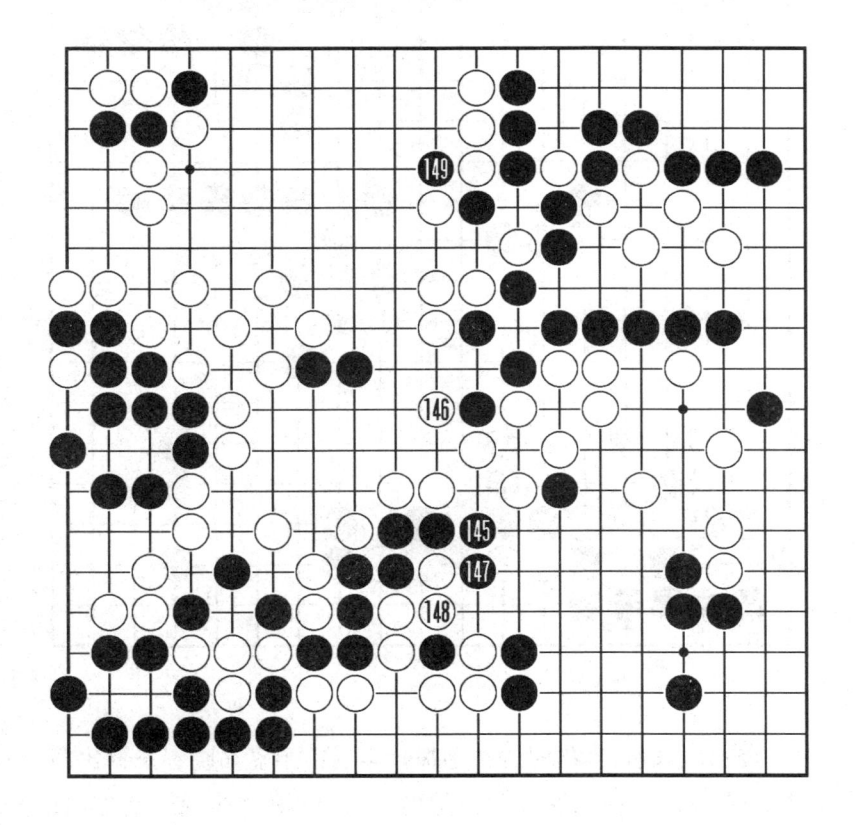

本谱取材于2001年LG杯棋王赛第二轮，睦镇硕执黑对马晓春的对局。高手之间的对决，想赢一盘棋可谓千难万难，越是接近胜利的时刻，往往也是最危险的时刻。本局马晓春在前半盘依靠华丽的构思和出色的判断一直掌控着局面，到白146围住中央时，白棋小胜似乎已成定局。但年轻的睦镇硕却不愿放弃，黑149断要求便宜官子，双方进入最后的较量。

AI时代：围棋名局名手之我见

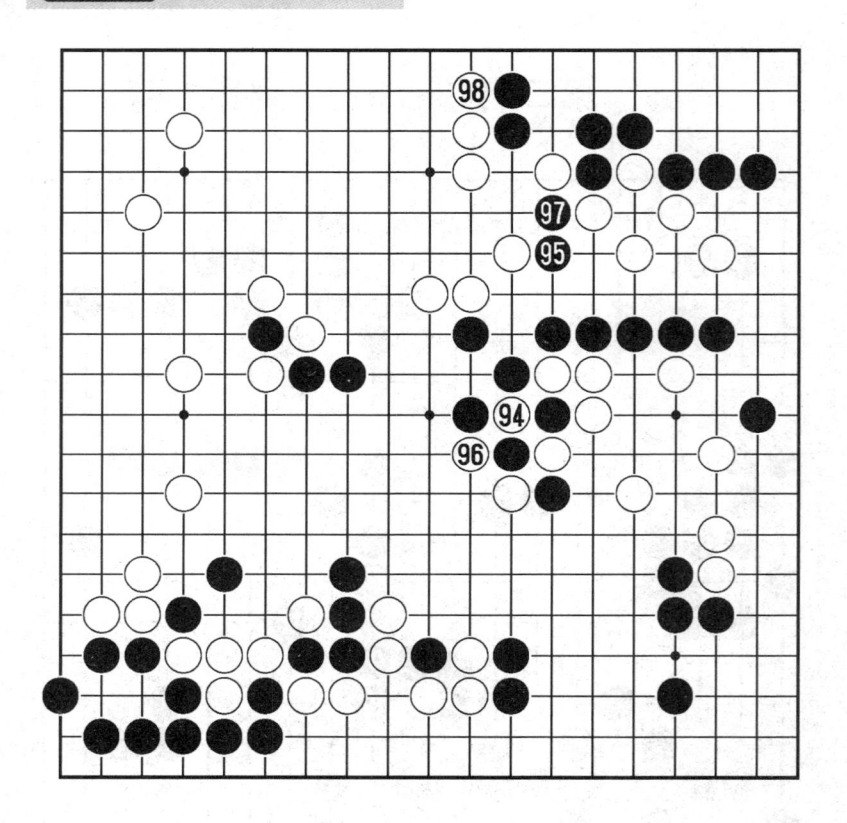

图 1（果断）：把时钟往前拨，本局前半盘马晓春发挥出色，给年轻人好好上了一课。尤其是白 96 果断消劫体现了其杰出的判断力，白棋一举确立优势。

第二十四局：胜利之前

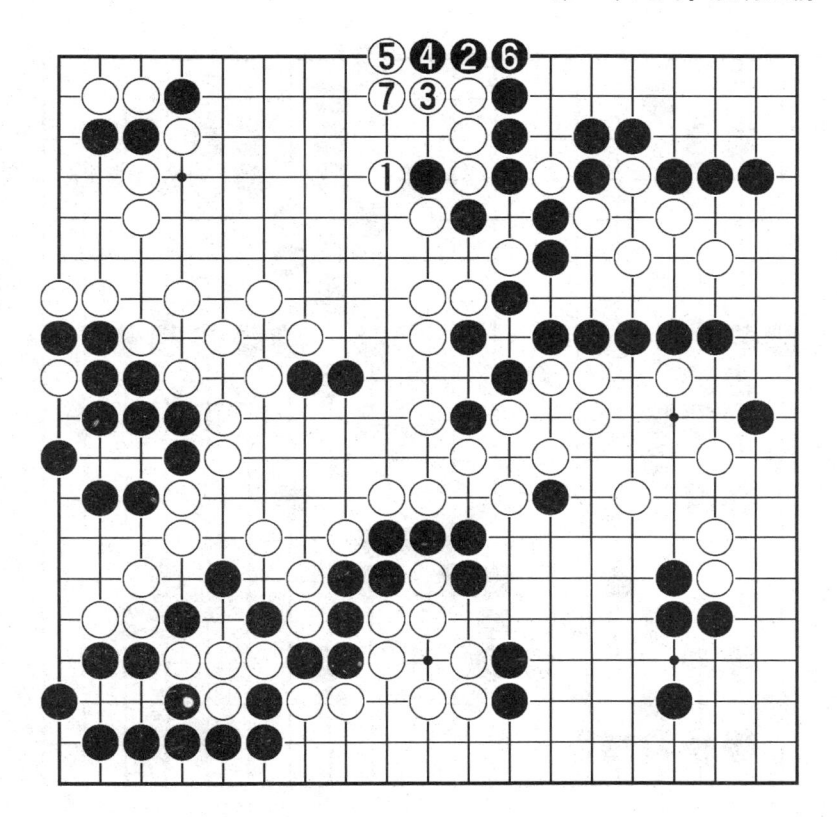

图2（退让稍优）：面对黑棋的胜负手，白1打吃是最简单的应法，如此应对虽然让白亏了两目，但依然是白棋稍优的局面。实战马晓春却没有如此选择，可能还是觉得这样有些亏损吧。

AI时代：围棋名局名手之我见

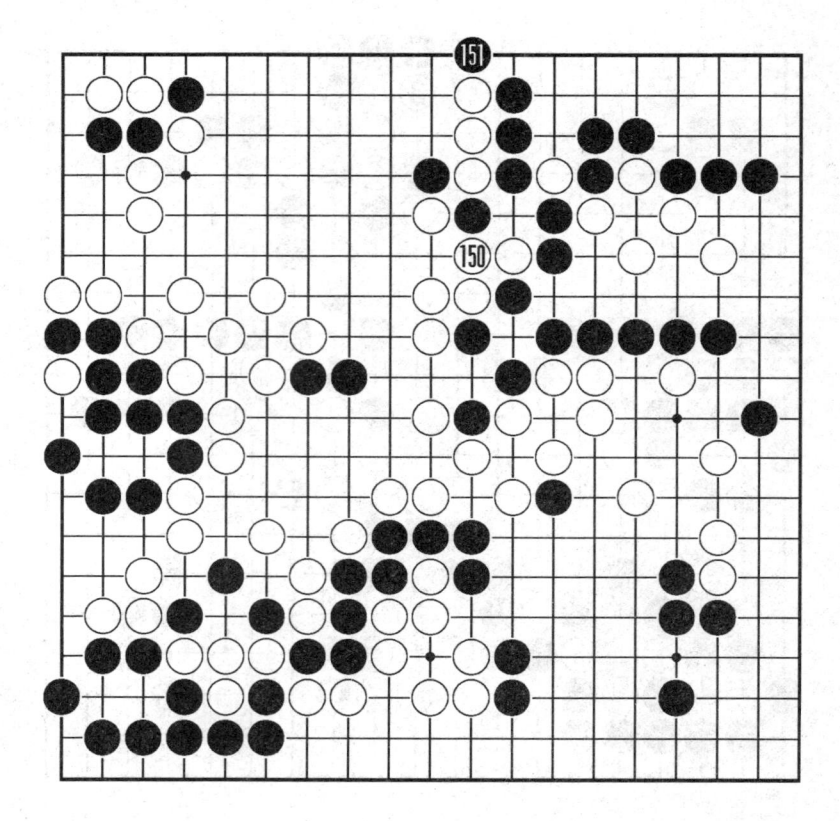

图3（败着）：实战白150打吃在这里，看似没有破绽的一手，却成了本局白棋的败着。很显然，马晓春根本就不相信黑棋在白棋如此坚固的一块空里还能玩出什么花样。但遗憾的是，这里真的有棋！黑151扳好手，白棋立刻感觉应对困难。不得不说，在这种时候，什么经验，什么功力，基本已经派不上用场，力量决定了一切。

第二十四局：胜利之前

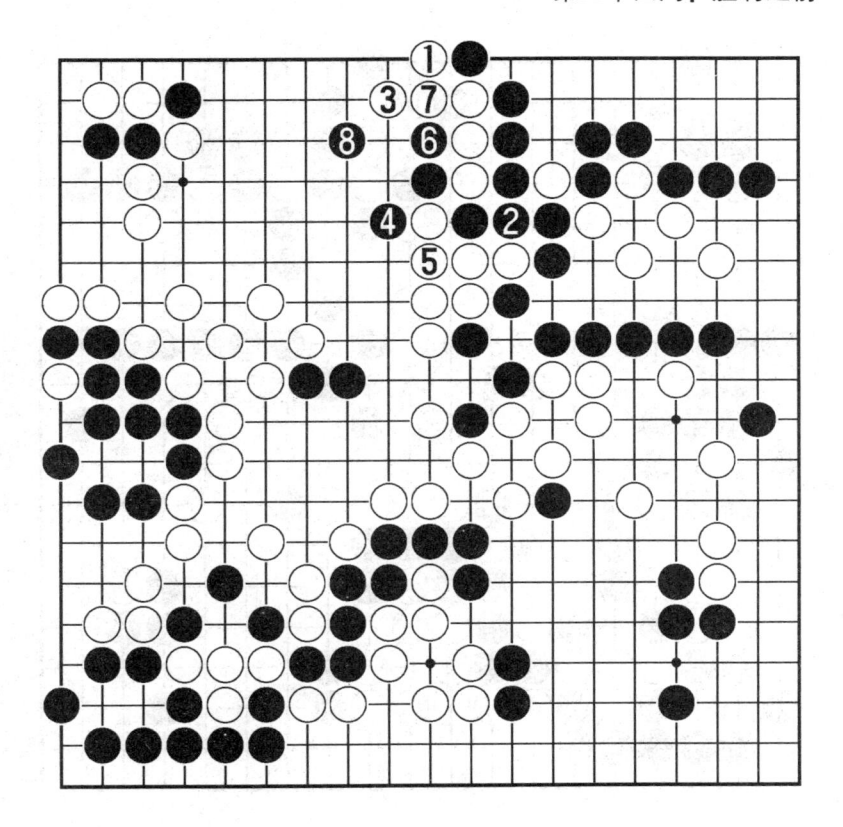

图 4（一毛不拔）：白 1 若一毛不拔，则黑 2 简单粘上就行。白 3 只有虎，但由于左上角黑子还有诸多借用，此变化白棋不行，请读者自行验算。

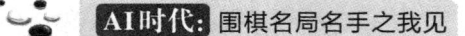

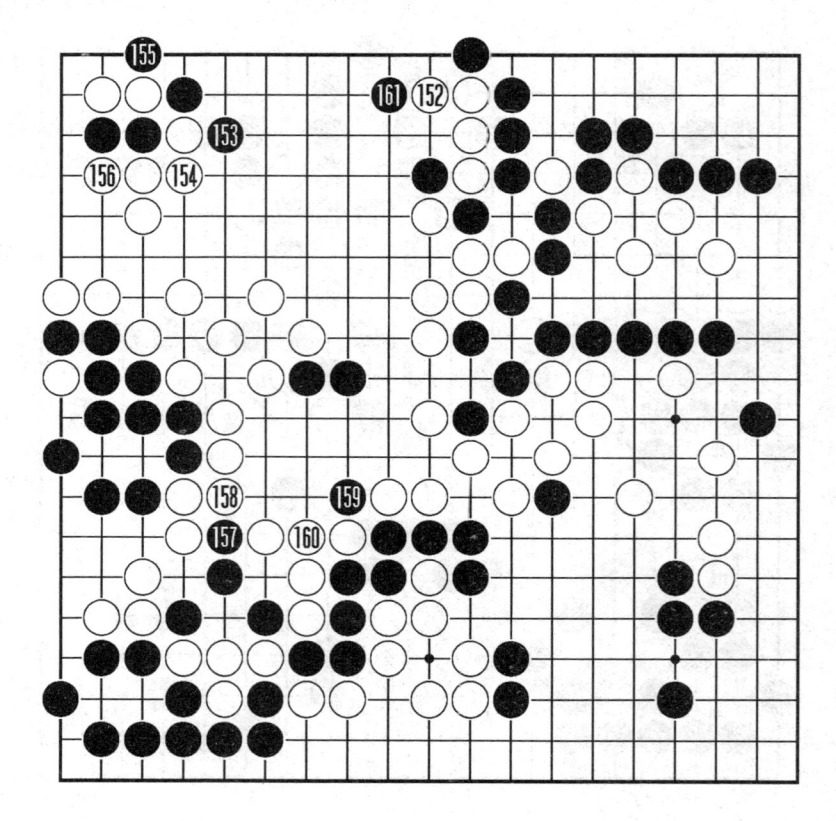

图 5（一剑封喉）：白 152 弯实属无奈之举，此时白空里味道极坏，就看黑能否刺出那必杀一剑了。经过两次打将延时，黑 161 终于找到了要点，此手可谓一剑封喉，白棋已经无法抵挡。不过话又说回来，当初谁又能想到左上白空居然会遭到洗劫呢？

第二十四局：胜利之前

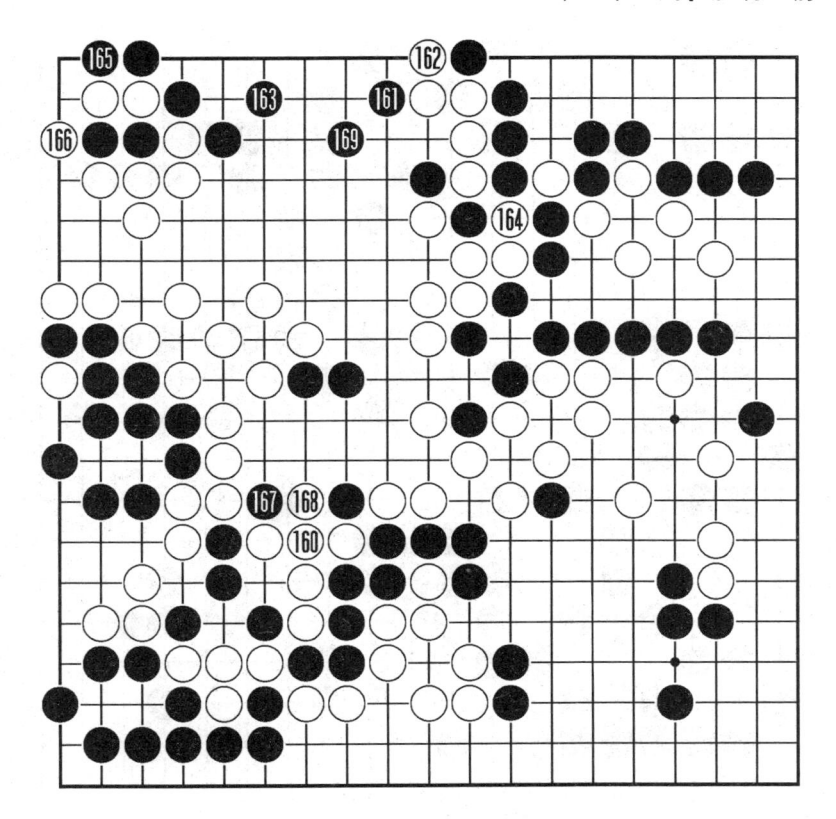

图 6（运气不佳）：接上图的变化，白 162 拐后，黑 163 虎是做眼的要点。为避开黑棋诸多借用，白 164 只能先提子，虽然四周白棋犹如铜墙铁壁，但黑有在 169 位做活的妙手。本局马晓春的运气确实也有些不佳。

AI时代： 围棋名局名手之我见

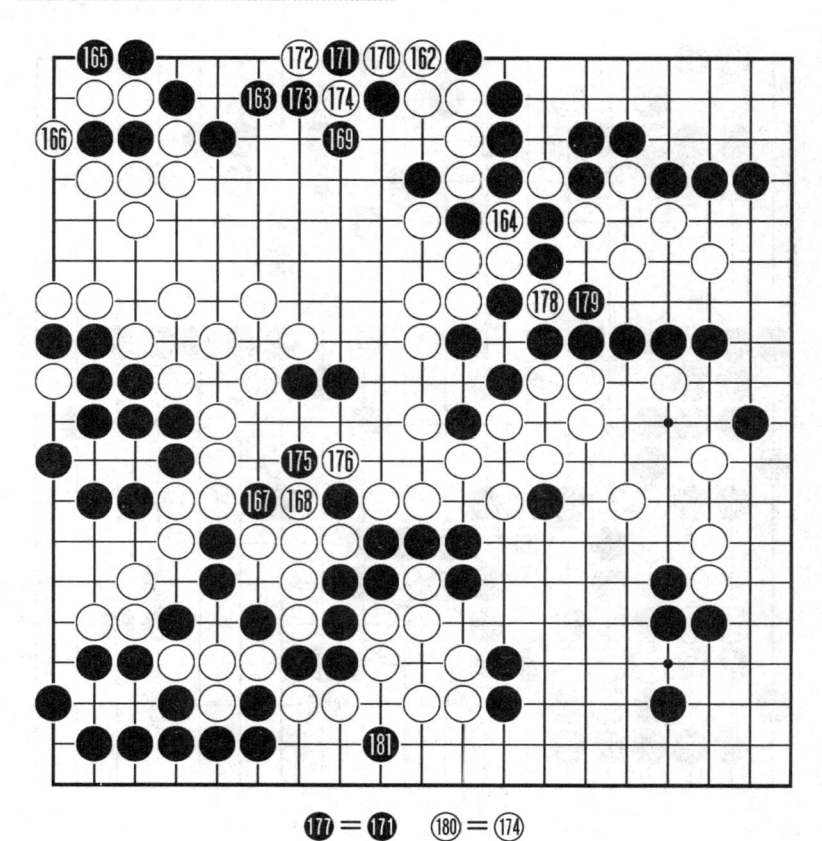

⑰ = ⑰ ⑱ = ⑭

图 7（打劫）：白 170、172 是局部唯一的杀法，但打劫已经不可避免。又由于全盘白棋几乎找不到劫材，白棋的失利已经无法避免。本局白棋在胜利即将到来之时倒下，很让人为老将感到可惜，但黑一系列精彩的活棋手段也确实配得上胜利。

第二十四局：胜利之前

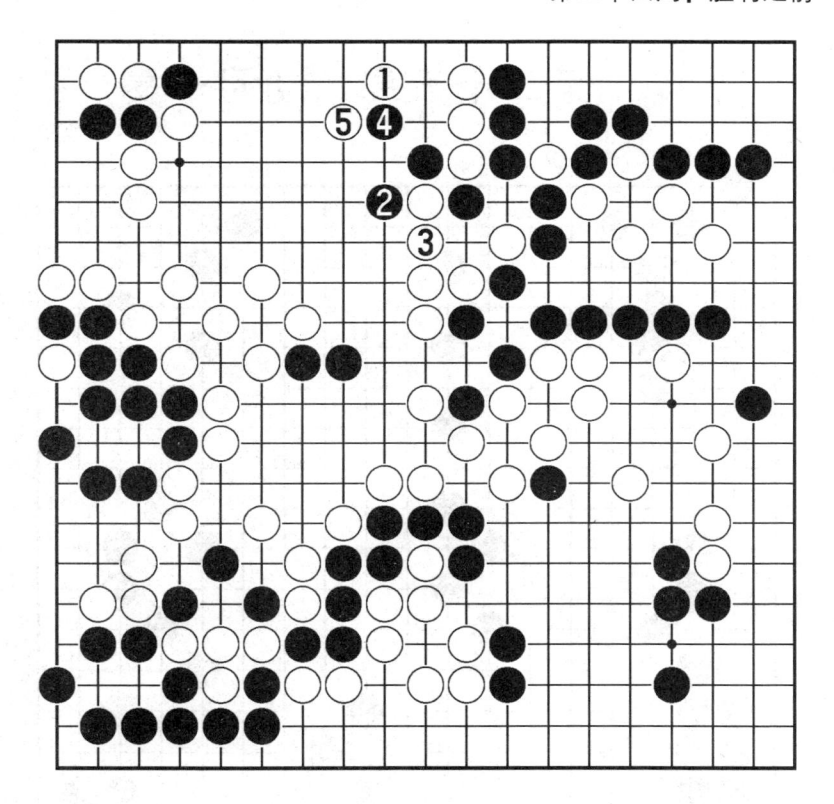

图 8（最佳应对）：回想当初，当黑棋断时，白 1 二路跳才是兼顾目数和安全的应对，但对于当时已经 37 岁的马晓春来说，让他在读秒声中下出此棋可能有些强人所难吧。

AI时代：围棋名局名手之我见

第二十五局：功亏一篑

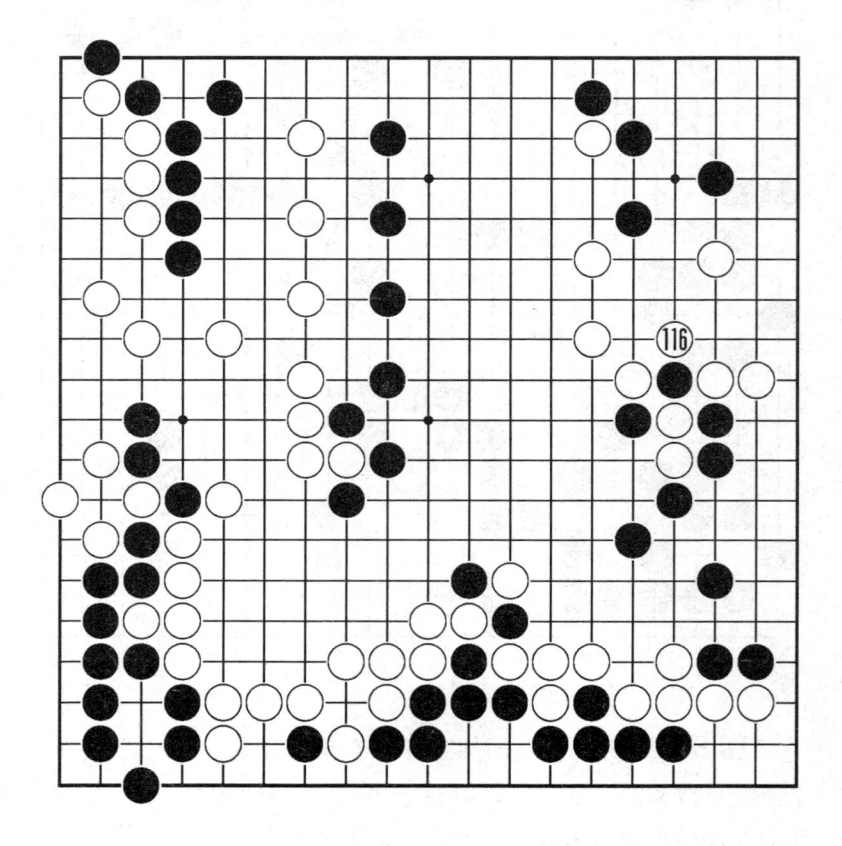

本谱取材于 2003 年第四届农心杯团体赛第 14 局，罗洗河执黑对李昌镐的对局。2024 年初，随着辜梓豪的落败，申真谞在农心杯上完成了"一穿六"的好戏。这固然是中国棋迷很难接受的结果，但我们能亲自见证如此惊人的连胜纪录，又何尝不是一种幸运呢。本局出现在我们距离农心杯非常近的时刻。

第二十五局：功亏一篑

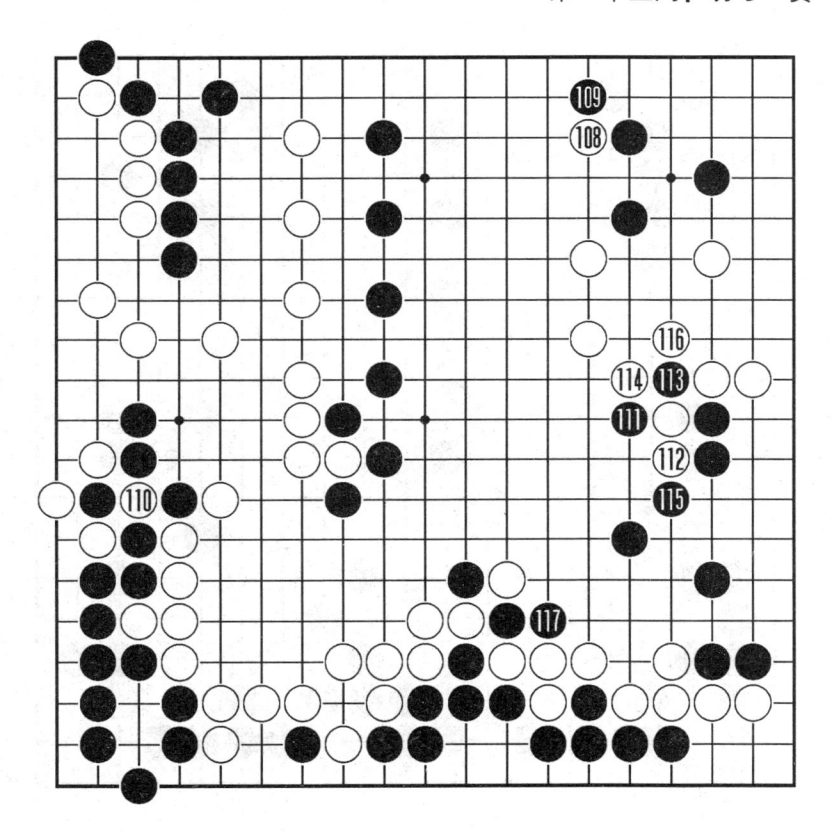

图 1（试探）：左边的劫争决定胜负，黑 111 夹是极其巧妙的劫材，这手棋既是找劫，也是对白棋心理的试探。其对形势以及对局者心理的拿捏可谓恰到好处。面对此手，连一向心如止水的石佛也没能压抑住内心的冲动选择了反击，黑棋得到 115 位的先手，黑 117 跑出得以成立，右下白棋已经岌岌可危。

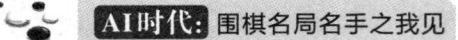

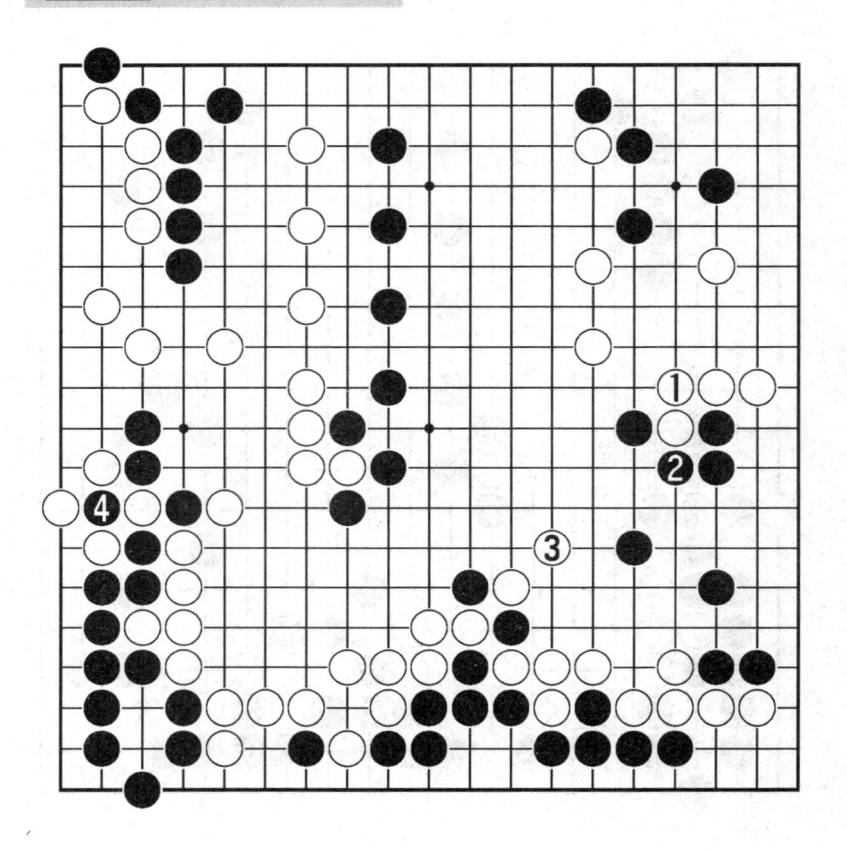

图 2（忍耐）：白 1 粘上忍耐才是正着，黑 2 挡后白 3 必须消除这里的隐患。如此是五五开的局面，胜负取决于左边劫争的结果。

第二十五局：功亏一篑

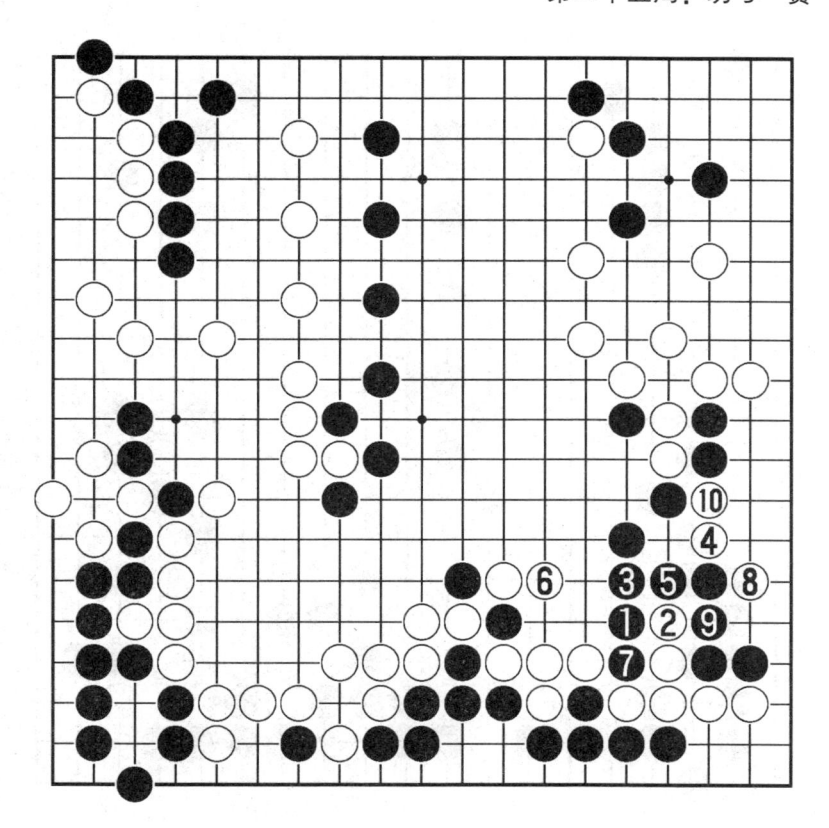

图 3（画蛇添足）：实战黑 117 直接跑出是正确的选择，如果想如图先刺一下则有画蛇添足之嫌。白 4 靠是好手，黑棋虽然吃掉右下白棋尾巴，但整体上并没有便宜多少，显然不能满意。黑 5 如改在 8 位立，则白 7 粘住即可，黑棋已无法分断白棋。

AI时代：围棋名局名手之我见

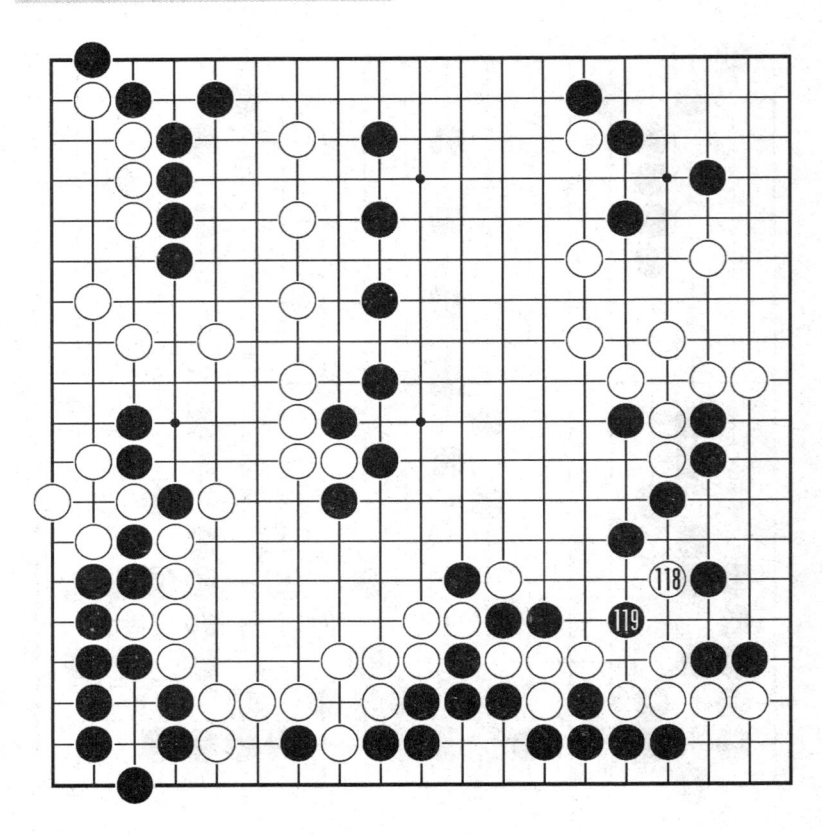

图 4（意难平）：面对突如其来的难局，李昌镐并没有慌乱，反而在有限的时间里找到了白 118 这唯一的抵抗，显示了一位胜负师的素质。但此时白棋几乎已经陷入绝境，黑棋若应对无误，白棋仍然难逃一死。生死时刻，黑 119 看似犀利的一刺，却成为中国队农心杯史上最大的意难平！可叹，可惜。

第二十五局：功亏一篑

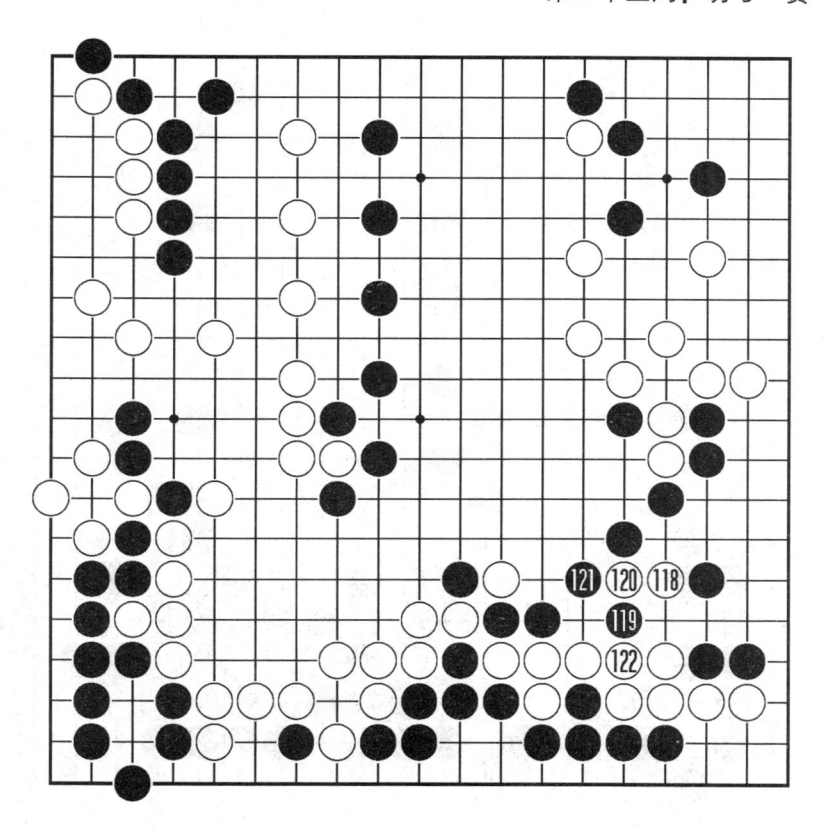

图5（杀人诛心）：白120、122两招，看似朴实无华，实则杀人诛心！真不知刚才还沉浸在杀大龙美梦中的黑棋此刻是怎样的心情。话说回来，正是因为经历过无数次烈火般的洗礼，才能在危难局面下处变不惊。

AI时代: 围棋名局名手之我见

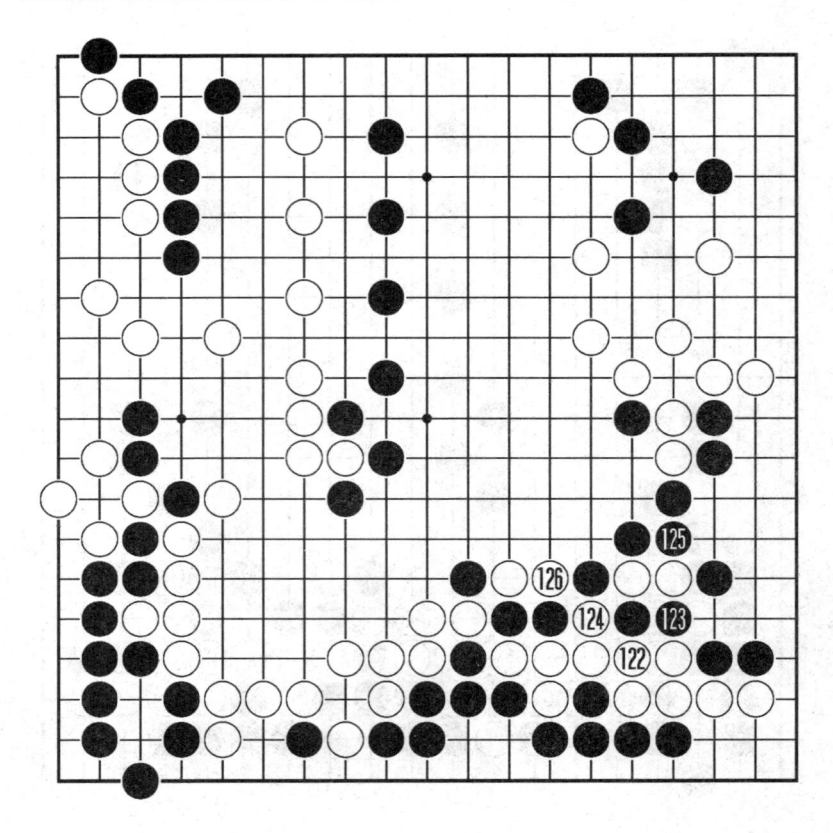

图6（不成比例）：接下来的变化实际上并不复杂，由于外围有弱点，所以黑棋已经无法强杀白棋，不得已选择了如图的转换。但看看双方各自提掉的两子，可以知道这根本就是不成比例的转换，白棋一举奠定胜势。

第二十五局：功亏一篑

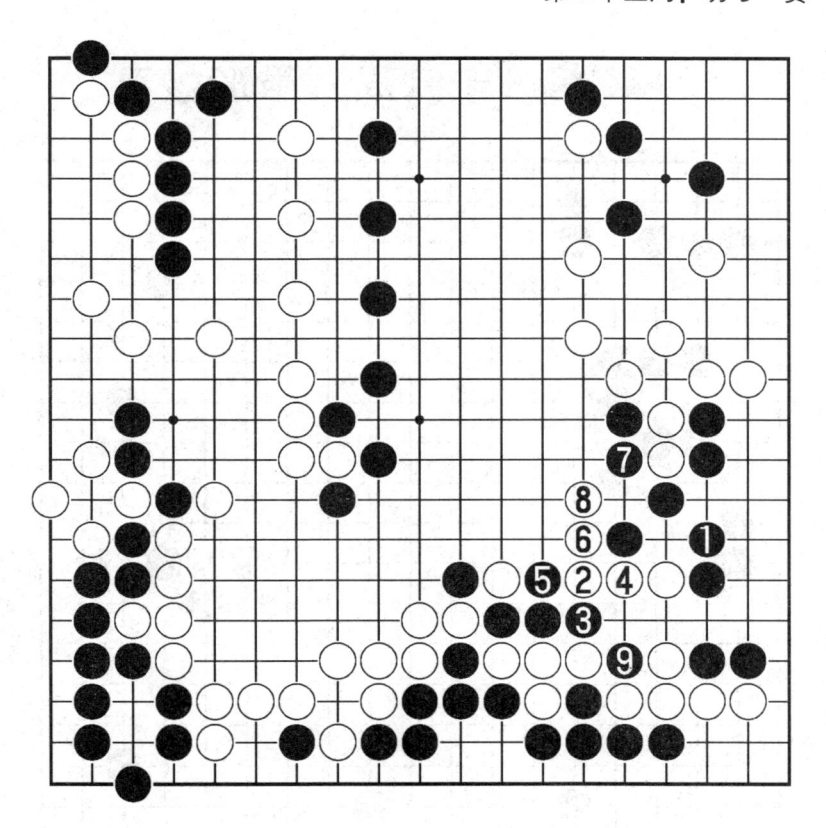

图7（苦肉计）：当白118靠时，黑棋简单退就可以。如此白棋无法找到借用，只能用苦肉计逃出，而黑棋在下边收获巨大，形势已经大优。按说下出此图并不难，但当击败李昌镐的机会真正出现时，对棋手心理的考验远比技术的考验更大。

第二十六局：愚形妙手

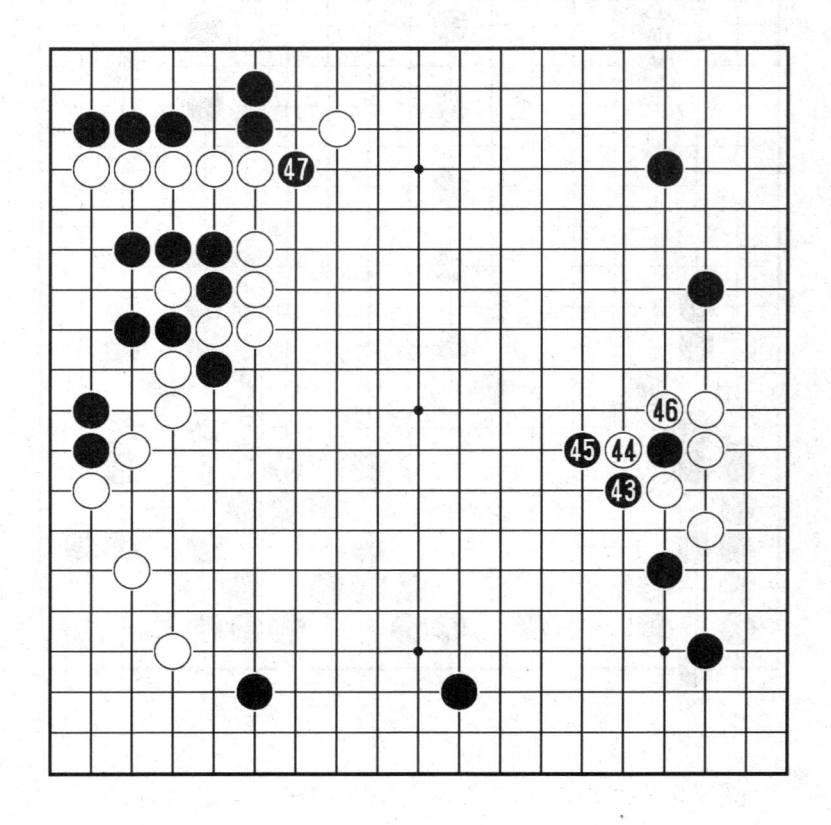

本谱取材于1999年第一届春兰杯八强战，曹薰铉执黑对周鹤洋的对局。曹薰铉是棋界公认的伟大棋手之一，他行棋犀利轻盈，有"曹燕子"的美誉。在世界棋坛，曹薰铉和李世石一样，都是以"诡道"著称的棋手，看他的棋经常给人一种看悬疑片的感觉，仿佛只有在真相揭露的那一瞬间我们才能真正洞悉他的意图。黑43、45交换两手后突然脱先在左上角扳出，这看似让人摸不着头脑的操作其实藏着巨大的阴谋，好戏一触即发！

第二十六局：愚形妙手

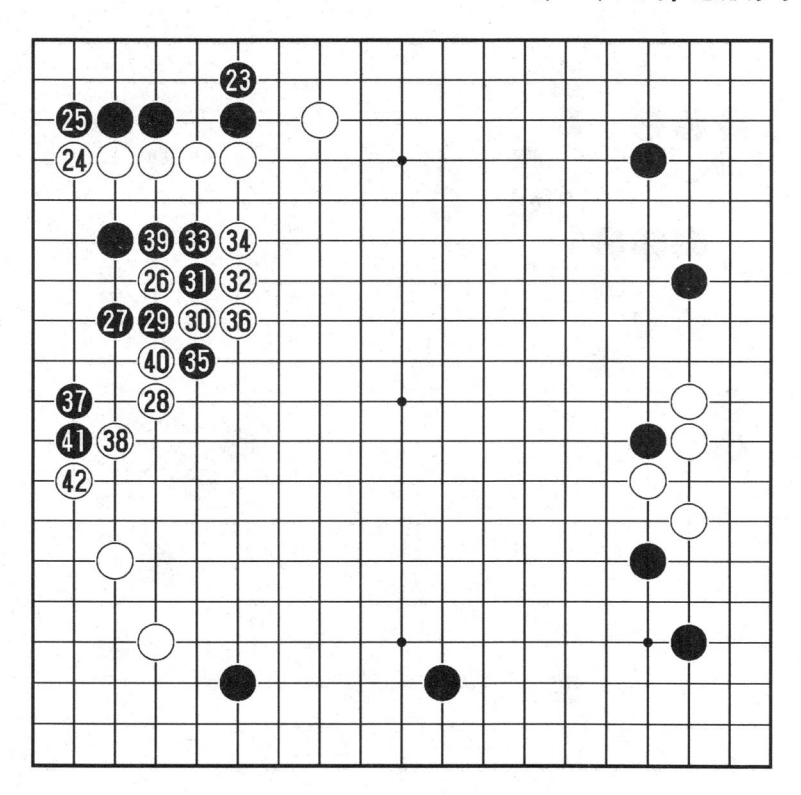

图1（看不见的缺陷）：左上角是曾经流行的一间夹定式，白26、28是连贯的手段。对此黑29以下的应对似乎有些俗，白棋获得外势完全可以满意，但从后面的进程来看，曹薰铉早就盯上了此处白棋那几乎看不见的缺陷。

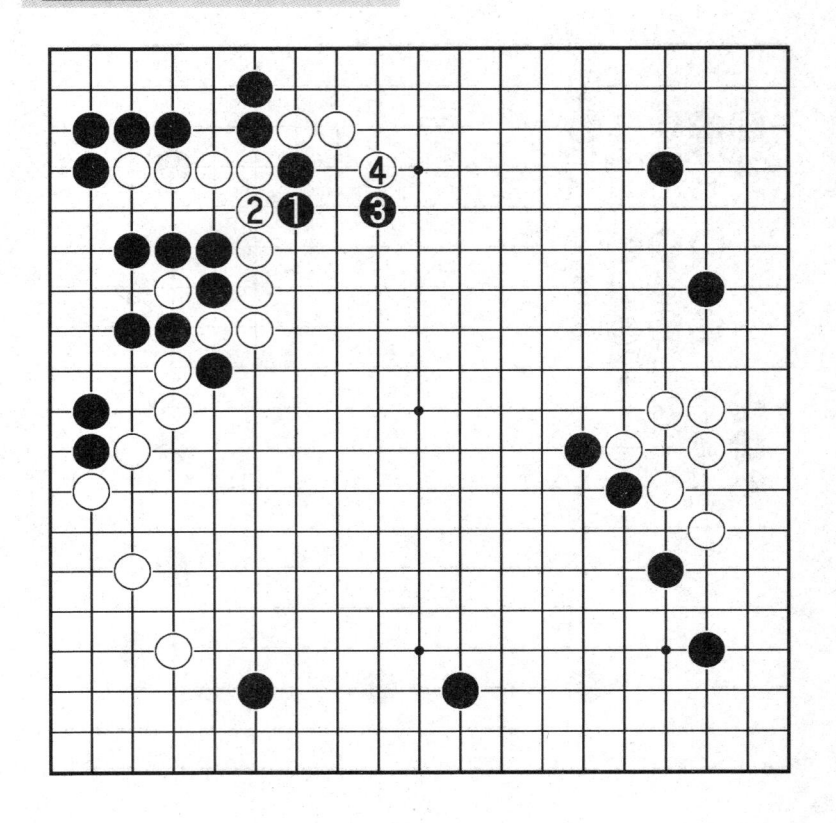

图 2（毫无威胁）：实战黑 47 扳时，白棋断必然。黑 1 先手长看似舒服，但由于自身气紧，黑棋对白棋两边没有任何威胁，自己反而成了孤棋，此图断然不行。

第二十六局：愚形妙手

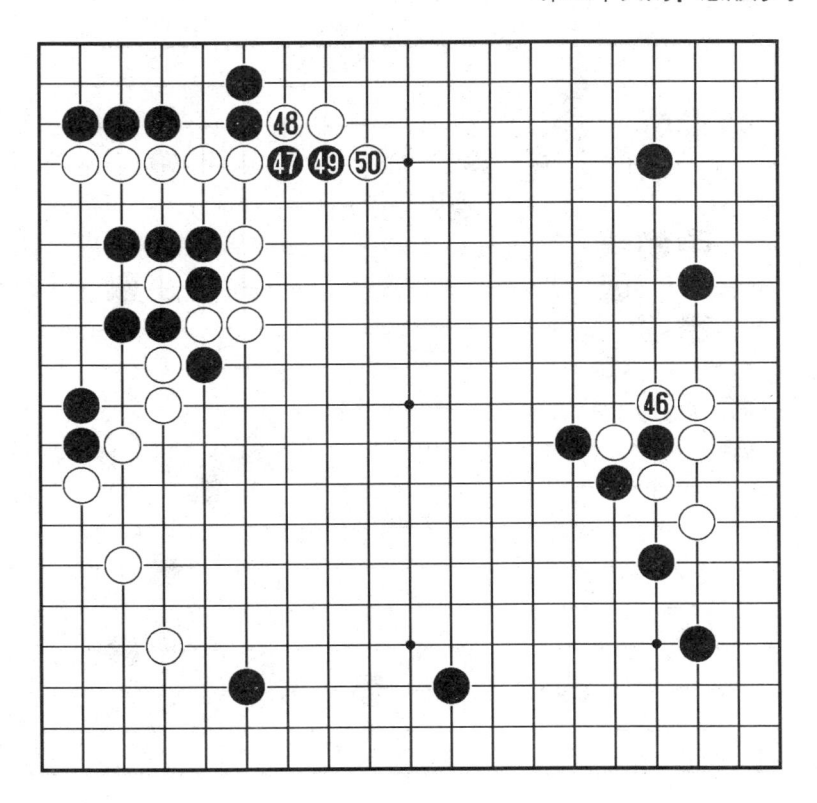

图 3（气紧）：既然长不行，黑 49 压就成了必然的一手，但白 50 扳后，由于黑两子气紧，黑棋似乎仍然不好处理。

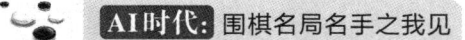

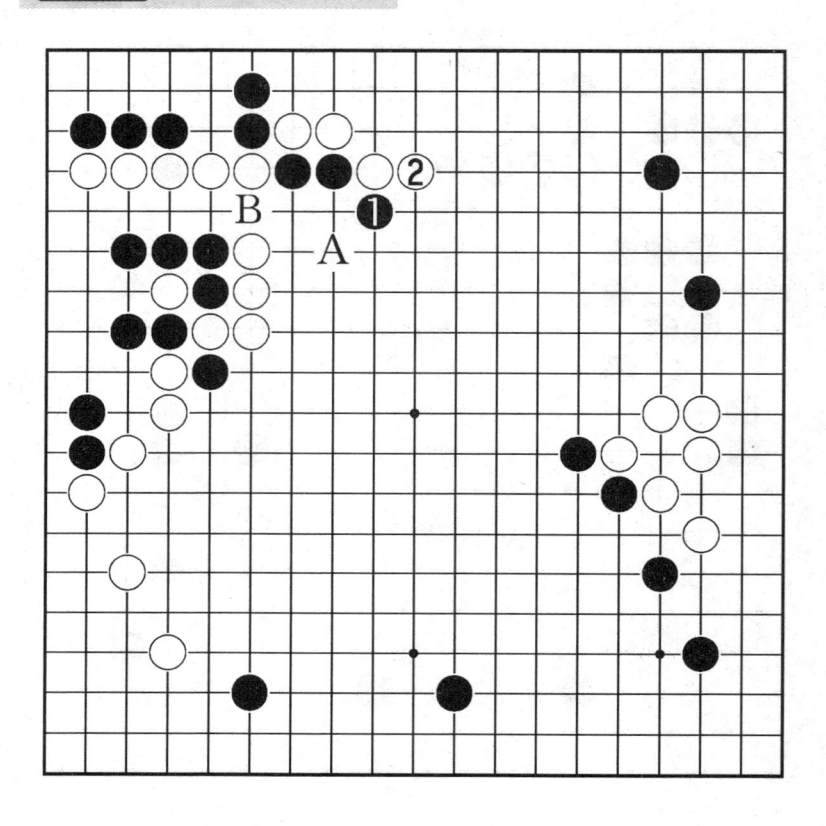

图 4（大同小异）：此处黑棋无论是在 1 位扳还是 A 位跳，白都将补在 2 位，由于黑在 B 位的挖断不成立，黑棋始终无法对白造成实质性的威胁。此图和图 2 大同小异。

第二十六局：愚形妙手

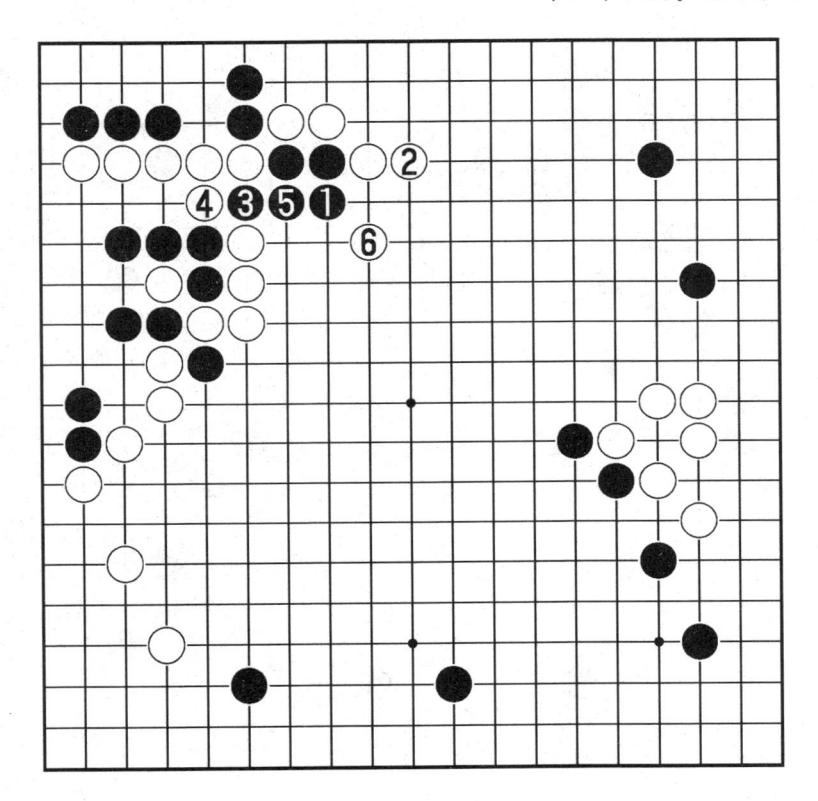

图 5（英雄气短）：黑 1 弯试图同时瞄着白棋两边的断点，虽然想法不错，但仍然无法成立。黑 3 若挖断，白 6 简单一枷，黑棋即英雄气短。可以说，正是因为看到以上的变化，白棋才深信此处的防线绝对不会出现问题，直到黑棋下一手的出现。

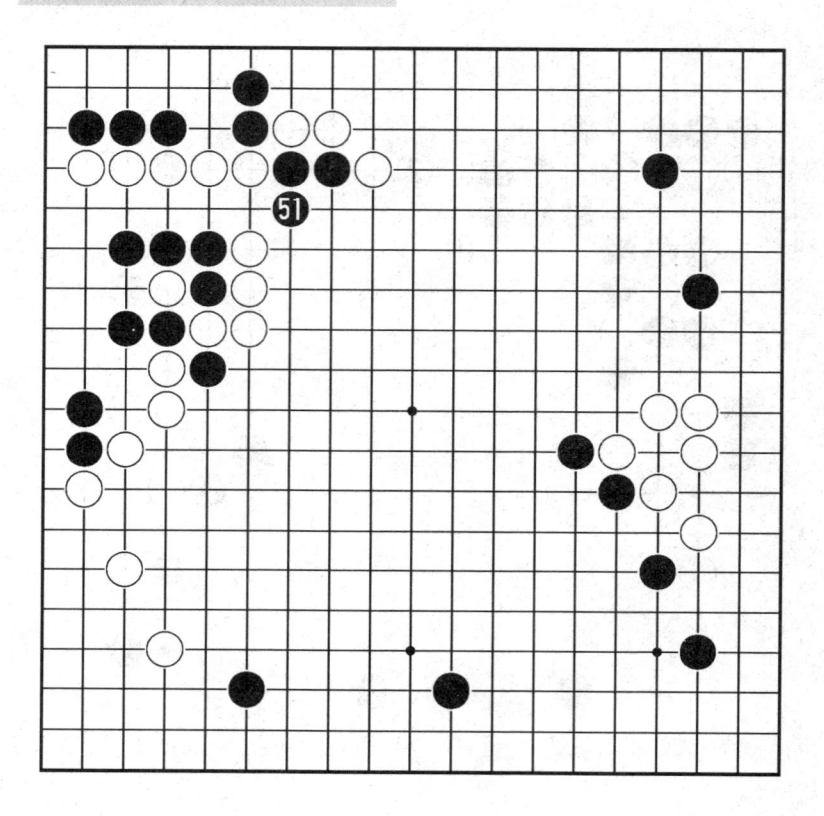

图 6（深谋远虑）：黑 51 弯，令人吃惊的妙手！虽然同样是愚形，但此手和上图有着本质上的区别。此手不但骗过了年轻的周鹤洋，也让那些唯棋形论者汗颜。直到此时，我们才明白黑棋为何要先走黑 43、45，原来这一切都在黑棋的计划之中。

第二十六局：愚形妙手

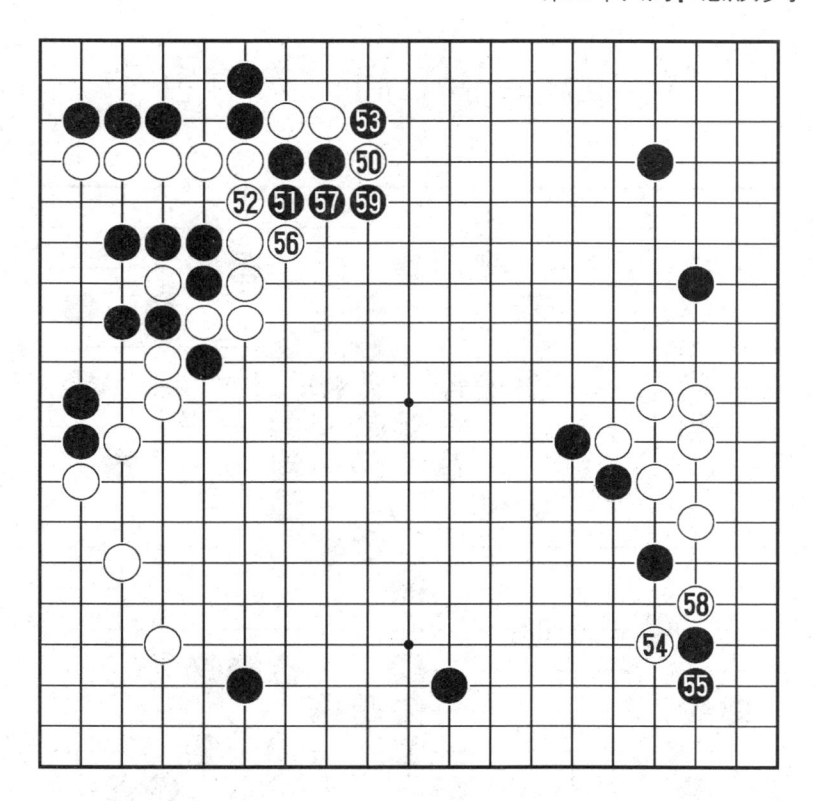

图 7（愚形妙手）：妙手之后，前方已是坦途。由于征子不利，白棋拿黑棋毫无办法，只能在右下角试图引征。尽管黑 57 的棋形也十分"幽默"，但黑棋在上边获得的巨大便宜却是肉眼可见，此图黑棋优势。更重要的是，黑棋的愚形妙手给白带来的心理冲击是难以言喻的，黑棋一举奠定了获胜的基础。

第二十七局：无中生有

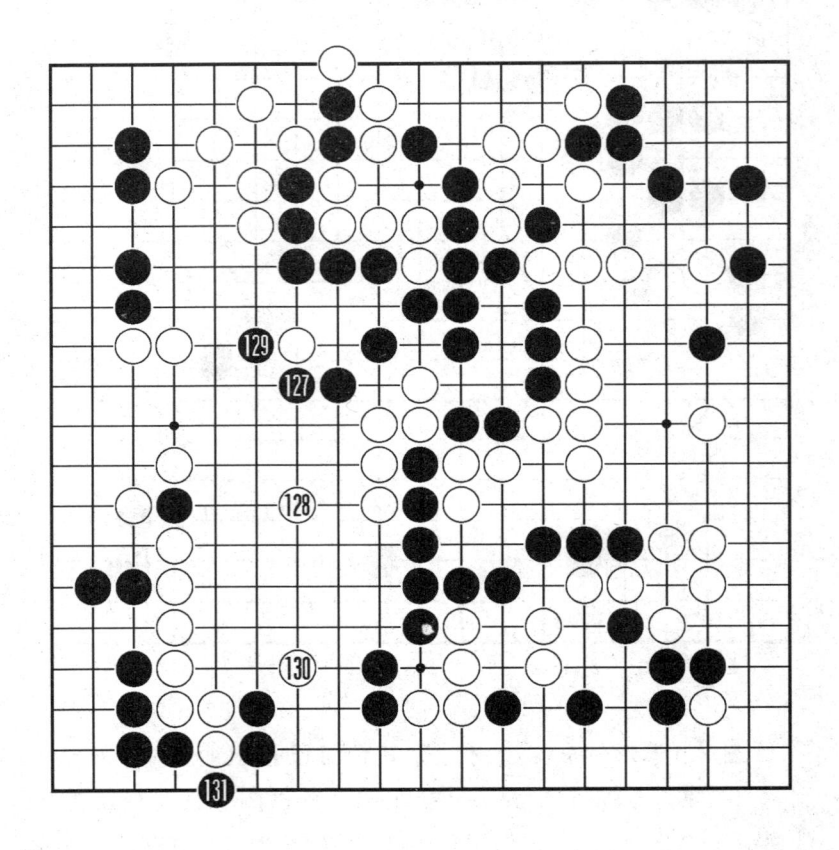

本谱取材于2015年国手山脉杯中韩对抗赛，范廷钰执黑对朴廷桓的对局。中盘战中范廷钰施展了治孤好戏，黑129、131从容地将两块孤棋活出后，黑棋实地已经遥遥领先。但对棋形极为敏感的朴廷桓早就盯上了黑棋致命的缺陷。

第二十七局：无中生有

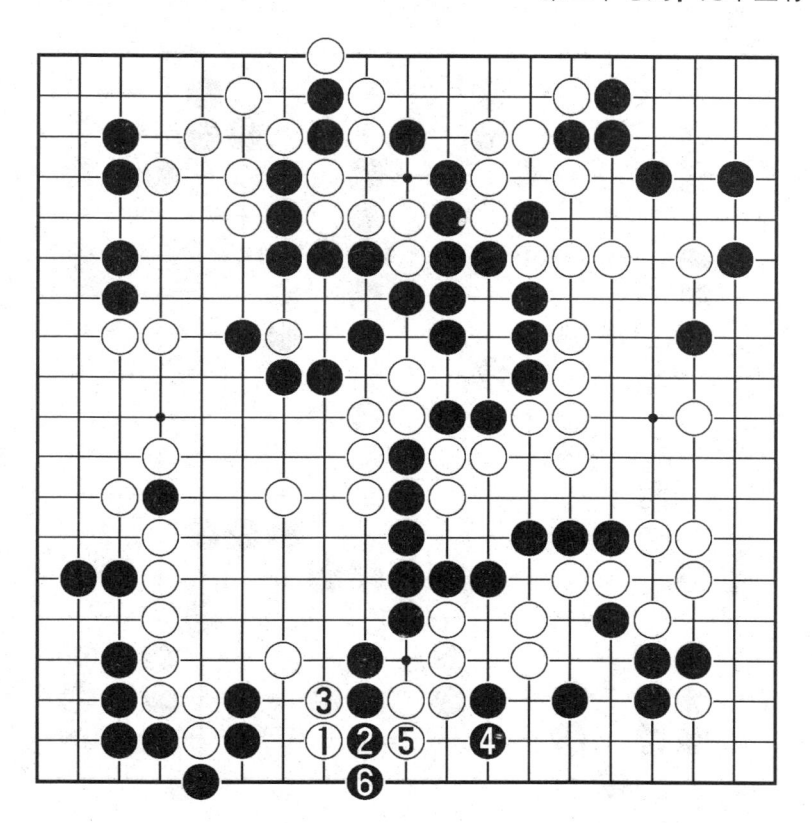

图 1（缺陷）：下边一块黑棋的联络有缺陷，但白暂时无计可施。若白 1 飞断，则黑 4 立是好手，如图黑棋左右逢源，白棋失败。不过从此图我们也可以看出，一旦右下角情况有变，白 1 飞断的手段就有可能成立，此处黑棋的缺陷也是白接下来在右下角施展手段的基础。

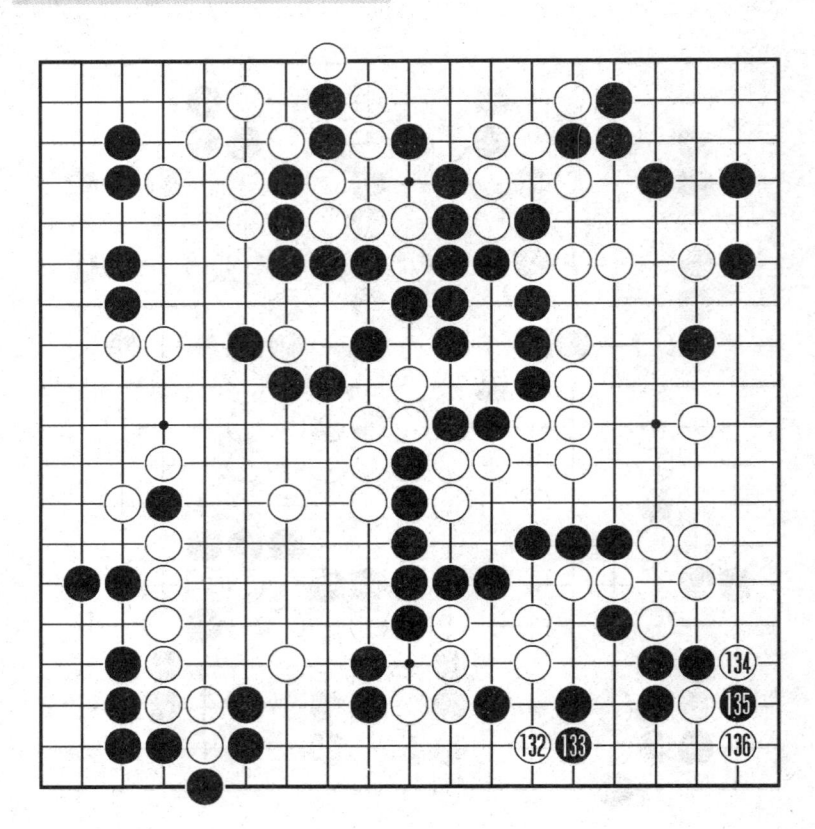

图 2（大祸）：132 点是此时的好手，黑 133 随手一挡竟闯下大祸。很显然，范廷钰低估了白棋此处的手段，紧接着白 134、136 又是连环妙手，白棋成功地在原本坚如磐石的黑棋角上闯出了一片天地。

第二十七局：无中生有

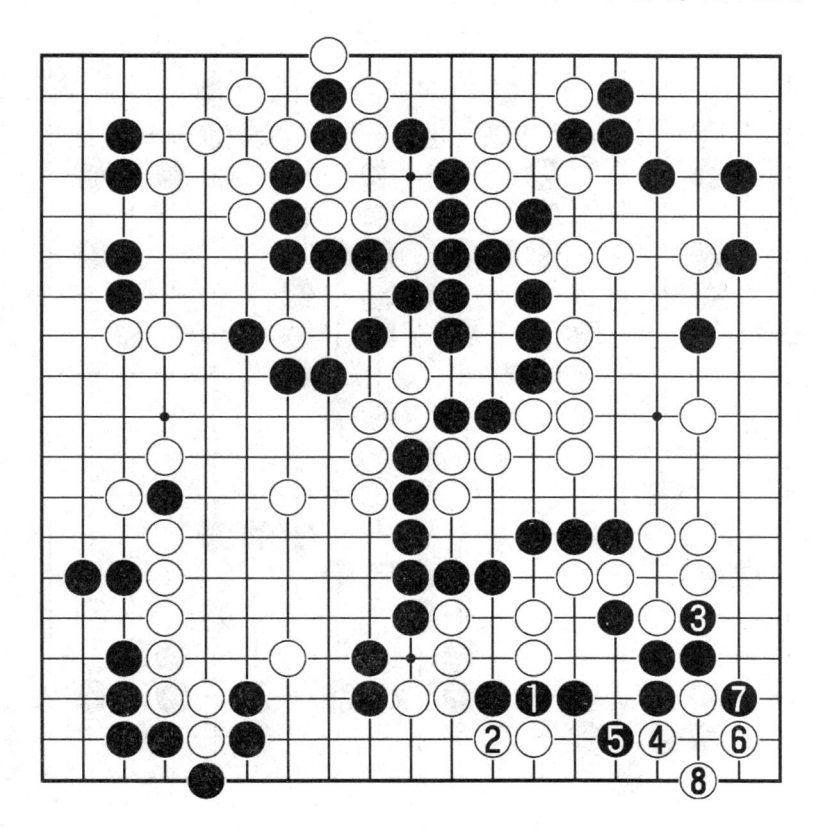

图 3（黑胜面大）：黑 1 粘后直接打在 3 位才是正确的补棋方式。尽管白棋在底下有飞断，但因为右边有劫不敢轻易出手。白 4 大致会在角上做劫顽抗，但此时黑棋的处境会比实战好很多，如此依然是黑棋胜面大。

AI时代: 围棋名局名手之我见

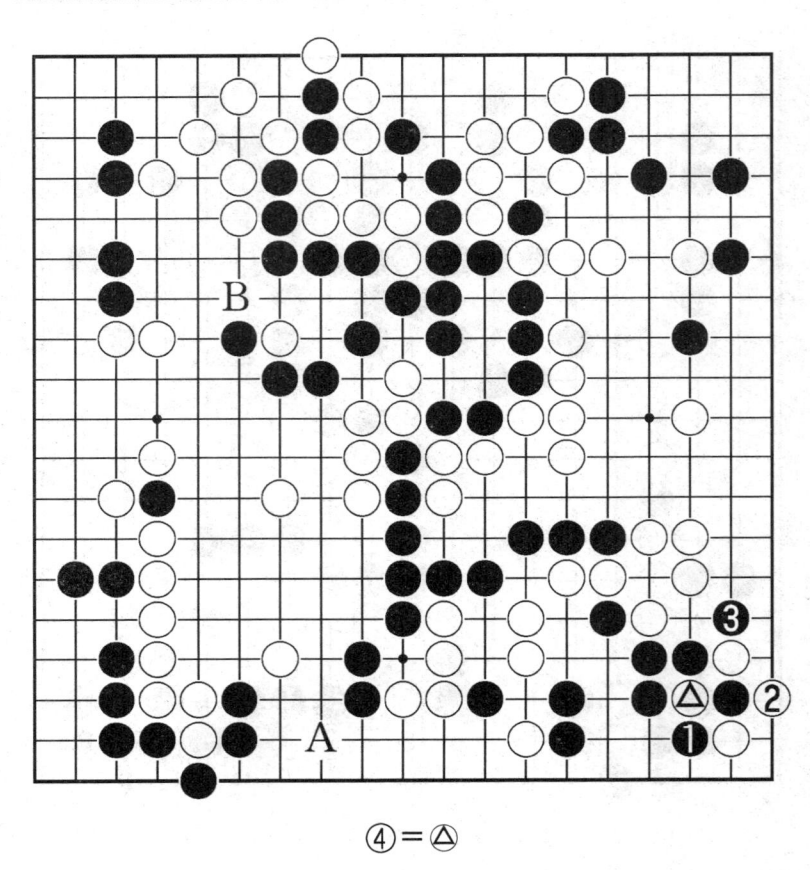

④=△

图 4（威胁不够）：面对白棋的妙手，黑 1 若提，则白 2 以下必然。此图虽然也是打劫，但对白的威胁不够，且白在 A、B 等处有多枚劫材，此图黑不行。

第二十七局：无中生有

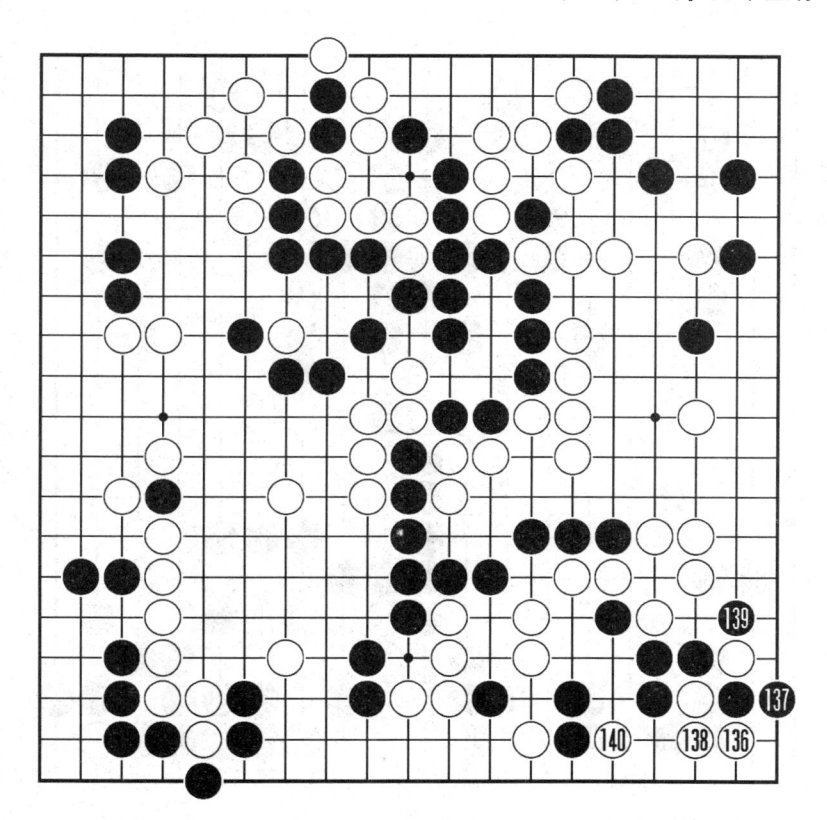

图 5（起死回生）：实战黑 137 立是局部最强应对，似乎白棋局部无法活出，对杀也无从谈起。但白 140 靠堪称起死回生的妙手！此招一出，黑竟然已无法杀掉白棋，此时黑终于为之前留下的缺陷付出了代价。

AI时代：围棋名局名手之我见

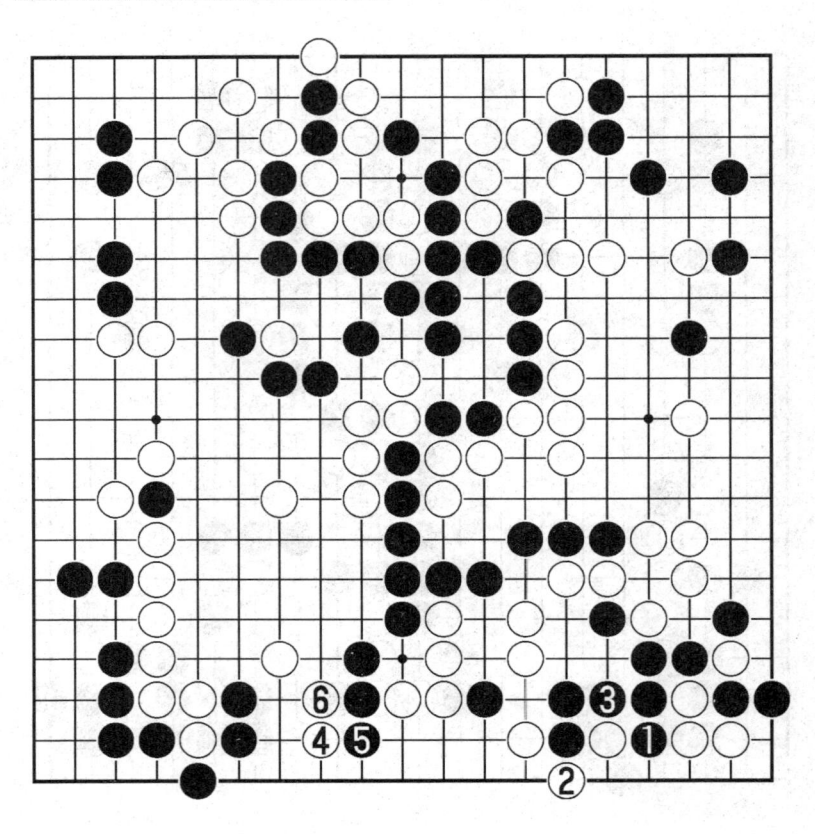

图6（真正目的）：黑1冲虽能杀角，但白得到2位的先手扳后，白4飞就成立了，黑大龙已无法联络，这才是白134以下一连串手段的真正目的。

第二十七局：无中生有

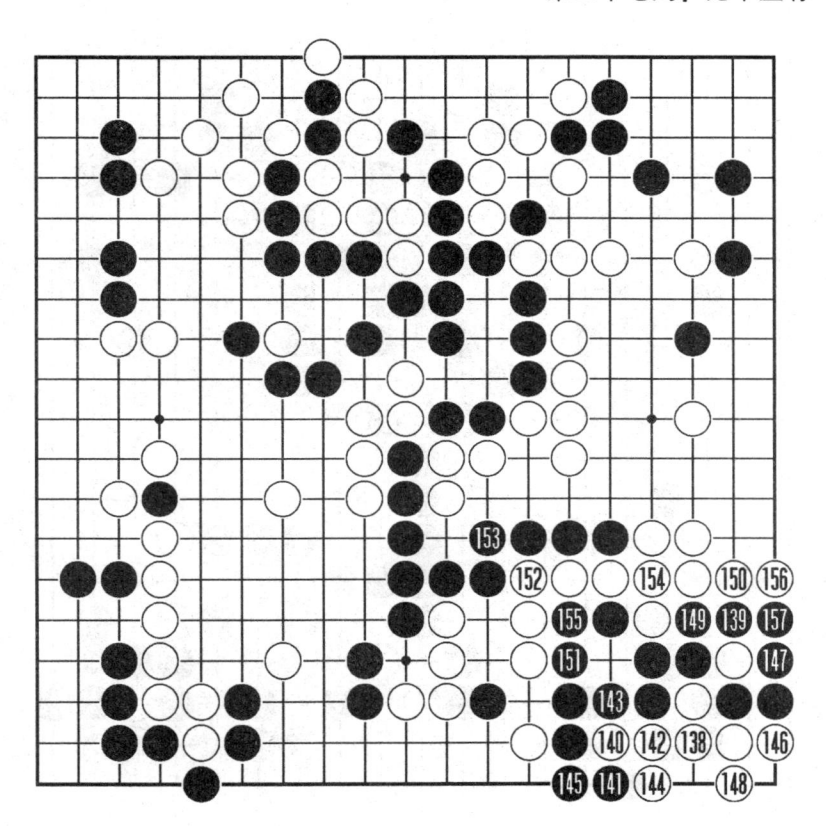

图 7（胜势确立）：能吃的角却不敢吃，黑 141 扳实属无奈，接下来的变化堪称一本道。白棋不仅活角，还先手把黑空搜刮成只剩两眼，对比基本图中硕大的右下角，很难接受这居然是实战，白棋一举奠定胜势。

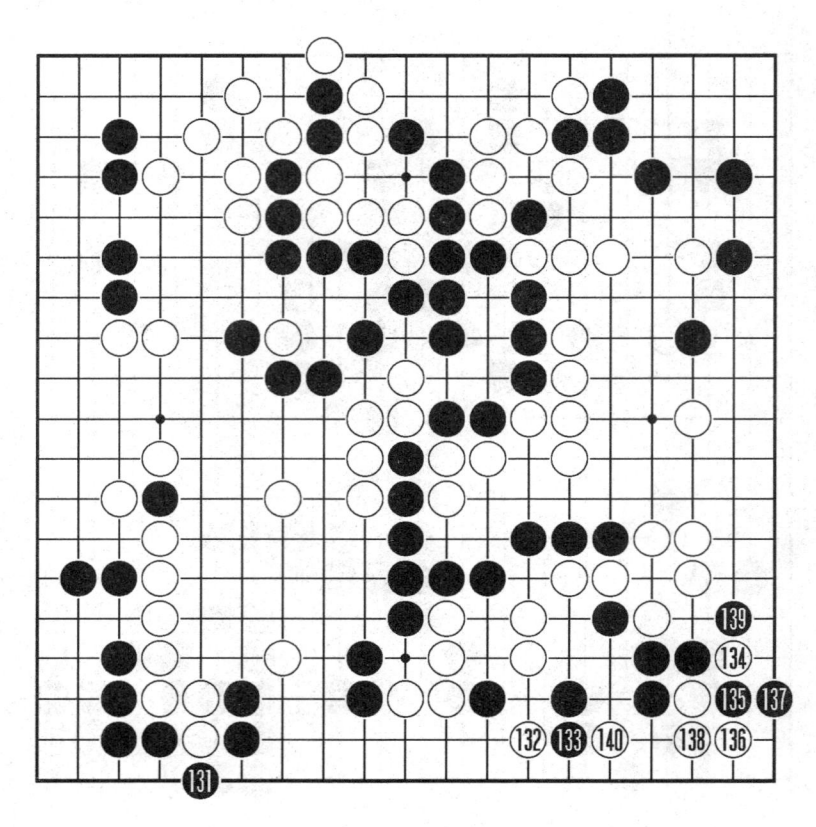

图8（无中生有）：再来回顾一下白棋精彩绝伦的组合拳，其堪称"无中生有"的经典。此局也是朴廷桓围棋生涯的代表之作。

第二十八局：日本第一

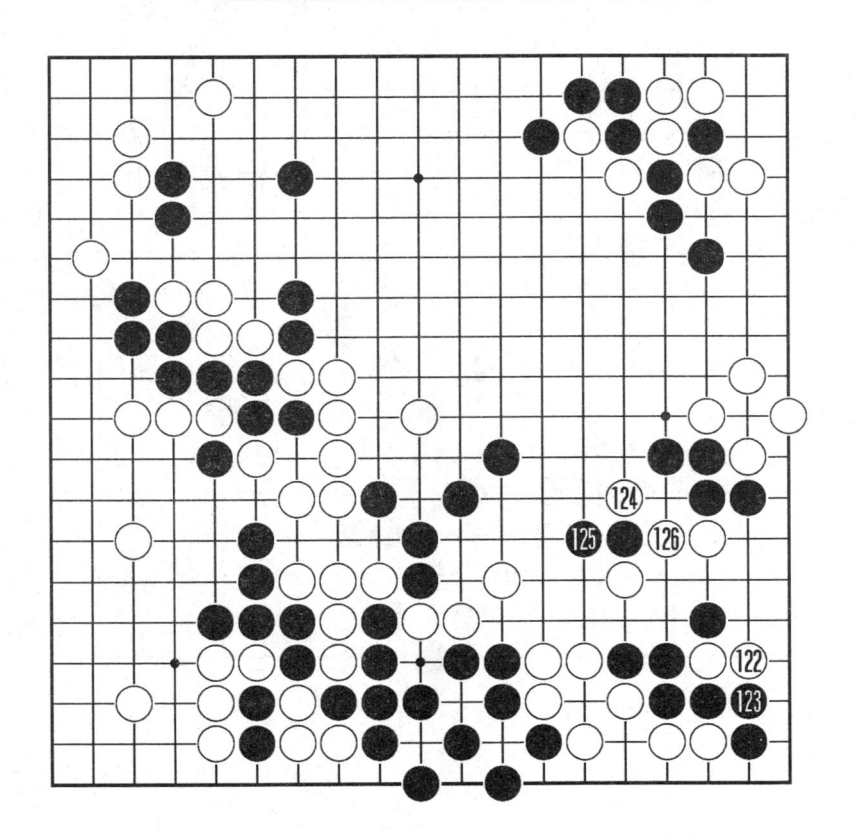

本谱取材于 2017 年 LG 杯半决赛，井山裕太执黑对柯洁的对局。井山裕太作为日本近十年来无可争议的第一人，因世界大赛成绩不佳而饱受质疑，本局是其在国际赛场的高光时刻。执白的柯洁在左下角的战斗中获得了不小的便宜，只需处理好右下的孤棋即可确立优势，但在顺风满帆之际白却下出了 124 位夹的过分之招，此时蛰伏了大半盘的井山终于迎来了施展力量的良机。

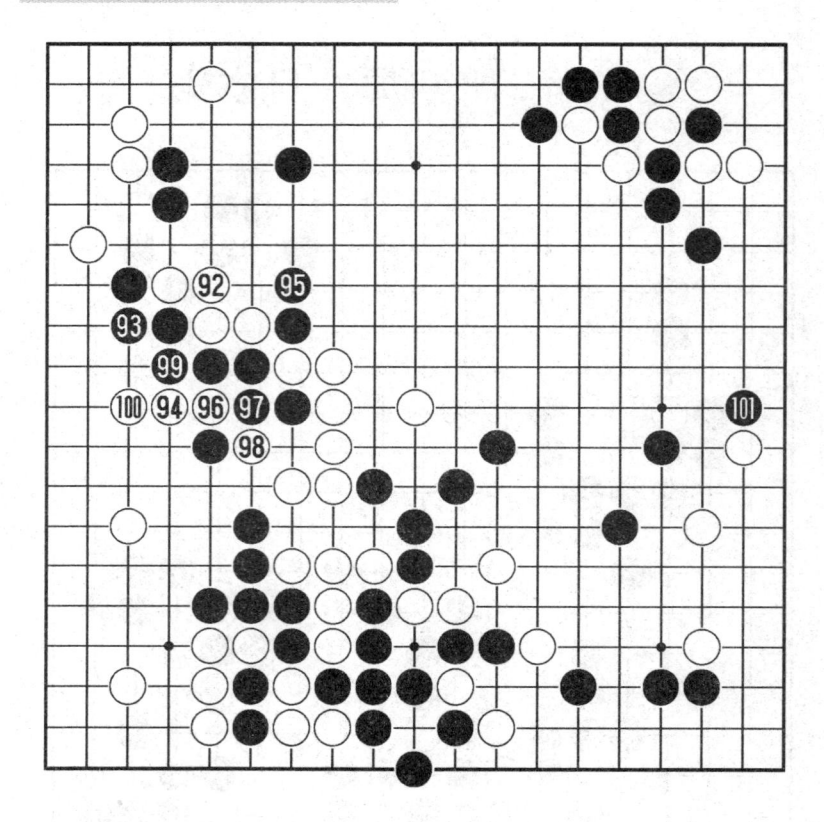

图1（犀利）：在左边的战斗中，柯洁下出了白94点的好手。面对犀利的此手，强如井山也不敢正面硬拼，只能忍痛弃掉左下大尾巴。白棋不仅实地收获巨大，更是将自身全部下厚。为了挽回损失，黑101只能向右边白棋发难，但客观地说，白棋处理此处并不困难。

第二十八局：日本第一

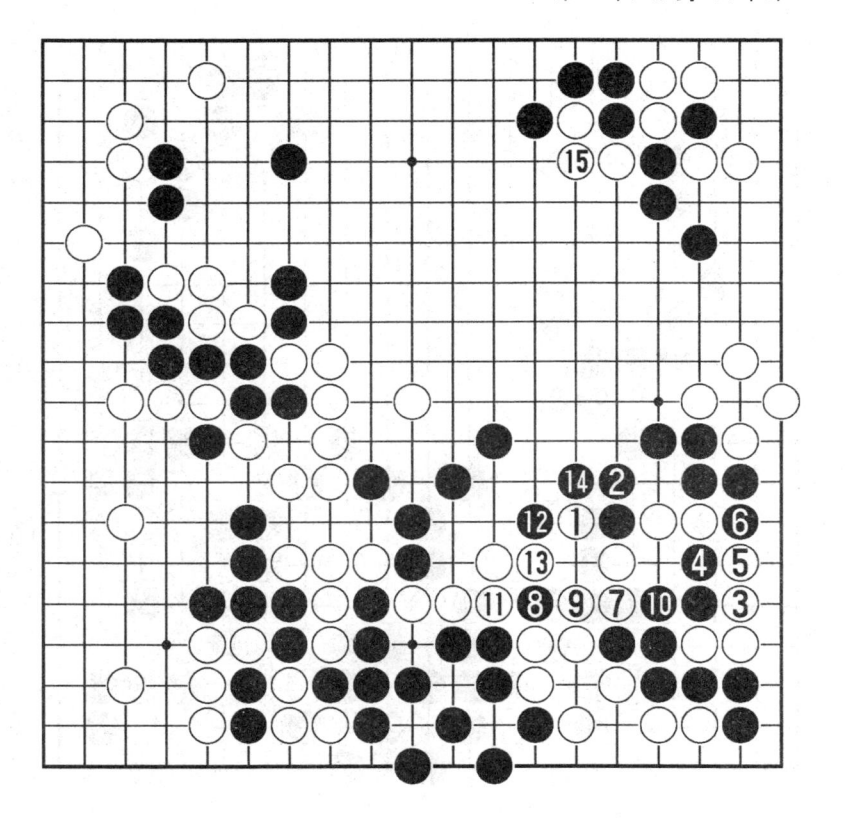

图 2（黑棋困难）：实战白 124 是追求效率的一手，但却显得过分。实际上，白简单在 1 位扳即是简明优势的局面，黑 2 长必然，白在右边利用完先手之后回到 7 位顶。尽管黑有 12、14 的强手，白局部尚未活净（底下黑有一路扳后打劫的破眼手段），但黑想吃白棋却非常困难。更要命的是白甚至可以脱先抢占右上角的要点，此图黑棋十分困难。

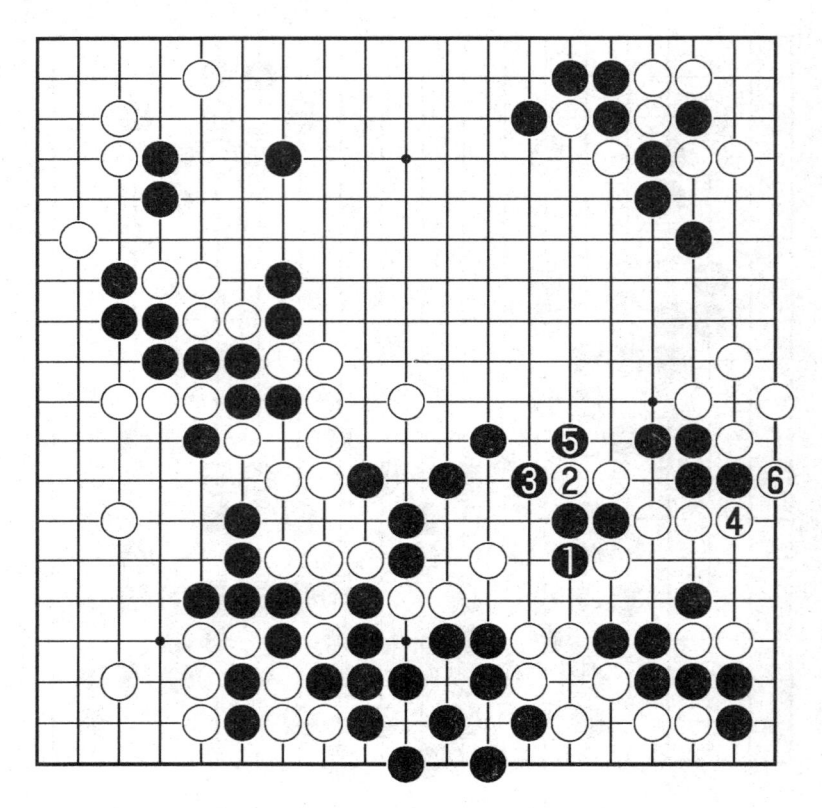

图 3（正中下怀）：虽说白下了无理手，但黑要想惩罚白棋却非易事。黑 1 拐是第一感，但却正中白棋下怀。白 2 压是先手，之后白 4 夹时黑已不敢阻渡，白棋简明逃回一半，如此黑棋不能满意。也就是说，黑棋必须保证在吃掉下边白棋的同时不让白棋右边轻易联络，这样才可能扭转局面。

第二十八局：日本第一

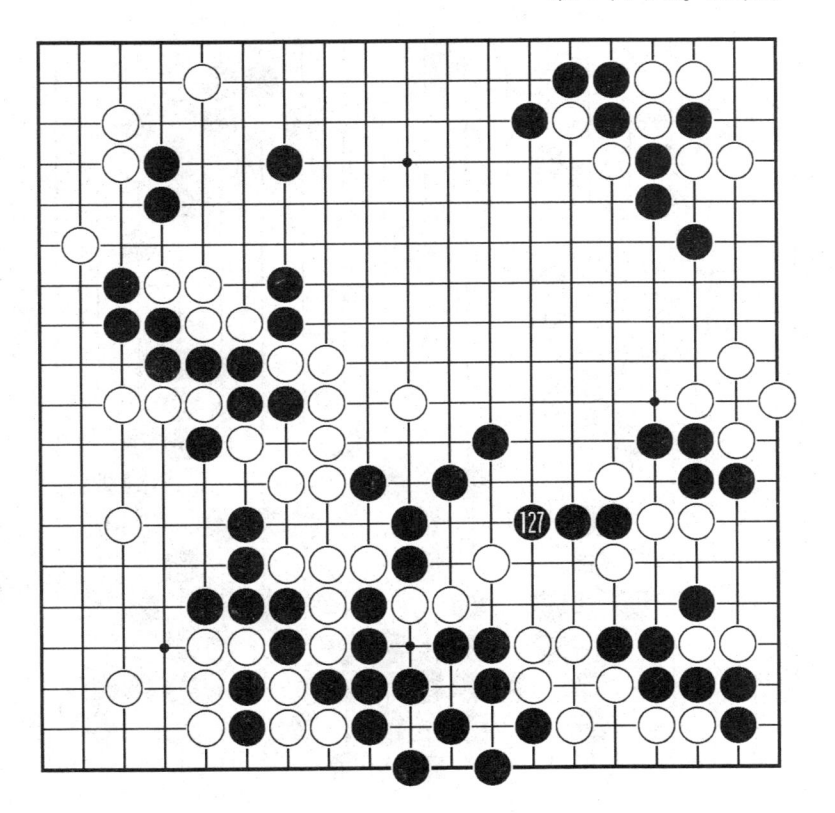

图 4（大智若愚）：实战黑 127 横并，是大智若愚的一手，此手也体现了井山裕太强大的中盘力量，日本第一绝非浪得虚名！更关键的是，此手完全打乱了柯洁的行棋步调，白棋此后可以说是一溃千里。相信柯洁在看到这手棋后，一定会为之前的轻率而后悔吧。

AI时代:围棋名局名手之我见

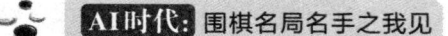

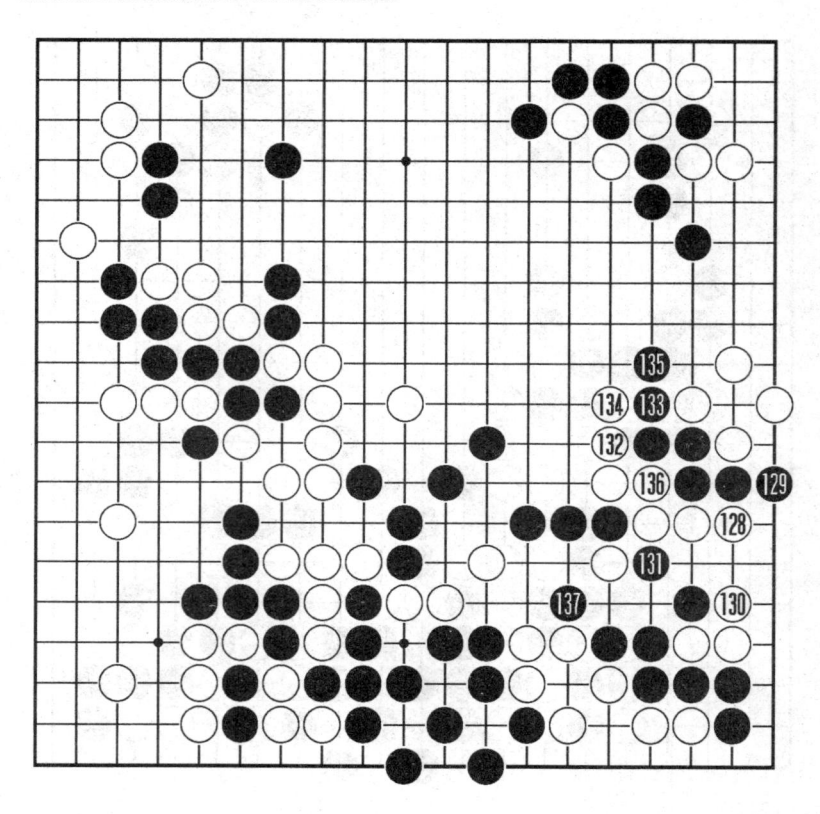

图5(一溃千里):由于白棋中腹少了一步先手,黑129的立下得以成立。尽管此时白棋形势不坏,但柯洁明显已经失去了冷静,白130以下恶手连发!当黑129补棋后,我们可以看到,此战役过后黑棋不仅吃净了白下方,甚至还鲸吞了右边白棋,而白棋却落得个落荒而逃!黑棋一举确立了优势。

第二十八局：日本第一

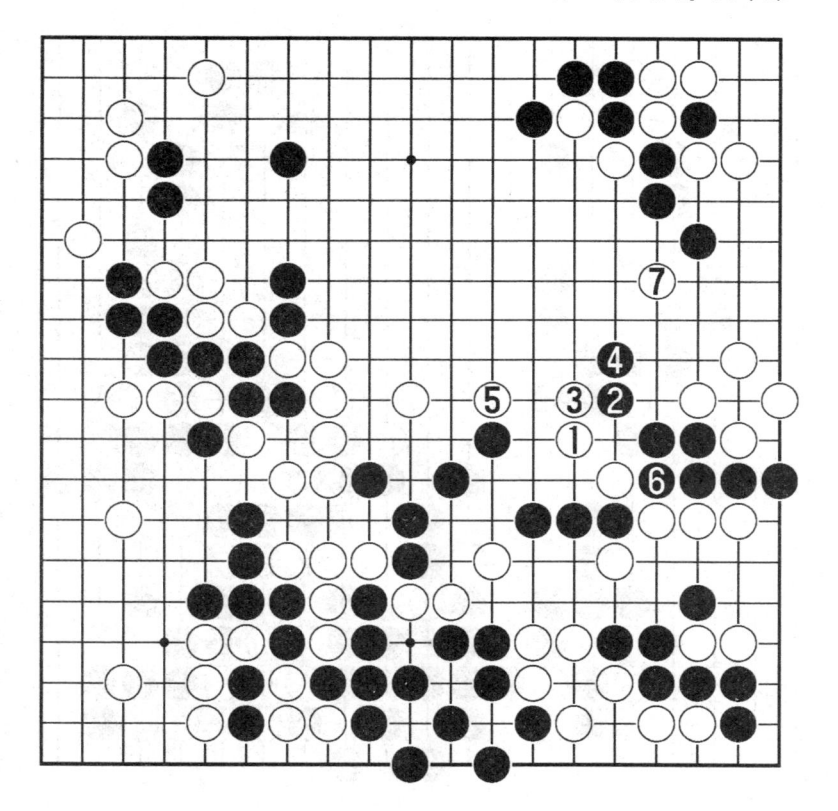

图 6（保留味道）：白 1 尖出才是此时的正解，白棋应保留右下角的种种味道，先将黑棋封住。尽管黑 6 可以直接将白若干子收下，但黑空里味道仍然不好，白 7 可以对黑两块棋进行缠绕攻击。若如图进行，形势依然是白棋主动。

AI时代：围棋名局名手之我见

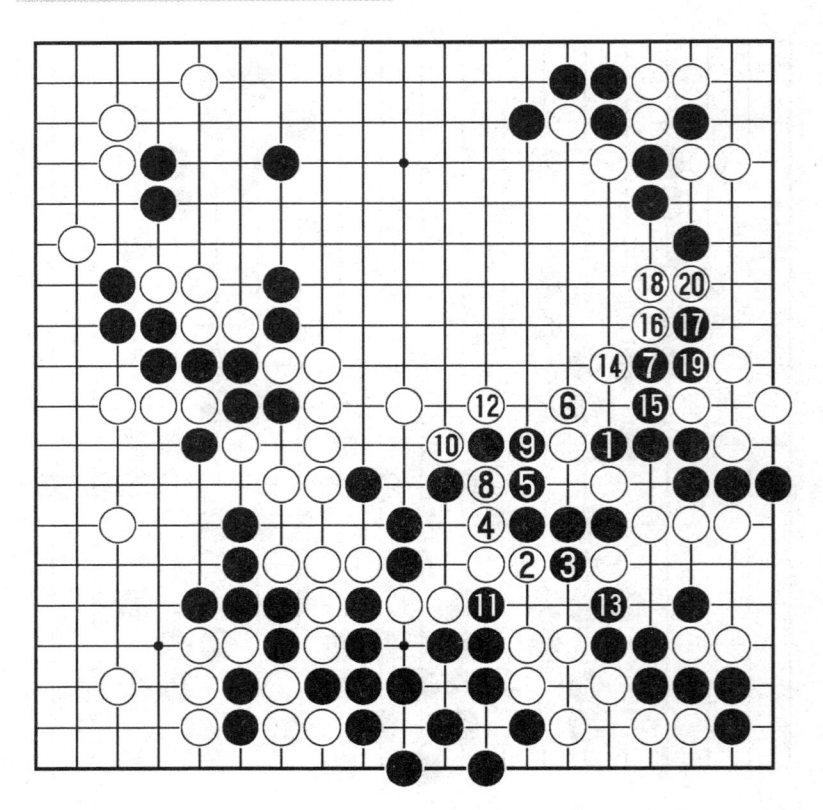

图7（换种抵抗）：黑1挤也是一种抵抗，但白8以下可以利用死子先手封住黑棋后再抢到右边白14尖的要点。如此白棋在外势方面收获很大，形势依然不错。

第二十八局：日本第一

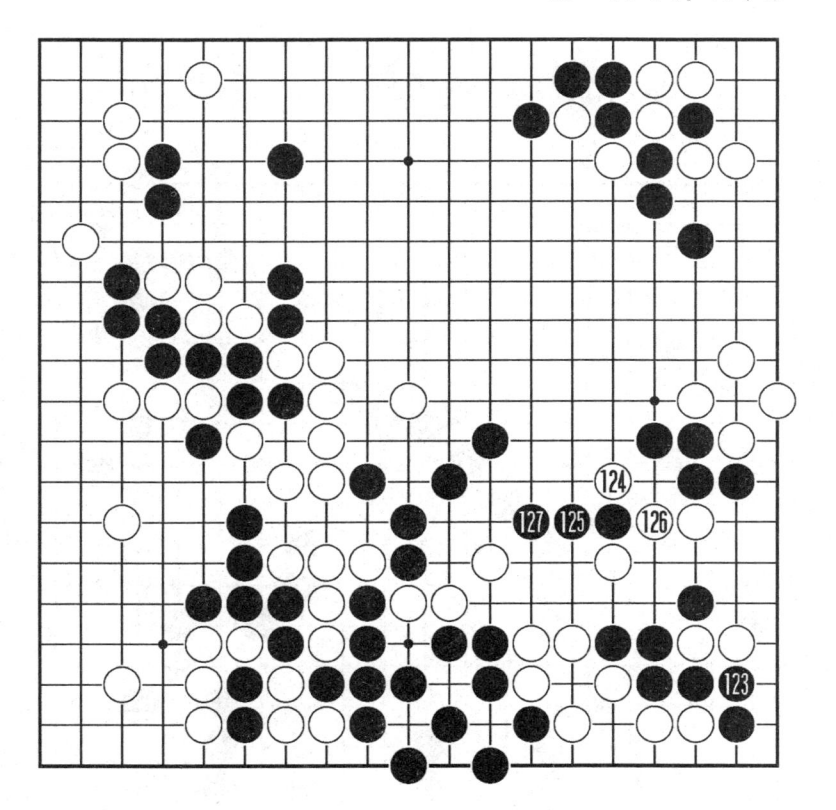

图 8（一念之间）：再来回顾一下这决定胜负的几手棋，不得不感慨，高手之间的胜负真的只在一念之间啊！白 124 和黑 127 这两手真可谓"一念天堂，一念地狱"。

AI时代：围棋名局名手之我见

第二十九局：入木三分

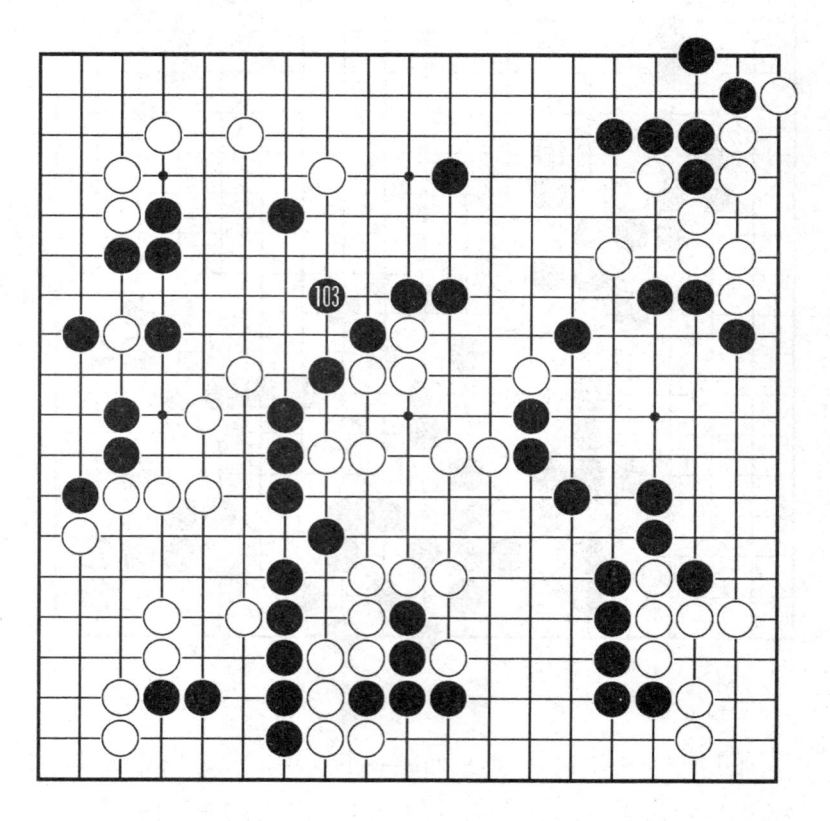

本谱取材于1962年日本第十七届本因坊战决赛，半田道玄执黑对坂田荣男的对局。说到妙手，怎能不提被称为"妙手宝库"的坂田大师呢？坂田大师的棋一向以手段丰富著称，无论进攻还是防守都堪称无懈可击。尽管他的大局观比起其他超一流棋手似乎略逊一筹，但超强的局部战斗力却让他几乎无敌于天下。此时中间白这条大龙还没活净，当然白通过简单治理即可高枕无忧，但简单的手段又怎么能入坂田大师的法眼呢？

第二十九局：入木三分

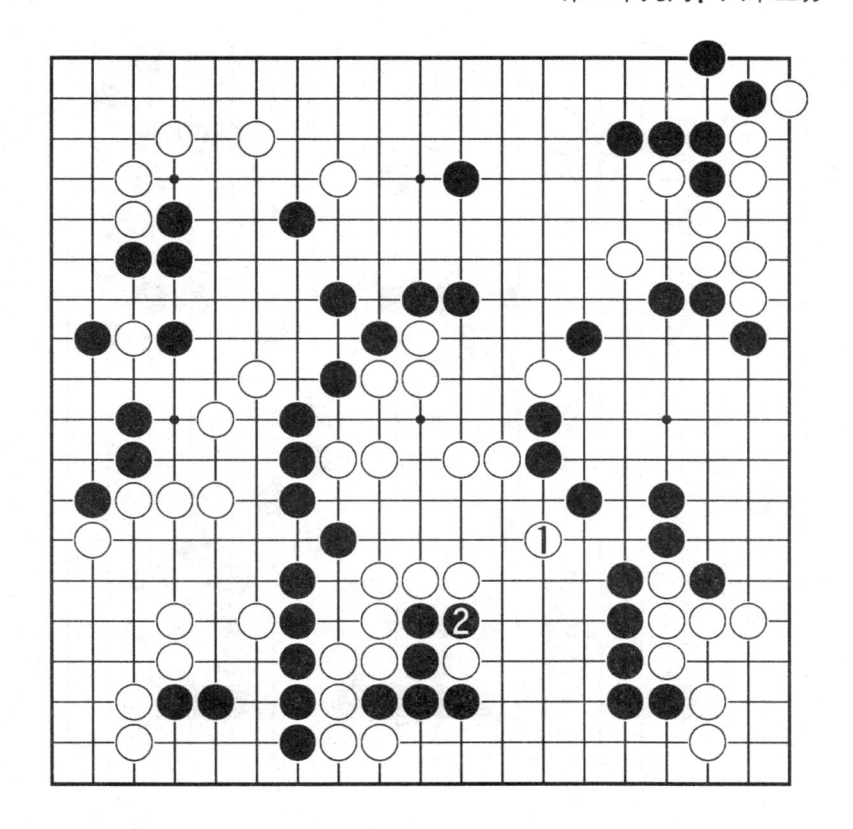

图 1（忌讳）：从棋形上来讲，白 1 飞确实是做活的好形，此手也是 AI 的推荐。但白棋忌讳的是黑 2 厚实地冲掉一子，此手不但收获了不菲的目数，还彻底消除了下方黑棋的薄味。对于坂田大师这样对局部手段追求极致的棋手来说，此图并不能让他满意。

AI时代：围棋名局名手之我见

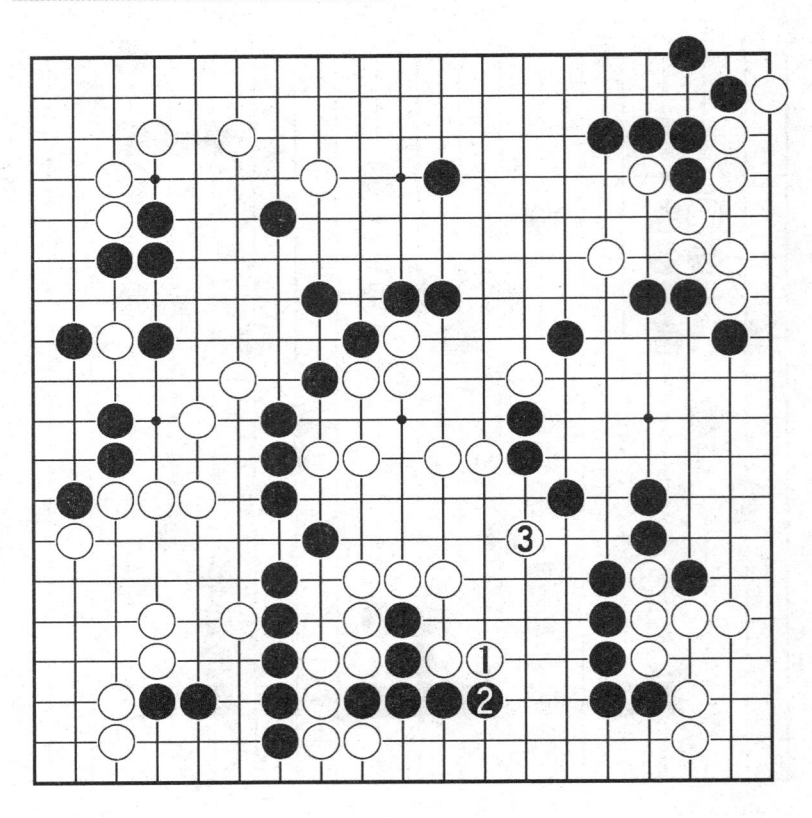

图2（俗手）：白1长虽是先手，却是典型的大俗手。此图白虽然便宜了目数，却落了后手，显然不好。

第二十九局：入木三分

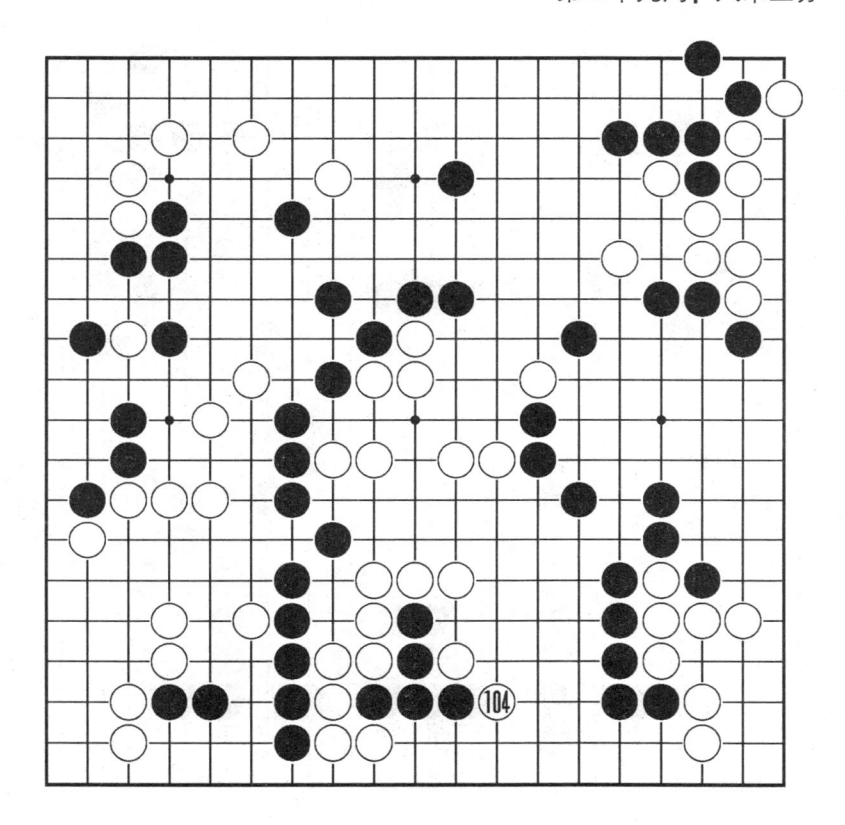

图 3（入木三分）：实战白 104 扳，真乃"入木三分"的一手！此手充分体现了坂田对棋形缺陷敏锐的洞察力。在坂田的对局集中，像这样的招法可以说是数不胜数，坂田真不愧是一代宗师。

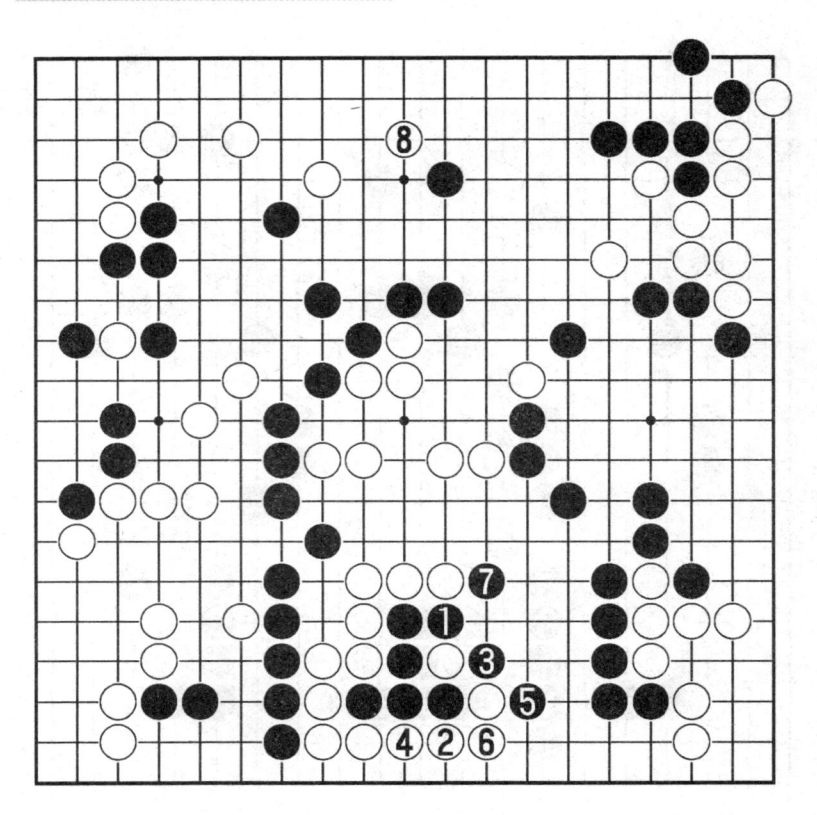

图 4（四两拨千斤）：黑 1 冲是最容易想到的一手，但白并不打算在这里和黑棋硬碰硬。白 2 扳是四两拨千斤的一手，此图白不但先手活出，还顺手破掉了黑下边的空，显然成功。而黑 3 能不能强行在 4 位冲呢？相信大家很容易判断。

第二十九局：入木三分

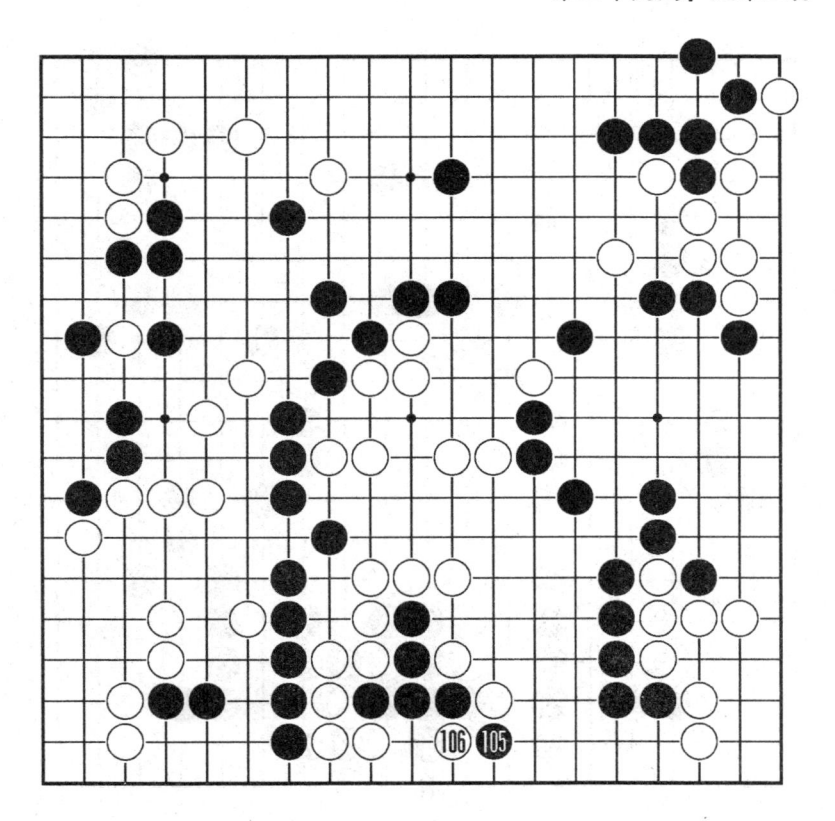

图 5（真正目的）：既然反击不行，黑 105 就只能扳，而坂田利用妙手继续给对手制造难题，白下一手断，才是当初白 104 扳的真正目的。

AI时代：围棋名局名手之我见

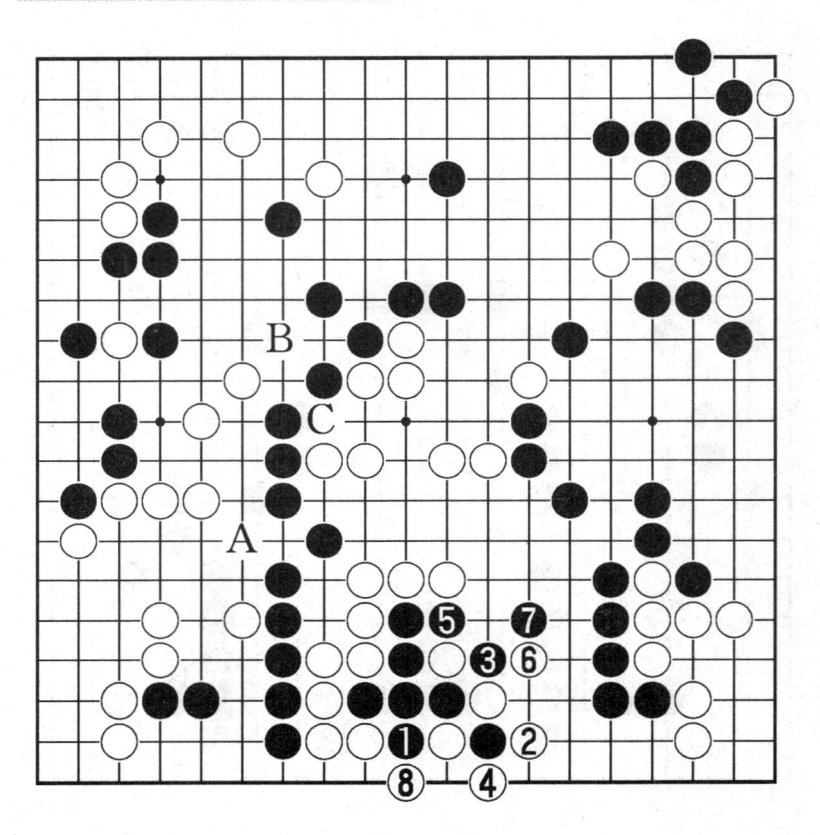

图6（黑棋不堪）：黑1若冲，则白2打下成立。黑5若敢打劫，则白有A、B、C等处数枚大劫财，黑棋不行。但黑若选择如本图妥协，相信黑棋内心的痛苦并不会减轻多少吧。

第二十九局：入木三分

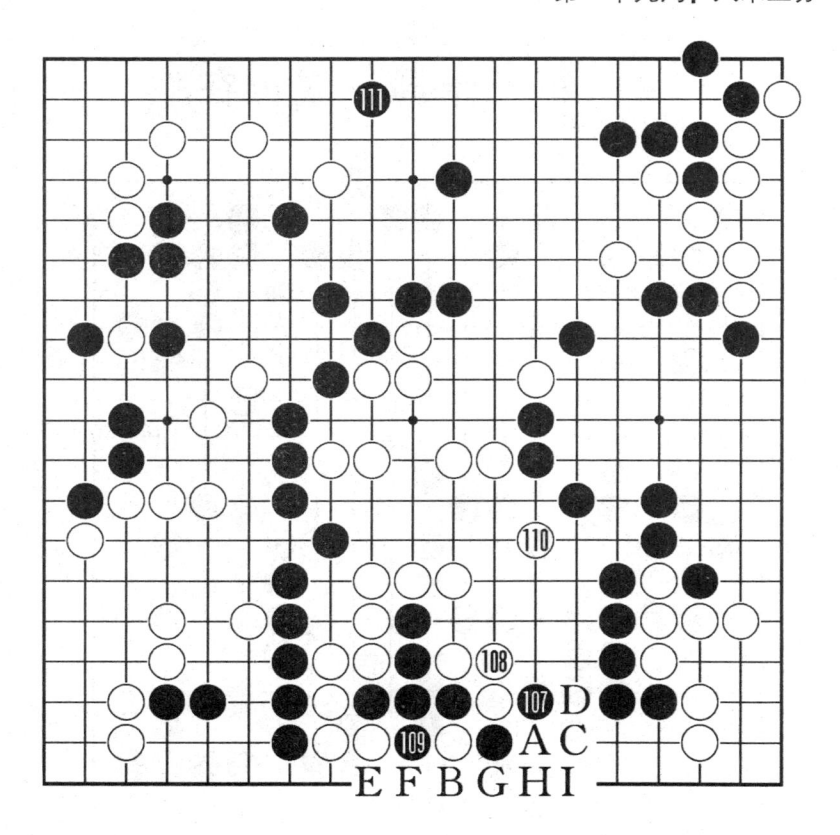

图 7（后续手段）：黑 107 先打是此局部的最佳抵抗，但白回到中腹做活后，对比图 2，很显然此处白多了白 A、黑 B、白 C、黑 D、白 E、黑 F、白 G、黑 H、白 I 的打劫手段（两手劫）。尽管此劫现在并不严厉，但它几乎是白棋的无忧劫，白棋无疑是取得了最佳的治孤效果。

第三十局：成竹在胸

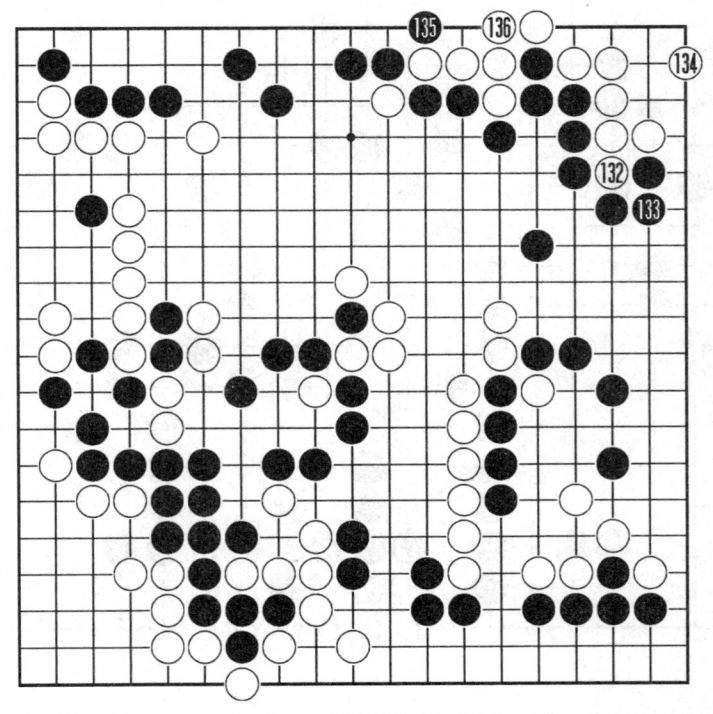

　　本谱取材于2012年第14届阿含桐山杯本赛，朴文尧执黑对张维的对局。一流高手和超一流高手之间的差距到底有多大？想必我们普通人是很难体会的。实际上，在一盘棋的绝大多数时间里，那细微的差距几乎是可以忽略不计的，但那最关键的一手棋，则会明显反映差距。而就是这一手棋，很可能是很多一流棋手一生都无法跨越的鸿沟，这就是胜负世界的残酷。随着右上角白棋成功做活，此时无论实地还是厚薄，白棋似乎都已不落下风，也许此时白棋已经开始畅想官子战的争夺了。但黑棋接下来的一手棋会狠狠地击碎白棋的信心："所谓均势，不过是你的幻觉而已！"

第三十局：成竹在胸

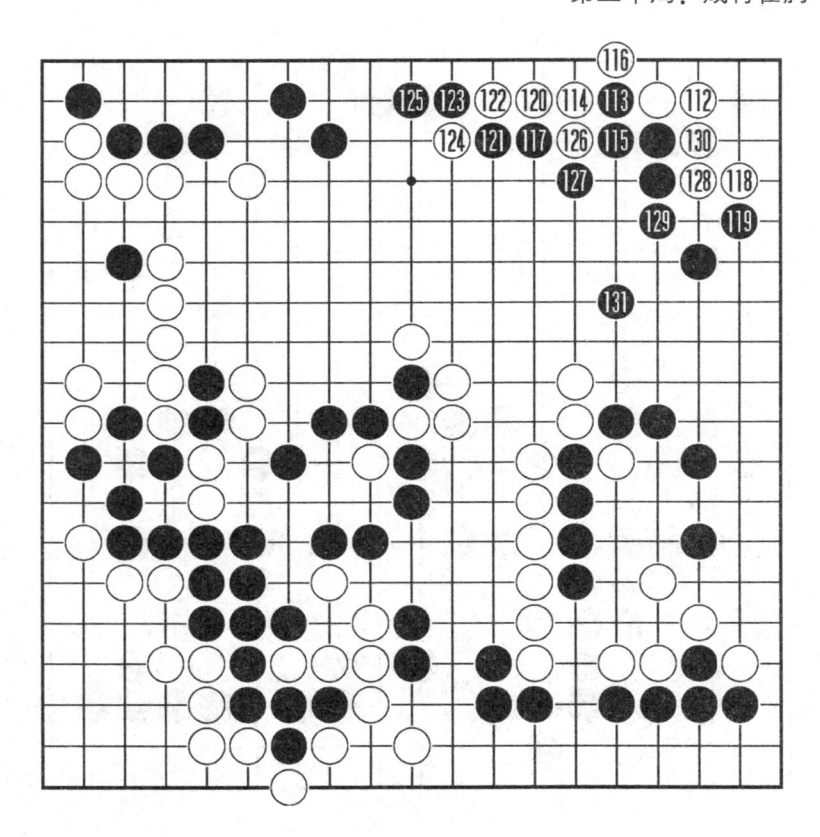

图 1（非常手段）：在右上角的争夺中，意识到实地吃紧的白棋下得极为顽强，白 112、114 堪称"撒泼打滚"式的非常手段。尽管有些勉强，但白成功破了黑右上一带的潜力。而黑棋对此似乎并不在意，看似漫不经心行棋的背后是黑棋对自己隐藏手段的绝对自信。黑 131 先手补棋后，动手的时机已经成熟。而最关键的一点是，白棋此时仍被蒙在鼓里，丝毫没有察觉大难即将临头。

AI时代：围棋名局名手之我见

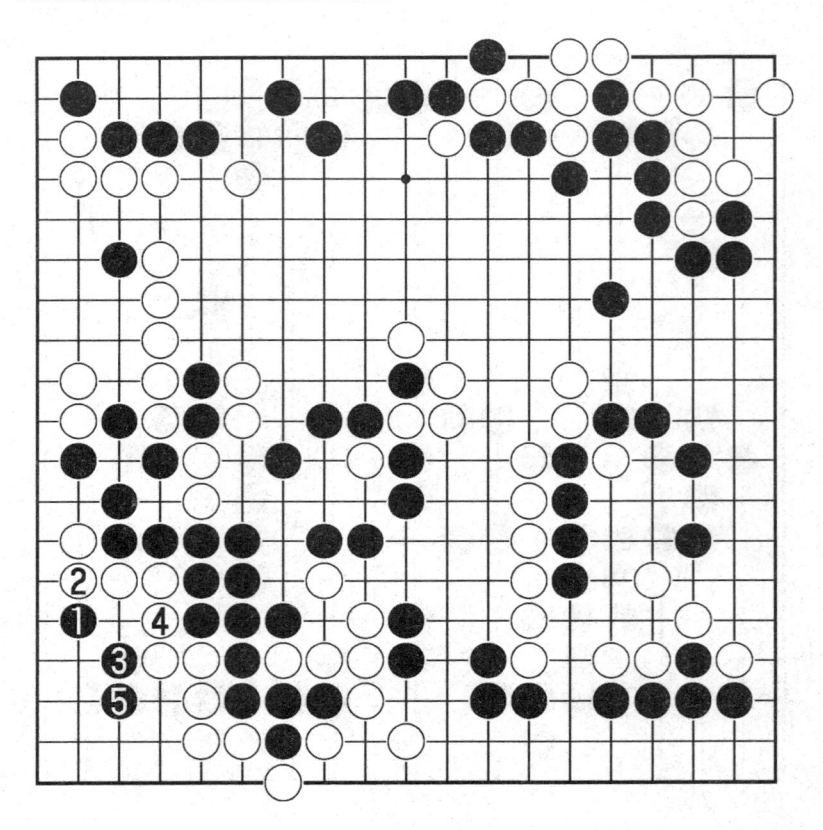

图2（嗅觉）：相信很多嗅觉敏锐的棋友已经发现左下角白棋的味道并不好，如果有可能被黑1点的感觉，那么您的棋感已经达到了相当高的水准。白2若随手粘上，则黑3尖又是好手，局部白已经很难搞定黑棋了。

第三十局：成竹在胸

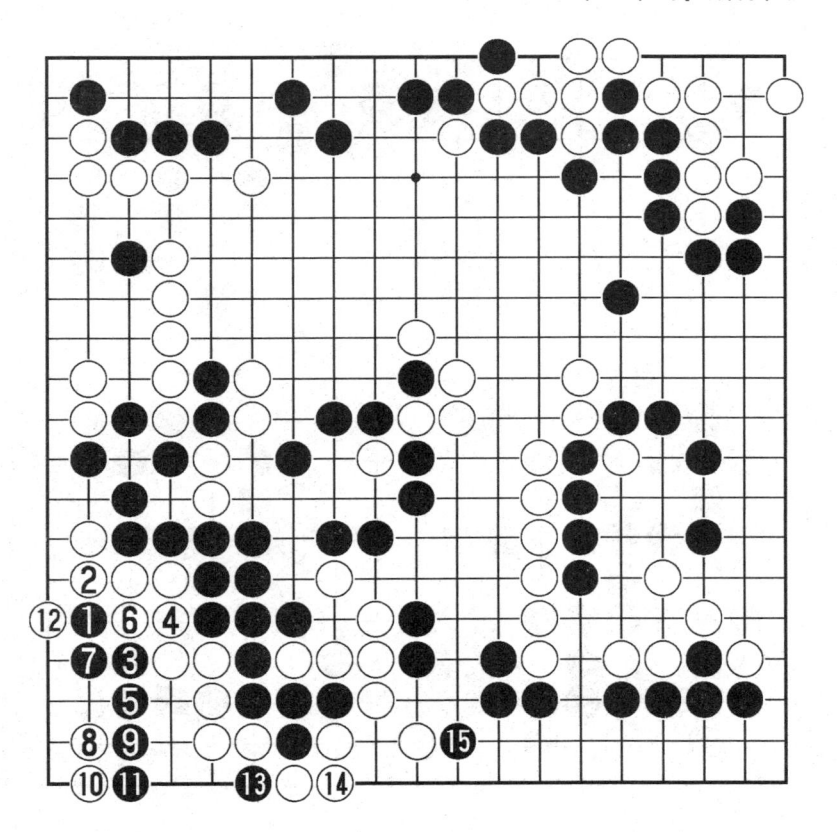

图 3（收气吃）：接上图，黑棋在角上虽然无法做活，但白若只能收气吃，对白而言，想想就令人绝望，此图白棋断然不行。从这里我们可以看到，黑 1 点确实是严厉的一手，但问题是，白棋真的会坐以待毙吗？

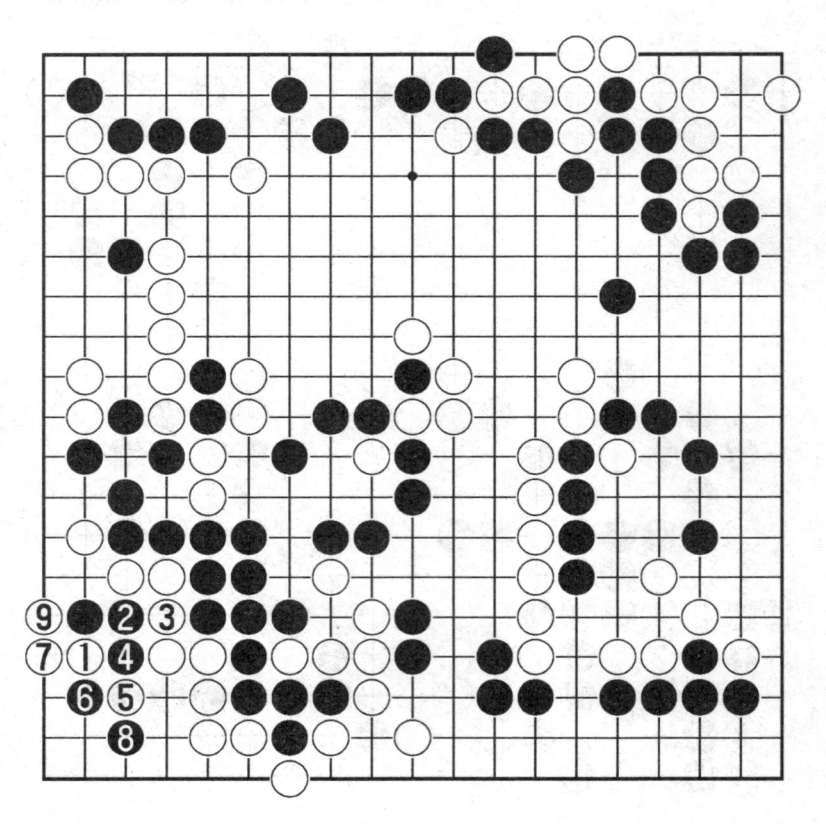

图 4（最强抵抗）：白 1 靠是此际最强的抵抗。黑若后手吃掉一子显然不能满意，但黑若往角里冲，白 7 立是绝妙的一手，此处黑棋掀不起什么风浪。因此在此处黑必须想出更严厉的手段才能真正惩罚白棋。

第三十局：成竹在胸

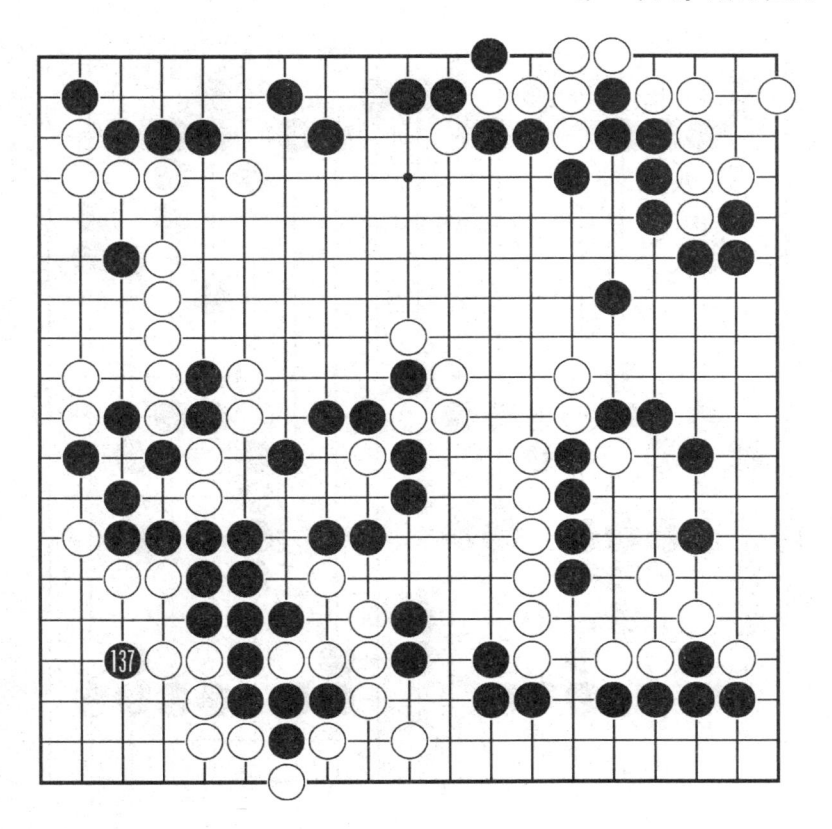

图 5（真正妙手）：或许正是因为看到了以上的变化，白棋才敢对左下薄味置之不理。但无奈"魔高一尺，道高一丈"，对于此处的变化黑棋早已成竹在胸。黑 137 靠，是真正的妙手！相信看见这手棋后很多人都会有如此感叹："这手棋看上去不难，为何我就是没有这样的感觉呢？"的确，作为一道题来说，想到此手也许不难，但能否在早前毫无征兆的情况下发现此处的弱点，就是"高手"和"高高手"之间的差异了。

AI时代： 围棋名局名手之我见

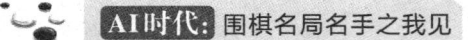

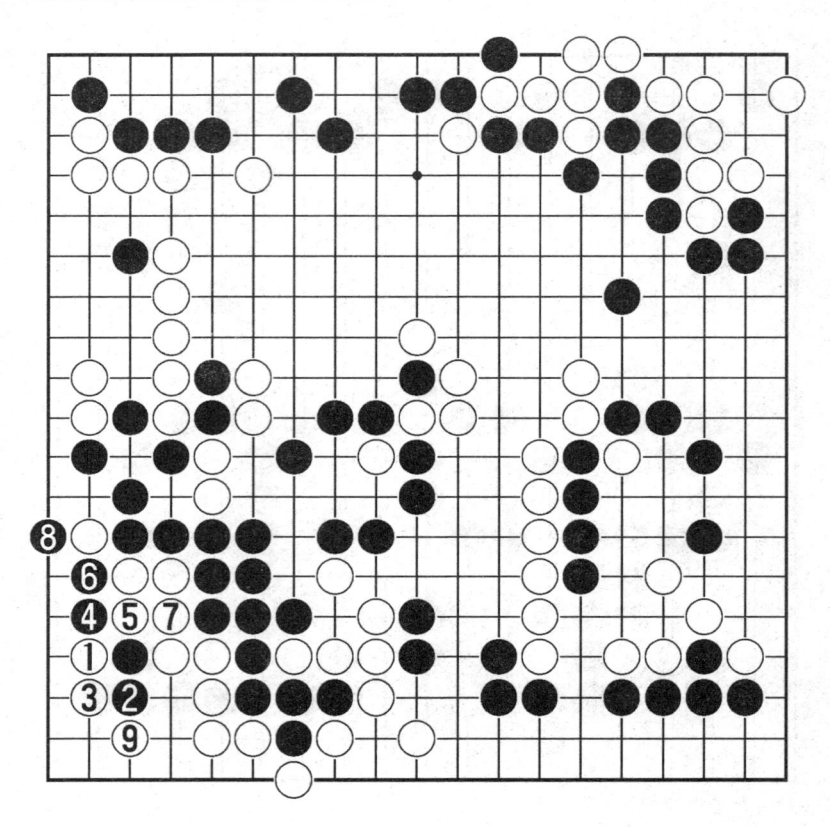

图6（先手）：白1夹是局部最强应对，但黑4以下吃掉白一子将变成先手，这也正是黑137靠比黑在二路点高明的地方。

第三十局：成竹在胸

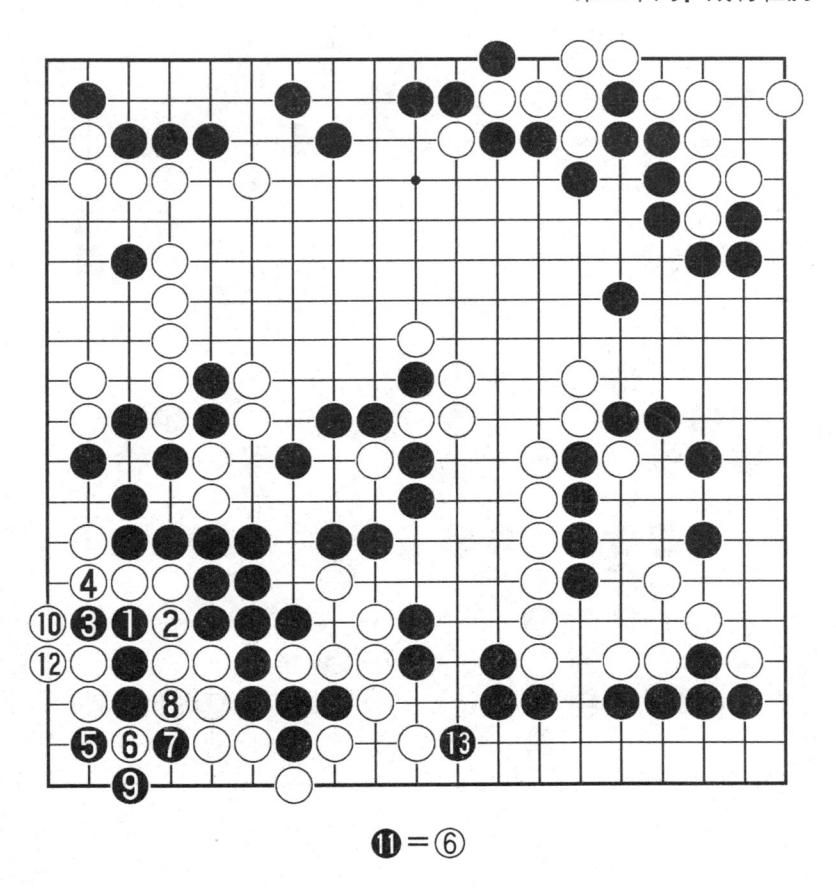

⑪=⑥

图 7（难逃厄运）：黑 1 直接顶也是可以考虑的手段。如此白虽然有 6 位断的妙手，但最终仍难逃收气吃的命运，此图白棋同样不行。

AI时代： 围棋名局名手之我见

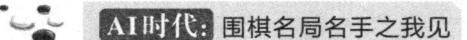

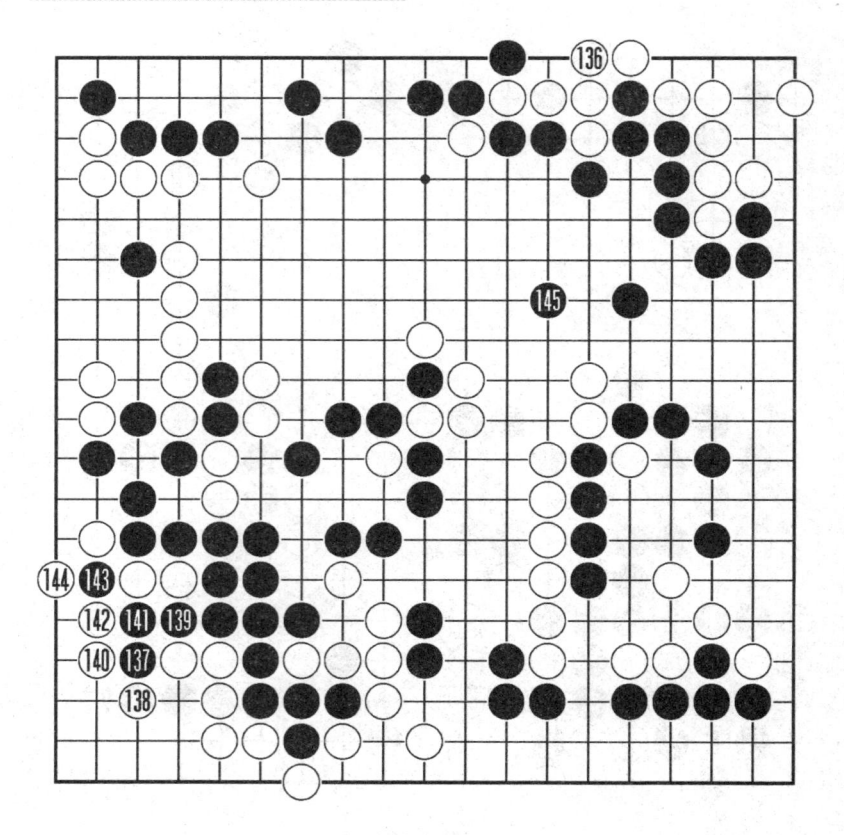

图 8（无奈）：既然无法反击，实战白 138 虎就成了无奈的一手。黑 139 冲后，很显然白已无法挡住（此处请各位自行验算），只能忍痛于二路打吃连回，黑棋收获颇丰，一举确立了优势。

第三十一局：真相如何

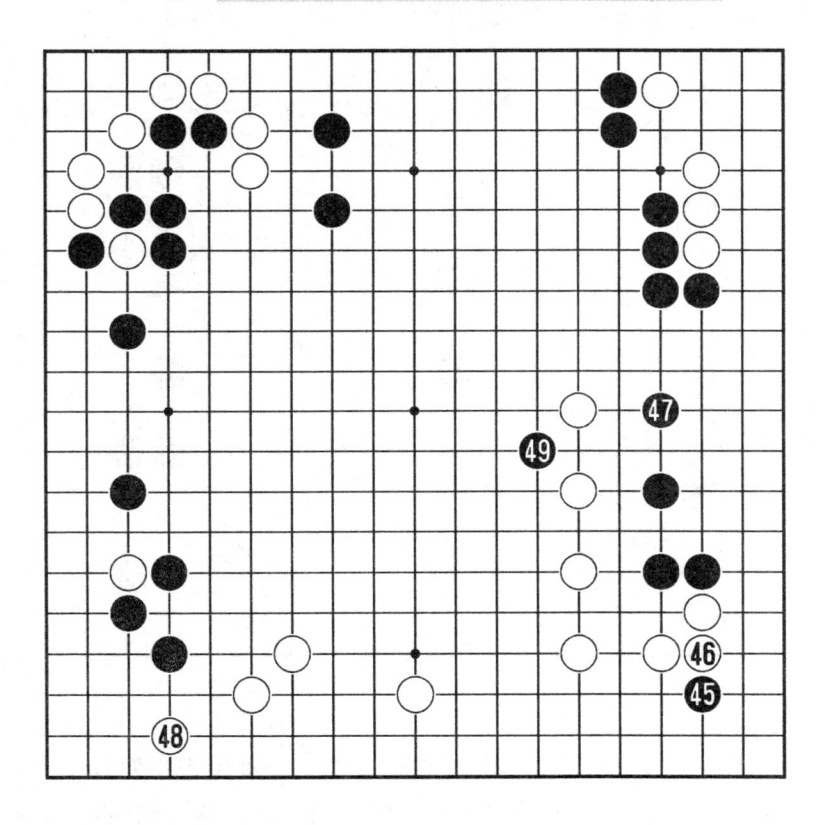

本谱取材于 1985 年第一届中日擂台赛，加藤正夫执黑对聂卫平的对局。聂棋圣曾给中国围棋带来无数的荣誉，因受棋风影响，所以他的棋少见激烈的厮杀，更多是靠卓越的判断来击败对手。盘点棋圣围棋生涯中的"妙手"，就不得不提在第一届擂台赛中对加藤正夫的这盘棋。中盘战伊始，黑 49 如例行公事般一刺……后面的故事各位棋友一定不会陌生。如今在 AI 的揭秘下，我们重新品味经典，能否得出不一样的结论呢？

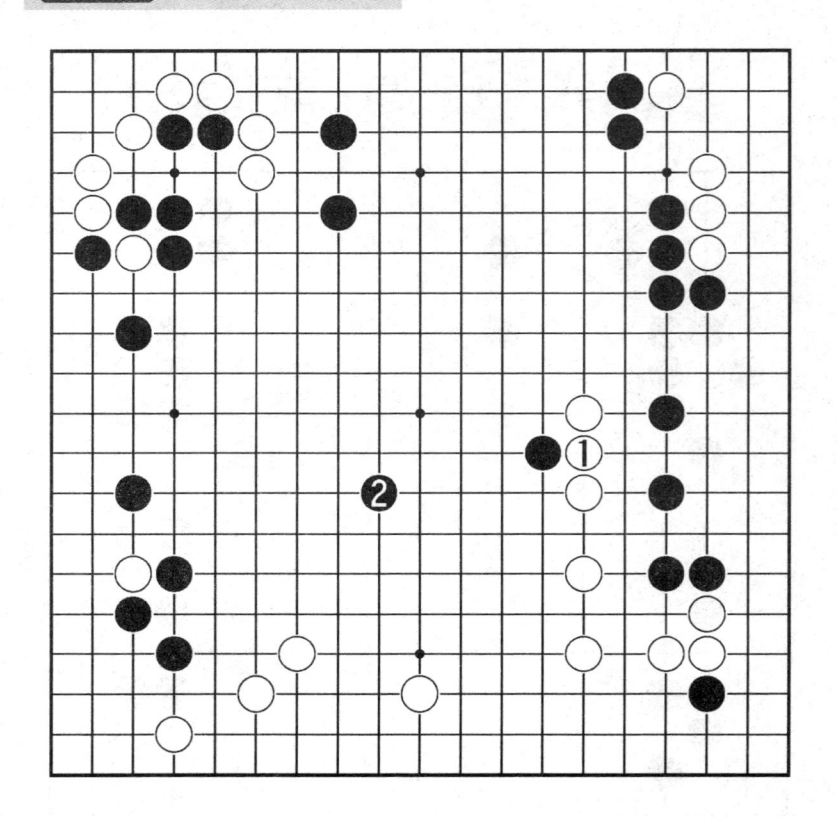

图 1（先手便宜）：黑 49 刺的本意就是利用先手便宜一下，在 1985 年以前，这本是职业棋手的常识。但加藤可能做梦都不会想到，就是因为这盘棋，以后再也没有人敢踏入这个雷区了。

第三十一局：真相如何

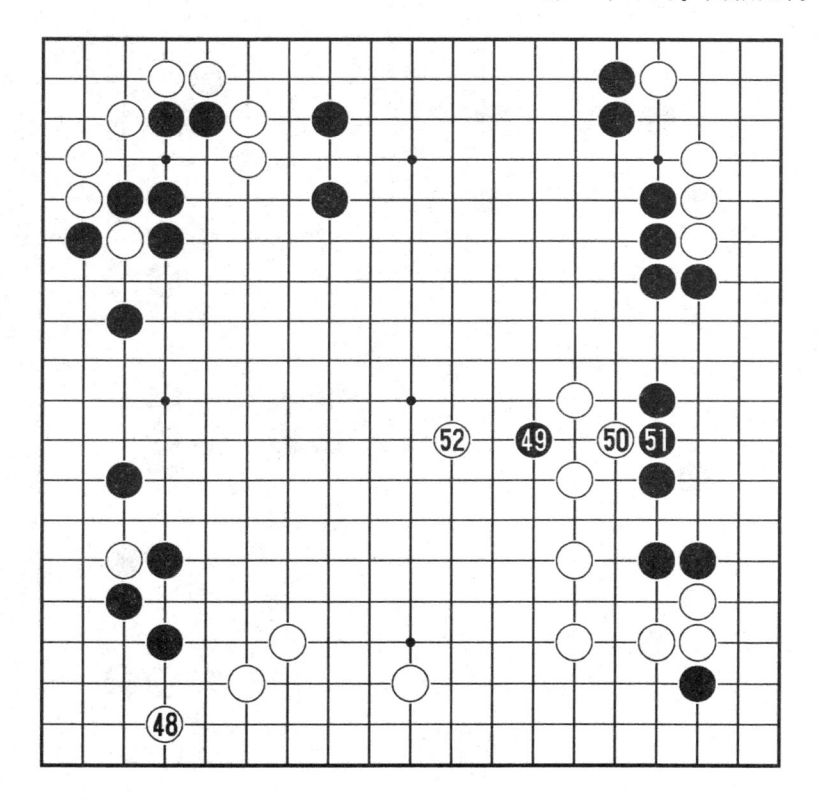

图2（境界）：白50、52这两手棋，堪称聂卫平围棋生涯的代表作。那句"你能下出这两手棋，加藤应该输给你"就是对这两手棋最好的备注。不得不说，这两手棋所体现的思想境界，确实高出那个时代一筹。

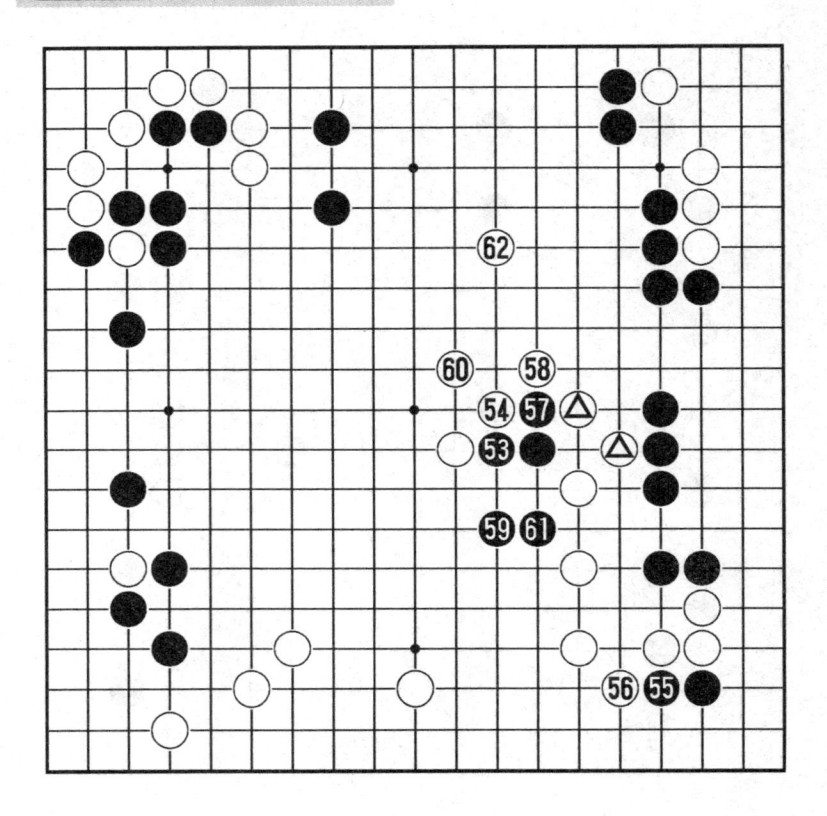

图3（灵活转向）：面对白棋看似薄弱却极具韧性的包围圈，黑棋如果只想吃掉白⚠两子则将被白顺势在下方围起大空，如此黑棋显然不能接受，因此黑59、61是必然的反击。白60、62又是灵活的思路，白棋突然把行棋重点转向上方。仔细观察就会发现，虽然双方是互破的状态，但白棋无论是棋形还是子效都远远优于黑棋，白棋也一举取得了布局的优势。

第三十一局：真相如何

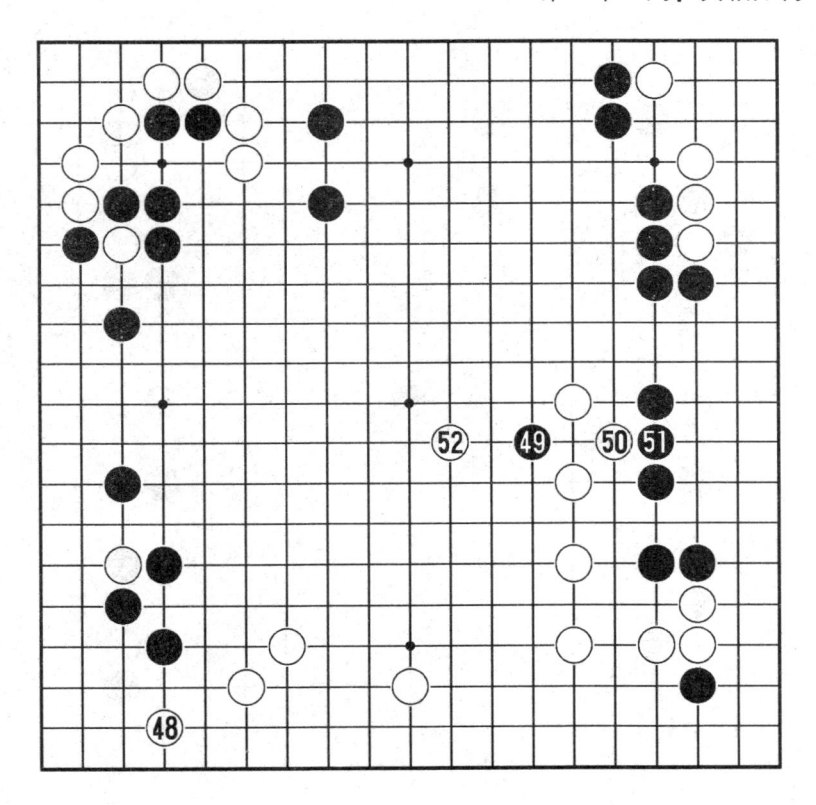

图 4（真相）：毫无疑问。黑 49 到白 52 这四手棋是这盘棋的转折点。在往后很长的一段时间里，白 50、52 都被视作体现聂卫平大局观的标志性招法。那么在 AI 眼里，这几手棋究竟怎样呢？令人吃惊的是在这四手棋中，居然有三手都有明显的问题！而最后的白 52，正是四手棋中唯一的好棋，这也就可以解释为何后面黑棋的形势会急转直下了。

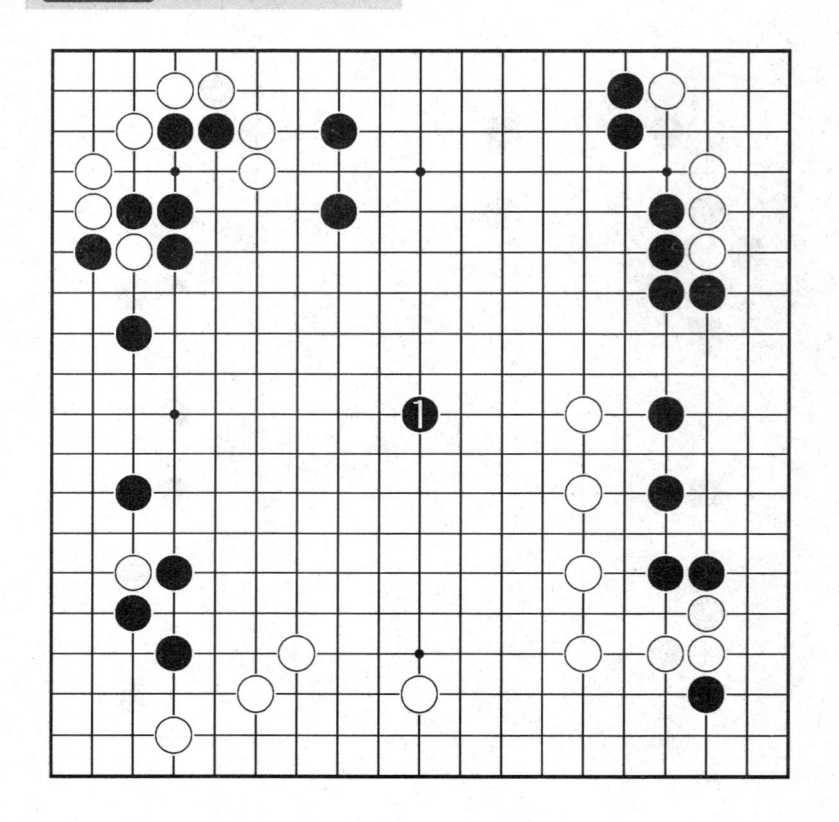

图 4（第一个恶手）：黑 49 刺无疑是画蛇添足的第一个恶手。先不说白棋可以不粘，就算白棋简单粘上，黑棋也没什么便宜可占，因此黑 1 直接占据中央要点是正着，此局面黑棋不错。

第三十一局：真相如何

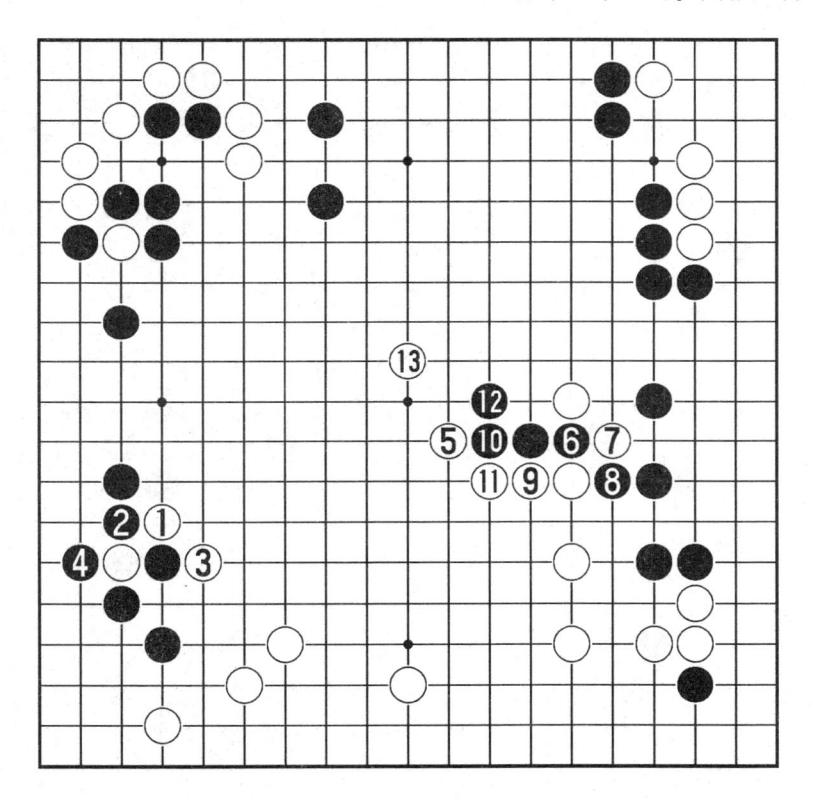

图6（第二个恶手）：令人意外的是，白50这颇具想象力的一尖也被AI给了差评。白棋在左边先手交换后直接吊在5位才是此际的好手。白棋之所以能这么下，是因为白棋根本就不怕黑6冲，如图黑棋棋形十分难堪，白棋最大限度围住下方的同时还顺势破掉了黑棋上方模样，白棋形势甚至优于实战。这里的逻辑是，既然黑棋冲并不可怕，那么白棋也就没必要多此一举地补棋了。

AI时代: 围棋名局名手之我见

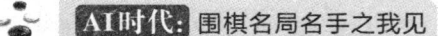

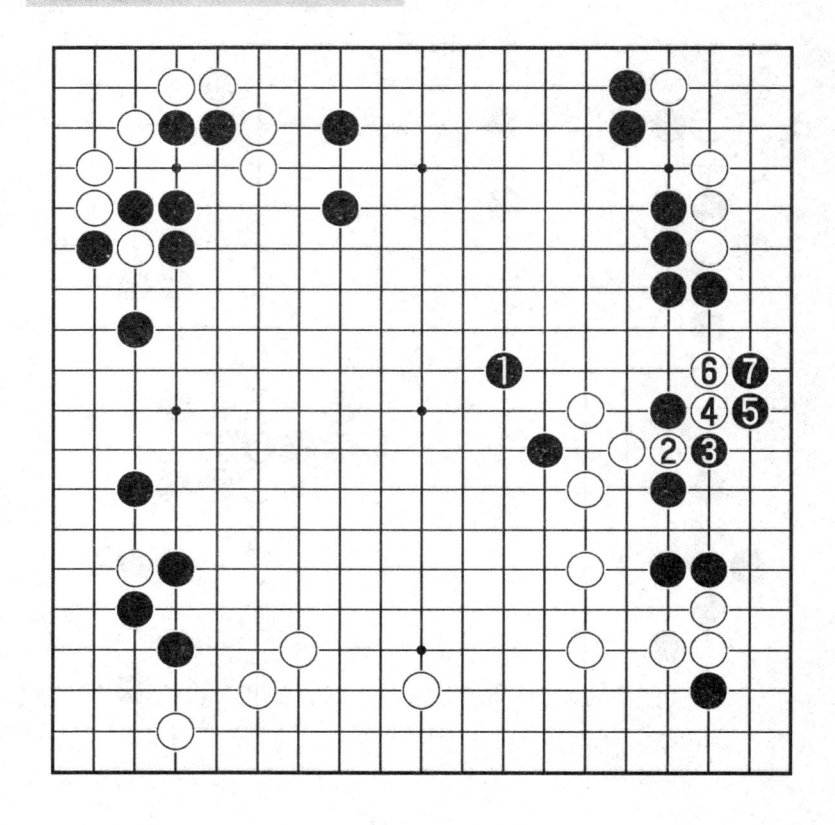

图7（第三个恶手）：黑51看似必然的一粘竟然也是恶手！此手也自然成为黑最终作战失败的罪魁祸首。实际上此时右边白并无严厉手段，因此占据中腹要点仍是当前重中之重，如此黑也就惩罚了白50的失误。

第三十一局：真相如何

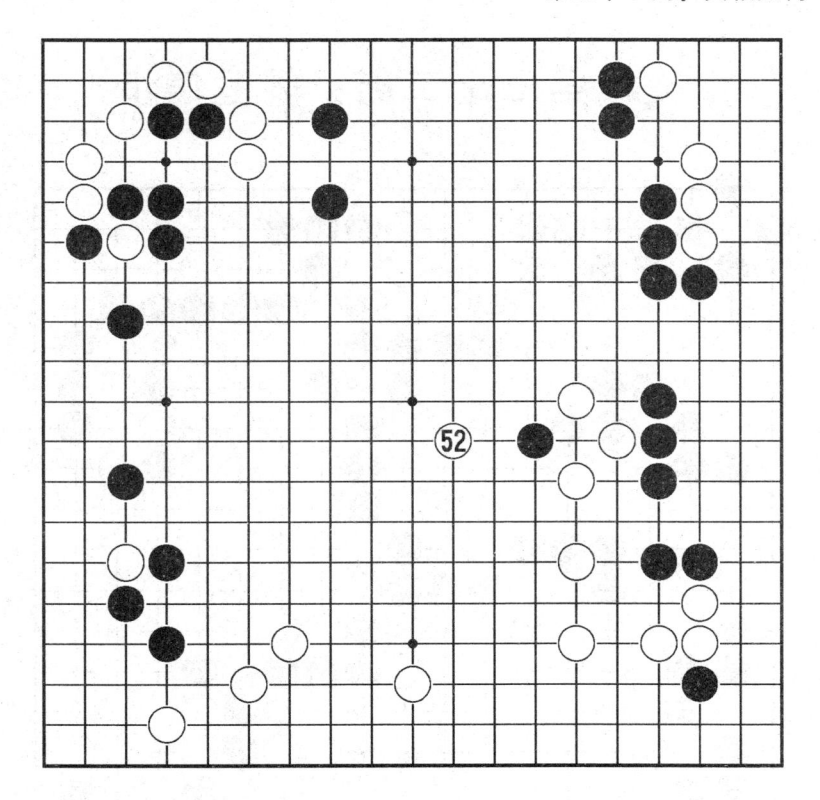

图 8（瑕不掩瑜）：黑 51 随手粘上后，白 52 便不再给黑棋机会了。值得一提的是，此手也是 AI 的一选，由此可见棋圣的棋感有多么强。虽然过程中存在失误，但瑕不掩瑜，此处白的构思仍然散发着人类智慧的光芒。

第三十二局：闲庭信步

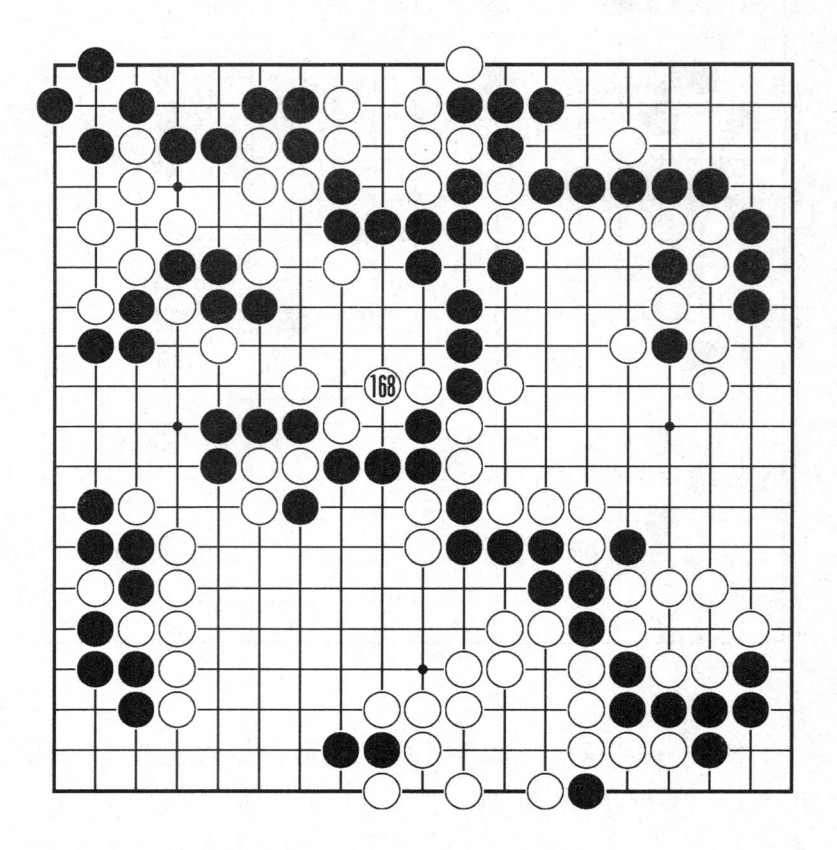

本谱取材于 2022 年天元赛第一轮，柯洁执黑对伊凌涛的对局。前面曾提到过，柯洁的棋并非像很多人认为的那样"没有妙手"。他有超强的计算力，更有绝佳的棋感。在他的全盛时期，他能将这两大优点完美结合，这才成为"八冠王"！中腹的杀气显然是胜负的关键，由于周围白棋很厚，看上去黑棋的每一步都必须小心翼翼才可能延出气来，但在这样紧张的局势下，柯洁却向我们展示了何谓闲庭信步。

第三十二局：闲庭信步

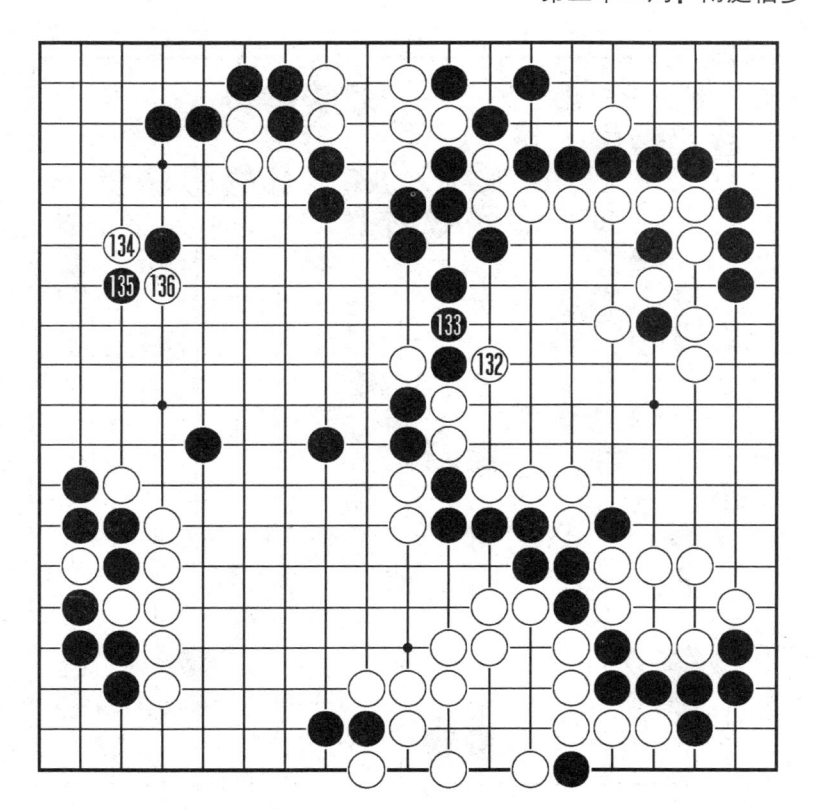

图 1（劫争洗礼）：此局面一看就是经历过激烈劫争的洗礼。白棋打赢下方的劫并将右下角黑棋歼灭，而黑棋则在左上方形成滔天的模样。白134、136充分体现了年轻人的朝气和搅局能力，白棋将黑空搅了个天翻地覆，棋局也迎来了高潮。

AI时代：围棋名局名手之我见

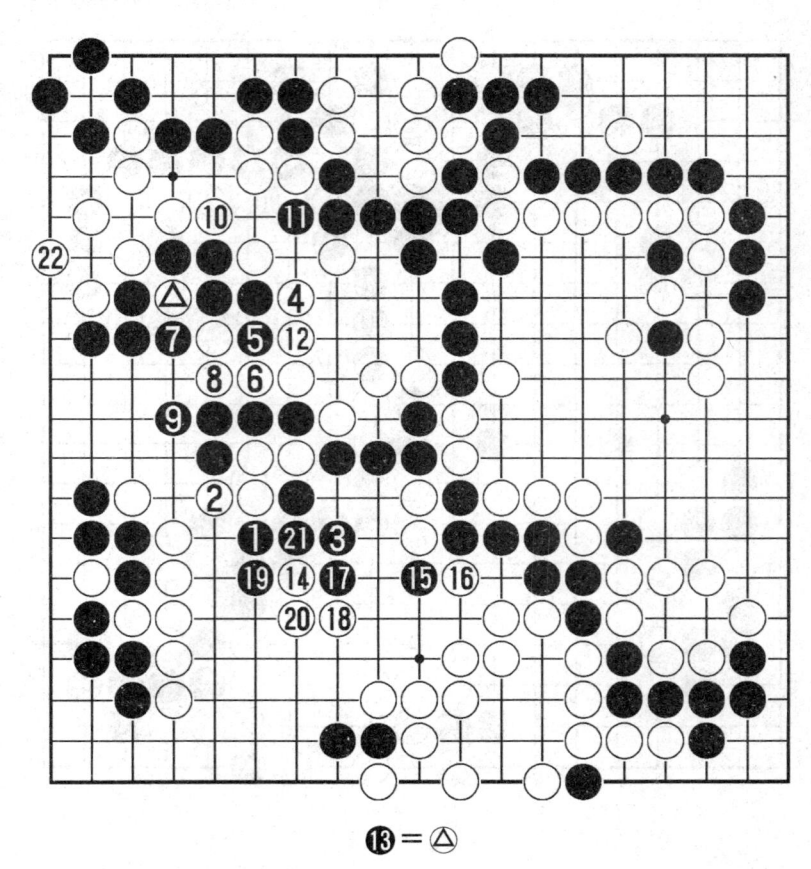

⑬ = △

图 2（顽强手段）：就局部来说，黑 1、3 确实是简单有效的长气手段，但这里变化的复杂程度远远超过了我们的想象。白 4 以下先延气是正确的次序，为了防止白棋滚包，黑 9 弯无奈。白 14 以下先手围住下边后，看似白棋的气仍不够，但白还有于 22 位做眼的顽强手段。

第三十二局：闲庭信步

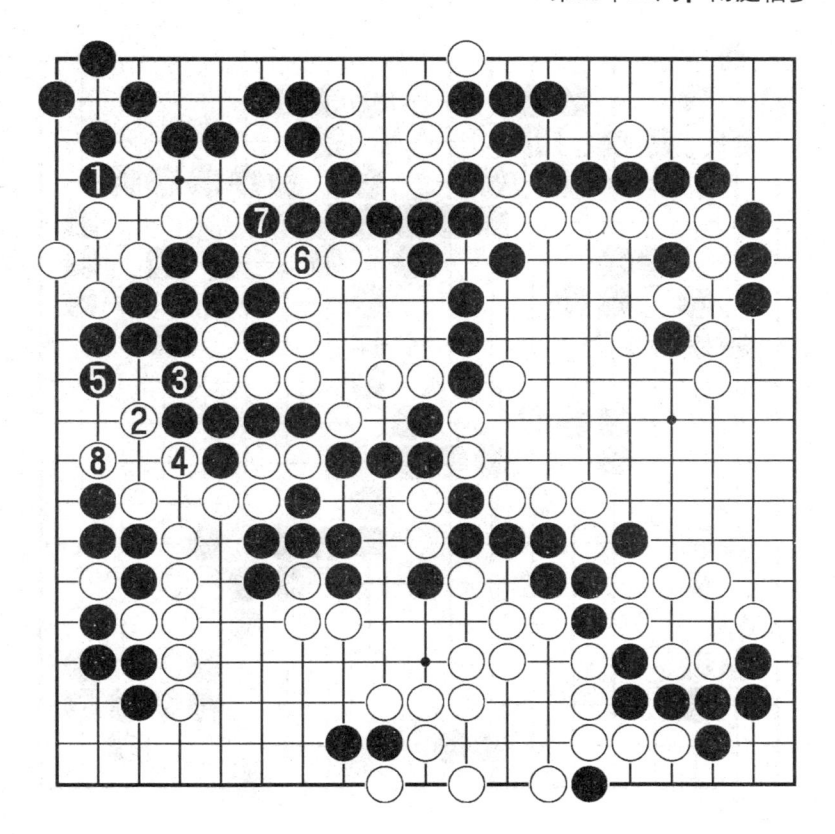

图3（死灰复燃）：接上图，由于实空不足，所以黑1必须继续杀棋，但白2托是漂亮的手筋。虽然黑5是长气的好手，但白棋同样可以在6位粘长气，此图黑棋不行（此处变化复杂，请读者自行验算）。由此可见，此处黑棋不但要求对杀获胜，还要兼顾目数和防止左上白棋死灰复燃，确实不是一个容易处理的局面。此外，上图黑1如直接在15位扳也是可行的一手，但变化十分复杂。

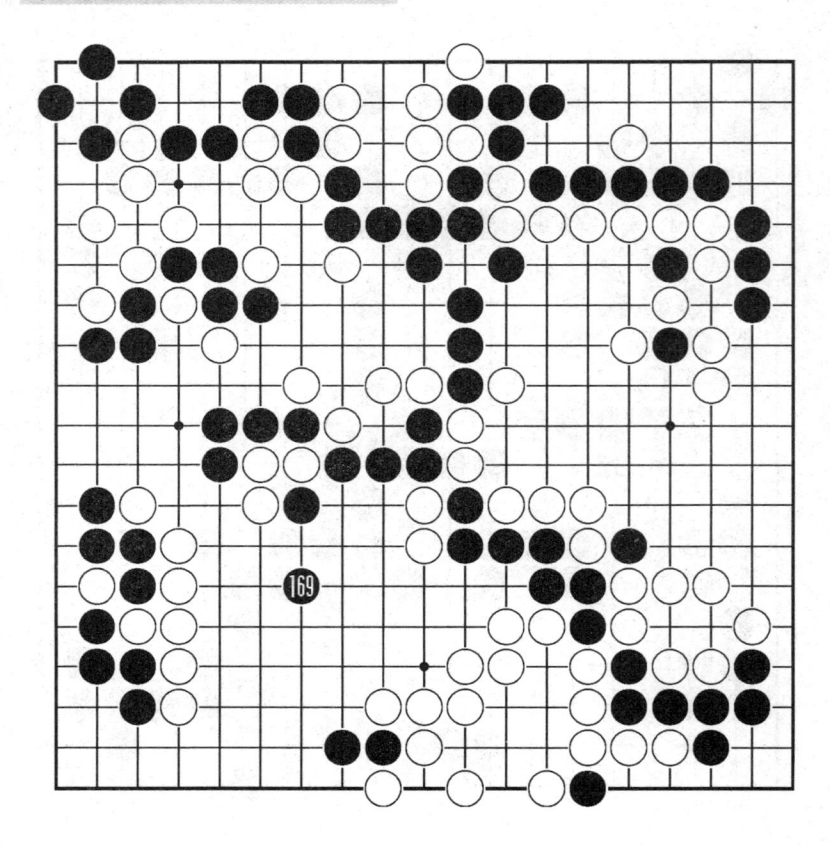

图 4（闲庭信步）：就在白棋信心满满地准备迎接一场激战的时候，黑 169 轻轻一跳犹如当头棒喝一般打醒了白棋！此手胜似闲庭信步，似乎丝毫没把四周虎视眈眈的白子放在眼里，而仔细计算后就会发现，这手棋极难对付。可能也只有柯洁，才能下出这种大胆却又极其缜密的招法吧。

第三十二局：闲庭信步

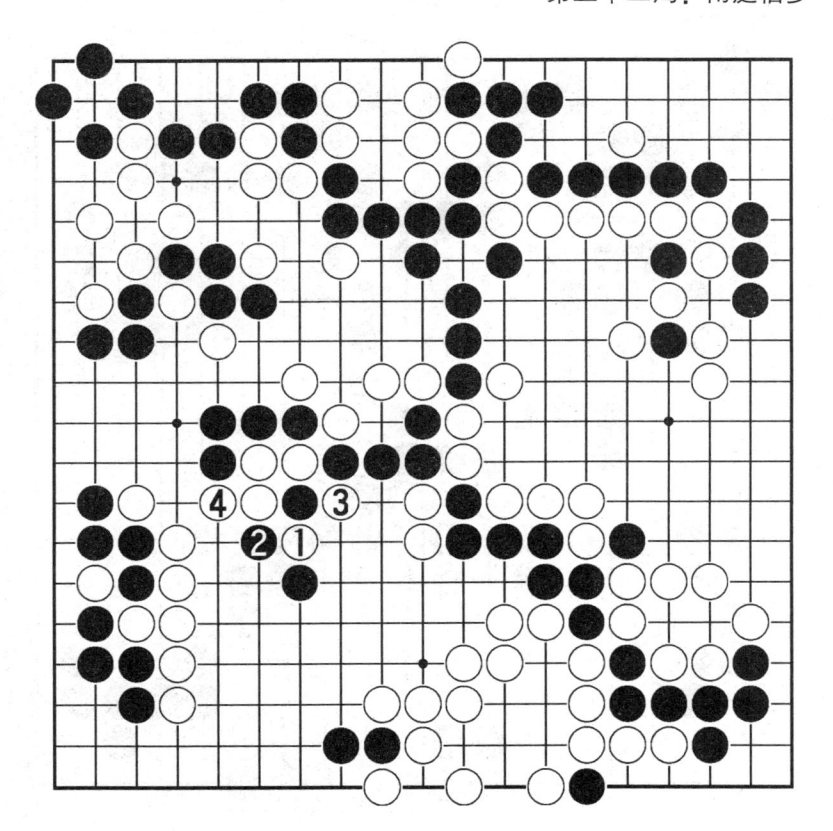

图 5（巧妙）：黑棋的棋形看似破绽很多，但白棋却没有直接冲击的手段。白 1 打吃时，黑 2 从后面反打是巧妙的一手，此图白棋不行。

293

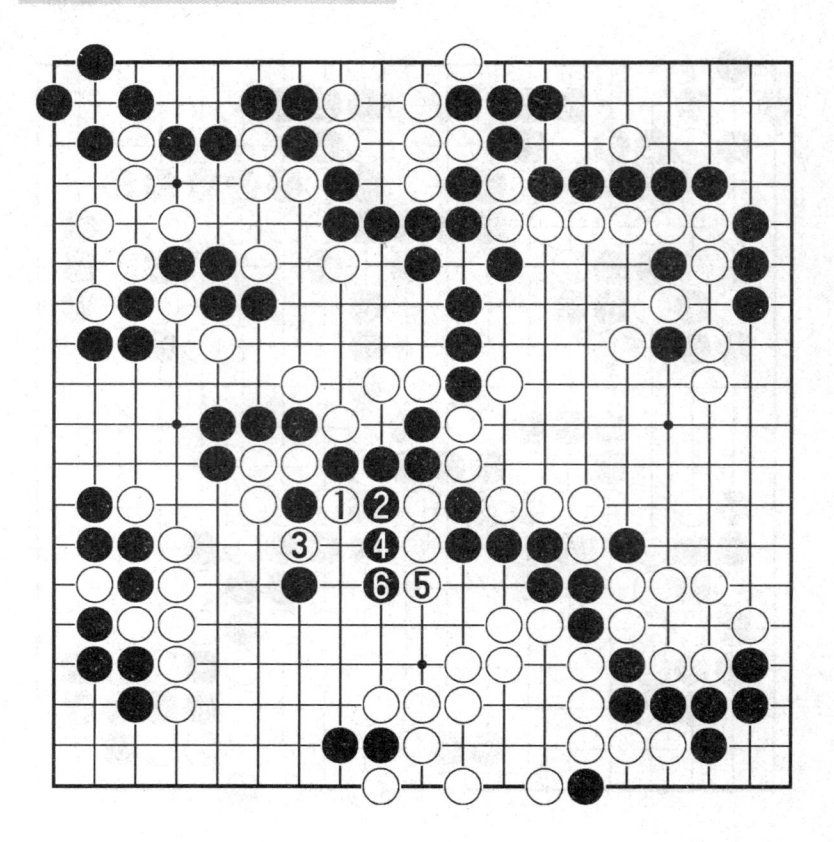

图 6（高明）：白 1 换个方向打吃，黑棋顺势冲出即可。碍于自身的缺陷，白棋已无法继续紧气。从这里我们可以看到，无论白棋选择哪个方向打吃，黑 169 都处在绝佳的位置上，这正是黑棋的高明之处。此外，白 1 若跳，则黑棋有挖的手筋。

第三十二局：闲庭信步

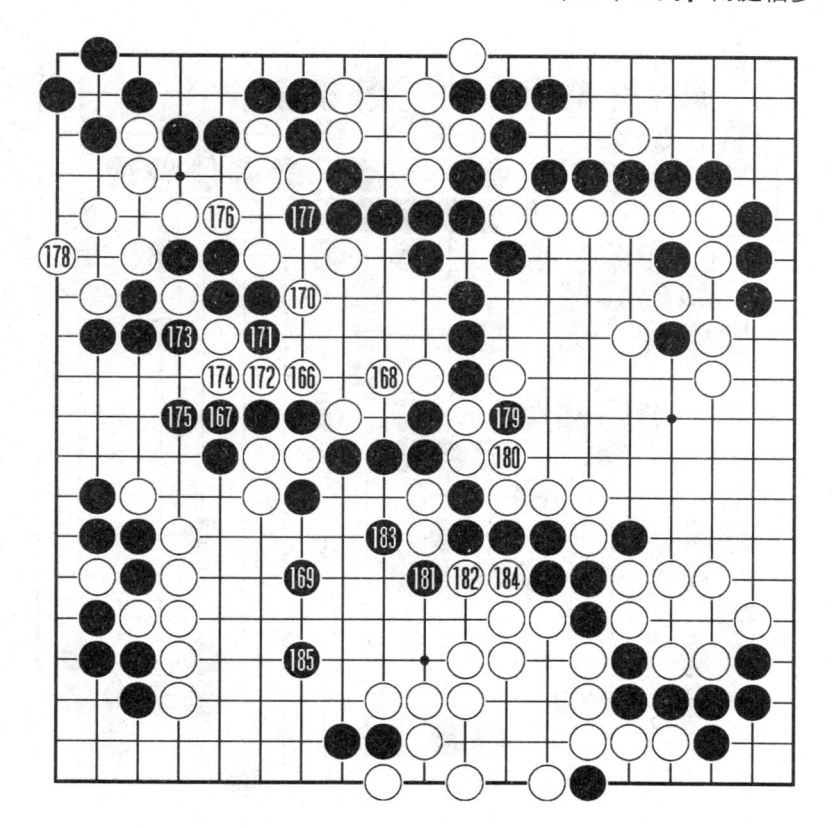

图7（跳出对杀）：既然无法收气，白170便回到了先长气的老路子上。当白178试图复制图2的手段时，黑179以下机敏脱先，断绝了白棋最后一丝念想。我们仅凭肉眼就可以看出本图和图2的巨大差别，不由得想起了一句经典名言："要想赢得对杀，首先得跳出对杀。"

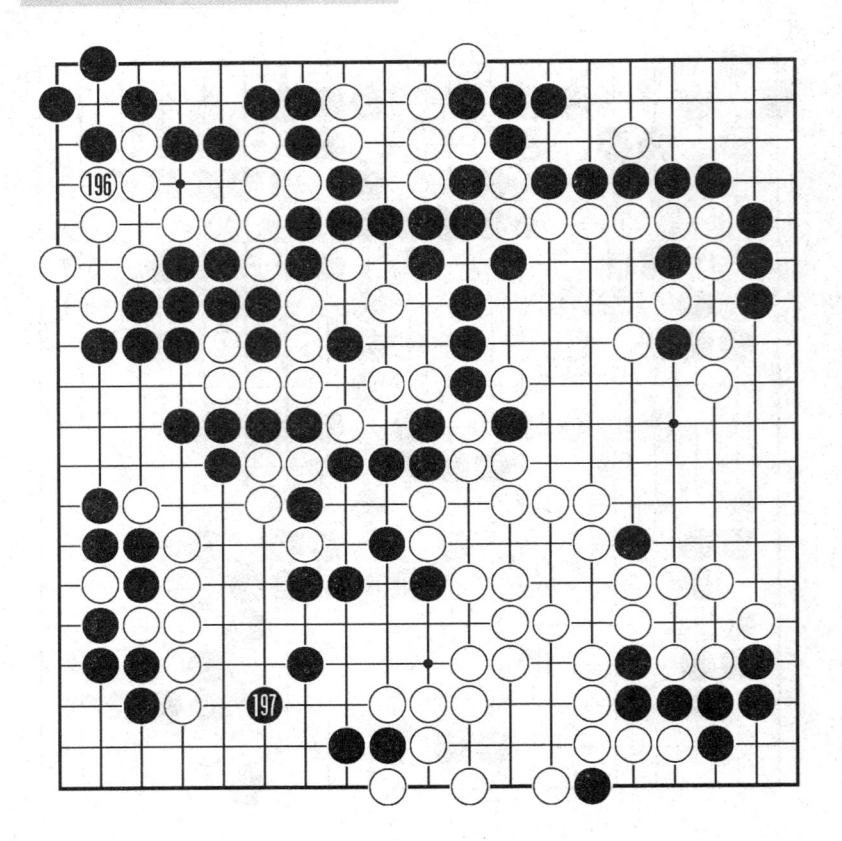

图 8（胜负）：这是最后的结果，白棋活了，黑棋赢了。

第三十三局：石破天惊

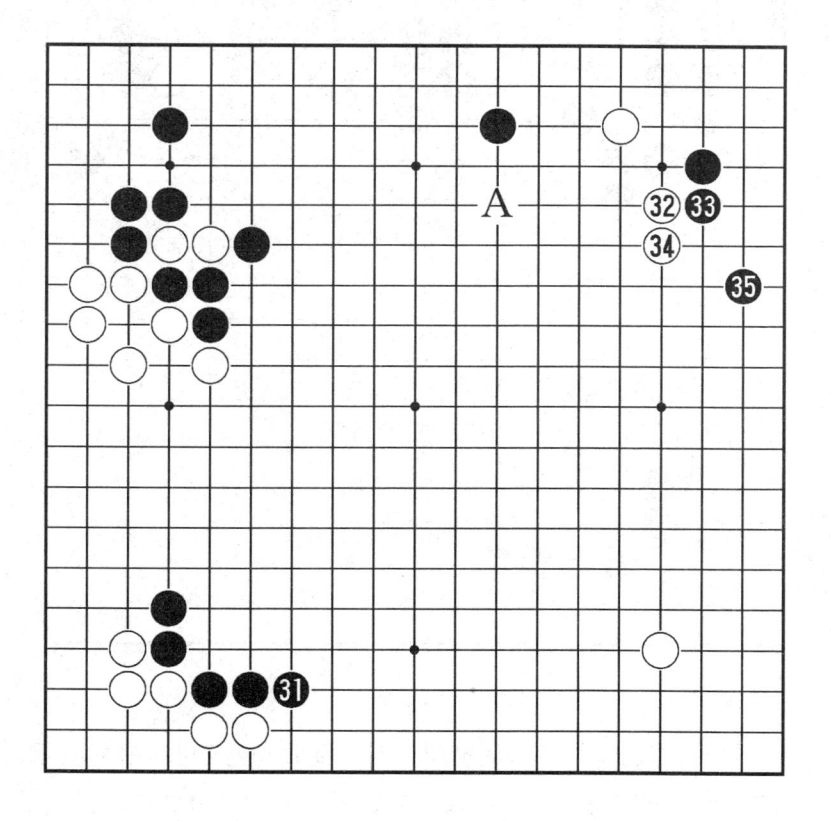

本谱取材于2020年野狐网络对弈，申真谞执黑对辜梓豪的对局。右上角是普通定式，由于左上黑棋很厚，白于A位镇本是正常的分寸，但对辜梓豪这个级别的高手来说，这个下法似乎过于普通。虽然白棋在普通应对后，形势并没有什么不好，但真正的天才是绝对不会放过任何一个展露才华的机会的。请欣赏辜梓豪的表演。

AI时代: 围棋名局名手之我见

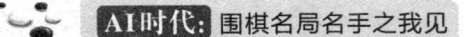

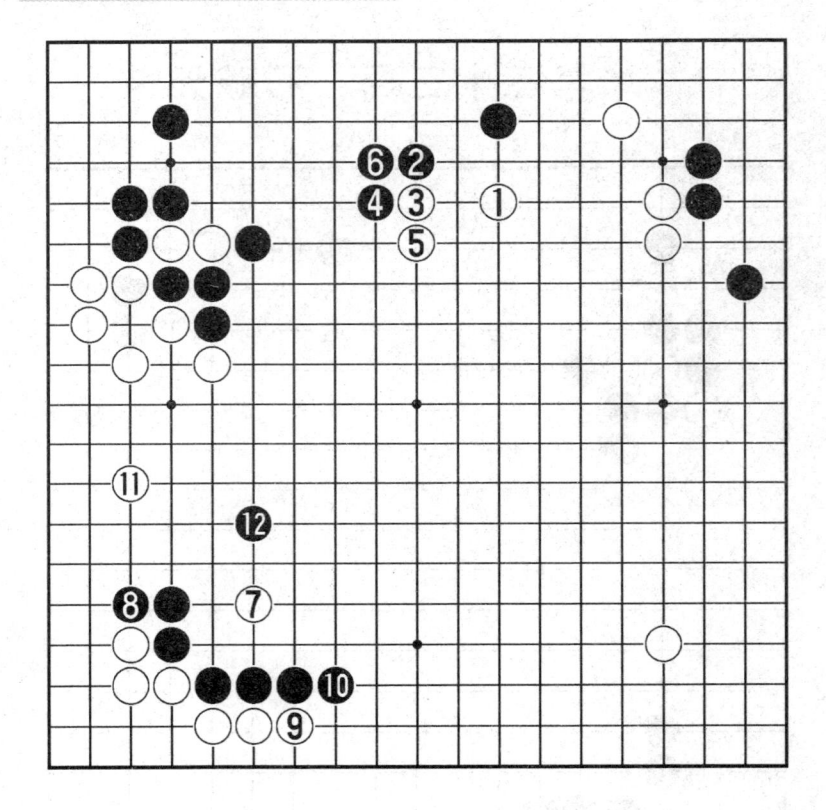

图1（左上空大）：从棋理上讲，白1镇是无可指摘的一手。白棋先手压缩黑空并走厚自身，然后可以向左下黑棋发难。不过此图黑棋实空领先较多，白棋必须通过攻击获得大利才能维持住局面的均衡，这对人类棋手来说不易掌握。另外，白1若直接打入，则黑左上厚势正好可以派上用场，白仍显得勉强。

第三十三局：石破天惊

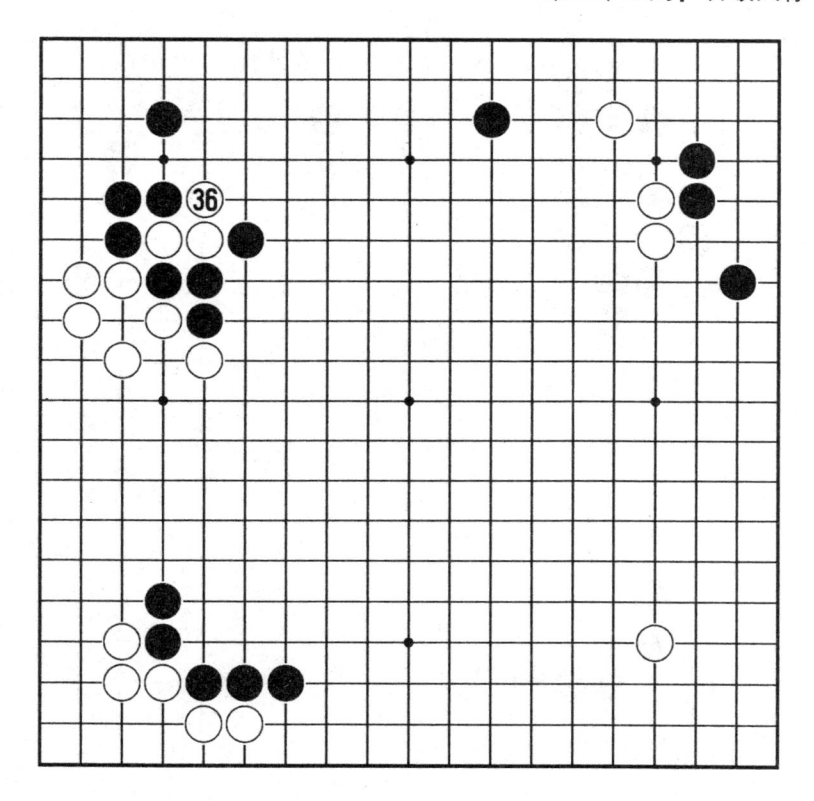

图 2（*石破天惊*）：实战白 36 居然直接跑出征子，真是石破天惊的一手。更令人叫绝的是，此手居然命中 AI 一选！由此可见辜梓豪出色的才能。征子不利不能跑，这本是初学者都知道的常识，但围棋之深奥，正在于它的灵活性。此时此刻，此手棋堪称精妙绝伦的试应手。

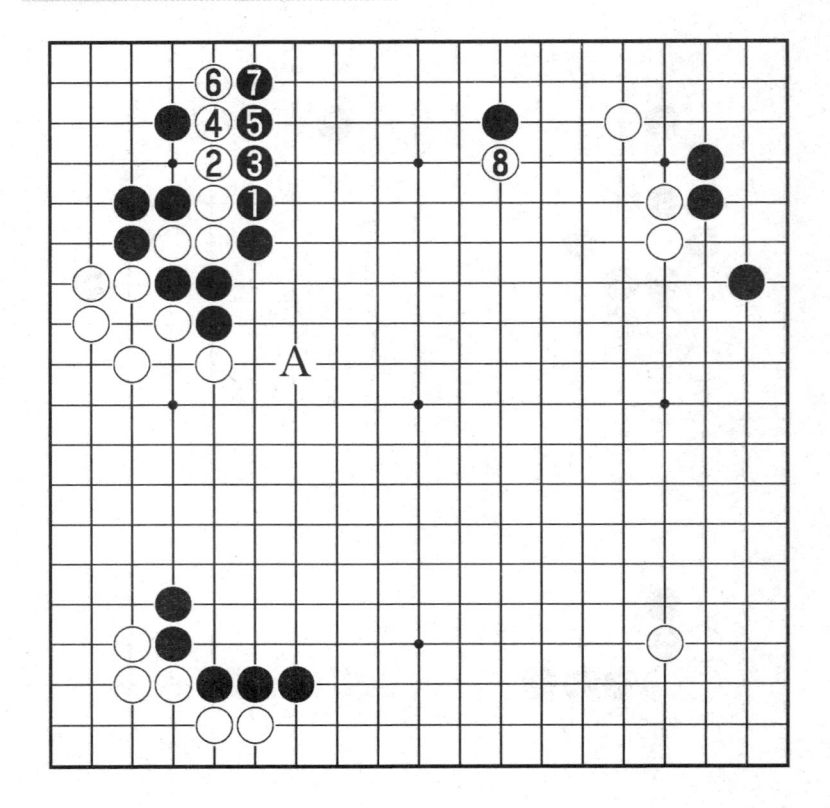

图 3（效率不高）：白 36 拐的巧妙之处在于，黑看似有很多种方法吃掉白棋，但无论哪种吃法都会给白棋留下借用。黑 1 外打后确实可以一路推死白棋，但这样一来：首先，白在 A 位一带得到了若干先手，这为白棋将来对左下黑棋展开攻击提供了巨大的支援；其次，上边既然已经确定为黑棋的实地，白 8 靠之类的压缩黑空的手段就可以变得毫无顾忌了。上方黑棋虽然吃掉白棋数子，但黑棋整体的效率其实并不比图 1 高，如此进行白棋满意。

第三十三局：石破天惊

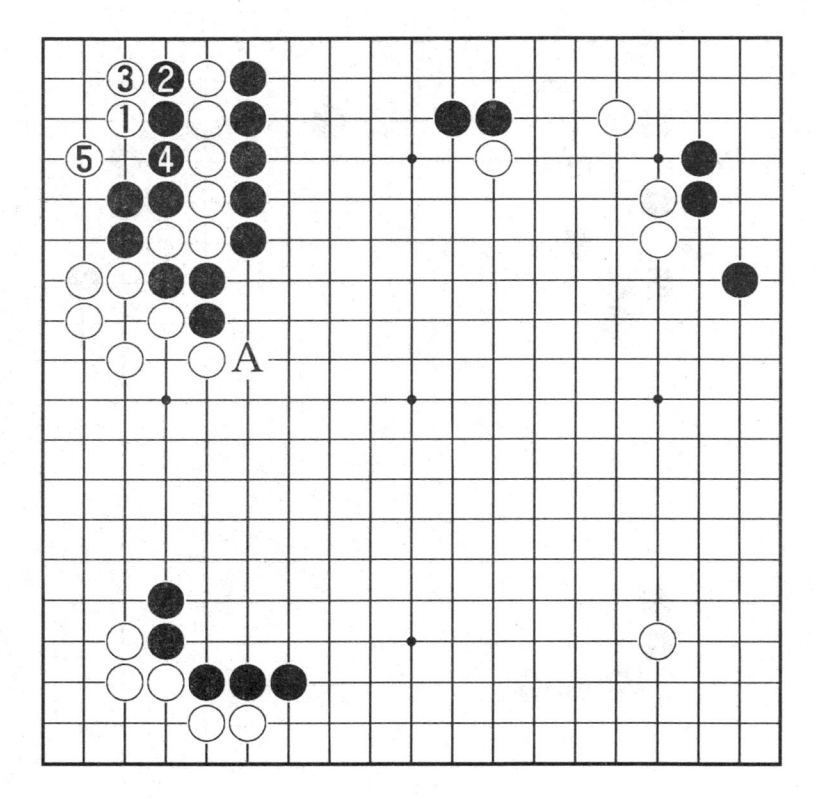

图 4（刮骨）：除了整体效率不高以外，角上残留的白棋手段也让黑棋难受。一旦将来白棋将 A 位一带的先手走掉，白 1 夹是足以让黑棋感到刮骨般疼痛的手段。白棋竟然可能将黑角据为己有，这也更加验证了之前黑棋吃掉一串白子其实价值并不大。

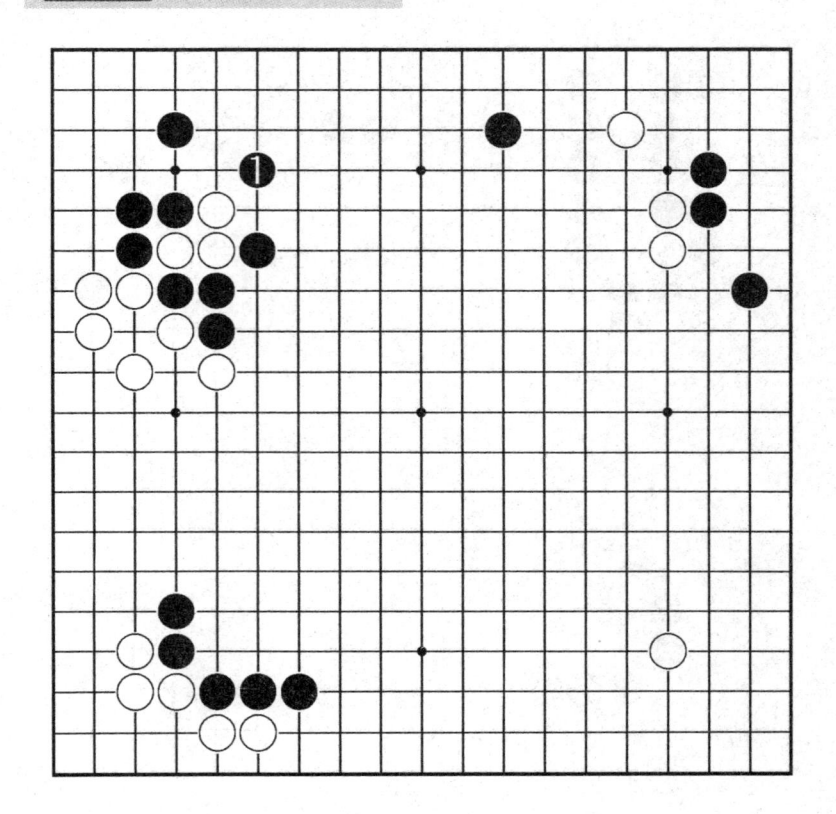

图 5（大同小异）：黑 1 枷也是一种下法，但白棋仍然得到了中腹一带的借用，一旦时机成熟还有直接跑出三子的可能。此图和图 3 相比大同小异，对黑棋而言，甚至不如图 3。

第三十三局：石破天惊

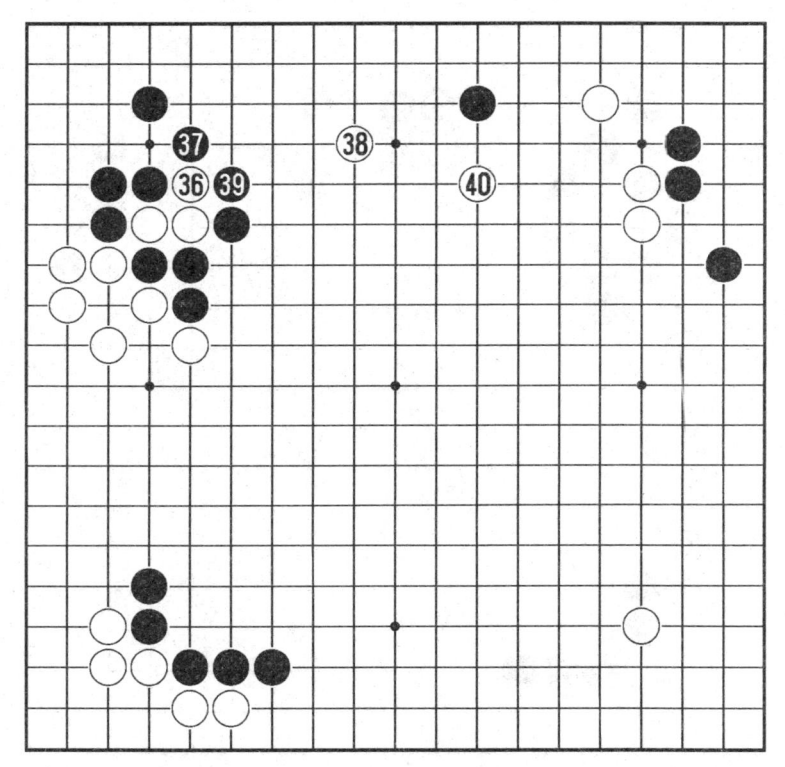

图 6（转换）：眼看其他下法都不能令人满意，实战申真谞还是选择黑 37 直接征死三子。如此白棋成功让白 38 打入变成绝好的引征！黑 39 将白三子提掉舒服，白棋也顺势抢到了 40 位镇的绝好点。那么对于此转换，到底该如何判断呢？

我的判断是此转换白棋有趣！虽然白棋在左上角付出了让黑棋提三子的代价，但考虑到此处黑棋原本就很厚实，此处白棋的损失实际上比看上去要小得多。白棋在上方连下两手，尽管并不能吃掉黑一子，却成功地限制了上边黑阵的规模，因此白棋绝对可以满意。能下出此等精彩的手段，相信实战中白棋的心情也是十分愉悦吧。

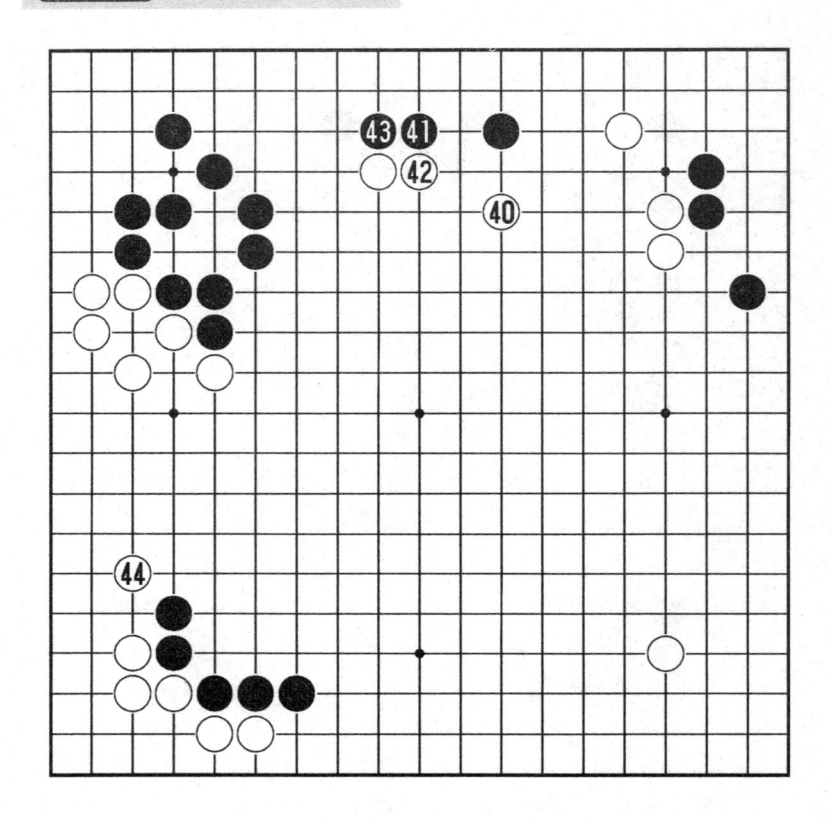

图7（委屈）：这是接下来的实战，左上黑棋堪称铜墙铁壁，但无奈离上边一子距离太远，因此黑棋只能选择41、43位爬过。看上去似乎尚可，但考虑到左上黑棋如此厚实，仍然显得很委屈。白棋抢到44位跳的大场，也宣告此战役获得了胜利。

第三十三局：石破天惊

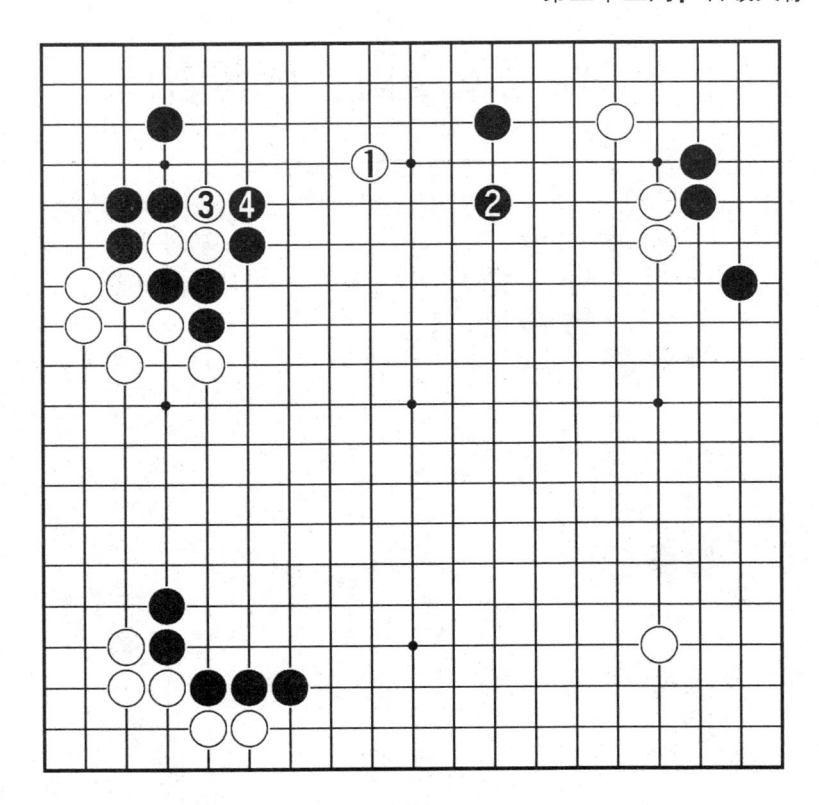

图 8（时机把握）：此局部白棋最成功的一点无疑是试应手的时机把握得恰到好处。如果白 1 先打入，等白 3 再拐出时黑棋必然会选择黑 4 直接将白棋贴死。如此，白 1 与黑 2 的交换想必会让白棋欲哭无泪吧。

第三十四局：破袭名局

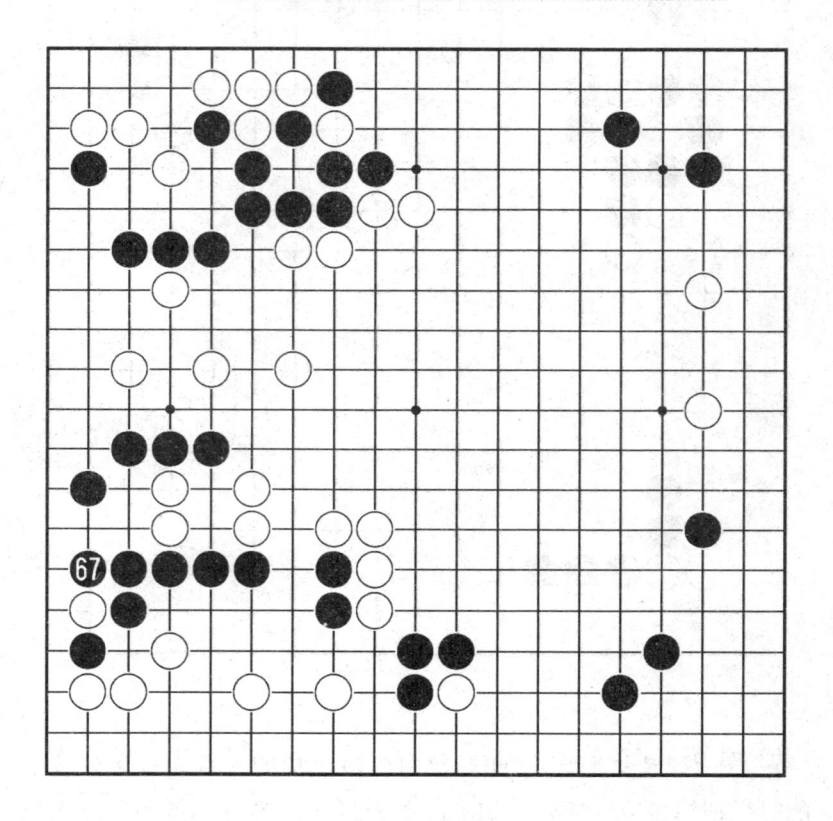

本谱本谱取材于 2006 年第三届丰田杯八强战，常昊执黑对朴永训的对局。众说周知，朴永训有个著名的外号叫作"官子死神"，他的官子能力甚至能和全盛时期的李昌镐相媲美，但想在棋界立足，显然不能只靠"一招鲜，吃遍天"。此时的焦点在右下角，若让黑棋完整地围上，那显然是白棋不能接受的。而黑棋的阵势看似空虚，但要真正对黑造成伤筋动骨的打击，也绝非易事。那么这场破袭战，朴永训到底准备怎么打呢？

第三十四局：破袭名局

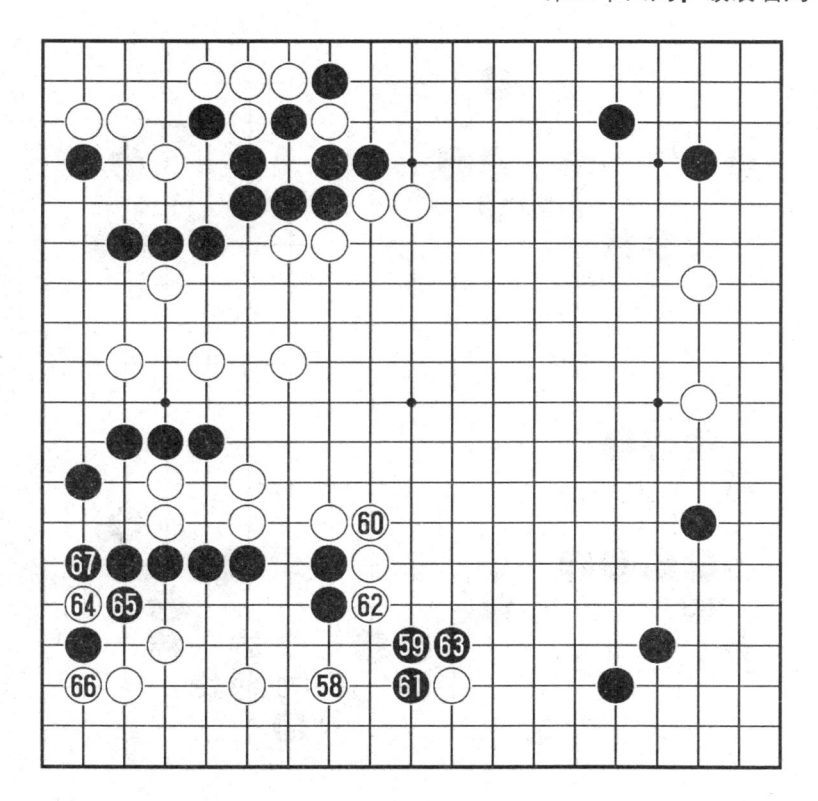

图 1（判断）：在之前的战斗中，白60、62两手体现了朴永训卓越的判断力。若白按普通下法选择61位爬过，黑62位断后，中央双方的厚薄将发生逆转。实战白棋看似在下边损失很大，但白64、66是愉快的先手利。此外，由于中腹白棋变得铁厚，白棋已经盯上了下边黑棋的弱点。

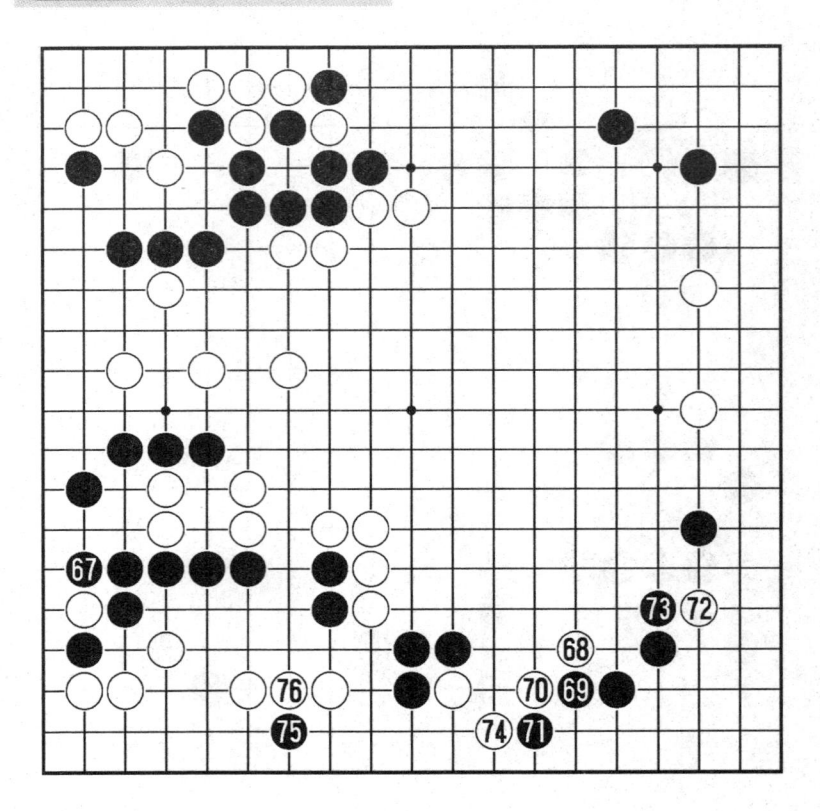

图 2（丝丝入扣）：白 68 是眼见的破空好点，由于左边白棋太厚，黑 69、71 只能选择委屈爬过。面对白 72 得寸进尺般的欺负，黑 73 终于忍无可忍选择了反击，白 74 则再回到下边试探黑棋。白棋这一串下法看似相互之间毫无关联，实际上是丝丝入扣，黑棋脖子上的枷锁已经越套越紧。

第三十四局：破袭名局

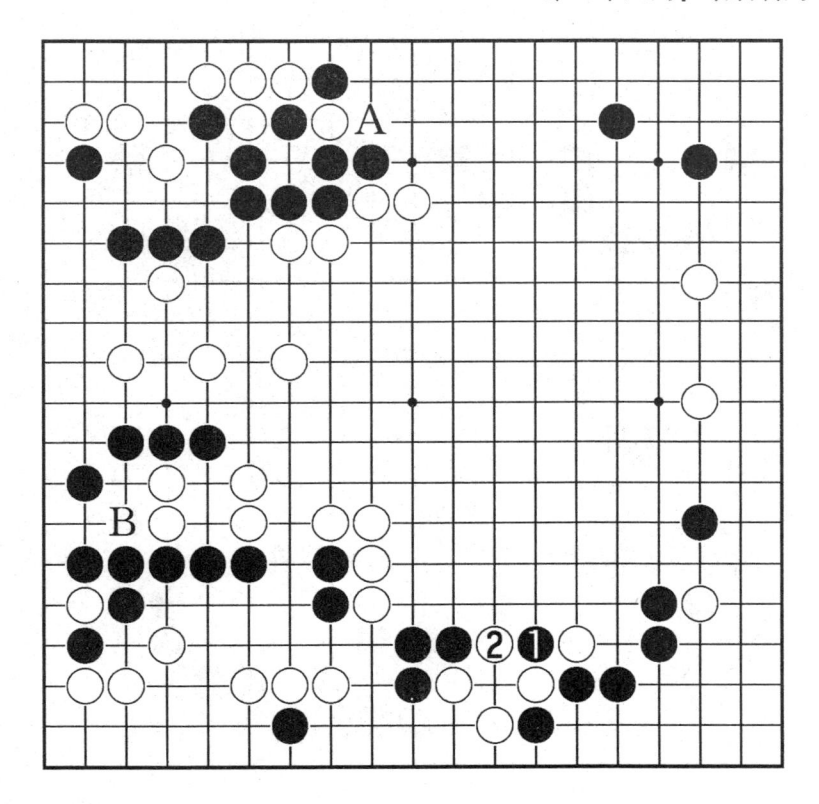

图3（自取灭亡）：黑1打吃显然不行，由于白在A、B等处有大量的劫材，打劫对黑棋来说无异于自取灭亡。此外，黑棋若选择从一路打回，则过于委屈，完全不能考虑。

AI时代：围棋名局名手之我见

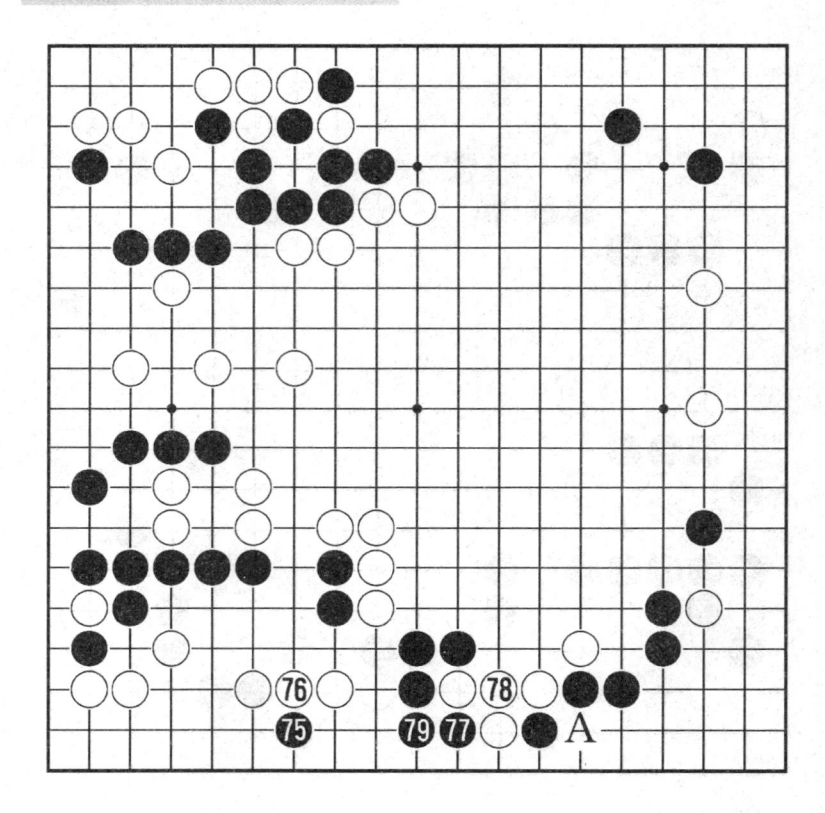

图 4（诱人）：眼看打劫不行，黑 77、79 是无奈的选择。此时在白棋面前出现了一个极有诱惑力的选项——于 A 位打吃，但其能否成立呢？

第三十四局：破袭名局

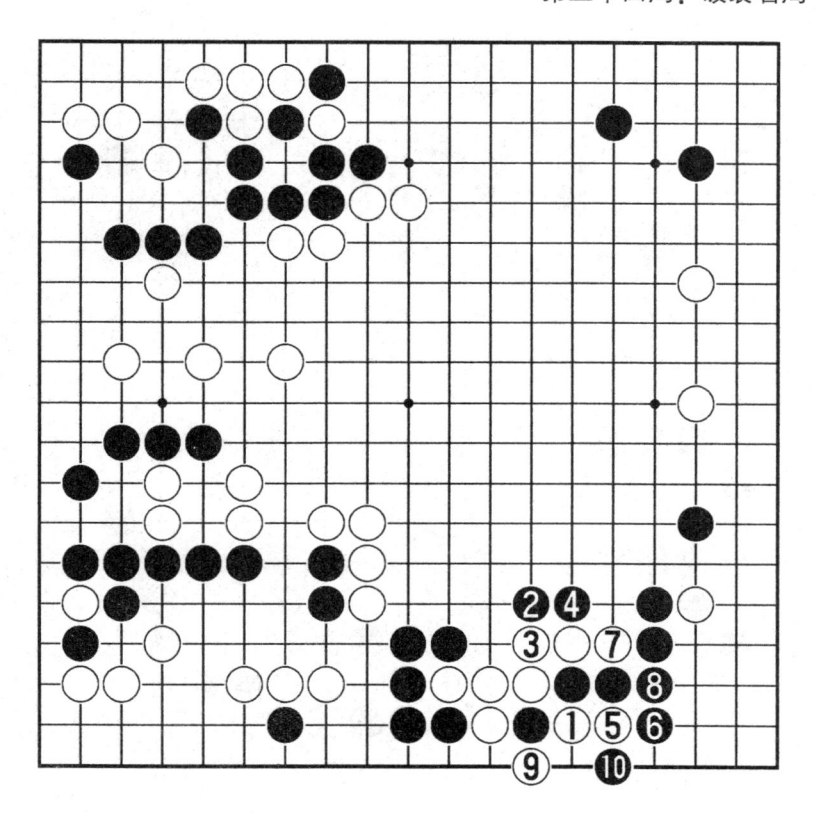

图5（无法挣脱）：白1若直接打吃，黑2飞是封锁的好手，这也是实战黑棋敢下黑77、79的原因。由于四周缺乏接应，白棋无法挣脱黑棋的包围圈。

AI时代：围棋名局名手之我见

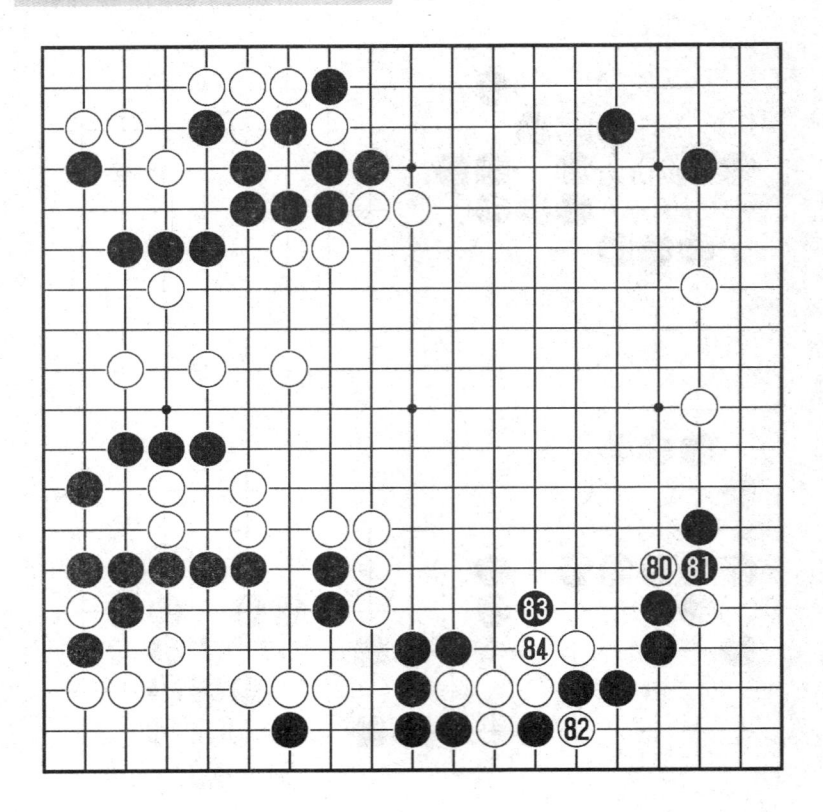

图6（鬼手）：实战白80先扳是让人拍案叫绝的鬼手！从事后来看，朴永训应该是早就看到了这手棋。由于右边价值太大，黑81不得不跟着应，尽管这两手棋的交换本身是白棋大损，但当白走到82位的时候，黑棋已经无法吃住白棋了。

第三十四局：破袭名局

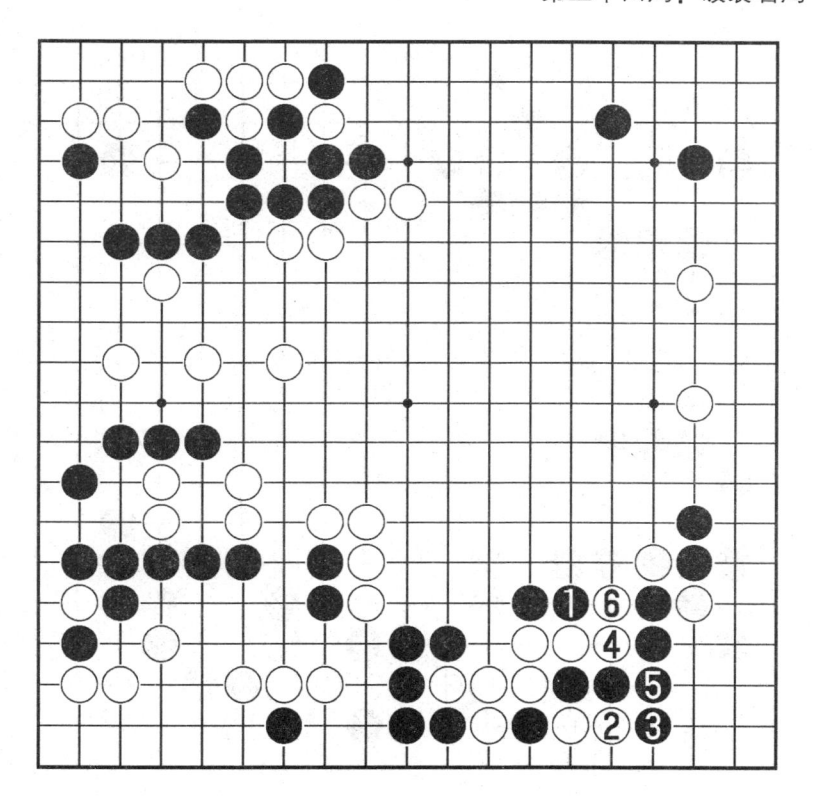

图7（神奇）：如果黑棋照搬图5，我们就可以看出白棋在右边的提前交换有多么重要。围棋就是这样，有时可能只需要多一个交换就可以化腐朽为神奇。

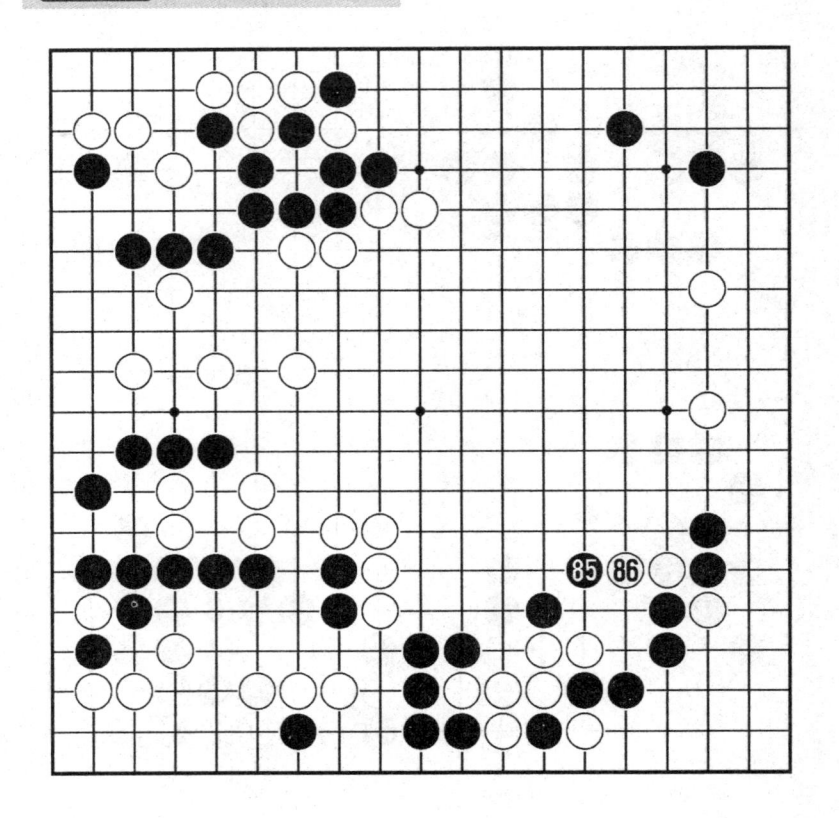

图 8（击溃）：硬封不行，黑 85 只能选择相对柔软的小尖。但白 86 顶又是好手，黑棋的封锁线终于被白棋彻底击溃。

第三十四局：破袭名局

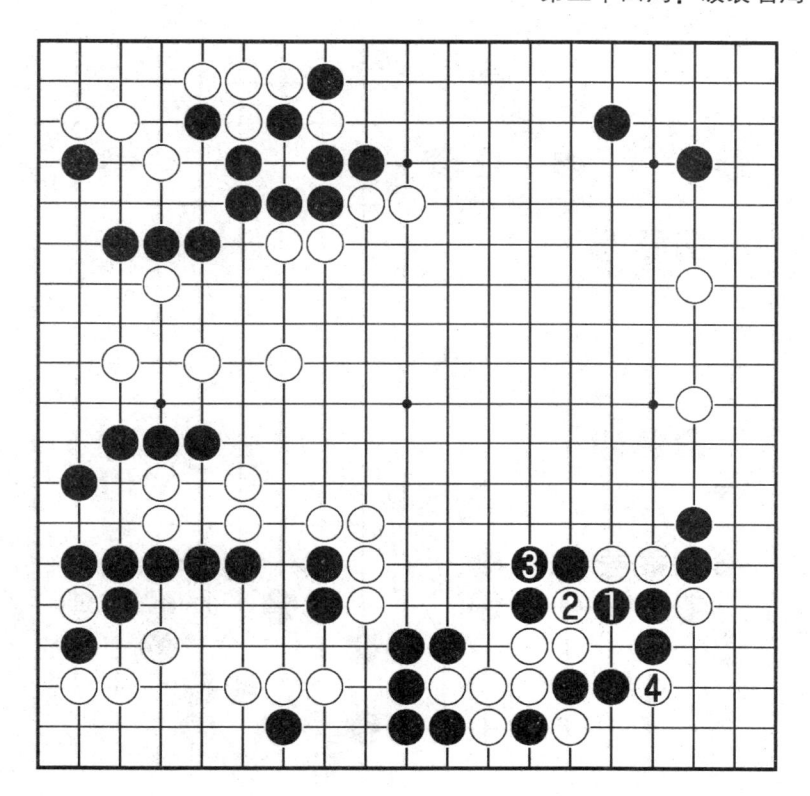

图9（经典手筋）：黑1若坚持分断白棋，则自身将暴露出致命的缺陷。白4挤堪称经典手筋，黑棋崩溃。

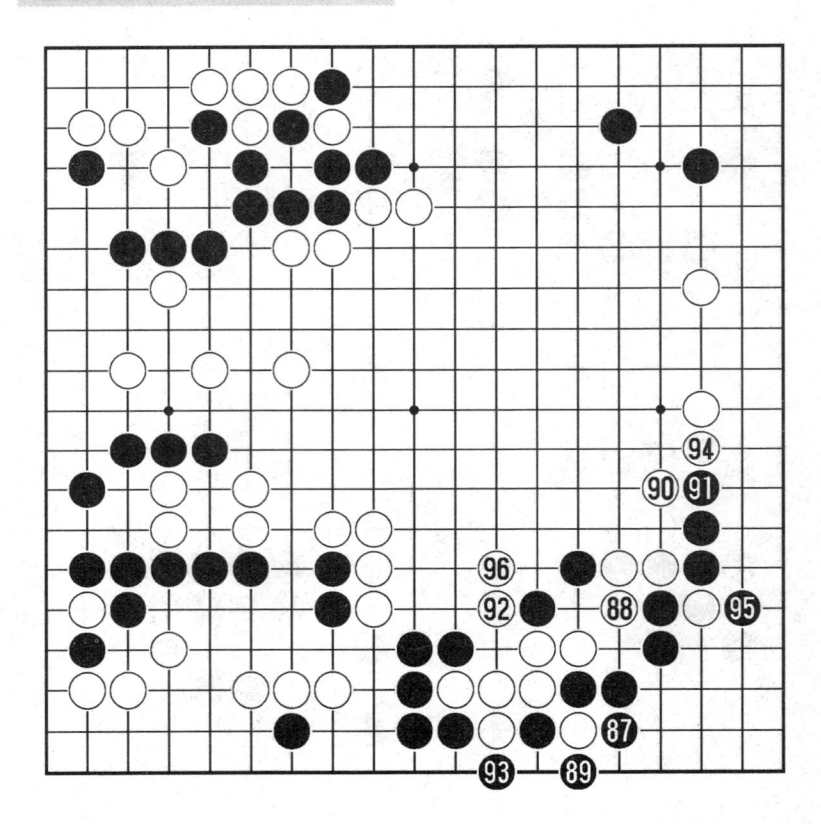

图 10（巨大模样）：既然无法吃掉白棋，黑 87 只能回防。但白棋逃出数子后，局势已经明朗，白棋甚至不用再和黑棋在下边纠缠，待黑 93 连回后在中腹建成巨大模样，一举确立胜势。

第三十五局：借力打力

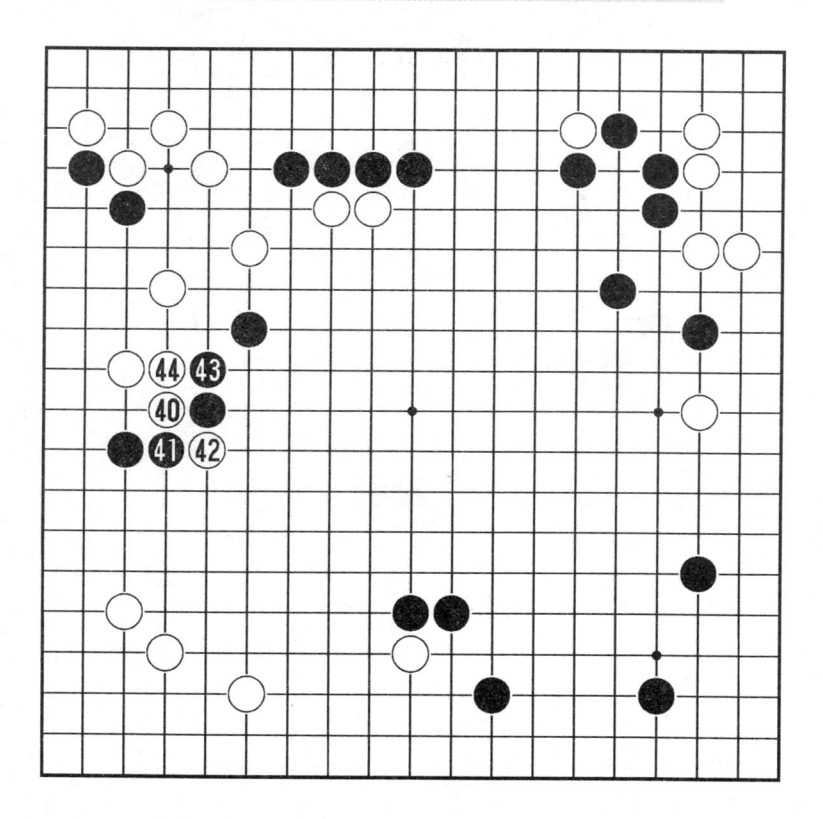

本谱取材于 2014 年利民杯新锐战总决赛，杨鼎新执黑对申真谞的对局。外号"鼎爷"的杨鼎新曾经在很长一段时间内都是不折不扣的"申真谞克星"，他行棋厚实，尤其擅长以柔克刚。这种极具韧劲的棋风让各路高手都感到头疼不已，在本局中，初出茅庐的申真谞就领教了"鼎爷"的看家绝技。白 40、42 充分体现了年轻人的朝气和凶悍，看似黑棋苦战已经难以避免，但黑棋接下来的下法则完美地诠释了究竟什么叫作"借力打力"。

AI时代：围棋名局名手之我见

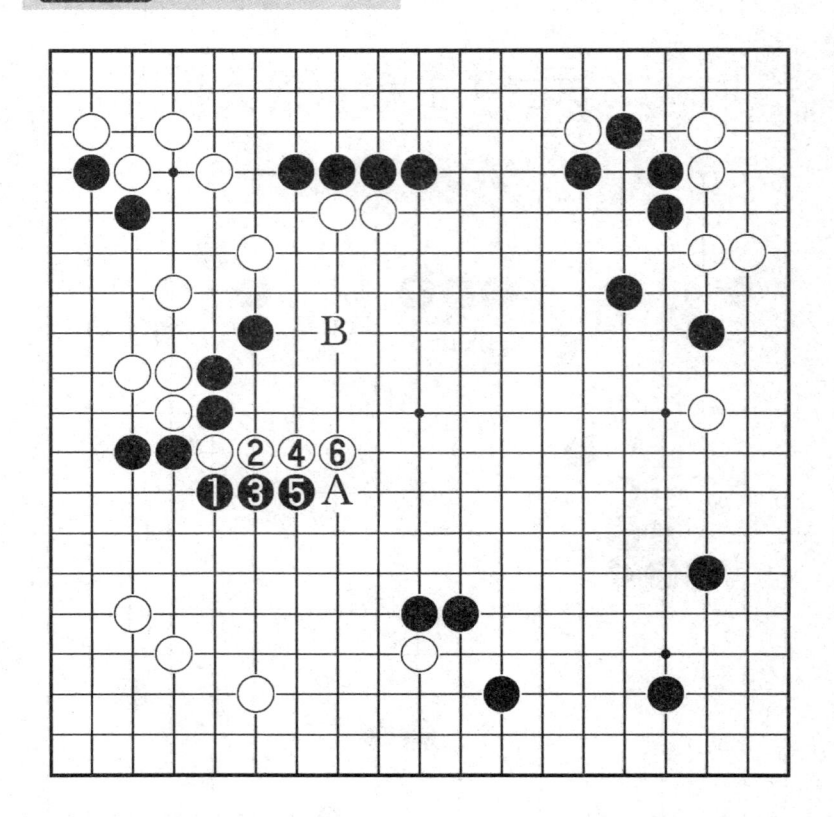

图1（后推车）：左边黑两子是绝对不能弃掉的，但如何救却是一大难题。黑1打吃是典型的"后推车"行为，A、B两点黑已无法兼顾。黑棋即使将两边都处理好，也会无可避免地陷入被动，此图不行。

第三十五局：借力打力

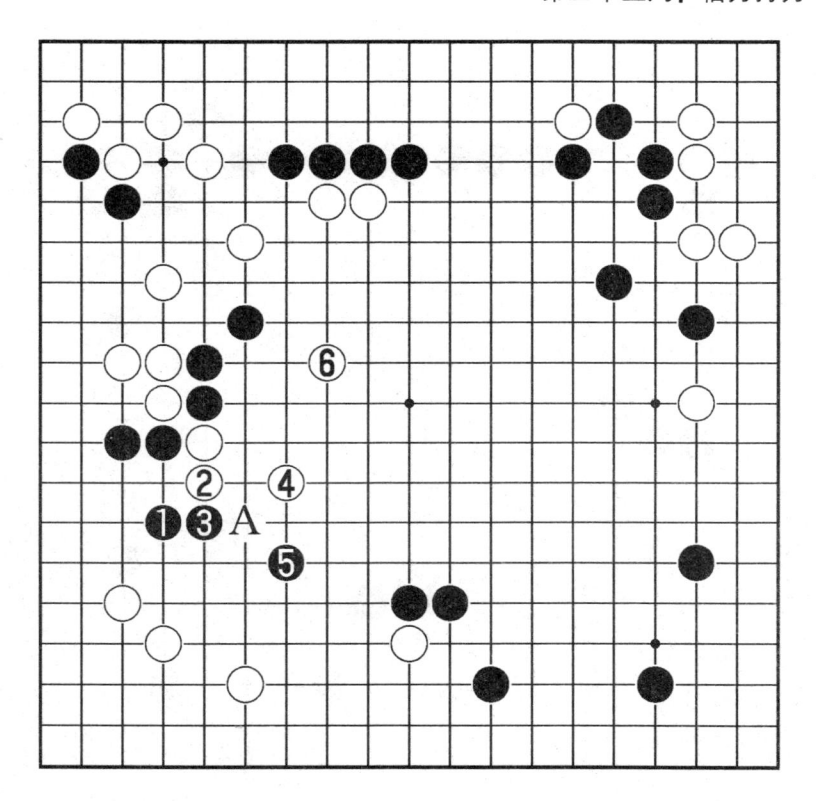

图2（换汤不换药）：黑1跳比上图略好，但也是换汤不换药。白棋只需确保自己的头在黑棋前面即可，等上边的战斗结束后白还可以于A位虎断，收拾黑棋左边。黑棋极为被动，更令黑棋难受的是黑左边无论怎么逃跑，白左下角都稳如泰山。由此可见，对黑棋来说，左边黑两子不但要处理好，还要尽可能给白左下角造成威胁才行。

AI时代: 围棋名局名手之我见

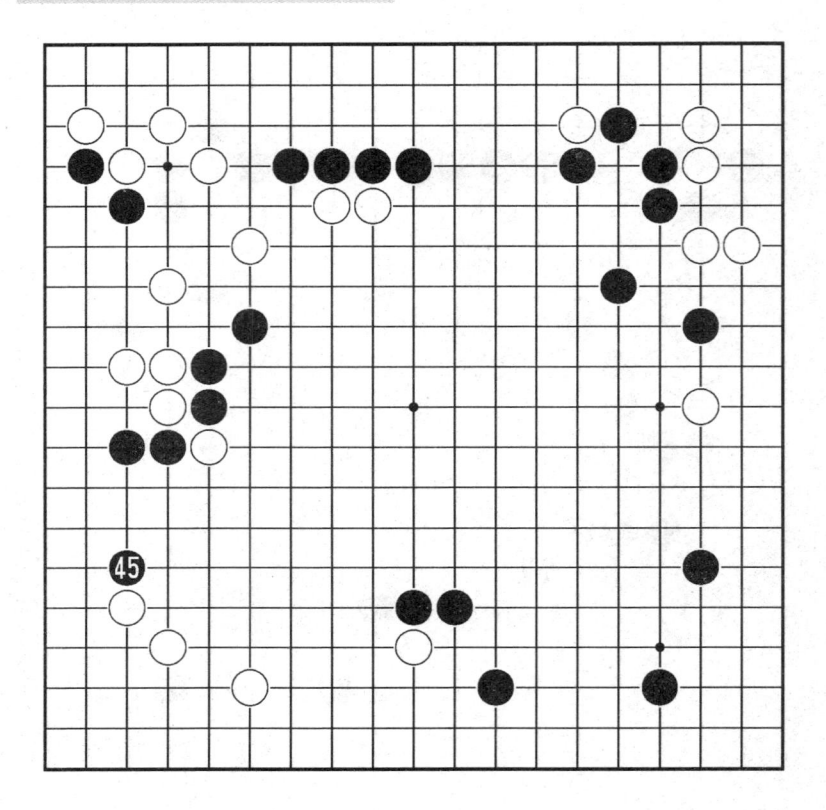

图3(借力打力):实战黑45居然直接撞在磐石一般的白角上!此手看上去不好理解,却是经典的"借力打力"战术。通过前面的变化我们可知,黑棋单纯处理两子是无法扭转被动局面的,因此黑棋主动挑衅,希望利用白反击的力量顺势达到威胁白棋棋筋的效果,从而将自身处理好。看似很难,但黑无疑是选择了一条正确的道路,接下来白该如何接招呢?

第三十五局：借力打力

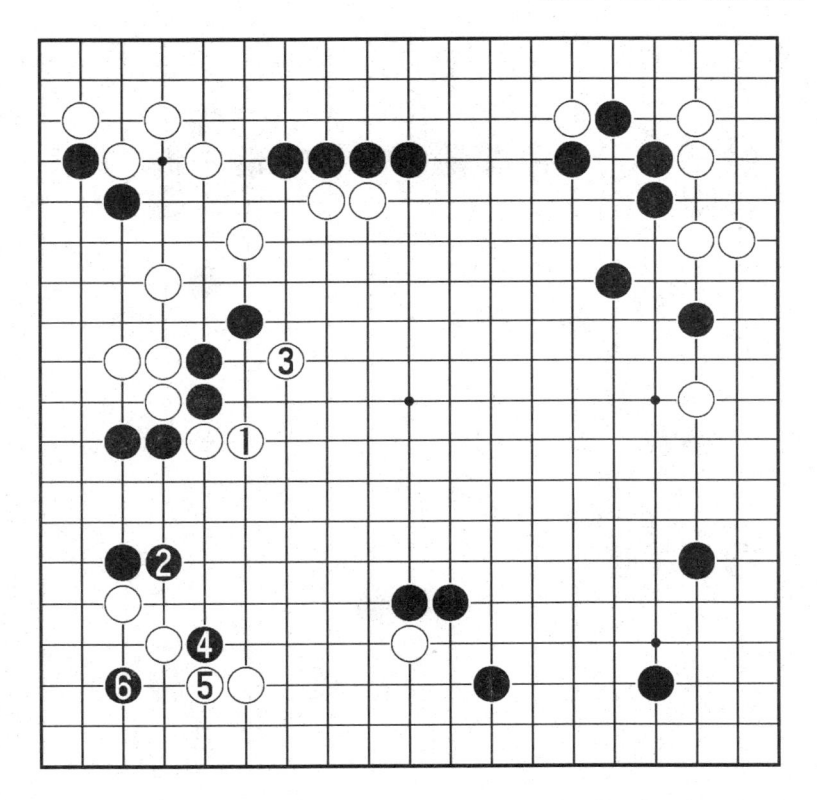

图4（索然无味）：按照棋理，当面临对方声东击西战术的时候，直接脱先是首先要考虑的，因此白1长似乎是很合理的一手。但此时黑2长实在是太舒服了，如此黑棋无论是目数、眼位还是对白角的威胁都要远远强于图2，白3就算吃掉上方黑三子也会觉得索然无味。黑4、6更是黑棋得意的后续手段，此图黑棋显然满意。

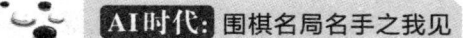

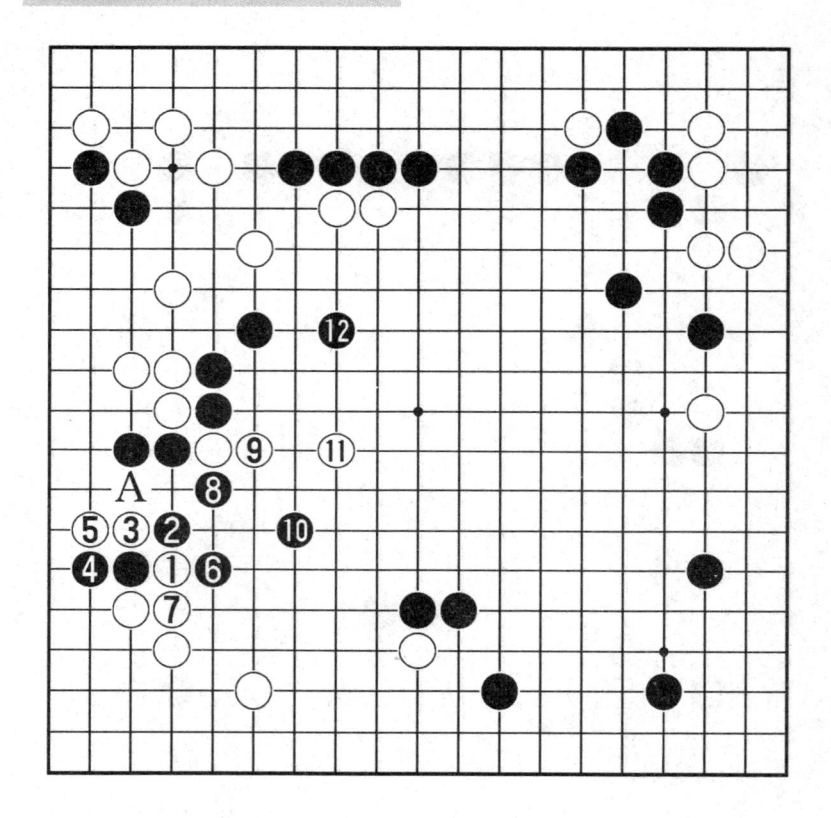

图5（舒展）：白1虎是局部第一感，对此黑2扳是借力的手筋。白3若吃掉一子，则黑4、6是愉快的先手利，此图黑棋棋形舒展，黑棋依然可以满意。此外，黑8也可在A位顶继续考验白棋，白棋同样不好办。

第三十五局：借力打力

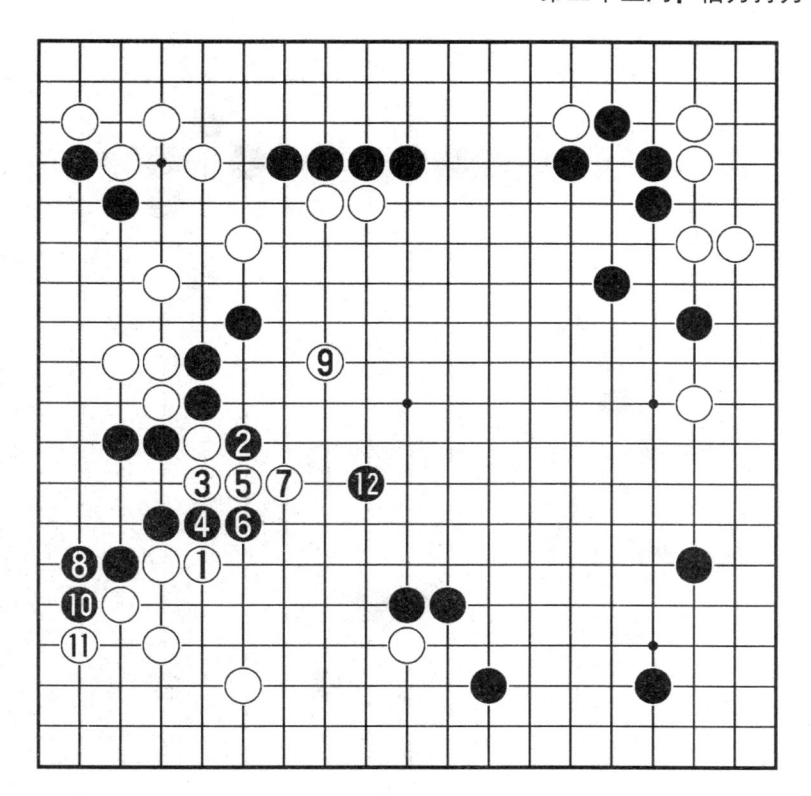

图 6（手筋）：白 1 长也是常见的应对，对此各位一定要会黑 2、4 的经典手筋！如此黑在左边活得非常舒服，完全可以弥补上方被吃的损失。更重要的是，黑棋通过弃子完全摆脱了刚才的困境，全局生动。

AI时代： 围棋名局名手之我见

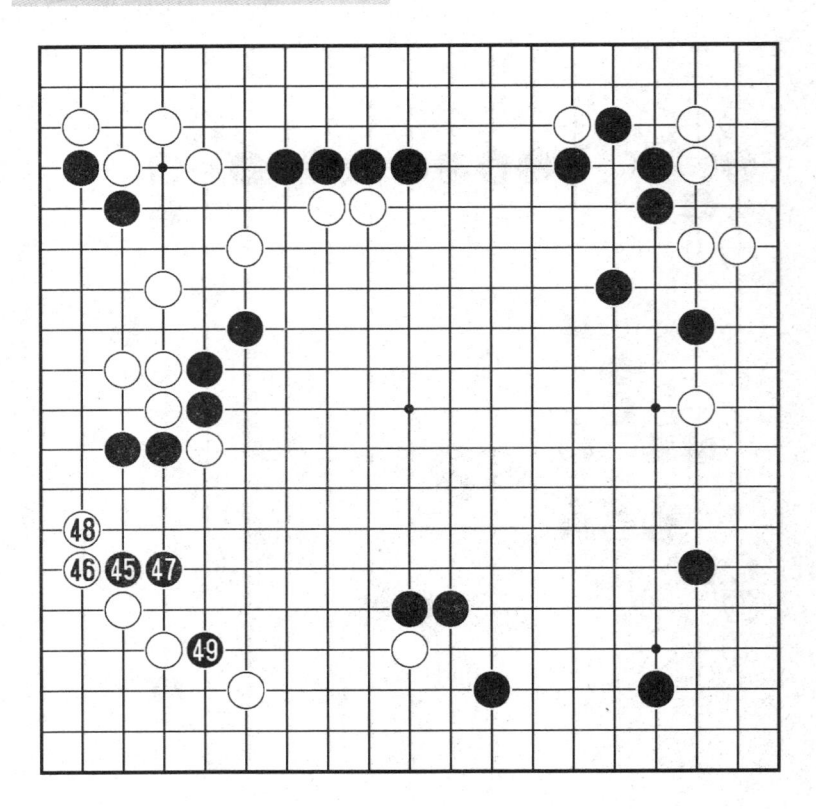

图 7（最强抵抗）：实战白 46 二路扳无疑是局部最强的抵抗，但黑棋对此早有准备。黑 49 靠又是好手，白棋能不能挡住呢？

第三十五局：借力打力

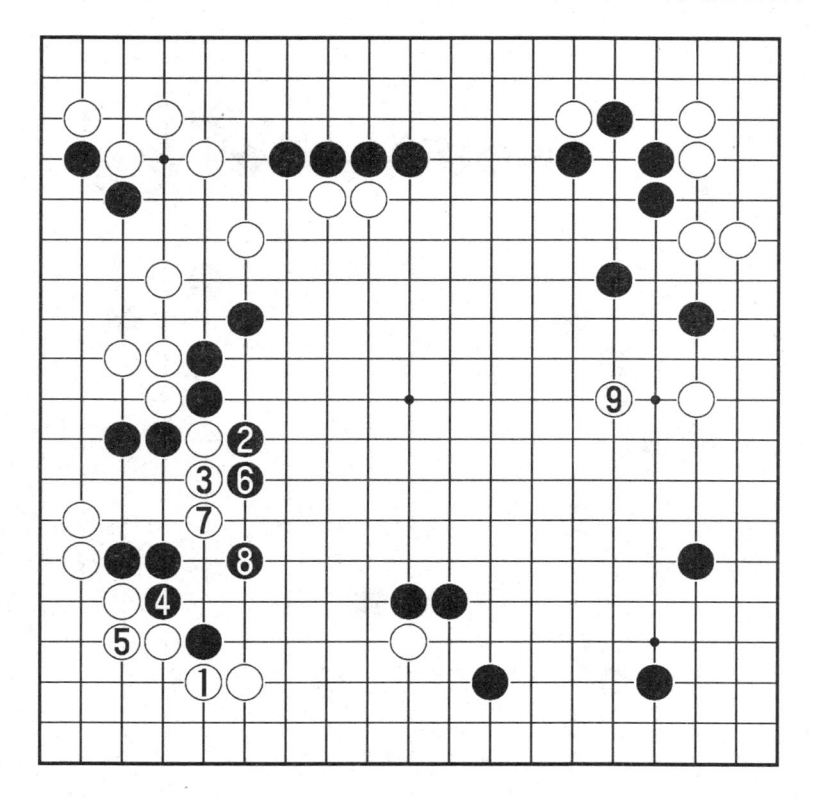

图 8（无法接受）：白 1 挡住是局部最佳应对，但黑棋利用黑 4 挤的先手，居然能将白三子棋筋直接枷死！尽管 AI 认为白棋被吃三子还有诸多借用，如此进行白棋并不差，但对于人类棋手来说，此图白棋只怕是无法接受吧。

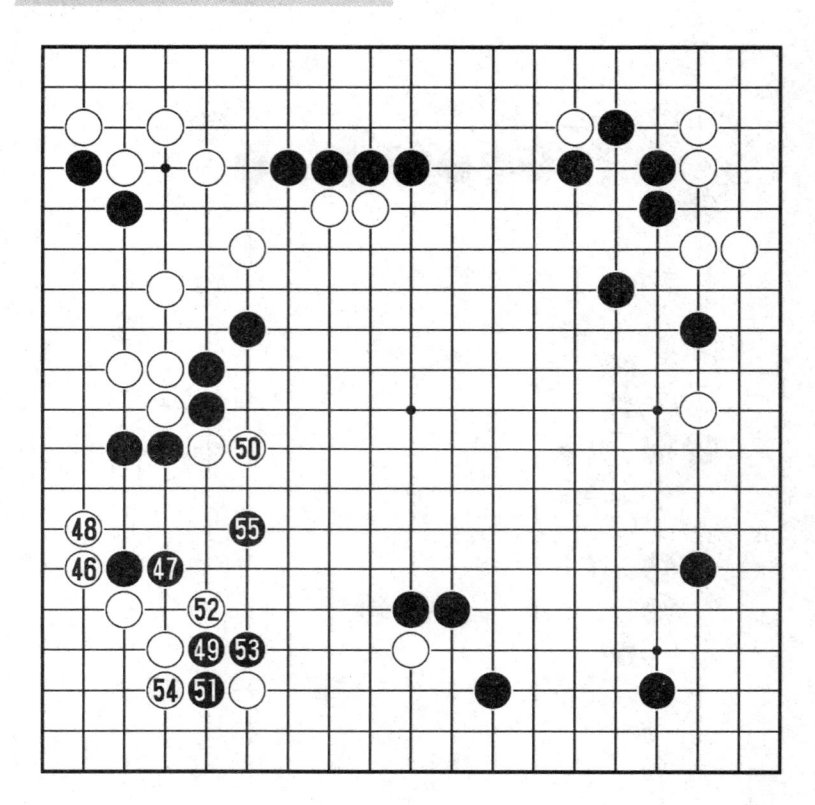

图 9（收获巨大）：由于白棋很难接受上图，所以白 50 长几乎是必然的一手，但黑 51 以下先手割下白一子可谓收获巨大。此图虽然双方仍处于混战状态，但无疑是黑棋已经处于主动的地位。

第三十六局：女性之光

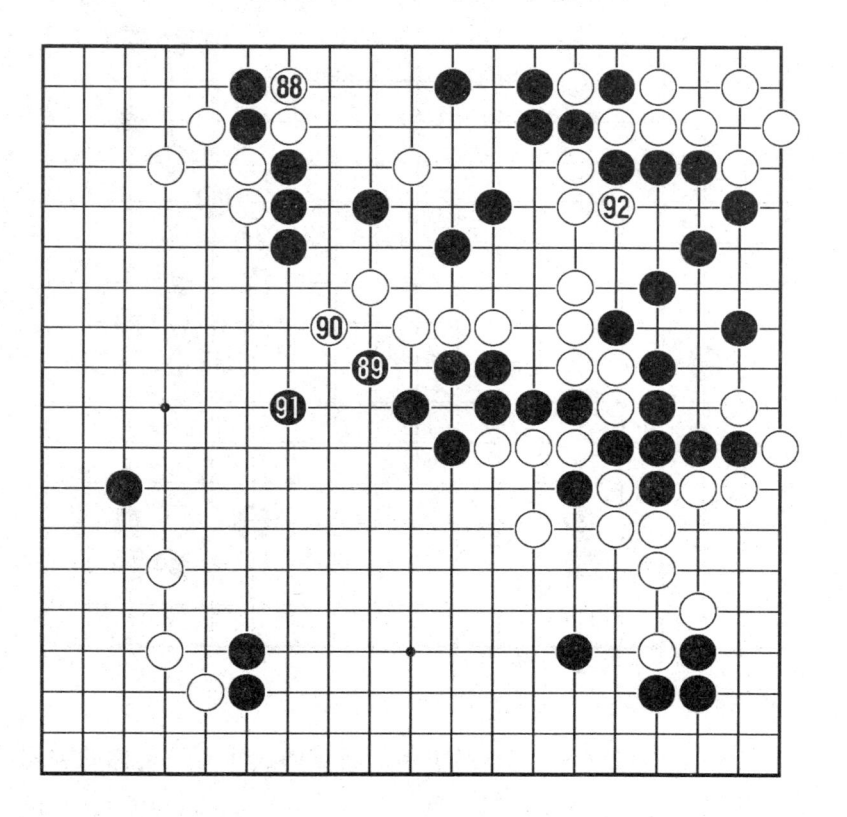

本谱取材于2022年三星杯半决赛，崔精执黑对卞相壹的对局。女子棋手参加世界大赛似乎一直扮演着"陪太子读书"的角色。在2022年之前，女子棋手取得的世界围棋大赛最好成绩只是进入四强。纪录只能代表过去，而崔精眼里看到的却是无限的未来！白92拐的本意是在出头之前先"麻"黑棋一下，但利用这唯一的空隙，崔精下出了超越AI的一手，从而创造出了女棋手闯入世界围棋大赛决赛的纪录。

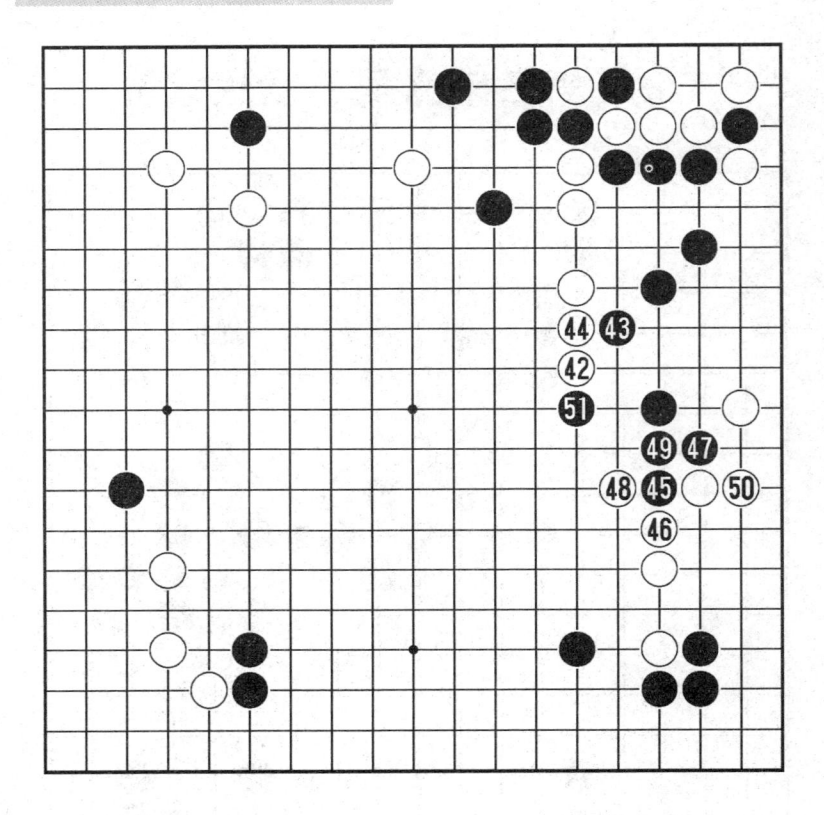

图1（缠绕攻击）：布局伊始，面对以战斗力强著称的卞相壹，执黑的崔精展现了丝毫不输给顶尖男棋手的力量和勇气。黑43以下虽然有些俗，却是非常难以应对的手段，黑棋就此展开了对白绵延不断的缠绕攻击。

第三十六局：女性之光

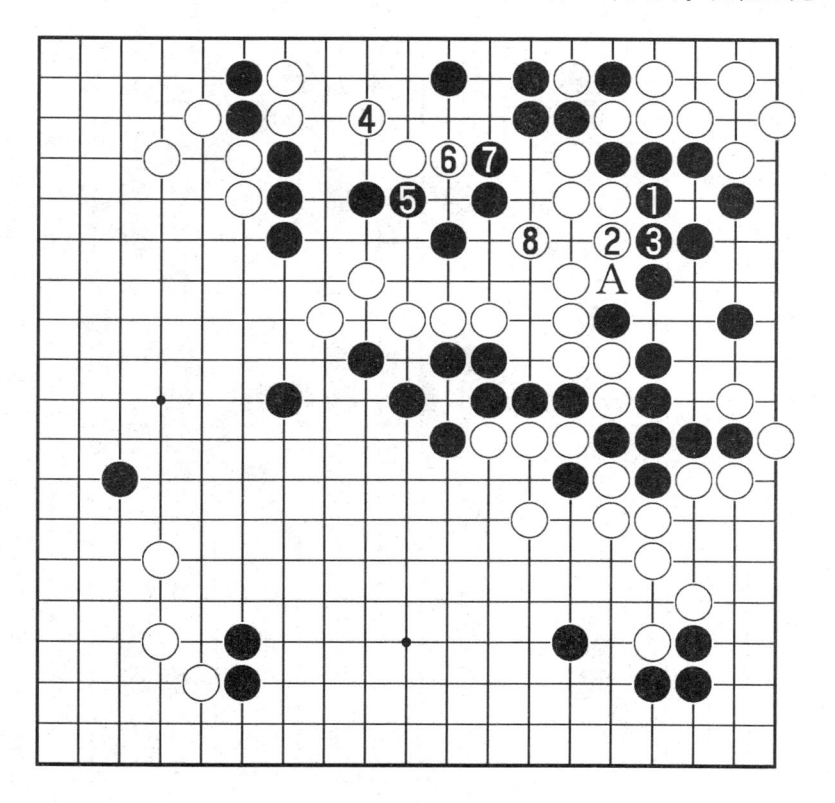

图 2（眼位丰富）：回到基本图，白 92 看似不难应对，但黑绝不可掉以轻心。如果黑 1 只是机械地挡住，则正中白棋下怀，此图白棋眼位丰富，黑已无法继续展开攻击。因此为了破眼，黑 1 在 A 位团才是最强的补棋方法，不过弊端是黑棋的味道很坏，难保以后不会出问题。

AI时代: 围棋名局名手之我见

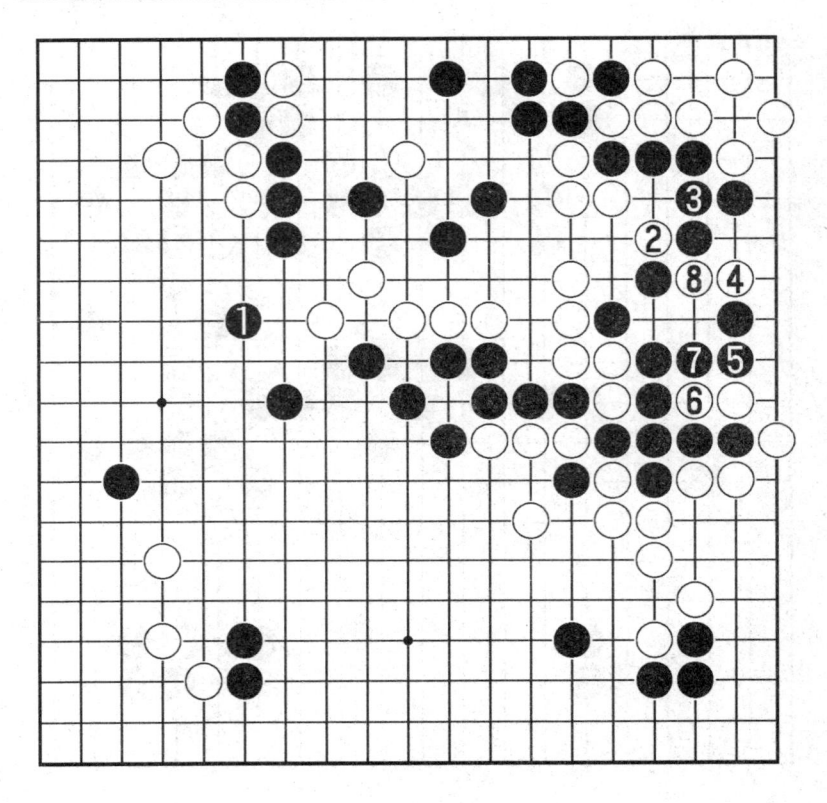

图3（妙手）：由于白92拐看上去对黑棋威胁不大，因此黑棋确实有脱先的心情，而黑1飞一旦成立，对白棋造成的打击将是致命的。令黑棋遗憾的是，此处白棋准备了4位靠的妙手！为了做活，黑5不得不顶在这里，而接下来白6、8又是巧妙的次序，由于气紧，右上黑尾巴已经无法连回。可以说正是因为算到了这个变化，实战卞相壹才敢冒着被黑棋封锁的危险去试探黑棋的应手，那么，难道黑棋局部就真的没有任何反击的手段了吗？

第三十六局：女性之光

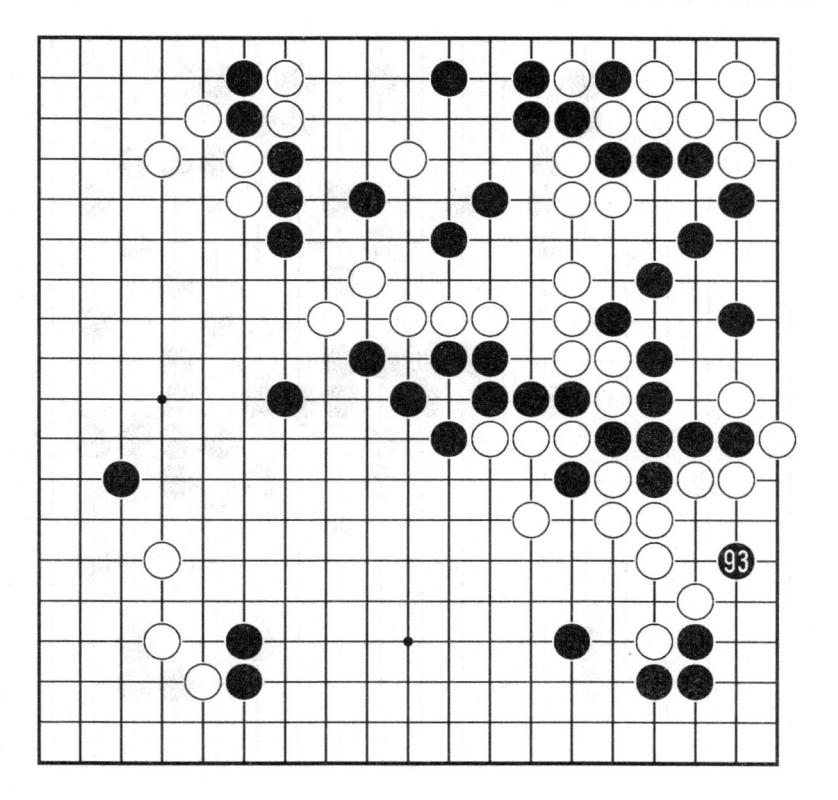

图 4（超越 AI）：实战黑 93 居然点在这里，这真是出人意料的一手。更神奇的是，这堪称黑虎掏心的一手竟然骗过了 AI！起初，AI 并没有洞察出这里的玄机，但随着计算的深入，AI 显示黑棋的胜率在直线上升。那么此手背后究竟隐藏着什么变化呢？

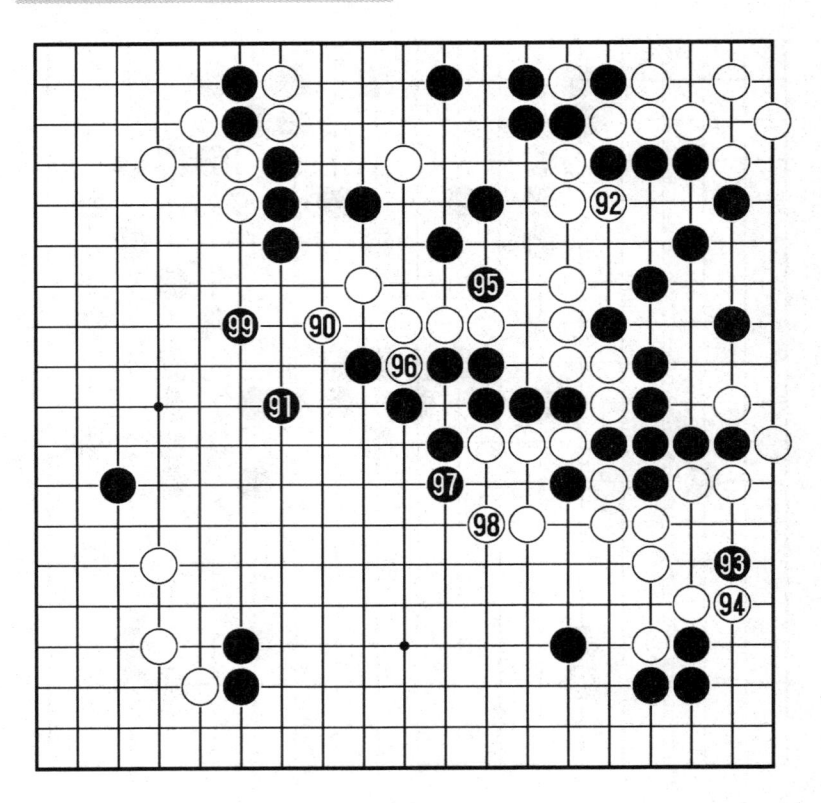

图 5（耳光）：无论黑 93 有何企图，白 94 都只能先照单全收再说。紧接着，黑 95 突然向白中央大龙发难。见到此手，执白的下相壹居然失控地抽了自己两记耳光！很显然，他是在为之前白 92 的试应手感到后悔。但残酷的是，此时就算是天兵下凡也救不了白棋的大龙了。也许有棋友会问，此刻白棋难道不能照搬图 3 的变化吗？

第三十六局：女性之光

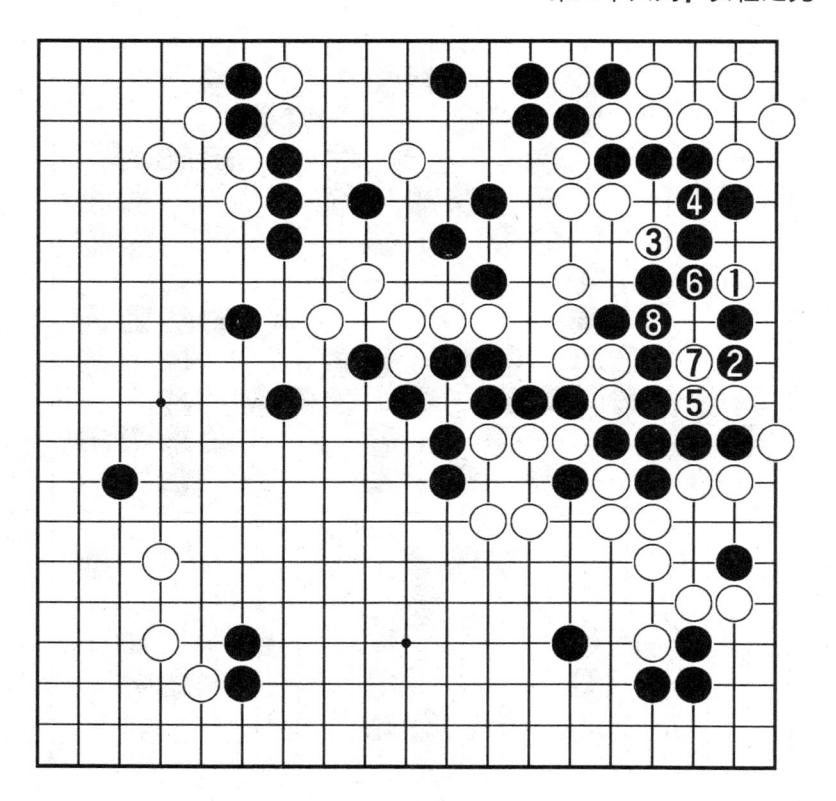

图 6（妙味）：看似完全一样的变化，有时也会因为一个不经意的交换而变得面目全非，这就是围棋的魅力。当白按照预定计划破眼时，黑 6 竟然可以直接补在里面，而白由于自身联络的问题，只能看着黑棋净活而无能为力。直到此时，黑 93 点的妙味才真正显示出来。

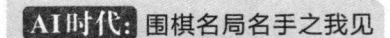

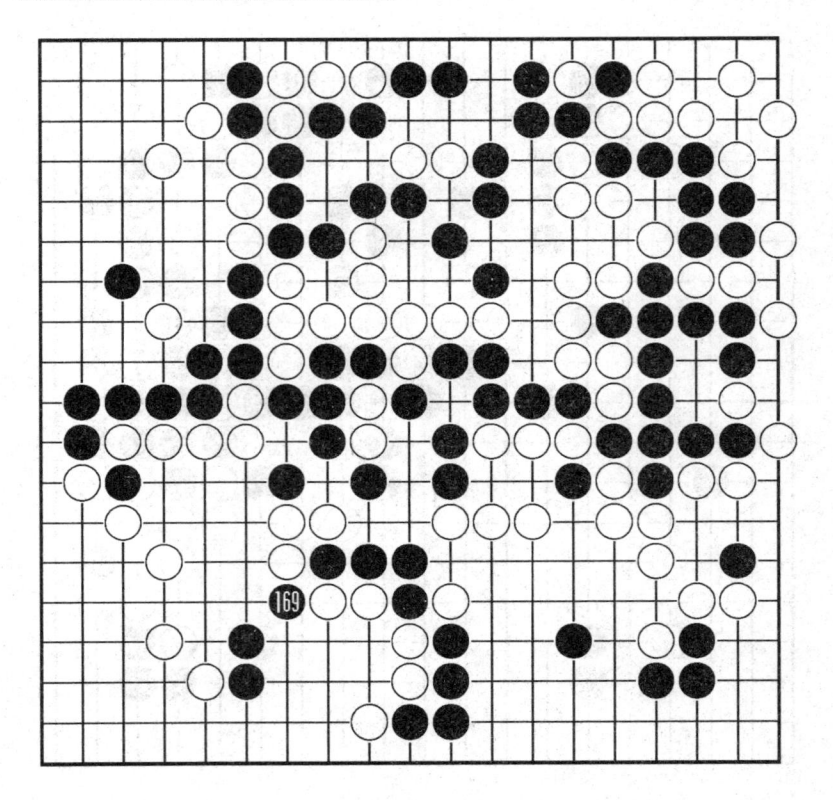

图 7（伟大纪录）：当右边的问题解决后，白棋大龙实际上已经无路可逃，但卞相壹仍然顽强拼搏了几十手，既是调整心情，也是怀着强烈的不甘。当黑 169 落下，无棋可走的白棋终于选择了认输，一项伟大的纪录也就此诞生。

第三十七局：未来之星

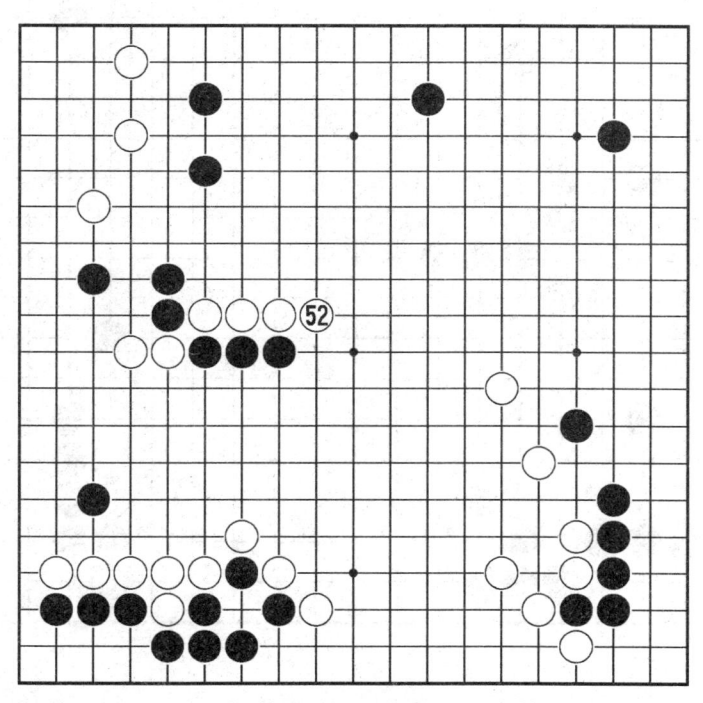

本谱取材于2014年第二届百灵杯世界赛第一轮，谢科执黑对陈诗渊的对局。如果问我最看好谁能成为中国围棋"00后"霸主，我会毫不犹豫地说出谢科的名字。年少成名的他尽管还未像同龄的丁浩那样拿到属于自己的世界冠军，但他那充满爆发力的棋风已让众多棋迷看得如痴如醉，只要能改善自己判断上的短板，一飞冲天的那天迟早会到来。本局是谢科在国际赛场上的首战，面对陈诗渊，谢科爆发出惊人的战斗力，最终于中盘击溃对手。此时局面似乎波澜不惊，但紧接着谢科充分展示了自己在战斗中超强的爆发力，也让本格派的陈诗渊充分体会到何谓"拳怕少壮"！

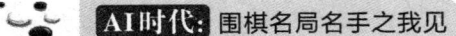

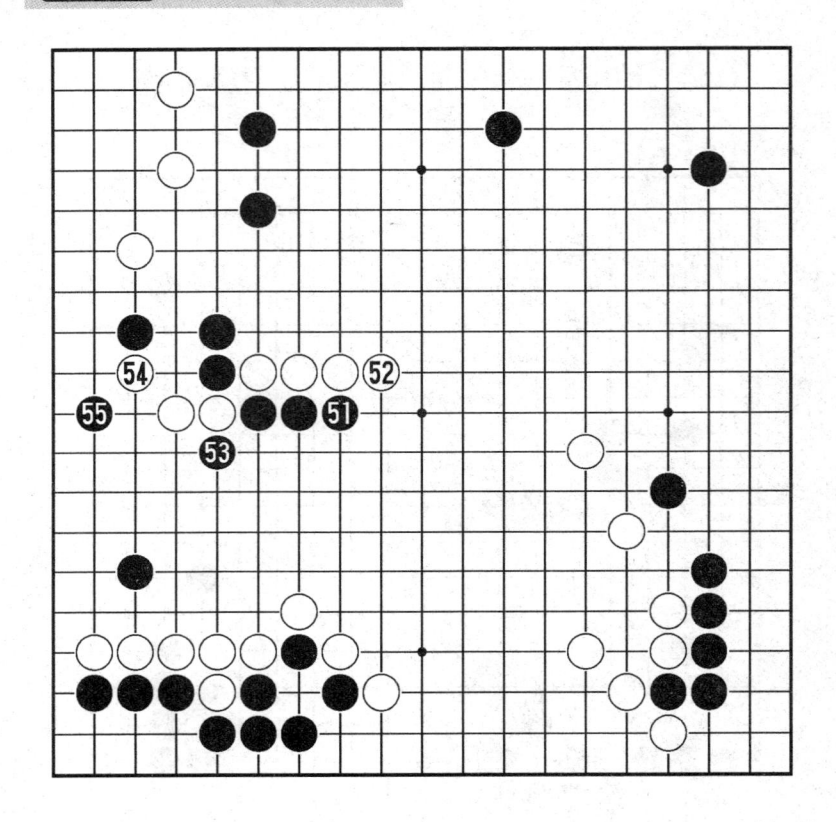

图 1（谢氏围棋）：黑 53 是局部最紧凑的一手，此手也在白棋的预料之中，但接下来黑 55 直接点在二路就让人大跌眼镜了。这一手就是典型的"谢氏围棋"！无论好坏，这种"不算死对方不罢休"的气势正是"00 后"棋手最厉害的武器。

第三十七局：未来之星

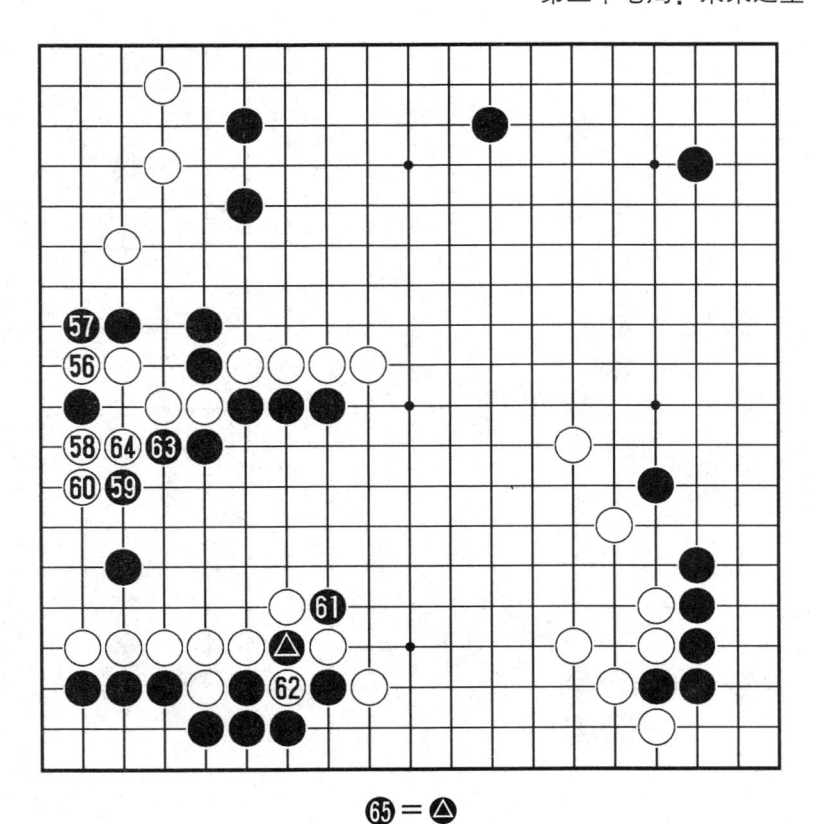

㊿ = ▲

图 2（难缠）：白56、58是局部唯一的抵抗，而黑棋依然是死死缠住白棋，颇有毕其功于一役的架势。看似局部黑棋有些勉强，其实黑棋有王牌未打，黑61开劫便是令对手感到极其难缠的一手！当初黑棋正是看见了这里开劫的手段，才敢于在左边用强，紧接着白棋面临抉择。

AI时代：围棋名局名手之我见

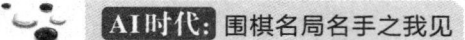

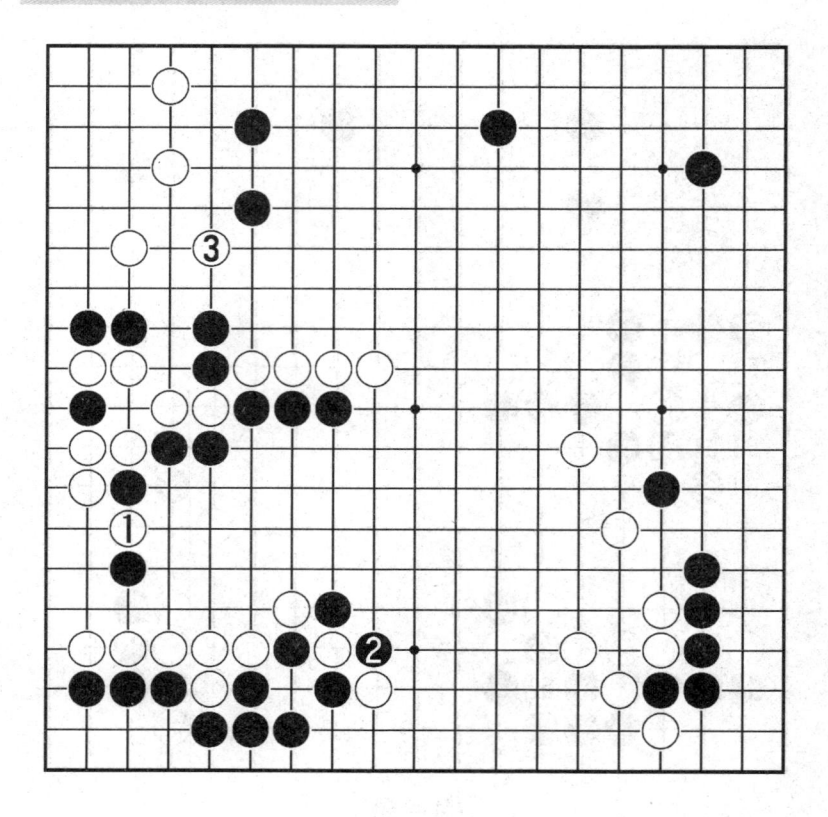

图3（心疼）：白1消除左边的威胁是此时正确的下法，虽然黑棋在下方打赢劫收获巨大，但白抢到3位跳后黑棋四子也面临被鲸吞的命运，此图白棋优势。不过此图对判断力的要求极高，无论是谁，看到自己的外势被对方破坏，应该都会心疼吧。

第三十七局：未来之星

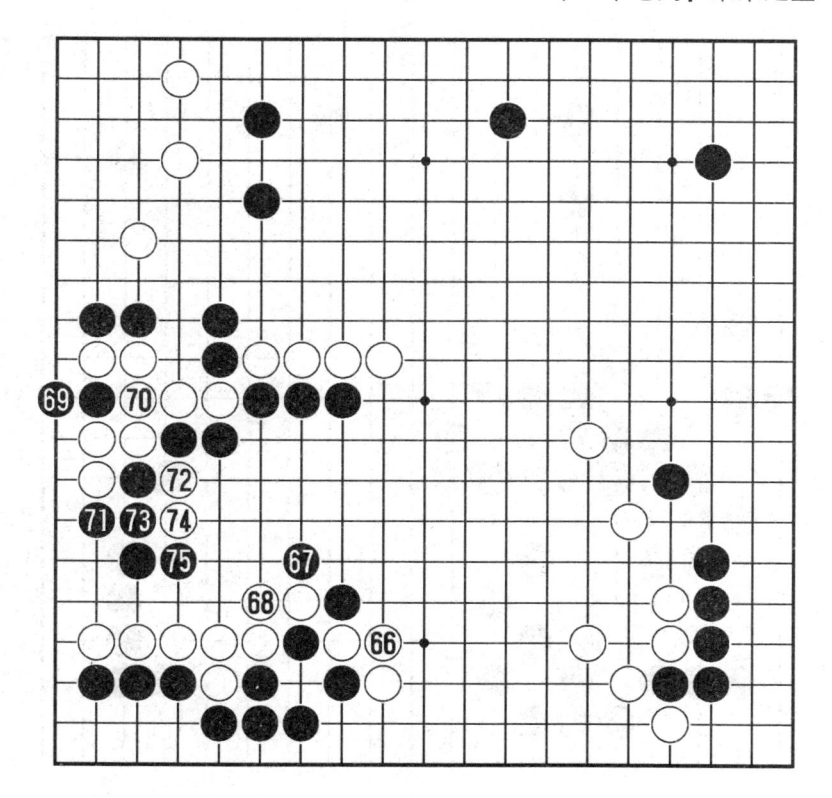

图4（大心脏）：由于没判断清楚转换的得失，白66便先忍了一步。但让陈诗渊做梦都没想到的是，这一忍，直接葬送了整盘棋！由此可见，在胜负关键处，除了要有技术之外，还要有一颗果敢的大心脏。黑67以下开始展现谢科恐怖的计算能力，黑棋外围看似松散，但白就是无法挣脱束缚。

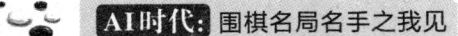

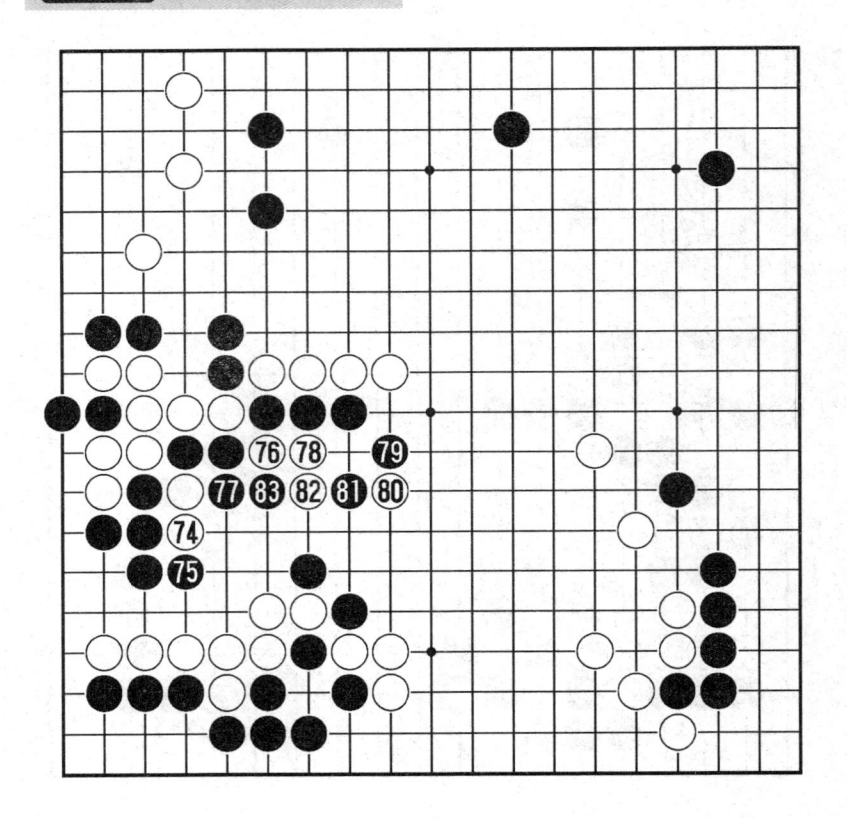

图 5（顽强抵抗）：紧接上图，白 76、78 看似已经让黑棋两边不可兼顾，但黑 79、81、83 连续三手都是极其顽强的抵抗，白棋反扑的火苗终于被扑灭。难以想象，这是一个十四岁少年所展现出来的计算力和战斗力，真是太了不起了。

第三十七局：未来之星

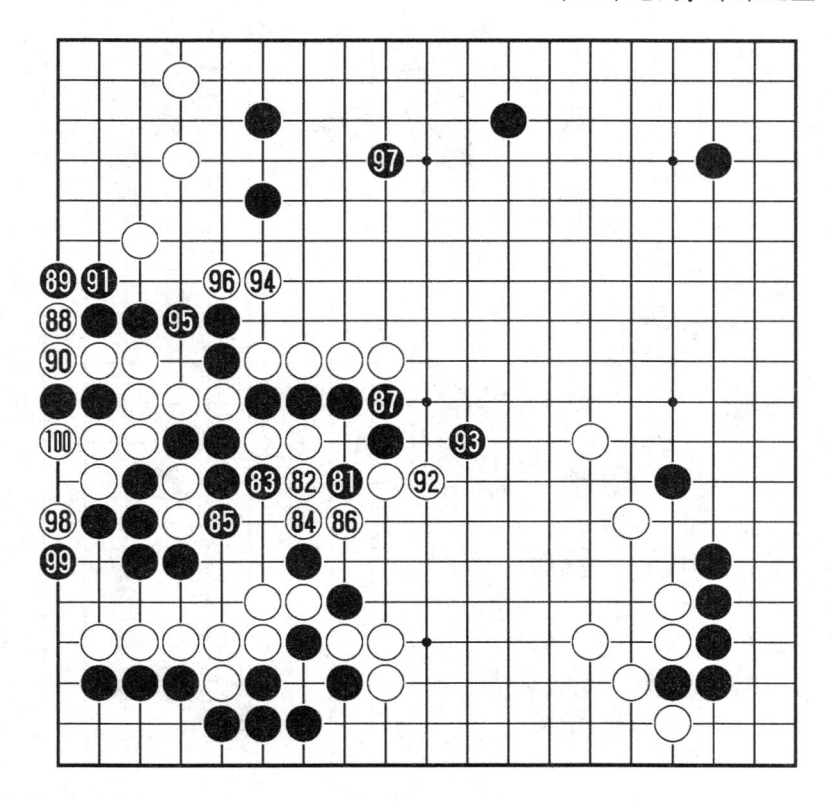

图 6（缓气劫）：白棋拿中央黑棋没有办法，左边也没有活路，只好无奈地借封住左边黑棋来形成一道外势。但已经彻底放开的谢科是不会错过一举击溃对手的机会的，黑 97 直接脱先，逼迫白棋用打缓气劫的方式来求生。此时白棋内心的苦闷可想而知，但这就是胜负世界的残酷。

AI时代:围棋名局名手之我见

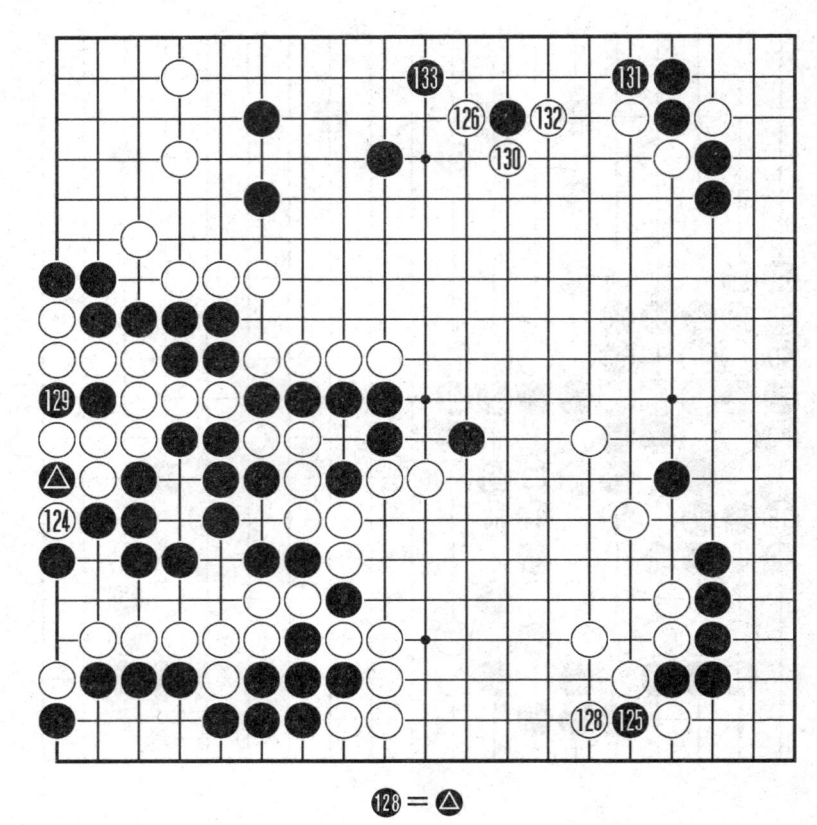

⑫=△

图 7(未来可期):"00 后"行棋的特点一般是既狠辣,又清晰。在已经获得巨大优势的情况下,黑 129 直接消劫显然是胜利宣言,黑棋盘面优势已超十五目,胜势已成。本局谢科充分展现了他善战的特点,未来可期。